Le Temps retrouvé

XXXIII

JEAN MARTEILHE

MÉMOIRES
D'UN
GALÉRIEN
DU
ROI-SOLEIL

Édition établie,
annotée et préfacée
par André Zysberg

MERCURE DE FRANCE

MCMLXXXII

REMERCIEMENTS

Nous remercions vivement Philippe Joutard, professeur à l'Université de Provence, et Joseph Goy, directeur du Centre de recherche historique, qui nous ont encouragé à publier ce texte. Nous devons beaucoup au pasteur Vatinel, conservateur de la bibliothèque de la Société de l'histoire du protestantisme français, et à Jean-Pierre Busson, chef du Service historique de la marine, qui ont facilité la préparation de cette réédition des Mémoires de Jean Marteilhe.

ISBN 2-7152-0024-2
© MERCURE DE FRANCE, 1982.
26, rue de Condé, 75006 Paris.
Imprimé en France.

PRÉFACE

✝✝✝

ENTRE 1680 et 1715, parmi les 38 000 forçats qui se succédèrent sur les bancs des galères de Louis XIV, à Marseille, mais aussi à Bordeaux, à Rochefort, à Brest, à Saint-Malo et jusqu'à Dunkerque, un seul écrivit et publia ses mémoires; et celui-là fut un galérien protestant. Son livre paraît à Rotterdam, en 1757, sans nom d'auteur, avec un titre dans le style de l'époque, qui annonce sans détour son contenu : *Mémoires d'un protestant condamné aux Galères de France pour cause de Religion; écrits par lui-même; ouvrage dans lequel, outre le récit des souffrances de l'auteur depuis 1700 jusqu'en 1713, on trouvera diverses particularités curieuses, relatives à l'histoire de ce temps-là.* Ces mémoires d'un galérien du Roi-Soleil tiennent dans sept cent mille signes, qui racontent l'histoire du protestant Jean Marteilhe, fils d'une honnête famille de Bergerac, condamné aux galères perpétuelles à l'âge de dix-sept ans, « pour avoir voulu sortir du royaume malgré les défenses et ordonnances du roi ».

Cette histoire commence par un tour de France. Au cours de l'hiver 1700, Jean Marteilhe et un jeune compagnon, le garçon perruquier Daniel Legras, traversent la France en diagonale, du Périgord aux Ardennes. A pied naturellement, comme des compagnons qui « battent la semelle » sur le tour de France. Ils fuient leur bonne ville de Bergerac, livrée aux dragonnades, investie par la soldatesque qui pille et oppresse sans vergogne cet « ennemi intérieur », cet autre juif du royaume : l'homme protestant. Jean Marteilhe et Daniel Legras espéraient gagner la Hollande, terre promise de tant de fugitifs huguenots. A Paris, une relation de Bergerac leur procure une « route », un itinéraire jusqu'à Mézières. De là, leur conseille-t-on, ils pourront passer la frontière pour aller jusqu'à Charleroi, dans les Pays-Bas espagnols, où le roi d'Espagne, bon prince, laisse filer les protestants français

qui veulent rejoindre les Provinces-Unies. Hélas, après Mézières, nos
petits poucets protestants se perdent dans la forêt des Ardennes,
tournent désespérément en rond, et finissent par se jeter dans la gueule
du loup : la petite place forte de Marienbourg, enclave française en
Pays-Bas espagnol, où ils sont arrêtés, emprisonnés et condamnés aux
galères en janvier 1701... Jean Marteilhe fut libéré douze ans plus tard,
à Marseille, en juin 1713, en compagnie de cent trente-cinq autres
forçats protestants. Presque tous comptaient au moins dix ans de
galères; et certains avaient déjà passé un quart de siècle sur les bancs
de la Réale, de la *Superbe,* de la *Gloire* ou de la *Magnanime.* Ils
n'avaient été libérés qu'à condition de sortir du royaume : une clause
cruellement ironique pour les pauvres bougres qui ne furent envoyés
aux galères que pour avoir tenté, justement, de fuir le royaume! Ces
ci-devant forçats protestants s'entassèrent sur des tartanes qui les
débarquèrent à Villefranche. De là, ils passèrent à Genève par le Piémont. Après avoir été fêtés et choyés par les « Messieurs de Genève »,
ils se dispersèrent aux quatre coins de la diaspora huguenote : les uns
restant en Suisse, les autres gagnant l'Allemagne, l'Angleterre ou les
Provinces-Unies. Jean Marteilhe se fixa à Amsterdam, s'y maria et
fit des affaires. Il mourut en 1777, dans une petite ville de la province
de Gueldre, à l'âge vénérable de quatre-vingt-treize ans.

Ce fut sans doute sur la pression amicale des Superville père et fils,
deux pasteurs qui s'étaient inlassablement dévoués au sort des galériens protestants, qu'il écrivit ses mémoires. Le manuscrit de Jean
Marteilhe n'est pas parvenu jusqu'à nous. Mais en confrontant le
texte imprimé avec, d'une part, les nombreuses lettres de forçats
protestants conservées dans les « Papiers Court », et, d'autre part,
avec les archives des Galères de France, l'on ne doute pas de l'authen-
ticité de ces mémoires, même si l'on sait que le récit autographe du
galérien de Bergerac fut revu et corrigé par les Superville. « L'avertissement des libraires », qui figure en tête du livre de Jean Marteilhe,
ne fait d'ailleurs pas un mystère de ces retouches : « Cette relation
est exacte. On s'apercevra aisément que ce n'est pas un homme de
lettres qui l'a composée. On a même été obligé, en mettant son manuscrit au net, d'en retoucher légèrement le style en quelques endroits.
Mais on a laissé subsister tout le fonds; et l'air de naïveté qui s'y trouve
le prouve suffisamment. » Des mémoires « naïfs »? L'expression,

reprise par Michelet — lecteur enthousiaste de Jean Marteilhe —, désigne avant tout un témoignage de première main, un texte mal équarri, rédigé dans une langue savoureuse. La foi réformée fait ici bon ménage avec la faconde et la malice méridionales; Marteilhe appartient à la grande famille des conteurs, et ne se prive pas d'interrompre le fil de son histoire pour raconter les aventures picaresques de ses compagnons de banc. Les correcteurs bien intentionnés des Mémoires d'un galérien protestant ont heureusement eu la main légère. Car Jean Marteilhe n'a pas cherché à écrire un livre édifiant — nous dirions aujourd'hui « militant » —, manichéen, dans lequel tout serait blanc d'un côté et tout serait noir de l'autre; il n'impose à ses lecteurs ni sermons ni leçons de morale; et surtout, il ne s'en tient pas au récit de ses souffrances. Ce mémorialiste des galères de Louis XIV nous découvre le revers de la médaille : une société de 10 000 forçats enserrés, vers 1700, sur quarante galères, où se côtoyaient tous les exclus de l'âge classique : des voleurs, des filous, des assassins, mais aussi des vagabonds, des bohémiens, des contrebandiers, des déserteurs, des paysans révoltés contre le fisc, des fous, des libertins, des sodomistes, sans oublier, bien sûr, les galériens protestants. Un autre monde, vivant — on a peine à l'imaginer — au contact immédiat de la société « libre » des ports où mouillaient les galères, avec ses terribles contraintes et ses tolérances inattendues, un mélange étonnant de cruautés et de multiples trafics, de petites libertés et de corruption, qui permirent aux plus habiles et aux plus résistants de s'en sortir. Jean Marteilhe dit tout cela, pudique sur ses propres misères, ferme dans ses convictions, et comme étonné d'être revenu sain de corps et d'esprit d'un aussi long voyage.

*

Des dragonnades de Bergerac aux galères, et des galères à l'exil en Hollande, l'autobiographie de Jean Marteilhe témoigne pas à pas de l'histoire des protestants français de la seconde moitié du xviie siècle. L'époque, on le sait, demeurait encore vigoureusement réfractaire à tout concept de tolérance et de liberté de conscience; dans l'Europe de l'âge classique, États protestants compris, la pensée politique et religieuse refusait le partage d'un État entre deux confessions, entre

deux Églises. En France même, ce partage apparaissait en contradic-
tion flagrante avec l'idéologie du pouvoir royal : aux sources de la
monarchie capétienne, il y avait cette familiarité essentielle entre le
roi, personnage sacré, « évêque du dehors », et l'Église catholique,
qui faisait corps avec l'État. Bien plus qu'une alliance entre le trône
et l'autel. La France catholique n'interprétait pas l'édit de Nantes
comme une loi fondamentale du royaume, mais comme un pis-aller,
une cote mal taillée délimitant une frontière provisoire entre deux
communautés toujours hostiles. En somme, un état de « guerre
froide », ponctué au sommet par de savantes et polies controverses
théologiques; et entretenu à la base par une sorte de guérilla de mauvais voisinage, surtout dans le Midi : des provocations et des échauf-
fourées sur le passage d'une procession, d'un cortège, au sortir d'un
temple ou d'une église, des flambées de haine et de violence qu'atti-
saient les rivalités économiques entre marchands et artisans des deux
religions.

Vers 1660, l'on dénombrait environ un million de réformés. Même
si l'on remarquait au nord du royaume beaucoup de petites communautés protestantes très actives, les gros bataillons de la Réforme se
trouvaient désormais au sud de la Loire, échelonnés sur un arc de
cercle qui contournait le Massif central : de l'Anjou au Béarn, en
passant par le Poitou, la Saintonge, le Périgord, la Guyenne, la Gascogne, et du Languedoc au Dauphiné. Bergerac, la petite patrie de
Jean Marteilhe, donnait une image assez représentative du protestantisme français au début du règne de Louis XIV. L'on y comptait deux
temples, l'un situé au cœur de la cité, l'autre, plus modeste, bâti dans
le faubourg de la Madeleine. Le temple principal, construit entre
1636 et 1643, « estoit trop magnifique », aux dires du syndic du clergé,
qui ruminait la perte de l'édifice; son clocher montrait une belle hor-
loge, au-dessus de laquelle le consistoire avait fait graver cette inscrip-
tion : « C'est icy la porte de l'Éternel, les justes y entreront. » Le pays
bergeracois vivait à l'aise. Une bonne partie du gros commerce entre
Lyon et Bordeaux, qui transitait par la Dordogne, était, pour une bonne
part, contrôlé par les négociants protestants du cru. « C'étaient,
écrit Roger Lacoste, des marchands de grain, de vin et d'eau-de-vie,
de charbon de bois, de matériaux et de denrées de toutes sortes. »
Les vins blancs de la région, surtout, étaient très appréciés en Hollande

et dans les villes hanséatiques, où les négociants protestants préféraient traiter avec leurs « frères » de Bergerac. Là, comme partout en France, les bénéfices tirés du commerce avaient été investis dans la terre et dans les offices. La bourgeoisie réformée de Bergerac, riche et cultivée, avait acheté des charges de justice, de finances et d'administration; et lorsque la monarchie restreignit peu à peu l'accès des protestants aux fonctions publiques — voir *infra* —, ceux-ci se tournèrent alors vers les professions d'avocat, de médecin, de notaire... Ils avaient aussi du bien au soleil. Les Eyma possédaient de grands vignobles entre le bourg de la Madeleine et la « côte » de Monbazillac, et des domaines autour de la Callivie; les Dommonget tenaient la terre de Malauger, au nord de Bergerac; à un niveau plus modeste, les Marteilhe vendangeaient leurs vignes dans la paroisse de Conne-Saint-Cernin. Le petit peuple protestant de Bergerac et de son terroir vivait à l'ombre des notables locaux, parfois leurs frères en religion, mais aussi leurs employeurs; ce petit peuple comprenait des cardeurs, des foulons, des tisserands, des tanneurs, et le groupe compact des brassiers et des vignerons qui besognaient sur les terres des « Messieurs ».

A Bergerac, comme à Rouen, à Sedan ou à Saumur, les protestants représentaient une élite dont le poids économique et culturel était sans commune mesure avec leur poids démographique — un vingtième de la population du royaume. Des académies et sociétés savantes aux banques et aux manufactures, ils jouaient un rôle actif dans tous les domaines, ne rechignant pas à mettre leurs talents, leur esprit d'entreprise, et surtout leurs capacités financières, au service de la monarchie. Tout, en dernier ressort, dépendait du roi : celui-ci s'en tiendrait-il au statu quo, ou céderait-il aux appels périodiques de l'Assemblée du clergé, qui le suppliait de bannir du royaume « cette malheureuse liberté de conscience », et d'employer son « autorité à l'entière extirpation de l'hérésie »? Malgré quelques bonnes paroles pour louer la fidélité, le zèle et l'obéissance de ses sujets de la R.P.R. (la Religion Prétendue Réformée), le pouvoir royal montre très tôt sa volonté d'étouffer progressivement le protestantisme français.

La politique de « réduction des huguenots » s'attaque d'abord aux cadres de l'Église réformée. L'édit de Nantes avait accordé le droit de célébrer publiquement le culte protestant dans tous les lieux où celui-ci était déjà notoirement établi en 1598. Ce fut l'interprétation chicanière de cette clause qui autorisa l'Église catholique à réclamer la destruction de tous les temples qui avaient été édifiés depuis 1598. Appuyés par la justice royale, évêques et intendants jouaient les démolisseurs de temples à qui mieux mieux. Cosnac, l'évêque de Valence, se vantait d'avoir obtenu la destruction de quatre-vingts temples dans son diocèse, puis d'une dizaine d'autres qui, avouait-il, « n'étaient pas dans le cas d'être rasés »... Il n'en restait plus que deux. Député à l'Assemblée du clergé, cet évêque vint à Paris en 1685. « Je n'oubliai pas, rapporte-t-il, mes deux temples. Le Tellier m'en donna un qu'il fit juger dans le Conseil, et je suppliai si pressamment Sa Majesté de m'accorder l'autre que je l'obtins de sa piété et de sa bonté; de sorte qu'avant la révocation de l'édit de Nantes, je me glorifiai d'avoir détruit l'exercice des temples dans mon diocèse. » Les ministres réformés sont l'objet de multiples brimades. On leur défend de prendre le titre de pasteur et de porter des « habits longs » hors des temples; ils ne peuvent plus exercer au même endroit plus de trois ans, et ils doivent quitter immédiatement tous les lieux où des temples ont été supprimés. L'on s'acharne aussi sur les écoles élémentaires et sur les académies – universités – protestantes; l'on gêne enfin, puis l'on empêche toutes les assemblées – synodes et colloques – de l'Église réformée. Comme cette Église peut vivre au sein de chaque foyer sans temple et sans pasteur, une kyrielle d'édits, de déclarations et d'arrêts de justice, s'en prennent aux familles et aux personnes; tout un fatras répressif, parmi lequel il est très difficile de distinguer ce qui fut effectivement et durement appliqué, de ce qui resta lettre morte. Ceux de la R.P.R. ne peuvent plus enterrer leurs morts qu'à l'aube ou à la brune; les cortèges funèbres sont limités à trente personnes, là où le culte est autorisé, à dix dans les autres; ils doivent marcher « incessamment ». Une déclaration royale permet d'enlever aux familles réformées les enfants âgés d'au moins sept ans qui voudraient se convertir contre le gré de leurs parents; une autre oblige les ménages à recourir aux services de sages-femmes catholiques, car aucune personne de la R.P.R. n'a plus le droit de « se mêler d'accoucher dans notre royaume ». Et c'est aussi une déclaration qui prévoit que les juges ou, à défaut, les syndics ou marguilliers des paroisses, se rendront chez les protestants malades, « pour savoir s'ils veulent mourir dans ladite religion ». D'autres textes visent la vie professionnelle des protestants : on les chasse de la magistrature, de l'armée, de l'administration et des marchés de l'État; ils ne peuvent plus également exercer aucune profession libérale; on leur défend aussi tous les métiers du livre...

L'accumulation de ces contraintes et de ces interdictions ne provoque pas, à l'évidence, les conversions massives que l'on espérait. Au reste, cette politique de persécution ruine à l'avance toutes les entreprises de conversion par la voie évangélique, par la douceur. De plus, l'Église catholique se révèle incapable d'occuper le terrain : il aurait fallu un clergé instruit et de mœurs exemplaires, pour convaincre ce peuple de « tutoyeurs de Dieu », bien alphabétisé, nourri quotidiennement de la lecture de la Bible, qui ne s'en laissait pas conter. Et ce n'était pas la « Caisse des conversions », gérée par l'académicien Pellisson, huguenot converti, qui avait changé quoi que ce soit. L'on y achetait les consciences réformées à raison de cinq à six livres par âme. L'affaire sombra dans le ridicule. L'on avait « gonflé » les listes de « nouveaux convertis » présentées au roi; et l'on s'aperçut que des « misérables » se convertissaient à plusieurs reprises pour toucher plus d'argent. Finalement, l'on arrêta les frais, et les fonds de la Caisse servirent à commander des catéchismes à l'usage de ceux de la R.P.R. En juillet 1682, l'Assemblée du clergé adresse aux protestants un « Avertissement pastoral » : « Vous devez vous attendre à des malheurs incomparablement plus épouvantables et plus funestes que tous ceux que vous ont attirés jusqu'à présent votre révolte et votre schisme. » Depuis deux ans déjà, les dragonnades faisaient merveille.

La méthode n'était pas nouvelle. La monarchie l'avait employée à plusieurs reprises pour ouvrir la bourse de contribuables récalcitrants, ou pour mettre à la raison des croquants révoltés. Ce système, simple, brutal, et abominablement efficace, consistait à loger des soldats — le plus souvent, des mercenaires étrangers — chez l'habitant, et à fermer les yeux sur toutes les exactions et tous les sévices que ceux-ci pouvaient commettre : pillages, incendies, tortures, viols. Quand les « dragonnés » s'étaient soumis, la troupe changeait de cantonnement, et ainsi de suite, jusqu'à ce que tout un pays soit « pacifié » ou obéisse à la volonté du roi. L'on avait déjà tâté des dragonnades en Poitou, lorsque des communautés protestantes y résistèrent à la destruction de leurs temples. Mais cette fois-ci, à partir des années 1680, après la paix de Nimègue qui libérait l'armée, le ministre Louvois convainquit le roi d'étendre le procédé sur une plus grande échelle. Officiellement, les dragonnades n'existent pas. En transmettant ses instructions aux intendants, Louvois leur recommande de n'ordonner par écrit aucune brutalité contre les huguenots... Effrayées et écrasées par la soldatesque, les familles se résignent à signer les actes d'abjuration que leur tendent les missionnaires ou le curé de la paroisse; parfois la nouvelle de l'arrivée des soldats, avec la rumeur des atrocités commises, suffit pour provoquer immédiatement l'abjuration de communautés entières. Ainsi à Montpellier et à Nîmes : « Je ne sais plus que faire des troupes, écrit le duc de Noailles, qui dirige les dragonnades en Languedoc, parce que les lieux où je les destinais se convertissent généralement. » Les abjurations se multipliaient miraculeusement; l'évêque de Luçon ne craignait pas de parler de « bénédiction » à propos des dragonnades, et les intendants envoyaient des statistiques mirobolantes pour montrer que tous les protestants de leur généralité étaient devenus des « nouveaux convertis ». Et Saint-Simon notait : « Le roi recevait à tous moments des listes d'abjuration et de communion par milliers [...] il les montrait aux courtisans avec épanouissement; il nageait dans ces millions de sacrilèges comme étant l'effet de sa piété et de son autorité, sans que personne osât témoigner ce qu'on en pensait. » Il y eut quelques fausses notes. Malgré les précautions des intendants, les cris des persécutés, à plusieurs reprises, parvinrent jusqu'à Versailles; et Louvois fut obligé de désapprouver les « excès » qu'il avait lui-même minutieusement organisés : « La violence n'est pas du goût de Sa Majesté », écrivait-il à Foucault, nommé intendant du Poitou après un mémorable passage en Béarn.

L'édit de Fontainebleau, révoquant celui de Nantes, fut signé le 18 octobre 1685. Il débutait par un très gros mensonge : « Puisque la meilleure et la plus grande partie de nos sujets de ladite R.P.R. ont embrassé la (religion) Catholique... » Suivaient une douzaine d'articles, qui confirmaient ou aggravaient — notamment pour les pasteurs — le corpus répressif accumulé depuis vingt-cinq ans contre les protestants français. Comme à l'accoutumée, on ne lésina pas sur l'encens. « Épanchons nos cœurs sur la piété de Louis, s'exclamait Bossuet;

poussons jusqu'au ciel nos acclamations, et disons à ce nouveau Constantin, à ce nouveau Théodose, à ce nouveau Marcien, à ce nouveau Charlemagne : " c'est le digne ouvrage de votre règne; c'en est le propre caractère; par vous l'hérésie n'est plus; Dieu seul a fait cette merveille ". »

Cet optimisme de façade ne dure pas. Dès les lendemains de la révocation, les autorités administratives et religieuses changent de ton, et renchérissent sur le caractère superficiel des conversions : « A la réserve de dix ou douze personnes, tout est converti, écrit l'évêque de Grenoble, mais je crains bien qu'à la réserve de dix ou douze personnes, il n'y en ait pas un seul qui se soit bien converti. » Revenant sur une abjuration dictée par la peur ou la contrainte, beaucoup de « nouveaux convertis » se considèrent toujours, en conscience, comme des protestants, même si, pour donner le change et assurer leur tranquillité, ils assistent à la messe dominicale et communient à Pâques. Mais chez eux, une fois refermé l'huis, ils lisent et commentent en famille la Bible et les écrits qui leur parviennent de Genève ou d'Amsterdam; ils prient Dieu « à la réformée ». « Le fond du cœur protestant et l'extérieur romain », disait joliment Jean Marteilhe... Cette double vie spirituelle satisfait les autorités, qui ne sont pas dupes, bien sûr, mais se contentent de ce respect extérieur des pratiques religieuses : « au moins il n'y a pas de scandale », écrit en 1700 l'intendant de Flandre. En prison et aux galères, Jean Marteilhe a rencontré plusieurs de ces « nouveaux convertis », bourgeois et marchands fortunés, qui se démenaient pour soulager les misères de leurs frères galériens. A Dunkerque, Marteilhe est recommandé à un certain Piécourt, « natif de Bordeaux, protestant d'origine et de cœur, mais papiste à la royale [...]. Il était, comme on dit, du grand monde, généreux comme un prince, et sa bourse toujours ouverte aux grands seigneurs de qui il était fort caressé ». A tu et à toi avec les officiers des galères, en relation d'affaires avec le ministre de la Marine, Piécourt protège ouvertement le galérien de Bergerac, auquel il avoue crûment : « Je suis protestant comme vous. J'ai des raisons pour ma fortune de faire l'hypocrite devant le monde. »

Si l'Église catholique n'avait guère d'illusions sur la qualité des conversions des années 1680-1690, acquises à force de dragonnades et de « missions bottées », elle espérait que la génération suivante de

« nouveaux convertis », baptisée et dûment catéchisée, donnerait de
« bons » catholiques; bref, que tout finirait, après quinze ou vingt ans,
par rentrer dans l'ordre apostolique et romain. « Les enfants seront
du moins catholiques si les pères sont hypocrites », répétait Madame
de Maintenon. Mais là aussi, il fallut déchanter. Dans les provinces où
le protestantisme était profondément implanté, comme la Normandie,
le Poitou, la Saintonge, dans les pays du Sud-Ouest, en Languedoc
et en Dauphiné, une nouvelle Église réformée naissait. L'on signale
des réunions secrètes de huguenots, dans les villes et dans les bourgs,
mais surtout dans les campagnes, des assemblées réunies au « Désert »,
dans les lieux écartés. Encouragés par ce regain, une poignée de
pasteurs retournent clandestinement en France; et là où il n'y a plus
de pasteurs, des prédicants lisent des livres de sermons ou en impro-
visent eux-mêmes. Tous ceux qui se rendent à ces assemblées risquent
gros : la potence ou les galères. En Languedoc, bien avant le soulèvement des camisards, des paysans et artisans surpris au « Désert » sont
massacrés sans pitié par la troupe; « Faire fort peu de prisonniers,
ordonnait Louvois, mais en mettre beaucoup sur le carreau, n'épargner pas plus les femmes que les hommes. » Selon les régions, les tradi-
tions culturelles et les groupes sociaux, les formes de résistance à
l'assimilation catholique varièrent beaucoup; toute une gamme de
nuances, depuis la résistance passive et discrète, attitude dominante
des pays de l'Ouest et du Sud-Ouest, durement étrillés par les dragonnades, jusqu'à la révolte armée des « fanatiques » des Cévennes et
du Vivarais. Ce refus fut-il le fait d'une minorité, la majorité se
convertissant peu à peu définitivement, ou se résignant à l'exil? Le protestantisme du pays rochelais, passé au peigne fin par Louis Perouas,
fournit une réponse « moyenne ». Le peuple protestant qui vivait
là au début du règne de Louis XIV s'est partagé approximativement
en quatre quarts : Le premier comprend les réformés qui, après
les abjurations massives des années 1680, se sont ressaisis, et
demeurent exclusivement fidèles à leur confession; le second se
compose des « nouveaux convertis » qui remplissent ponctuellement
— et sincèrement? — leurs devoirs vis-à-vis de l'Église romaine; le
troisième regroupe les gens à « double conscience » — Robert Mandrou —, qui pratiquent l'une et l'autre religion, et qui espèrent
revenir ouvertement, un jour ou l'autre, à la foi réformée; le dernier

quart, enfin, rassemble tous ceux qui se sont enfuis du royaume. Cet ultime recours contre la persécution des consciences n'est pas chose nouvelle. Dès le XVIᵉ siècle, au milieu de la tourmente des guerres de Religion, des protestants ont quitté le royaume pour fonder à l'étranger de petites communautés, noyaux des futures églises françaises de Londres, d'Amsterdam ou de Francfort. Ce mouvement d'émigration marche au ralenti pendant la première moitié du XVIIᵉ siècle, mais ne s'interrompt jamais complètement. Il reprend vers les années 1660, s'accélère à partir de 1680, pour atteindre son maximum un peu avant la Révocation; puis il décroît irrégulièrement, mais se maintient jusqu'à la fin du règne de Louis XIV. La courbe des départs vers les pays du « Refuge » suit toutes les oscillations de la politique protestante du Roi-Soleil; elle s'infléchit aussi selon la conjoncture diplomatique, et avec l'alternance des périodes de paix et de guerre qui facilitent ou gênent certaines formes d'exil. Les pays du « Refuge »? Ce furent, bien sûr, les États protestants de l'Europe septentrionale, qui accueillirent sans désemparer plusieurs dizaines de milliers de fugitifs huguenots. Beaucoup ont d'abord gagné la Suisse, mais les cantons helvétiques, qui ne pouvaient recevoir qu'un nombre restreint d'immigrants — environ une vingtaine de mille —, servirent plutôt de relais ou de plaque tournante. Soixante à soixante-dix mille protestants français se sont établis dans les Provinces-Unies, en Hollande surtout, la « grande arche des réfugiés », et aussi en Zélande, en Frise et dans la province de Groningue. Là, avec l'appui financier des états généraux, de multiples réseaux d'entraide, animés par les premiers arrivants, organisaient l'accueil, voire le voyage des réfugiés. L'Allemagne également, du Palatinat à la Baltique, a représenté une aire privilégiée du « Refuge »; l'exemple du Brandebourg — le futur royaume de Prusse — est le plus fameux. Dès le lendemain de la révocation de l'édit de Nantes, l'Électeur de Brandebourg offre des conditions très avantageuses — des terres, de l'argent — aux protestants français qui s'installeront chez lui : en dix ans, Berlin double sa population grâce à l'émigration française; en 1700, plus de vingt mille réformés de France sont devenus des « Prussiens » à part entière. L'Angleterre ne demeure pas en reste. Par une belle ironie de l'histoire, c'est le roi Stuart Jacques II, de confession catholique, qui accueille à bras ouverts les fugitifs venus d'outre-Manche. Vers 1690, Londres compte trente temples français, fréquentés par quinze mille exilés; l'on trouve aussi des émigrés dans les ports de la côte sud, à Bristol, à Plymouth; certains sont allés jusqu'en Écosse, à Édimbourg, où ils ont fondé une église. D'autres encore ont poussé plus au nord : au Danemark, en Suède et même en Russie. Les plus audacieux, enfin, ont cherché une terre d'asile au bout du monde, dans les colonies anglaises d'Amérique du Nord, et à la pointe sud de l'Afrique où, en 1687, une poignée de huguenots s'établit au comptoir hollandais du Cap. Étonnante aventure sociale, la diaspora huguenote concerna environ deux cent mille à trois cent mille personnes, soit un bon quart de la population protestante au début du règne de Louis XIV. Même si les rapports entre les réfugiés et les pays d'accueil ne furent pas toujours idylliques, ce flux démographique constitua pour ces derniers une excellente aubaine : gens de métier, gens de mer, gens de lettres et gens d'affaires en grande majorité, les protestants français apportaient leur savoir et leur savoir-faire, tout un capital perdu par la France, que les États du « Refuge » surent faire fructifier.

Malgré les avertissements d'un Colbert ou d'un Vauban, et en dépit des rapports et des dépêches qui lui parvenaient des provinces frontalières et des cours étrangères, le roi comprit trop tardivement l'importance de cette fuite des cerveaux et des capacités. De toute façon, c'était le principe même de la politique protestante de Louis XIV qui provoquait l'émigration massive des huguenots; et faute de changer de politique, l'on réagit d'abord par des mesures répressives extrêmement dures — en traitant les fugitifs arrêtés aux frontières comme des brigands de grand chemin —, qui se combinèrent, paradoxalement, avec des gestes de bonne volonté ou d'apaisement. Au total une tactique incohérente, inefficace et odieuse, qui déchira des milliers de familles protestantes. La déclaration royale du 10 mai 1682 défendait « à tous gens de mer et de métier domiciliés dans notre royaume d'en sortir avec leurs familles, pour aller s'établir dans les pays étrangers, à peine des galères à perpétuité contre les chefs desdites familles, et d'amende arbitraire, qui ne pourra toutefois être moindre de trois mille livres, contre ceux qui seront convaincus d'avoir contribué à leur sortie par persuasion ou autrement, et de punition corporelle en cas de récidive ». Cette déclaration était précisée et confirmée par l'article 10 de l'édit de Fontainebleau : « Faisons très expresses et itératives défenses à tous nos sujets de ladite R.P.R. de sortir, eux, leurs femmes et enfants, de notre dit royaume, pays et terre de notre obéissance, ni d'y transporter leurs biens et effets, sous peine pour les hommes des galères, et de confiscation de corps et de biens pour les femmes. » La loi, la loi du roi, prévoyait aussi de récompenser ceux qui dénonceraient ou découvriraient des fugitifs, au moyen de la déclaration d'août 1685, qui offrait aux délateurs la moitié des biens appartenant aux protestants capturés.

Il fallait partir avant 1685. En effet, jusqu'à la Révocation, et malgré la déclaration royale de 1682 — voir *supra* —, les tribunaux demeurent inactifs, et les frontières de terre et de mer ne sont pas encore bouclées. Des caravanes de centaines d'émigrants passent les cols alpins en plein jour; des flottilles de barques de pêche, chargées à ras bord de fugitifs, rejoignent les flûtes anglaises et hollandaises qui croisent au large, du Pertuis breton à l'estuaire de la Gironde. Mais à partir de l'été 1685, la chasse à l'homme protestant se développe sur les côtes et dans les régions frontalières du Nord et de l'Est, où l'on a mis sur pied un dispositif de surveillance. Sans doute, les mailles du filet semblent assez larges, notamment le long des côtes; mais il devient très difficile et très risqué de franchir les frontières en groupes compacts. A l'exode massif des années 1680-1684, succède une autre émigration qui doit s'organiser clandestinement pour réussir. Des filières ou réseaux d'évasion se mettent en place. Les réfugiés arrivés à bon port envoient à leurs familles et à leurs relations des itinéraires; des guides vendent à prix d'or leurs services, allant même chercher leurs clients à domicile; dans les zones de passage, des cabaretiers, des curés, des paysans, des pêcheurs, des contrebandiers viennent en aide aux fugitifs, presque toujours moyennant finances. En période de paix, le chemin de la mer représentait le moyen le plus direct et le plus sûr; mais il fallait trouver un embarquement, et surtout échapper, une fois à bord, aux perquisitions des officiers du port : « On se cachait sous des balles de marchandises, écrit Élie Benoît, sous des monceaux de charbon, dans des tonneaux vides, mêlés parmi d'autres pleins de vin [...] où on n'avait d'ouverture que par la bonde pour respirer. On s'enfermait dans des trous où on restait entassés les uns sur les autres, hommes, femmes, enfants. » Sur la voie de terre, la plus dangereuse, tous les subterfuges semblaient bons, surtout au voisinage de la frontière. « Les uns contrefaisaient les catholiques et marchaient chargés d'heures et de chapelets »... Certains « prenaient du beau linge, des habits galants [...] et une petite canne à la main, passaient à travers du corps de garde comme des gens qui allaient faire dans un lieu voisin quelque promenade [...] Hommes et femmes se déguisèrent en mendiants, et traversèrent les lieux suspects chargés de sales haillons, et demandant leur pain de porte en porte. On fit passer de cette manière une infinité d'enfants. Des gueux portaient entre leurs bras ceux qui ne pouvaient marcher; et se faisant suivre par cinq ou six autres, demi-nus et couverts de crasse, passaient d'autant plus aisément qu'ils faisaient pitié par l'état de leur nombreuse famille ». Aucune précaution n'était superflue au long de ces routes de l'exil, semées d'embûches ou de traquenards. C'étaient les guides, souvent des gens de sac et de corde, qui vous trahissaient ou vous abandonnaient au moindre danger; c'était le patron de barque qui précipitait ses passagers à la mer après les avoir dépouillés; c'étaient les mouchards qui vous dévisageaient dans les auberges; c'était le passeur trop gourmand, à qui vous refusiez une pièce de plus, qui vous livrait aux gens du roi; c'étaient des paysans qui vous battaient à mort et vous laissaient nu, sur une grève ou sur le bord d'un chemin... Des fugitifs huguenots furent ainsi molestés, capturés, jetés dans des culs-de-basse-fosse, et sommés de choisir entre l'abjuration et les galères. Nous sommes des « pauvres qu'on foule comme la boue des rues », écrivait le forçat-gentilhomme Pierre Butaud, sieur de Lensonnière, qui avait « choisi » les galères.

Faute de données chiffrées suffisamment complètes, il paraît impossible de dresser un bilan, même approximatif, de la répression. Les premiers témoignages, écrits « à chaud », ceux d'un Élie Benoît ou d'un Jurieu, parlent d'arrestations et de condamnations massives; Jurieu, dans ses *Réflexions sur la cruelle persécution que souffre l'Église Réformée de France*, évoque les « prisons qui crèvent de femmes, d'enfants et d'hommes qu'on a arrêtés, fuyants »... Si les arrestations furent peut-être assez nombreuses — au moins quelques milliers —, beaucoup de protestants furent relâchés sans jugement, après un emprisonnement souvent long et humiliant, au prix de marchés sordides. Le nombre de procès conduits à leur terme fut probablement assez limité; mais dans ce cas, l'accusé, pris dans l'engrenage de la machine judiciaire, risquait très fortement — au moins une fois sur deux pour ceux qui furent jugés en appel par le parlement de Tournai — une peine exorbitante pour un crime inconnu du droit commun. Nous étions des « criminels d'État », remarque Jean Marteilhe. L'on s'acharna en particulier sur les obstinés, sur les « opiniâtres », qui toisaient leurs juges, et envoyaient au diable les prêtres qui tentaient de les convertir. Une bonne partie de ceux-là — plusieurs centaines —, se retrouvèrent sur les galères du Roi-Soleil.

*

Au mois de janvier 1702, lorsque Jean Marteilhe revêt la casaque rouge des forçats, le roi de France possédait 40 galères de guerre, sur lesquelles vivaient plus de 12 000 hommes de chiourme : 10 000 forçats, condamnés « à servir sur les galères du Roi », et 2 000 « Turcs », originaires d'Afrique du Nord et d'Europe centrale, capturés en mer par des corsaires « chrétiens » ou achetés sur les marchés d'esclaves de la Méditerranée. 34 galères étaient amarrées à Marseille, le port d'attache des galères, où l'on avait construit un monumental arsenal; et une escadre de 6 galères mouillait à Dunkerque, armée depuis le début de la guerre de Succession d'Espagne, pour faire pièce aux corsaires anglo-hollandais. C'était l'apogée du corps des Galères de France. Quelques années plus tôt, l'on avait frappé une médaille représentant, « au milieu du port de Marseille, une galère tout appareillée et prête à voguer », avec cette orgueilleuse légende : « L'empire de la mer Méditerranée assuré à la France par quarante galères. » Observée de l'extérieur, les jours de fête surtout, la galère offrait un spectacle rutilant, avec sa longue coque effilée peinte en noir ou en rouge sang de bœuf, avec sa poupe surchargée de sculptures dorées à l'or fin, avec son flot de bannières, de flammes et de pavillons de soie brodée à franges d'or, avec ses deux pavesades de damas fleurdelisé qui dissimulaient la chiourme, alors que la palamente multicolore frappait la mer en cadence. « La galère est un char de triomphe », écrivait en 1669 Nicolas Arnoul, l'intendant des Galères de France (...) Il n'y a rien qui sente tant son souverain que ces bâtiments, la poupe un peu relevée, et sous vos pieds trois cents esclaves enchaînés; les empereurs romains ne triomphaient pas avec tant. » Vu de l'intérieur, et de près, le tableau semble moins reluisant. Une odeur de crasse et de misère monte des bancs de la chiourme, qu'aucun parfum ne parvient à chasser. Quand une galère part en campagne, près de 500 hommes doivent vivre deux à trois mois dans un espace de moins de 50 m de long et d'environ 12 m de large; tout ce monde loge constamment sur le pont, les chambres sous la « couverte » ne servant qu'à ranger les vivres, les munitions et les agrès. L'on compte deux rangées de 26 bancs sur une galère « ordinaire », disposées en arête de poisson, de part et d'autre du coursier, un étroit caisson où vont et viennent les comites qui règlent à coups de sifflet et à coups de corde le rythme de la vogue; les cinq ou six forçats rivés à chaque banc se pressent dans un rectangle de 3,25 m sur 1,3 m, où ils peinent sur la rame, dorment et font leurs besoins... L'équipage « libre » n'est guère mieux loti : les matelots se serrent sur la rambade, le château de proue; les soldats se recroquevillent sur le couroir, une petite corniche qui court de poupe à proue, au-dessus des bancs, à l'extrémité de chaque bord de la galère; et les officiers se partagent la poupe, un cube de 4,5 m de côté, où l'on tient conseil, où l'on dit la messe, et où l'on donne des fêtes et des repas « d'une propreté et d'une délicatesse qui surprennent les conviés »...

Machine de guerre anachronique, cruelle et coûteuse, le corps des Galères de France ne servit à rien ou presque à rien, sinon à intimider les corsaires barbaresques, à transporter en Italie ou en Espagne quelques grands personnages, et surtout à déployer, d'avril à novembre, le long des côtes méditerranéennes, le théâtre punitif et baroque de la puissance et de la splendeur du Roi-Soleil. En effet, depuis belle lurette, les galères ne pouvaient plus tenir tête aux vaisseaux de haut bord armés d'une puissante artillerie; au cours des guerres louis-quatorziennes, les Galères de France firent presque exclusivement de la figuration intelligente, escortant des convois de ravitaillement, et remorquant, à l'arrière de la ligne de bataille, des bâtiments démâtés ou désemparés. Pourquoi la monarchie avait-elle maintenu et même augmenté la flotte de ses galères? Pour des raisons de prestige, et aussi parce que le corps des Galères de France constituait, depuis le début du XVIᵉ siècle, la seule institution pénitentiaire du royaume : « La plus grande utilité qu'elles apportent, écrivait le voyageur Jean-

Jacques Bouchard, c'est qu'elles servent comme d'un enfer pour tourmenter les méchants. » Des « méchants », des « scélérats »? des misérables et des pauvres bougres plutôt. La lecture des matricules — ou registres d'écrou — des forçats envoyés aux galères entre 1680 et 1715 nous montre que les « criminels » proprement dits ne représentaient que le tiers de la société des galériens; et encore, s'agissait-il le plus souvent de petits délinquants : des pilleurs de tronc, des coupeurs de bourse, des voleurs de poireaux ou de pain, plus que des bandits de grand chemin. A cette époque, les galères de Louis XIV faisaient surtout figure de bagne militaire, avec 45 % de soldats condamnés aux galères pour désertion — presque un forçat sur deux; 16 % des condamnés étaient aussi des contrebandiers, mis à la chaîne pour faux-saunage — contrebande de sel; 4 % des galériens, enfin, étaient des forçats protestants.

La correspondance entre les principaux officiers des galères et le ministre de la Marine se révèle assez discrète sur les chapitres des galériens protestants. Le sujet fait grincer les plumes et n'est abordé qu'avec réticence. Les officiers des galères se méfient les uns des autres; ils craignent le placet ou la lettre anonyme qui les dénonce au roi, parce qu'ils accorderaient trop de « liberté » aux huguenots de leur galère; et il faut l'aplomb du bailli de Noailles, lieutenant-général des galères, pour écrire « que les gens condamnés pour fait de Religion devraient être renfermés en quelque lieu, sans les mettre sur les galères, où il est bien difficile d'empêcher qu'ils n'aient des pratiques qui ne servent ordinairement qu'à les rendre plus opiniâtres » — une périphrase bien alambiquée, qui exprimait sans doute le sentiment de la plupart des officiers de plume et d'épée. Mais à Versailles, l'on se préoccupe toujours de la conversion — une véritable obsession! — des forçats « religionnaires », l'on espère que les souffrances, les misères et les promiscuités de la vie de galérien briseront bientôt la résistance du plus grand nombre, pour les précipiter dans les bras des aumôniers des galères. Dans ses lettres des années 1685-1688, le ministre de la Marine sépare « ceux qui sont aux galères pour avoir voulu sortir du royaume, d'avec ceux qui sont accusés de port d'armes et d'assemblée illicite » : les premiers sont « traitables », et recevront la « grâce » de leur libération s'ils se convertissent sincèrement; mais, à l'égard des seconds, « sa Majesté veut qu'ils souffrent plus longtemps que les

autres, et il faut attendre... » A partir des années 1690-1700, l'administration des galères ne classe plus les galériens « religionnaires »
selon leur motif de condamnation; dans les rapports et dans les listes
envoyés à la Cour, elle adopte une « remarquable » taxinomie morale
et religieuse. Cette archive policière ne distinguait pas moins de
huit catégories : « n'a pas abjuré, prédicant dangereux »; « n'a pas
abjuré, obstiné »; « n'a pas abjuré »; « ne font pas leur devoir, relaps »;
« ne font pas leur devoir »; « ancien catholique perverti »; « fait
son devoir »; « n'a pas abjuré, demande à se faire instruire ». Ainsi,
au moyen d'une étonnante perversion de l'institution, les galères, à
leur tour, devenaient une machine à réduire les huguenots récalcitrants. Pour quels résultats?

Les registres d'écrou des condamnés aux galères, où l'on notait en
marge le sort — libération, évasion ou décès — de chaque forçat, per-
mettent de dresser la comptabilité de la destinée des 1 450 galériens
protestants du règne de Louis XIV. Au passif, d'abord, il y a le décès,
pour 44 % d'entre eux, morts de misère, de chagrin et de maladie à
l'hôpital royal des forçats, et morts très vite, puisque 71 % des décès
surviennent au cours des trois premières années de galères. A l'actif
— notion ici très relative —, il faut porter la libération de 56 % des
condamnés protestants. Parmi l'ensemble des libérés, 39 % furent
délivrés après trois ans ou moins de galères, sans doute après abjuration et pour cause de « bonne conduite »; 20 % ont subi entre quatre
et neuf ans de galères, 24 % entre dix et quinze ans; 17 %, enfin, ont
supporté entre seize et trente ans de galères. Résumons ce bilan : sur
100 forçats protestants arrivés aux galères entre 1685 et 1715, 44 sont
morts en captivité, 20 furent graciés assez vite, et 36 ont accompli au
moins quatre ans de galères. Même si le taux de mortalité des galériens protestants fut égal ou légèrement inférieur à celui des autres
catégories de forçats : condamnés de droit commun, déserteurs ou
contrebandiers, ce bilan semble très lourd, pour des gens qui n'avaient
pas commis d'autre crime que celui de protester de leur foi. Beaucoup,
à cause de cette foi, n'ont justement jamais désespéré, comme en
témoigne cette « carte de vœux » que le galérien David Serres adressait,
pour la Noël 1709, à une famille huguenote réfugiée en Hollande :
« Je vous souhaite de bon cœur et à toute votre famille une bonne et
heureuse année. Voici la vingt-cinquième année de notre captivité,

car nous avons été arrêtés en 1685, au mois d'octobre ou de novembre. Nous espérions en voir la fin de celle-ci, mais il semble que Dieu a différé cet heureux jour à un autre temps. Son Saint nom soit bénit! »

Les forçats étaient prêts à tout pour survivre. Ils se battaient et se volaient entre eux : la galère faisait le galérien. Pour résister et pour venir en aide aux plus démunis, les plus actifs des condamnés protestants créèrent une organisation clandestine aux multiples ramifications, remarquablement adaptée au « système » de la société des galères. Un texte de février 1699, le « règlement fait sur les galères de France par les confesseurs qui souffrent pour la vérité de l'Évangile », détaille les buts et « l'organigramme » du réseau. Il ne s'agissait pas seulement de charité, de solidarité entre les membres d'une même Église, mais aussi de discipline et de surveillance : il fallait « reprendre et corriger les vicieux... encourager et fortifier les faibles et les chancelants... consoler les malades et ceux qui seront extraordinairement persécutés... retrancher les lâches et les scandaleux ». Cette contre-société des galères avait donc sa propre police; elle n'hésitait pas à abandonner ou à exclure, à réprimer ou à punir : « Ceux qui s'obstinent à persévérer dans leurs désordres et dans leur mauvaise conduite, on leur déclare qu'ils seront dénoncés à toute notre société, qu'ils seront retranchés et séparés de notre corps, privés de tous les secours qu'ils pourront attendre, jusqu'à ce qu'ils donnent des témoignages assurés de leur repentance et de leur amendement. » Surveiller et instruire. Le même règlement prévoyait l'alphabétisation — aux galères! — des « frères ignorants », au cours des mois d'hiver, lorsque les galères demeuraient au port; et gare aux fainéants qui refusaient les lumières de l'instruction : « On les privera d'une partie ou même de tout le soulagement qu'on avait accoutumé à leur donner, jusqu'à ce qu'ils se soumettent à leur devoir. »

Un bureau politique de sept membres dirigeait le réseau des galériens protestants; chacun s'occupait d'un ou plusieurs secteurs d'activité, et devait périodiquement en rendre compte à ses camarades. Vers 1700, Élie Maurin et Jean-Baptiste Bancilhon étaient chargés de la « propagande » à l'étranger, afin de « répandre la bonne odeur de nos chaînes et de nos souffrances » dans les États protestants; ils composaient des biographies édifiantes de forçats, et envoyaient des mémoires sur les misères et sur les supplices que supportait l'Église des confesseurs des galères. La collecte des fonds, ainsi que les relations épistolaires avec l'extérieur étaient l'affaire de presque tous les membres du comité directeur : Pierre Carrière et Jean Musseton correspondaient avec la Suisse et l'Allemagne, Jean-Baptiste Bancilhon et Pierres Serres avec l'Angleterre et la Hollande, Abel Damoin et André Valette maintenaient les contacts avec les réformés de France. La répartition des secours, enfin, était confiée à André Valette et Pierre Carrière. Sur chaque galère où se trouvaient des forçats protestants, un responsable assurait la distribution des subsides, mais aussi celle des lettres et surtout des livres, dont on avait toujours le plus pressant besoin : « Je vous conjure, écrivait David Serres, de nous envoyer en même temps la vingt-deuxième lettre pastorale de Monsieur Jurieu qui traite de la visibilité de l'Église; je souhaiterais bien de savoir si Monsieur Dubosc, dont nous avons lu ici les vingt-quatre beaux sermons, est encore en vie. »

A l'intérieur comme à l'extérieur de la société des galères, ce réseau de résistance nécessitait de nombreuses complicités. Certains aidaient les condamnés protestants pour « l'amour de Dieu »; d'autres, surtout parmi les gens des galères, n'étaient guidés que par l'appât du gain : « Ce n'est qu'à force d'argent que nous pouvons faire nos affaires », remarquait un galérien protestant. Des négociants, des marchands, des cabaretiers et des aubergistes servaient de « boîte à lettres »; le courrier et les ballots de livres étaient ensuite acheminés par toute une chaîne d'intermédiaires, plus ou moins sûrs, plus ou moins fidèles. A Marseille et à Dunkerque, il n'y avait pas de cloison étanche entre le port et le corps des Galères de France. Moyennant un sol par jour, les argousins déferraient quotidiennement des centaines de forçats et de Turcs, qui allaient travailler en ville, chez des artisans ou des fabricants. Ces galériens auraient dû être enchaînés en « couple » et constamment surveillés, au sortir de leur galère, par un « pertuisanier » ou garde-chiourme. En fait, les galériens qui graissaient suffisamment la patte des comites et des argousins jouissaient d'un régime de semi-liberté... Et au lieu de monter la garde devant les ateliers et les fabriques, les pertuisaniers passaient leur journée au cabaret. Des forçats et des Turcs se livraient à de fructueux trafics, amassaient un joli pécule, et jouaient aux banquiers sur leur galère, prêtant même de l'argent aux officiers. Chacun y trouvait son compte, et l'administration des galères fermait les yeux sur ces pratiques quasi séculaires. De temps à autre, à la suite d'une évasion, ou après la découverte d'une affaire de recel d'objets volés à Marseille ou à Dunkerque, l'on empêchait les galériens de sortir en ville; puis, au bout de quelques semaines, tout recommençait comme avant. Les lettres de la Cour refusent formellement ces « libertés » aux condamnés protestants. Mais là encore, bien des accommodements sont possibles, qui n'apparaissent qu'au hasard d'une dénonciation. Ainsi, en juin 1696, à Marseille, la police des galères, perquisitionnant en pleine nuit dans la manufacture de drap du sieur Peloux — un « nouveau converti » —, y découvre une quinzaine de forçats protestants, « lesquels étaient dans cette maison sans pertuisaniers... gardés seulement par une vieille Rachel des plus opiniâtres qui soient dans Marseille »... Sur les galères, à l'intérieur de l'arsenal, et jusque dans les bureaux de l'Intendant, des commis, des bas-officiers, des soldats et des Turcs transmettaient les messages ou donnaient des informations. A Marseille, ces « lignes de communication » atteignaient même les cachots du fort Saint-Jean, du fort Saint-Nicolas et du Château d'If, où l'on avait enfermé une dizaine de galériens protestants, jugés trop « dangereux » pour demeurer en galère : « Il faut des précautions incroyables, et avec cela de la dépense, écrivait le forçat Jean Serres [...] Jugez quelles machines il faut faire jouer pour trouver accès dans un lieu si bien gardé. Cependant, tout cela n'empêche pas que nous n'en tirions des nouvelles de temps en temps, et que nous n'adoucissions leurs maux selon leur désir et leur état. »

Cette résistance exaspère le « parti dévot » des galères, qui suscite en 1699-1700 « l'affaire du bonnet ». L'on disait la messe sur la poupe des galères de France tous les dimanches et jours de fête. Les forçats y assistaient, enchaînés, à genoux, tête nue, tandis que les galériens protestants se couchaient dans leur banc, en s'enveloppant dans leur « capot ». En accord avec les officiers les plus zélés, les aumôniers des galères veulent obliger les condamnés huguenots à s'agenouiller, eux aussi, pendant le service divin, en tenant leur bonnet à la main. Du côté protestant, l'on donne la consigne de « refuser le bonnet » : « Si l'on nous voyait dans la même posture des catholiques romains, s'écrie Jean-Baptiste Bancilhon, ne conclurait-on pas que nous sommes de leur communion? » C'est l'épreuve de force. Au

moment de la messe, l'on arrache aux forçats protestants leur bonnet
et leur capot; sur la *Magnanime*, la *Superbe* et la *Favorite*, les
récalcitrants sont molestés et garrottés près de la poupe. Comme ces
brimades ne suffisent pas, l'on décide de recourir à la bastonnade.
Il s'agissait du châtiment « ordinaire » des galériens : le supplicié était
étendu à plat ventre, torse nu, sur le coursier de la galère, maintenu
aux jambes et aux bras par deux forçats; un Turc faisait office de
bourreau, en frappant le patient avec une grosse corde goudronnée;
un comite se tenait derrière le Turc, et lui cinglait le dos à coups
de corde ou de bâton s'il sentait que le bourreau ménageait sa vic-
time. Pendant plusieurs jours, tous les galériens protestants qui
refusent de lever le bonnet sont ainsi « bastonnés » sur leur galère,
au vu et au su des Marseillais qui assistent, sur le quai, aux supplices, « car on avait fait faire le large, afin que nous fussions comme
en spectacle ». Certains meurent sous les coups, comme Pierre Sau-
vet, de la *Magnanime;* d'autres sont traînés, assommés de douleur,
jusqu'à l'hôpital des forçats. Ce fut le « temps du grand massacre »,
témoigne David Serres... La douleur? « Elle pénètre jusqu'aux os,
écrit-il, jusqu'au plus profond du cœur et de l'âme. Oui, l'âme et le
corps sentent si vivement les aiguillons de la douleur qu'on n'a point
de termes pour le pouvoir exprimer [...] car mon cœur me défaillit
à la fin de chaque bastonnade, et mon âme, comme on dit en commun
proverbe, fut sur le bord de mes lèvres. » Endurci par ses longues
années de galères, préparant des mémoires sur « les cruelles bastonnades... à cause du refus de lever le bonnet », qu'il enverra à Genève
et à Amsterdam, le forçat Bancilhon note, presque froidement : « Je
tâcherai de savoir ceux qui ont été maltraités, ceux qui ont été
fermes et ceux qui ont fléchi. » A quoi bon cette comptabilité, semble
répondre le galérien lorrain Joseph de Koettels : « Vous souvenez-
vous du temps des bastonnades, écrit-il en 1703, dans une lettre
adressée à l'inflexible Bancilhon... Les capélans (les prêtres) avaient
l'état, galère par galère, de nous tous. Les uns souffraient constamment par la grâce de Dieu de cruelles bastonnades [...] d'autres
plièrent au milieu des coups, d'autres à la vue des coups, d'autres
échappèrent par leurs amis, d'autres par argent... On y a inséré
plusieurs comme ayant souffert constamment ces horribles bastonnades, encore qu'il ne soit pas vrai. Et ces saints personnages, de

nos jours, sont autant de Noés *(sic)*, dans l'arche du Seigneur. »
« L'orage » s'apaisa en 1701. L'intendant des galères avait laissé
faire les bastonnades; inquiet, sur le tard, des conséquences de
« l'affaire du bonnet », il écrivit à Versailles « au sujet des religionnaires opiniâtres qu'on maltraite avec trop d'excès », et le ministre
ordonna de fermer discrètement le théâtre des supplices. Les galériens
protestants n'étaient pas parvenus, pour autant, au terme de leurs
misères; et, à quelques exceptions près, les « obstinés » des galères
de Louis XIV attendirent leur libération jusqu'en 1713, 1714, voire
1717. Une libération qui n'était pas due à la « bonté » du roi, mais
aux pressions exercées sur la France par la reine Anne d'Angleterre.
Il y eut encore, bien après le règne du Roi-Soleil, dans la première
moitié du Siècle des Lumières, des protestants condamnés aux
galères pour « fait de religion ». En 1748, au moment de la suppres-
sion du corps des Galères de France, une quarantaine de galériens
protestants attendaient leur transfert pour les bagnes de Toulon ou
de Brest. Les deux derniers forçats « pour la foi » furent libérés en
1775 : on les avait oubliés au bagne, écrit Gaston Tournier, et le
ministre de la Marine croyait sincèrement qu'il n'y avait plus de
forçats protestants... Au-delà des traces laissées par les archives et
par les imprimés, le souvenir des galériens huguenots est demeuré
vivace dans la mémoire collective des protestants français. Au milieu
du xixᵉ siècle, un érudit évoquait ainsi le forçat protestant Jean
Barrau, envoyé au bagne en 1754 pour « assemblée de religionnaires » :
« J'ai connu Barrau, écrivait-il dans le *Bulletin de la Société de l'histoire du protestantisme français,* sa femme était cousine germaine de
mon père et ma sœur devint sa bru. Je l'ai vu, avancé en âge, exercer
les fonctions d'ancien de l'Église de Réalmont. Il me parlait souvent
de son incarcération, de sa condamnation, ou de son séjour au bagne
et de sa délivrance »... Au reste, l'histoire de la persécution d'une
minorité religieuse, ethnique ou culturelle, n'est-elle pas toujours
une donnée de notre temps? Quel est l'opprimé, d'hier ou d'aujour-
d'hui, qui ne pourrait reprendre à son compte le cri du galérien
protestant Jean de Loustalet : « Ne serait-ce pas mourir tous les
jours... que d'obéir à ces gens-là contre ta conscience? »

ANDRÉ ZYSBERG

MEMOIRES
D'UN
PROTESTANT,

Condamné aux

GALERES DE FRANCE

POUR CAUSE DE

RELIGION;

écrits par lui même:

Ouvrage, dans lequel, outre le recit des souf-
frances de l'Auteur depuis 1700 jusqu'en
1713; on trouvera diverses Particula-
rités curieuses, relatives à l'Histoire
de ce Temps-là, & une Descrip-
tion exacte des Galeres & de
leur Service.

Nouv. Edition augmentée d'une Clef des
Lettres, qui signifient les Noms des
Personnes, villes, &c.

A LA HAYE,
Chez C. PLAAT *&* Comp,
M. D. C. C. LXXVIII.

‡‡‡

Il y a peu de mes compatriotes, anciens réfugiés dans ces heureuses provinces [1], qui ne pussent rendre témoignage aux calamités que la persécution dans toutes les provinces de France leur a fait souffrir. Si chacun d'eux en particulier avait écrit des Mémoires de ce qui lui est arrivé, tant dans leur commune patrie que lorsqu'ils furent obligés d'en sortir, et qu'on en eut fait un recueil, il serait non seulement très curieux à cause des différents événements que l'on y aurait rapportés, mais en même temps très instructif pour un grand nombre de bons protestants, qui ignorent la plus grande partie de ce qui s'est passé depuis l'année mil six cent quatre-vingt-quatre dans cette cruelle et sanglante persécution. Divers auteurs en ont écrit en général, mais pas un (du moins qui soit venu à ma connaissance) n'a particularisé les différents genres de tourments que chacun de mes chers compagnons de souffrance a expérimentés.

Il est fort au-dessus de ma portée d'entreprendre un pareil ouvrage, ne sachant qu'imparfaitement et par tradition un nombre presque infini de faits, que plusieurs de mes chers compatriotes racontent journellement à leurs enfants. Aussi ferai-je seulement part au public, par ces Mémoires, de ce qui m'est arrivé à moi-même depuis l'année mil sept cent, jusqu'à mil sept cent treize, que je fus heureusement délivré des galères de France par l'intercession de la reine Anne d'Angleterre de glorieuse mémoire.

Je suis né à Bergerac, petite ville de la province de Périgord, l'année mil six cent quatre-vingt-quatre, de parents bourgeois et marchands, qui, par la grâce de Dieu, ont toujours vécu et constamment persisté jusqu'à la mort dans les sentiments de la véritable Religion Réformée, s'étant conduits de façon à ne s'attirer aucun reproche, élevant leurs enfants dans la crainte de Dieu, et les instruisant continuellement dans les principes de la vraie Religion et dans l'éloignement des erreurs du papisme [2].

Je n'ennuierai pas mon lecteur en rapportant ce qui m'est arrivé pendant mon enfance et jusqu'en l'année mil sept cent, que la persécution m'arracha du sein de ma famille, me força de fuir hors de ma patrie, et de m'exposer, malgré la faiblesse de mon âge, aux périls d'une route de deux cents lieues, que je fis pour chercher un refuge dans les Provinces-Unies des Pays-Bas. Je raconterai seulement avec brièveté, et dans la pure vérité, ce qui m'est arrivé depuis ma douloureuse séparation d'avec mes parents, que je laissai livrés aux fureurs et aux vexations les plus cruelles.

Avant d'en venir au détail de ma fuite hors de ma chère patrie, il est nécessaire de rapporter ce qui l'occasionna et alluma en mil sept cent le feu de la persécution la plus inhumaine dans la province où je naquis.

Pendant la guerre qui fut terminée par la paix de Ryswick, les jésuites et la prêtraille, qui n'avaient pu avoir le plaisir de faire dragonner les Réformés de France par le besoin que le roi avait de ses troupes sur les frontières de son royaume, ne virent pas plutôt la paix conclue qu'ils voulurent se dédommager du repos qu'ils avaient été contraints de nous donner pendant la guerre [3]. Ces impitoyables et acharnés persécuteurs firent donc sentir toute leur rage dans les provinces de France où il y avait des Réformés. Je me bornerai à faire le détail le mieux circonstancié qu'il me sera possible de ce qui se passa particulièrement dans celle du Périgord.

En l'année 1699, le duc de la Force, qui témoignait, du moins extérieurement, n'être aucunement dans les sentiments de ses illustres ancêtres par rapport à la Religion Réformée, sollicita, à l'instigation des jésuites, la permission d'aller dans ses terres du Périgord, qui sont grandes et considérables, « *pour* (comme il s'exprimait) *convertir les huguenots* ». Il flattait trop en cela les vues et les principes de la Cour, pour ne pas obtenir un si honorable et si digne emploi : Il partit en effet de Paris, accompagné de quatre jésuites, de quelques gardes et de ses domestiques. Arrivé à son château de la Force, distant d'une lieue de Bergerac, il commença, pour donner une idée de la douceur de sa mission et de l'esprit de ses conseillers, à exercer des cruautés inouïes contre ses vassaux de la Religion Réformée, envoyant chaque jour enlever les paysans de tout sexe et âge, et leur faisant souffrir, en sa présence et sans autre forme de procès, les tourments les plus affreux, portés contre quelques-uns jusques à la mort, pour les obliger, sans autre connaissance de cause que sa volonté, d'abjurer sur-le-champ leur Religion. Il contraignit donc, par des moyens aussi diaboliques, tous ces pauvres malheureux à faire les serments les plus affreux de rester inviolablement attachés à la religion romaine. Pour témoigner sa joie et la satisfaction qu'il ressentait de ses heureux succès, et terminer son entreprise d'une façon qui fût digne du motif et des Conseils qui le faisaient agir, il fit faire des réjouissances publiques au bourg de la Force où est situé son château, et allumer un feu de joie d'une magnifique bibliothèque, composée de livres pieux de la Religion Réformée, que ses ancêtres avaient soigneusement recueillis. Il en usa de la même manière à Tonneins en Gascogne, fort fâché sans doute que ses ordres eussent resserré son zèle dans les terres de sa domination. La ville de Bergerac pour cette fois fut exempte de la persécution, ainsi que plusieurs villes des environs; mais ce repos n'était qu'une bonasse, qui devait être suivie de la plus terrible tempête. Avant d'en venir au détail de ce que les Réformés de cette province eurent à souffrir, le lecteur ne sera pas fâché que je le régale d'un fait assez divertissant, arrivé au château de la Force tandis que le duc s'y reposait de ses fatigues, et pour fruit de son heureuse expédition, recevait l'encens et les éloges, que lui venaient prodiguer les prêtres et les moines de ces cantons. Un avocat de Bergerac nommé Grenier, qui avait beaucoup d'esprit, mais à la vérité un peu timbré, n'ayant pas même beaucoup de religion, quoiqu'il fût né Réformé; cet avocat, dis-je, voulut aussi faire briller son esprit et se mettre sur les rangs des flatteurs, en haranguant le duc. Il lui en fit demander la permission qui lui fut aisément accordée. Le duc, assis sur son siège de cérémonie, ayant à ses côtés ses quatre jésuites, admit à son audience Grenier qui commença sa harangue en ces termes : « Monseigneur, votre grand-père était un grand guerrier; votre père un grand dévôt, et vous, Monseigneur, vous êtes un grand chasseur. » Le duc l'interrompit pour lui demander comment il savait qu'il était un grand chasseur, puisqu'en effet ce n'était pas là sa passion dominante. « J'en juge, repartit Grenier, par vos quatre limiers qui ne vous quittent pas », en lui montrant les quatre jésuites. Ces Pères, en bons chrétiens, commençaient à demander qu'on punît Grenier de son insolence; mais on représenta au duc que Grenier était aliéné de son esprit, et le duc se contenta de le chasser de sa présence.

Je reprends le fil de mon histoire, et vais expliquer ce qui donna lieu à ma fuite, pour tâcher de sortir du royaume.

Le duc de la Force, fier des belles conversions qu'il avait faites, en fut rendre compte à la Cour[4]. On peut juger si lui et ses jésuites exagérèrent l'effet que leur mission avait produit. Quoi qu'il en soit, le duc obtint de revenir en Périgord en l'année 1700 pour convertir par une dragonnade impitoyable les huguenots des villes royales de cette province. Il vint donc à Bergerac, où il établit son domicile, accompagné de ces quatre mêmes jésuites, et d'un régiment de dragons, dont la mission cruelle chez les bourgeois, où ils furent mis à discrétion, fit bien plus de nouveaux convertis que les exhortations des jésuites. Car en effet, il n'y eut cruautés inouïes que ces missionnaires bottés n'exerçassent pour contraindre ces pauvres bourgeois d'aller à la messe, et faire leur abjuration, avec des serments horribles de ne jamais plus abandonner l'exercice de la religion romaine. Le duc avait un formulaire de ce serment, rempli d'imprécations contre la Religion Réformée, qu'il faisait signer et jurer, de gré ou de force, à ces pauvres bourgeois martyrisés. On mit chez mon père à discrétion vingt-deux de ces exécrables dragons. Mais je ne sais par quelle politique, le duc fit conduire mon père en prison à Périgueux. On se saisit de deux de mes frères et de ma sœur, qui n'étaient que des enfants, et on les mit dans un couvent. J'eus le bonheur de me sauver de la maison, si bien que ma pauvre mère se vit seule de sa famille au milieu de ces 22 scélérats, qui lui firent souffrir des tourments horribles. Et après avoir consumé et détruit tout ce qu'il y avait dans la maison, ne laissant que les quatre murailles, ils traînèrent ma désolée mère chez le duc, qui la contraignit, par les traitements indignes qu'il lui fit, accompagnés d'horribles menaces, de signer son formulaire. Cette pauvre femme pleurant abondamment, et protestant contre ce qu'on lui faisait faire, voulut encore que sa main accompagnât les lamentables protestations de sa bouche; car le duc lui ayant présenté le formulaire d'abjuration pour le signer, elle y écrivit son nom, au bas duquel elle ajouta ces mots : *« La force me le fait faire »*, faisant sans doute allusion au nom du duc. On la voulut contraindre d'effacer ces mots, mais elle n'en voulut constamment rien faire; et un des jésuites prit la peine de les effacer.

Cependant * je m'étais échappé de la maison avant que les dragons y entrassent; j'avais seize ans accomplis pour lors. Ce n'est pas un âge à avoir beaucoup d'expérience pour se tirer d'affaire, surtout d'un si mauvais pas. Comment échapper à la

* *Octobre* 1700.

vigilance des dragons, dont la ville et les avenues étaient remplies
pour empêcher qu'on ne s'enfuît? J'eus néanmoins le bonheur,
par la grâce de Dieu, de sortir de nuit sans être aperçu, avec un
de mes amis, et ayant marché toute la nuit dans les bois, nous
nous trouvâmes le lendemain matin à Mussidant, petite ville à
quatre lieues de Bergerac [5]. Là nous résolûmes, quelques périls
qu'il y eût, de poursuivre notre voyage jusqu'en Hollande, nous
résignant à la volonté de Dieu pour tous les périls qui se présentaient à notre esprit, et nous prîmes, en implorant la protection divine, une ferme résolution de n'imiter pas la femme de
Loth, en regardant en arrière, et que, quel que fût l'événement
de notre périlleuse entreprise, nous resterions fermes et constants
à confesser la véritable Religion Réformée, même au péril du
supplice des galères ou de la mort. Après cette résolution, nous
implorâmes le secours et la miséricorde de Dieu, et nous nous
mîmes gaiement en chemin sur la route de Paris. Nous consul-
tâmes notre bourse, qui n'était pas trop bien fournie. Environ
dix pistoles en faisaient le capital. Nous formâmes un plan d'économie pour ménager notre peu d'argent, en ne logeant tous les
jours que dans les médiocres auberges, pour y faire moins de
dépense. Nous n'eûmes, Dieu merci, aucune mauvaise rencontre
jusqu'à Paris, où nous arrivâmes le 10 novembre mil sept cent.
Notre plan, en partant du pays, était, qu'étant à Paris, nous
verrions quelques personnes de notre connaissance, qui nous
indiqueraient le passage le plus facile et le moins périlleux aux
frontières. En effet, un bon ami et bon protestant nous donna
une petite route par écrit, jusqu'à Mézières, ville de guerre sur
la Meuse, qui pour lors était frontière du Pays-Bas espagnol,
et au bord de la formidable forêt des Ardennes. Cet ami nous
instruisit que nous n'aurions d'autres périls à éviter que celui
d'entrer dans cette dernière ville; car pour en sortir on n'arrêtait
personne; et que la forêt des Ardennes nous favoriserait pour
nous rendre à Charleroi, distante de six à sept lieues de Mézières;
et qu'étant à Charleroi nous serions sauvés, puisque alors nous

serions absolument hors des terres de France. Il ajouta qu'il y
avait aussi, à Charleroi, commandant et garnison hollandaise,
ce qui nous mettait à l'abri de tout danger. Cependant cet ami
nous avertit d'être prudents, et de prendre de grandes précautions pour entrer dans la ville de Mézières, parce qu'on y était
extrêmement exact à arrêter à la porte tous ceux qu'on soup-
çonnait d'être étrangers; qu'on les menait au gouverneur, et
de là en prison, s'ils se trouvaient sans passeport. Enfin nous
partîmes de Paris pour Mézières. Nous n'eûmes aucune fâcheuse
rencontre pendant cette route; car dans le royaume de France
on n'arrêtait personne. Toute l'attention n'était qu'à bien garder tous les passages sur la frontière. Nous arrivâmes donc un
après-midi sur les quatre heures, sur une petite montagne à un
quart de lieue de Mézières, d'où nous pouvions voir entièrement
cette ville, et la porte par où nous devions entrer. On peut facilement juger de notre saisissement en considérant le prochain
péril qui se présentait à nos yeux. Nous nous assîmes un moment
sur cette montagne pour tenir conseil sur notre entrée dans la
ville. Et en considérant la porte, nous vîmes qu'un long pont
sur la Meuse y aboutissait, et comme il faisait assez beau temps,
un nombre de bourgeois se promenaient sur ce pont. Nous
jugeâmes qu'en nous mêlant avec ces bourgeois, et nous promenant avec eux sur ce pont, nous pourrions entrer pêle-mêle avec
eux dans la ville sans être connus pour étrangers par la sentinelle
de la porte. Nous étant arrêtés à cette entreprise, nous vidâmes
nos havresacs de quelques chemises que nous y avions, les mettant toutes sur notre corps, et les havresacs dans nos poches.
Nous décrottâmes ensuite nos souliers, peignîmes nos cheveux,
et enfin prîmes toutes les précautions requises pour ne paraître
pas voyageurs. Notez que nous n'avions pas d'épée, étant
défendu en France d'en porter. Ainsi appropriés, nous descendîmes la montagne et nous nous rendîmes sur le pont, nous y
promenant avec les bourgeois jusqu'à ce que le tambour rap-
pelât pour la fermeture des portes. Alors tous les bourgeois s'em-

pressèrent pour rentrer dans la ville, et nous avec eux, la sentinelle ne s'apercevant pas que nous fussions étrangers. Nous
étions ravis de joie d'avoir évité ce grand péril, croyant que
c'était là le seul que nous avions à craindre; mais nous comptions, comme on dit, sans notre hôte. Nous ne pouvions sortir
sur-le-champ de Mézières, la porte à l'opposite de celle par où
nous étions entrés étant fermée. Il nous fallut donc loger dans la
ville. Nous entrâmes dans la première auberge qui se présenta.
L'hôte n'y était pas; sa femme nous reçut. Nous ordonnâmes
le souper, et pendant que nous étions à table, sur les neuf heures,
le maître du logis arriva. Sa femme lui dit qu'elle avait reçu
deux jeunes étrangers. Nous entendîmes de notre chambre que
son mari lui demanda si nous avions un billet de permission
du gouverneur. La femme lui ayant répondu qu'elle ne s'en était
pas informée : « Carogne, lui dit-il, veux-tu que nous soyons
ruinés de fond en comble? Tu sais les défenses rigoureuses de
loger les étrangers sans permission. Il faut que j'aille tout à
l'heure avec eux chez le gouverneur. » Ce dialogue que nous
entendions nous mit la puce à l'oreille. Enfin l'hôte entre dans
notre chambre, et nous demande fort civilement si nous avions
parlé au gouverneur. Nous lui dîmes que nous n'avions pas cru
que cela fût nécessaire pour loger une nuit seulement dans la
ville. « Il m'en coûterait mille écus, nous dit-il, si le gouverneur
savait que je vous eusse logés sans sa permission. Mais avez-
vous un passeport pour pouvoir entrer dans les villes frontières? »
nous demanda-t-il. Nous lui répondîmes fort hardiment que nous
en étions bien munis. « Cela change l'affaire, dit-il, pour empêcher que j'encoure le blâme de vous avoir logés sans permission;
mais cependant il faut que vous veniez avec moi chez le gouverneur pour lui montrer vos passeports. » Nous lui répondîmes
que nous étions las et fatigués, mais que le lendemain au matin
nous l'y suivrions très volontiers. Il en fut content. Nous ache-
vâmes de souper, et nous nous couchâmes tous deux dans un lit
qui était fort bon, mais qui ne fut pourtant pas capable de nous

inciter à dormir, tant l'inquiétude du prochain péril s'était saisie de nous. Combien de conseils ne tînmes-nous pas toute cette longue nuit! Combien d'expédients ne nous proposions-nous pas sur la réponse que nous ferions aux demandes du gouverneur! Mais, hélas! c'étaient tous conseils et expériences sans conclusion. N'en voyant aucun qui nous garantît d'aller de chez le gouverneur dans la prison, nous passâmes le reste de la nuit en prières pour implorer le secours de Dieu, dans un si pressant besoin, et pour lui demander, à quelque épreuve que sa divine volonté nous exposât, la fermeté et la constance nécessaire pour confesser dignement la vérité de l'Évangile. La pointe du jour nous trouva dans ce pieux exercice. Nous nous levâmes promptement et descendîmes dans la cuisine, où l'hôte et sa femme couchaient. En nous habillant, il nous vint un expédient dans la pensée, pour n'être pas obligés à comparaître devant le gouverneur, lequel expédient nous mîmes en pratique, et qui nous réussit admirablement bien. Le voici.

Nous formâmes le dessein de sortir clandestinement de ce logis avant que l'hôte fût levé et en état de nous observer. Lorsqu'il nous vit de si grand matin dans sa cuisine, il nous demanda la raison de cette diligence. Nous lui dîmes qu'avant d'aller chez le gouverneur avec lui, nous voulions déjeuner, afin qu'en sortant de chez le gouverneur nous pussions poursuivre notre route. Il approuva notre dessein, et ordonna à sa servante de mettre des saucisses sur le gril pendant qu'il se lèverait. Cette cuisine était de plain-pied avec la porte de la rue, qui en était tout près. Ayant aperçu que la servante avait ouvert la porte de la rue, nous prétextâmes un besoin. L'hôte ne se méfiant de rien, nous sortîmes de ce fatal cabaret, sans dire adieu, ni payer notre écot; car il nous était absolument nécessaire de faire cette petite friponnerie. Étant dans la rue nous trouvâmes un petit garçon, à qui nous demandâmes le chemin de la porte de Charleville, qui était celle par où nous devions sortir. Nous en étions fort près, et comme on ouvrait cette porte, nous en sortîmes sans aucun obstacle.

Nous entrâmes dans Charleville, petite ville sans garnison ni
porte, qui n'est éloignée de Mézières que d'une portée de fusil.
Nous y déjeunâmes promptement, et en ressortîmes pour entrer
dans la forêt des Ardennes. Il avait gelé cette nuit-là, et la forêt
nous parut épouvantable, les arbres étant chargés de verglas :
Outre qu'à mesure que nous avancions dans cette spacieuse
forêt, il se présentait un grand nombre de chemins, et nous ne
savions lequel tenir pour nous rendre à Charleroi. Étant dans
cet embarras, un paysan vint à notre rencontre, à qui nous
demandâmes le chemin de Charleroi. Ce paysan nous répondit,
en haussant les épaules, qu'il voyait bien que nous étions étrangers, et que l'entreprise que nous faisions d'aller à Charleroi
par les Ardennes était très dangereuse, attendu qu'il voyait bien
que nous ne savions pas les chemins, et qu'il était presque impossible que nous suivissions le véritable; puisque, plus nous avan-
cerions, plus il s'en présenterait; et que n'y ayant ni village dans
ce bois, ni maison, nous courions le risque de nous y égarer
tellement que nous y errerions pendant douze ou quinze jours;
qu'outre les animaux voraces dont cette forêt était remplie, si la
gelée continuait, nous y péririons de froid et de faim. Ce discours
nous alarma. Ce qui fit que nous offrîmes un louis d'or à ce paysan, s'il voulait nous servir de guide jusqu'à Charleroi. « Non
pas, quand vous m'en donneriez cent, nous dit-il; je vois bien que
vous êtes huguenots, et que vous vous sauvez de France; et je me
mettrais la corde au cou si je vous rendais ce service. Mais, nous
dit-il, je vous donnerai un bon conseil : laissez les Ardennes;
prenez le chemin que vous voyez sur votre gauche; vous arriverez
dans un village, qu'il nous nomma; vous y coucherez, et demain
matin continuez votre route en tenant la droite de ce village.
Vous verrez ensuite la ville de Rocroy, que vous laisserez sur
votre gauche; et en poursuivant votre chemin, toujours sur la
droite, vous arriverez à Couvé, petite ville. Vous la traverserez,
et en sortant vous trouverez un chemin sur votre gauche; suivez-
le, il vous mènera à Charleroi sans péril. La route que je vous

indique, continua ce paysan, est plus longue que celle par les
Ardennes, mais elle est sans aucun danger. » Nous remerciâmes
ce bon homme, et suivîmes son conseil. Nous arrivâmes le soir
au village dont il nous avait parlé; nous y couchâmes, et le lendemain matin nous trouvâmes le chemin sur la droite qu'il nous
avait indiqué. Nous le prîmes et laissâmes Rocroy sur notre
gauche. Mais le bon paysan ne nous avait pas dit, peut-être par
ignorance, que ce chemin nous conduisait droit à une gorge
entre deux montagnes, qui était fort étroite, et où il y avait un
corps de garde de Français qui arrêtaient tous les étrangers qui
y passaient sans passeport, et les menaient en prison à Rocroy.
Nous, comme de pauvres brebis égarées, nous marchions à
grands pas vers la gueule du loup. Cependant, sans voir ni
savoir l'inévitable danger que nous courions, nous l'évitâmes
par le plus favorable hasard du monde; car en entrant dans
cette gorge nommée le Guet du Sud, la pluie tomba si abondamment que la sentinelle qui se tenait sur le chemin, devant le corps
de garde y rentra pour se mettre à couvert, et nous passâmes
fort innocemment sans en être aperçus, et poursuivant notre
chemin nous arrivâmes à Couvé [6]. Pour le coup, nous étions
sauvés, si nous avions su que cette petite ville était hors des terres
de France. Elle appartenait au prince de Liège, et il y avait un
château muni d'une garnison hollandaise. Mais, hélas! nous
n'en savions rien, pour notre malheur; car si nous l'avions su,
nous nous serions rendus à ce château, dont le gouverneur donnait des escortes à tous les réfugiés qui en demandaient pour être
conduits jusques à Charleroi. Enfin Dieu permit que nous restassions dans cette ignorance pour mettre notre confiance et
notre foi à l'épreuve pendant treize années de la plus affreuse
misère, dans les cachots et sur les galères, comme on verra dans
la suite de ces Mémoires.

Nous arrivâmes donc, comme j'ai dit, à Couvé. Nous étions
mouillés jusqu'à la peau. Nous entrâmes dans un cabaret pour
nous y sécher et y manger. Nous étant mis à table, on nous

apporta un pot de bière à deux anses sans nous donner des verres. En ayant demandé, l'hôte nous dit qu'il voyait bien que nous étions français, et que la coutume du pays était qu'on buvait au pot. Nous nous y conformâmes, mais cette demande de verres, qui ne paraît en elle-même qu'une vétille et sans conséquence, fut, humainement parlant, la cause de notre malheur; car il se trouva, dans la chambre où nous étions, deux hommes, l'un bourgeois de la ville, l'autre un garde-chasse du prince de Liège. Ce dernier, ayant remarqué que l'hôte nous avait dit qu'il voyait bien que nous étions français, porta toute son attention à nous examiner, et s'émancipa jusqu'à nous accoster; et son compliment fut « qu'il gagerait bien que nous n'avions pas de chapelets dans nos poches ». Mon compagnon, qui râpait une prise de tabac, lui montrant sa râpe, lui dit, fort imprudemment, « que c'était là son chapelet ». Cette réponse acheva de confirmer ce garde-chasse dans la pensée que nous étions protestants, et que nous sortions de France. Et comme la dépouille de ceux qu'on arrêtait appartenait au dénonciateur [7], il forma le dessein de nous faire arrêter si, étant sortis de Couvé, nous passions par Mariembourg, terre de France, à une lieue de là. Ce n'était pas notre dessein; car, suivant l'instruction du bon paysan, en sortant de Couvé nous devions prendre un chemin sur la gauche qui nous aurait fait éviter de passer sur aucune terre de France. Mais qui peut éviter son destin? En sortant de Couvé, nous enfilâmes bien le chemin qui était sur la gauche; mais ayant aperçu de loin une espèce d'officier à cheval, qui venait vers nous, comme la moindre chose augmente la peur, nous craignîmes que cet officier ne nous arrêtât, ce qui nous fit rebrousser et prendre le chemin fatal qui nous conduisait à Mariembourg. Cette ville est petite et n'a qu'une porte, par conséquent elle n'est d'aucun passage. Nous le savions, et nous formâmes la résolution de la laisser sur notre droite et d'aller à Charleroi en tenant la gauche, suivant que nous nous étions orientés. Mais nous ne savions pas que le perfide garde-chasse nous suivait de loin pour nous faire mettre la main sur le collet. Enfin nous arrivons devant Mariembourg, et comme il était presque nuit et que nous vîmes un cabaret vis-à-vis de la porte de la ville, nous conclûmes de nous y arrêter pour y passer la nuit. En effet nous y entrâmes. On nous mit dans une chambre, et nous étant fait faire un bon feu pour nous sécher, nous n'y avions pas resté une demi-heure que nous y vîmes entrer un homme que nous crûmes être l'hôte du logis, qui, nous ayant salués fort civilement, nous demanda d'où nous venions et où nous allions. Nous lui dîmes que nous venions de Paris, et que nous allions à Philippeville. Il nous dit qu'il fallait aller parler au gouverneur de Mariembourg. Nous crûmes l'endormir comme nous avions fait notre hôte de Mézières. Mais nous nous trompions; car il nous repartit sur-le-champ, et assez brusquement, qu'il fallait l'y suivre dans le moment. Nous fîmes contre fortune bon cœur, et sans témoigner aucune crainte, nous nous préparâmes à le suivre. Je dis en patois à mon compagnon, pour que cet homme ne l'entendît pas, que, la nuit étant obscure, nous nous échapperions de notre conducteur dans la distance qu'il y avait du cabaret à la ville. Enfin nous suivîmes notre homme que nous prenions pour le maître de la maison; mais c'était un sergent de la garde de la porte, avec un détachement de 8 soldats, la baïonnette au bout du fusil, que nous trouvâmes dans la cour de ce logis. A leur tête était le perfide garde-chasse de Couvé. Ces soldats se saisirent de nous de manière qu'il nous fut impossible de nous échapper. Nous fûmes conduits chez le gouverneur nommé M. Pallier, qui nous demanda de quel pays nous étions, et où nous allions. Sur la première question, nous lui dîmes la vérité; mais sur la seconde, nous la palliâmes, lui disant qu'étant des garçons perruquiers, nous faisions notre tour de France; que notre dessein était d'aller à Philippeville, de là à Maubeuge, Valenciennes, Cambrai, etc., pour retourner dans notre patrie. Le gouverneur nous fit examiner par son valet de chambre, qui était un peu perruquier, et qui s'attacha par bonheur à mon compagnon qui l'était effectivement. Il fut convaincu que nous étions de cette profession. Le gouverneur nous demanda ensuite de quelle religion nous étions. Nous lui dîmes franchement que nous étions de la Religion Réformée, nous faisant un scrupule de conscience de déguiser la vérité sur cet article. Plût à Dieu que nous eussions dit la pure vérité sur les autres demandes que ce gouverneur nous fît; car quand on veut faire profession de la vérité, il ne faut, selon la morale chrétienne, jamais mentir. Enfin telle est la faiblesse de la nature humaine, qui n'exerce jamais parfaitement une bonne œuvre. Le gouverneur nous ayant demandé si nous n'avions pas le dessein de sortir du royaume, nous le niâmes. Après cet examen, qui dura une bonne heure, le gouverneur ordonna au major de la place de nous conduire sûrement en prison. Ce qu'il fit avec l'escorte qui nous avait arrêtés. Dans la distance du gouvernement à la prison, ce major, nommé M. de la Salle, me demanda s'il était vrai que nous fussions de Bergerac. Je lui dis que c'était la vérité. « Je suis aussi né à une lieue de Bergerac », me dit-il, et m'ayant demandé mon nom et ma famille : « Bon Dieu! s'écria-t-il, votre père est le meilleur de mes amis; consolez-vous, ajouta-t-il, mes enfants; je vous retirerai de cette mauvaise affaire, et vous en serez quittes pour deux ou trois jours de prison. » En discourant ainsi nous arrivâmes à la prison. Le garde-chasse pria le major de nous faire fouiller pour avoir sa curée, croyant que nous avions beaucoup d'argent. Mais tout notre capital consistait environ dans une pistole, que le major nous dit de lui remettre sans nous faire fouiller. Ce major, qui était touché de compassion de notre malheureux sort, et qui nous voulait rendre service, craignait que nous n'eussions beaucoup plus d'argent, et que cette circonstance nous nuirait et formerait un indice que nous voulions sortir du royaume; car on sait bien que des garçons de métier, qui battent la semelle, comme on dit communément, ne sont pas fort chargés d'argent. D'ailleurs il craignait que ce méchant garde-chasse, pour lequel il avait une parfaite horreur, à cause qu'il nous avait fait arrêter, ne reçût une récompense trop lucrative de sa perfidie par notre dépouille. Le major donc, dans cette crainte, ne nous fit pas fouiller, mais garda le peu d'argent que nous lui avions mis en main pour le remettre au gouverneur. Le garde-chasse, voyant qu'on ne nous fouillait pas, eut l'impudence de dire au major que ce n'était pas de cette façon qu'on visitait les huguenots qui s'enfuyaient en Hollande. « Je saurai bien trouver leur argent », dit-il en voulant se jeter sur nous pour nous fouiller lui-même. « Coquin, lui dit le major, je ne sais à quoi il tient que je ne te fasse rosser. Crois-tu m'apprendre mon devoir? » Et en même temps le chassa de sa présence. Voilà la récompense que ce misérable eut de ses peines pour nous faire arrêter. Outre que peu de jours après le prince de Liège, à la sollicitation du gouverneur hollandais du château de Couvé, le chassa de son service, et le bannit de tout son pays pour l'action qu'il avait faite de nous faire arrêter. Digne salaire d'un si indigne sujet! Cette visitation étant faite, on nous fit entrer dans un cachot affreux. Alors nous nous récriâmes en disant au major la larme aux yeux : « Quel crime avons-nous fait, Monsieur, pour nous voir traiter comme les scélérats qui ont mérité la potence et la roue? » — « Ce sont mes ordres, mes enfants, nous dit le major, tout attendri; mais vous ne coucherez pas dans ce cachot, ou j'y perdrai mon latin. » En effet, il fut sur-le-champ rendre compte au gouverneur de son expédition, lui disant qu'il nous avait fait fouiller très exactement, et qu'il n'avait trouvé sur nous qu'environ une pistole; ce qui prouvait bien que nous n'avions pas le dessein de sortir de France, sans compter les autres indices que nous en avions donnés en sa présence; et qu'il croyait qu'il serait juste de nous élargir. Mais par malheur ce soir-là était jour de courrier pour Paris; et pendant qu'on nous avait conduits en prison, le gouverneur avait écrit en Cour notre détention. Ce contretemps fit qu'il ne pouvait plus nous délivrer sans ordre de ladite Cour. Le major fut mortifié de cet obstacle, et pria le gouverneur de nous faire sortir de cet affreux

et infâme cachot et de nous donner toute la maison du geôlier
pour prison; qu'il poserait une sentinelle à la porte pour nous
observer, et qu'il répondait sur sa tête que nous ne nous évade-
rions pas. Le gouverneur y acquiesça, et nous n'avions pas resté
une heure dans ce cachot que le major revint à la prison avec
un caporal et une sentinelle, à laquelle il nous consigna, et
ordonna que nous fussions libres dans toute la maison du geôlier,
nous choisissant lui-même une chambre pour y coucher. De
plus il donna le peu d'argent que nous lui avions remis au geôlier, lui ordonnant de nous nourrir, pour autant que cet argent
durerait, ne voulant pas, pour notre avantage, et pour que nous
parussions n'être pas criminels, qu'on nous donnât le pain du
roi, en attendant le tour que notre affaire prendrait. Il nous
annonça, en nous témoignant son chagrin, que le gouverneur
avait déjà écrit en Cour notre détention; mais qu'il travaillerait
de son mieux avec le gouverneur, de qui il en avait parole, à ce
que notre procès-verbal nous fût favorable. Ce bon traitement
du major nous consola en quelque manière. Bientôt après le
gouverneur envoya en Cour le procès-verbal qui était fort en
notre faveur. Mais la déclaration que nous avions faite, que nous
étions de la Religion Réformée, anima si fort contre nous le marquis de la Vrillière, ministre d'État [8], qu'il ne voulut faire aucune
attention sur les apparences qui étaient contenues dans ce procès-
verbal, que nous n'avions aucun dessein de sortir du royaume;
et qu'il ordonna au gouverneur de Mariembourg de nous faire
notre procès pour nous condamner aux galères, comme nous
étant trouvés sur les frontières sans passeport [9]. Que cependant
le curé de Mariembourg ferait tous ses efforts pour nous ramener au giron de l'Église romaine; que, s'il y réussissait, après
qu'on nous aurait instruits et fait faire abjuration, on pourrait,
par grâce de la Cour, nous élargir et nous faire reconduire à
Bergerac. Le major nous fit lire l'original même desdits ordres
du marquis de la Vrillière. « Je ne vous conseillerai rien, nous
dit-il, sur ce que vous devez faire; votre foi et votre conscience

vous doivent déterminer. Tout ce que je puis vous dire, c'est que votre abjuration vous ouvrira la porte de votre prison. Sans cela vous irez certainement aux galères. » Nous lui répondîmes que nous mettions toute notre confiance en Dieu, et que nous nous résignions à sa sainte volonté; que nous n'attendions aucun secours humain, et que nous ne renierions jamais, moyennant la grâce de Dieu, que nous implorions sans cesse, les principes divins et véritables de notre sainte Religion. Qu'il ne fallait pas qu'on crût que c'était par entêtement ou opiniâtreté que nous tenions ferme; que c'était, Dieu merci, par connaissance de cause, et que nos parents avaient pris tous les soins possibles de nous instruire de la vérité de notre Religion et des erreurs de la religion romaine, pour professer l'une et éviter de tomber dans les précipices de l'autre. Nous le remerciâmes très affectueusement des peines qu'il s'était données pour nous rendre ses bons offices, et l'assurâmes que ne pouvant par d'autres moyens lui en témoigner notre gratitude, nous prierions toujours Dieu pour lui. Ce bon major, qui était dans le fond du cœur protestant comme nous, mais avec un extérieur romain, nous embrassa tendrement, nous avouant qu'il se sentait moins heureux que nous, et se retira pleurant à chaudes larmes et nous priant de ne pas trouver mauvais qu'il ne nous vît plus, n'en ayant pas le courage. Cependant notre pistole, qui avait été remise au geôlier, finit. On nous mit à une livre et demie de pain par jour, qui est le pain du roi [10]. Mais le gouverneur et le major nous envoyaient tous les jours, tour à tour, suffisamment à boire et à manger. Le curé, qui espérait de nous faire prosélytes, et les religieuses d'un couvent qui était dans la ville, nous envoyaient aussi très souvent à manger; si bien qu'à notre tour nous nourrissions le geôlier et sa famille. Le curé nous venait visiter presque tous les jours, et nous donna d'abord un catéchisme de controverse pour prouver la vérité de la religion romaine. Nous lui opposâmes le catéchisme de M. Drelincourt [11], que nous avions. Ce curé n'était pas fort habile;

et nous ayant trouvés, comme on dit, ferrés à glace, il désista
bientôt de l'entreprise qu'il avait faite de nous convaincre; car
nous ayant donné l'alternative de disputer par la Tradition ou
par l'Écriture sainte, et ayant choisi l'Écriture sainte, notre
homme n'y trouva pas son compte; et après deux ou trois confé-
rences, il quitta la partie. Il se borna dès lors à nous tenter par
les avantages temporels. Il avait une nièce jeune et belle, qu'il
amena un jour sous prétexte d'une visite charitable. Ensuite il
me la promit en mariage avec une grosse dot, si je voulais me
rendre à sa religion; se promettant que, s'il me gagnait, mon
compagnon suivrait d'abord mon exemple. Mais j'avais toute
la prêtraille et leur race en si grande haine, que je rejetai son
offre avec mépris, ce qui l'outragea si fort qu'il s'en fut aussitôt
déclarer au gouverneur et au juge qu'il n'y avait rien à espérer
pour notre conversion; que nous étions des obstinés, qui ne
voulions écouter ni preuve ni raison, et que nous étions des
réprouvés dominés par le démon. Sur sa déposition, il fut résolu
de nous faire notre procès; ce qui s'exécuta bientôt. Le juge du
lieu et son greffier nous vinrent juridiquement interroger dans la
prison, et deux jours après on nous vint lire notre sentence,
laquelle portait en substance : « Que nous étant trouvés sur la
frontière sans passeport de la Cour, et qu'étant de la Religion
Prétendue Réformée, nous étions atteints et convaincus d'avoir
voulu sortir du royaume, contre les Ordonnances du Roi qui
le défend. Et pour réparation, nous étions condamnés à être
conduits sur les galères de Sa Majesté, pour y servir de forçats
à perpétuité avec confiscation de nos biens, etc. »
    Notre sentence lue, le juge nous demanda si nous voulions en
appeler au parlement de Tournai, dont la ville de Mariembourg
est ressortante [12]. Nous lui répondîmes que nous n'appelions de
son inique sentence qu'au tribunal de Dieu; que tous les hommes
étaient passionnés contre nous, et que nous ne réclamions que
Dieu seul, en qui nous établissions notre confiance, et qui était
juste juge. « Ne m'attribuez pas, dit-il, je vous prie, la rigueur

de votre sentence; ce sont les ordres du roi qui vous condamnent. »
— « Mais, lui dis-je, monsieur, le roi ne sait pas. Si je suis
atteint et convaincu de vouloir sortir du royaume; et l'Ordonnance ne porte pas que, pour être de la Religion, on soit mis aux
galères; il n'y a que la conviction de vouloir sortir du royaume
qui condamne à ce genre de supplice. Cependant, vous, monsieur, vous mettez dans la sentence *atteint et convaincu de
vouloir sortir du royaume,* sans non seulement en avoir aucune
preuve, mais même sans avoir examiné s'il y en avait. »
— « Que voulez-vous? nous dit-il. C'est une formalité requise,
pour obéir aux ordres du roi. » — « Ne vous qualifiez donc
plus de juge, lui dis-je, mais de simple exécuteur des ordres
du roi. » — « Appelez-en au Parlement », dit-il. « Nous n'en
ferons rien », lui répondîmes-nous, sachant bien que le Parlement est dévoué aux ordres du roi, et qu'il n'examinera pas
plus les preuves qui sont en notre faveur que vous. » — « Hé
bien! nous dit-il, il faut nécessairement que j'en appelle pour
vous. » Nous le savions bien; car aucun juge subalterne ne
peut exécuter de sentence où il y a punition corporelle, sans la
faire vérifier au Parlement [13]. « Ainsi préparez-vous, nous dit
ce juge, à partir pour Tournai. » — « Nous sommes prêts à
tout », lui dîmes-nous. Le même jour on nous fit resserrer dans
le cachot et nous n'en sortîmes que pour partir pour Tournai,
avec quatre archers, qui nous mirent les ceps aux mains [14] et
nous lièrent tous les deux l'un à l'autre avec des cordes. Notre
route à pied fut fort pénible. Nous la fîmes par Philippeville,
Maubeuge, Valenciennes, et de là à Tournai. Tous les soirs on
nous mettait dans les plus affreux cachots qu'on pouvait trouver,
au pain et à l'eau, sans lit ni paille pour nous reposer, et quand
nous aurions mérité la roue, on ne nous aurait pas plus cruellement traités. Enfin arrivés à Tournai, on nous mit dans les
prisons du Parlement. Nous étions sans sol ni maille, et cette
prison n'étant abordée d'aucune personne charitable pour
assister les prisonniers, contre l'usage des autres prisons, et

n'ayant que notre livre et demie de pain chacun par jour, nous fûmes bientôt réduits à mourir presque de faim. Pour surcroît le curé de la paroisse obtint du Parlement qu'on ne travaillerait pas à la révision de notre procès qu'il ne nous eût fait aupara- vant sa mission, espérant, comme il disait, de nous convertir. Mais ce curé, soit par paresse, soit pour nous prendre par famine, ne venait nous voir que tous les 8 ou 15 jours; et encore nous parlait-il si peu de religion que nous n'avions pas la peine de nous défendre. Et lorsque nous voulions lui dire nos sentiments sur les vérités de la Religion Réformée, il coupait tout court. « A une autre fois », disait-il, et s'en allait. Cependant nous devînmes si maigres et si exténués que nous ne pouvions plus nous soutenir; et bien nous en prenait d'être couchés sur un peu de paille pourrie et remplie de vermine auprès de la porte de notre cachot, par le guichet de laquelle on nous jetait notre pain, comme à des chiens; car si nous eussions été éloignés de la porte, nous n'aurions pas eu la force de l'aller prendre, tant nous étions faibles. Dans cette extrémité, nous vendîmes au guichetier, pour un peu de pain, nos justaucorps et vestes, de même que quelques chemises que nous avions, ne nous réser- vant que celle que nous avions sur le corps, qui fut bientôt pourrie et en lambeaux. Dans cet état le plus misérable qu'on puisse imaginer, nous ne voyions personne que le curé, qui venait quelquefois nous rendre visite, plutôt pour se moquer de nous que pour en avoir compassion. L'essentiel de sa mission était de nous demander si nous n'étions pas encore las de souf- frir, et de nous dire que nous n'étions pas à plaindre, puisque notre délivrance et notre bien-être dépendaient de nous, en renonçant aux erreurs de Calvin. A la fin ses discours nous parurent si plats que nous ne daignâmes plus lui répondre.

Voilà la situation où nous fûmes dans les prisons du parle- ment de Tournai pendant près de dix semaines; au bout des- quelles, un matin sur les neuf heures, le guichetier nous jeta par le guichet un balai, en nous disant de bien balayer notre

cachot, parce que dans le moment on y amènerait deux gentilshommes, qui nous tiendraient compagnie. Nous lui demandâmes de quoi ils étaient accusés. « Ce sont, dit-il, des huguenots comme vous », et nous quitta. Un quart d'heure après, la
porte de notre cachot s'ouvrit, et le geôlier et quelques soldats
armés d'épées et de mousquetons y conduisirent deux jeunes
messieurs galonnés de la tête aux pieds. Dès que cette escorte eut
fourré ces messieurs dans notre cachot, ils fermèrent la porte
et s'en allèrent. Nous reconnûmes d'abord ces deux messieurs,
étant deux de nos compatriotes fils de notables bourgeois de
Bergerac, avec lesquels nous étions grands amis, ayant été
camarades d'école. Pour eux ils n'avaient garde de nous
reconnaître; la misère où nous étions nous rendait absolument
méconnaissables. Nous fûmes les premiers à les saluer, les
nommant par leur nom. L'un s'appelait Sorbier, l'autre Rivasson. Mais ils s'étaient gentilhommisés, Sorbier se faisait appeler
« chevalier », et Rivasson « marquis », titres qu'ils avaient pris
pour favoriser leur sortie de France [15]. Je crois que mon lecteur
aura du plaisir à lire ici leur histoire. Mais avant de la faire, il
faut continuer ce qui nous arriva à leur entrée dans notre
cachot. S'entendant nommer en notre patois, ils nous demandèrent qui nous étions. Nous leur dîmes notre nom et notre
patrie. Ils furent fort étonnés, et nous dirent que nos parents et
amis, depuis six à sept mois que nous étions partis de Bergerac,
n'ayant eu aucune nouvelle de nous, nous croyaient morts ou
assassinés en chemin. Il est vrai que depuis notre détention il
ne nous avait pas été permis d'écrire. Enfin nous nous embras-
sâmes tous quatre, en versant des larmes en abondance sur la
situation où nous nous trouvions. Ces messieurs nous demandèrent si nous avions quelque chose à manger, car ils avaient
faim. Nous leur présentâmes notre pauvre morceau de pain destiné pour la journée, et un seau d'eau pour notre boisson. « Jésus
Dieu! s'écrièrent-ils, serons-nous traités de cette manière? Et
pour de l'argent ne peut-on pas avoir à manger et à boire? »

— « Oui bien, leur dis-je, pour de l'argent, mais c'est là la difficulté. Nous n'avons vu ni croix ni pile depuis près de trois mois. » — « Ho, ho, nous dirent-ils, si on peut avoir ce qui est nécessaire pour de l'argent, à la bonne heure. En même temps ils décousirent la ceinture de leurs culottes et les semelles de leurs souliers, et en sortirent près de quatre cents louis d'or, qui valaient vingt livres pièce. J'avoue que je n'avais jamais ressenti une si grande joie que celle que la vue de cet or me causa, me persuadant que nous mangerions notre réfection et que nous ne languirions plus de faim. En effet ces messieurs me mirent un louis d'or en main, en me priant de faire venir quelque chose à manger. Je heurte de toute ma force au guichet. Le guichetier vient, et nous demande ce que nous voulions. « A manger, lui dis-je, pour de l'argent », et lui donnai en même temps le louis d'or. « Fort bien, messieurs, dit-il, que souhaitez-vous avoir? Voulez-vous la soupe et le bouilli? » — « Oui, oui, lui dis-je, une bonne grosse soupe et un pain de dix livres et de la bière. » — « Vous aurez tout cela dans une heure », dit-il. « Dans une heure?, dis-je. Que ce temps est long! » Ces deux messieurs ne purent s'empêcher de rire de mon empressement à vouloir manger. Enfin l'heure tant désirée arriva. On nous apporta une grosse soupe aux choux, dont six Limousins des plus affamés se seraient rassasiés, de plus un plat de viande bouillie, et un grand pain de dix livres. Ces deux messieurs mangèrent fort peu; ils avaient, comme on dit, encore les poulets dans le ventre. Pour moi et mon compagnon, nous nous jetâmes sur cette soupe, dont nous mangeâmes à crever : car en effet nous pensâmes en mourir. Moi surtout, qui peut-être avais mangé plus immodérément que mon compagnon, je fus sur le point d'étouffer. Le mal venait de ce que mes intestins s'étaient resserrés par la diète forcée que j'avais faite. On fit venir l'apothicaire, qui me donna un vomitif; sans quoi, suivant les apparences, j'étais mort. Après m'être remis, ces deux messieurs nous demandèrent par quel sort nous étions réduits à cette grande misère. Je leur racontai tout ce qui s'était passé depuis notre départ de Bergerac jusques à l'heure que je leur parlais, comme on le peut lire dans ces Mémoires. Ils se mirent à pleurer de leur propre faiblesse, nous avouant qu'ils ne pouvaient en être les maîtres, et qu'ils étaient résolus à faire abjuration plutôt que de se faire condamner aux galères. « Quel exemple, dis-je, messieurs, nous apportez-vous ici? Nous souhaiterions plutôt ne vous avoir jamais vus, que de vous voir dans des sentiments si opposés à l'éducation que vos parents vous ont donnée, et à la connaissance de la vérité dont ils vous ont instruits. Ne frémissez-vous pas de crainte des justes jugements de Dieu, qui déclare *que ceux qui savent la volonté du Maître et ne la font pas, seront battus de plus de coups* que ceux qui l'ignorent? » — « Que voulez-vous? nous répondirent-ils; nous ne pouvons nous résoudre à aller aux galères. Vous êtes heureux de pouvoir le faire, et nous vous en louons. Mais ne parlons plus de cela, notre résolution est prise. » Que pouvions-nous faire? Que soupirer et gémir de leur faiblesse, et prier Dieu qu'il les ramenât de leur égarement. Nous les priâmes de nous conter leur histoire depuis leur départ de Bergerac et de quelle manière ils avaient été arrêtés; ce que Rivasson fit de la manière suivante.

✤✤✤✤✤✤✤✤✤✤✤✤✤✤✤✤✤✤✤✤✤✤✤✤✤✤✤✤✤✤✤✤✤✤✤✤✤

HISTOIRE

DES SIEURS
SORBIER ET RIVASSON

Mon ami Sorbier, nous dit monsieur Rivasson, et moi, nous
nous étions soustraits à la grande persécution qu'exerça le duc
de la Force à Bergerac, par notre fuite à la campagne où nous
étions cachés; et comme le duc à son départ laissa des ordres
très rigoureux contre nous, nous ne voyions aucun moyen
d'éviter de tomber entre les mains de nos ennemis, que par
notre fuite en Hollande. Pour cet effet, nous fîmes venir un
fameux et expérimenté guide d'Amsterdam, qui faisait métier
de ces périlleuses entreprises : car les guides, étant pris, sont
pendus sans rémission. Il était fin et adroit, fort prudent, et
savait sur le bout du doigt la carte de toutes les routes et
passages. On l'appelait communément le Gasconnet, car il était
effectivement gascon d'origine [16]. Le Gasconnet étant arrivé à
Bergerac, nous nous arrangeâmes pour notre départ. Nos
parents, qui donnaient leur consentement à notre fuite, nous
munirent d'autant d'argent qu'ils purent, pour n'être pas en
disette dans les pays étrangers. Nous nous équipâmes en officiers, qui allaient joindre leur régiment. C'était le régiment de
la Marche, qui était aux environs de Valenciennes. Le Gasconnet nous servait de valet. Nous traversâmes ainsi la France sans
le moindre obstacle. Le Gasconnet allait à pied, et nous à cheval;
mais par politique, il se tenait rarement en chemin auprès de

nous et nous indiquait seulement les logements à la dînée ou à la couchée, où il ne manquait pas de nous trouver. Nous arrivâmes de cette manière à Paris, où nous nous arrêtâmes quelques jours pour voir les curiosités de cette grande ville, y faisant belle figure. Étant un jour à Versailles, nous fîmes rencontre d'un officier de notre connaissance, qui avait épousé une demoiselle de Bergerac, de la Religion Réformée, quoi qu'il fût papiste. Cette demoiselle avait deux frères réfugiés dans les pays étrangers; et comme les gens du roi avaient confisqué les biens de ses deux frères à cause de leur évasion, ce capitaine, nommé de Maison, sollicitait en Cour la mainlevée des biens de ses beaux-frères. Nous nous accostâmes de lui, qui nous fit grande chère; et il sut gagner notre confiance au point que nous lui découvrîmes le secret de notre fuite hors du royaume. Il y applaudit, pour tirer de nous, jusques à la moindre circonstance de notre entreprise, que nous lui déclarâmes sincèrement. Nous nous séparâmes de lui à Paris pour partir pour Valenciennes, disions-nous à un chacun. De Maison nous souhaita bon voyage, et nous témoigna beaucoup d'amitié en se séparant de nous. Mais le perfide prit le chemin de Versailles; et pour se faire un mérite auprès de M. de la Vrillère, ministre d'État, afin d'obtenir d'autant mieux ce qu'il sollicitait à la Cour, il découvrit notre fuite à ce ministre avec la route que nous devions prendre jusqu'à Mons, où nous croyions être en sûreté, étant une ville du Pays-Bas espagnol, où il y avait garnison hollandaise. Le ministre ne manqua pas de dépêcher un courrier à Quévrin entre Valenciennes et Mons. Quévrin appartenait à la France, et il y avait un pont sur une petite rivière, qui faisait les limites de France et des Pays-Bas espagnols; et comme dans ce bourg-là il n'y avait point de garnison, le ministre ordonna au maieur de faire garder par ses paysans ledit pont, avec ordre que, lorsqu'il s'y présenteraient deux officiers et un valet, qui se disaient être officiers du régiment de la Marche qui allaient joindre leur garnison, ils les arrêtassent et les conduisissent en prison à Valenciennes. Le maieur de Quévrin assembla ses paysans bien armés, et posa un corps de garde de 25 hommes à la tête du pont du côté de la France. Nous ignorions parfaitement ce qui se passait audit Quévrin pour nous y arrêter. Notre guide nous assurait que nous n'y avions aucun danger à craindre, et il avait raison dans un sens; et sans la trahison du perfide de Maison, nous y aurions passé sans obstacle. Nous arrivâmes enfin à l'obscurité du soir à ce pont fatal. La sentinelle du corps de garde cria : « Qui va là? » — « Officiers du roi », répondîmes-nous. « De quel régiment? » repartit-il. « Du régiment de la Marche. » — « Halte-là », dit la sentinelle. En même temps tout le corps de garde le fusil bandé bouche l'entrée du pont en bon ordre. Notre guide surpris de cette nouveauté nous encouragea, nous disant que notre salut dépendait de passer ce pont; parce que gagnant l'autre côté de la rivière, nous étions absolument à sauveté, vu que nous serions sur terre d'Espagne, et que la France ne pouvait en aucune manière nous y insulter. Animés de cette espérance, nous mîmes tous les trois le pistolet à la main. Notre guide était sauté en croupe sur mon cheval, et tirant quelques coups de pistolet sur ces paysans, sans pourtant en avoir blessé aucun, l'épouvante se mit parmi eux; et chacun craignant pour sa peau, ils s'enfuirent à vau-déroute, nous abandonnant le pont sur lequel nous passâmes. Pour lors notre guide nous félicita, nous assurant que nous étions en aussi grande sûreté que si nous étions dans Amsterdam. Une partie de ce bourg de Quévrin étant située au côté où nous nous trouvions (car la rivière passe au milieu), nous entrâmes dans une auberge pour y loger cette nuit-là. Nous soupâmes fort gaiement, et nous nous couchâmes de même tous trois dans une chambre haute. Notre guide le lendemain se leva de grand matin suivant sa coutume, et mettant la tête à la fenêtre pour voir quel temps il faisait, il vit plus de cent paysans armés qui entouraient l'auberge. Surpris de cette apparition, il vint nous éveiller tout alarmé, nous disant qu'il craignait qu'on ne voulût nous arrêter, et que l'auberge était entourée de paysans armés. A cette effrayante nouvelle, nous sautons du lit, et ayant regardé par la fenêtre, et vu ce que le guide nous avait dit, je voulus casser la tête au pauvre guide, croyant qu'il nous avait trahis et menés à la gueule du loup. Mais ce pauvre garçon se mit à genoux, implorant ma bonté et nous jurant que nous serions convaincus qu'il n'y avait pas de sa faute, et que certainement il y avait eu quelque subit changement dans l'État à son insu; qu'il fallait s'informer de ce changement. Sur ces entrefaites, l'hôte du logis monta dans notre chambre et nous annonça que ces paysans qui entouraient sa maison voulaient absolument nous arrêter par ordre du roi. « Quel roi? » lui dis-je. « Du roi de France », nous répondit-il. « Comment du roi de France? lui répliquai-je; nous ne sommes pas sur ses terres. » Cet hôte vit bien que nous ignorions qu'il y avait quatre ou cinq jours que les Français, de concert avec le roi d'Espagne, s'étaient emparés de tout le Pays-Bas espagnol, dans un jour, et à la même heure; qu'ils étaient entrés dans toutes les villes et en avaient fait sortir les Hollandais[17]. Cet événement arriva en mil sept cent un, comme tout le monde le sait. Notre hôte nous en instruisit, et nous reconnûmes que notre guide n'avait pas tort. Nous tînmes conseil pour voir ce que nous ferions dans un danger si éminent. Nous conclûmes de demander par la fenêtre de notre chambre à celui qui commandait ces paysans, à qui il en voulait. C'était le maieur du village. Nous lui demandâmes donc quel était son dessein? « De vous arrêter, messieurs, nous dit-il, par ordre du roi de France, et de vous conduire prisonniers à Valenciennes. » — « Mais nous sommes ici sous la dépendance de Mons », lui dîmes-nous. « Oui, dit le maieur; mais depuis peu tout a changé de face, et les Français sont aussi bien dans Mons que dans Valenciennes, et il faut que j'obéisse aux ordres du roi de France, et que je vous conduise à Valenciennes. » — « Tu n'en feras rien, lui dîmes-nous, et tu ne nous auras que morts, après t'avoir vendu cher notre vie. » — « Vous mourrez donc de faim, nous répondit-il, messieurs;

car nous ne vous prendrons pas d'assaut; mais aucuns vivres ne vous seront donnés que vous ne vous soyez rendus. » Nous tirions cependant quelques coups de pistolet sur ces paysans par nos fenêtres, mais sans aucun effet; car ces paysans, pour s'en garantir, s'avisèrent d'entrer tous dans le bas du logis; si bien qu'il nous fallut faire suspension d'armes, ne voyant aucun ennemi pour les exercer. Dans cette extrémité, ayant réfléchi qu'il nous faudrait rendre tôt ou tard, nous trouvâmes à propos de savoir ce que contenait cet ordre du roi pour nous arrêter. Pour cet effet nous appelâmes le maieur, et l'assurâmes qu'il n'avait rien à craindre; qu'il pouvait monter seul et sans armes dans notre chambre pour nous montrer ses ordres, à quoi il acquiesça et monta jusqu'au haut du degré, et nous ouvrit la lettre de cachet qui contenait les ordres du roi. Mais lorsqu'il commençait à la lire, mon ami Sorbier, fort imprudemment et contre notre parole d'honneur donnée audit maieur de ne lui faire aucun mal, lui lâcha un coup de pistolet, qui ne fit par bonheur que lui percer le chapeau qu'il tenait dans ses mains; mais le feu et la bourre du pistolet donna dans la lettre de cachet, et la mit en pièces. Le maieur descendit, ou plutôt dégringola les degrés plus vite qu'il n'était monté; et animé par l'action de mon ami, que j'avoue indigne, comme lui-même le reconnaît à présent, ce maieur jura de ne nous faire aucun quartier ni honnêteté. Il posta tellement ses gens, qu'il nous était tout à fait impossible de nous faire passage à force ouverte. Après donc avoir chamaillé environ une heure sans fruit, nous commençâmes à réfléchir que, ne voyant aucune voie pour nous sauver, il fallait parlementer pour obtenir une capitulation aussi favorable que nous pourrions. Pour cet effet nous appelâmes de loin le maieur, qui vint au bas des degrés à couvert d'une seconde insulte. Nous lui dîmes que nous trouvant sous la dépendance de Mons, il fallait qu'il envoyât un exprès au gouverneur de cette ville (qui était espagnol; et il n'y avait qu'un commandant français pour la garnison française), et que si ce gouverneur

trouvait bon que nous fussions conduits dans cette ville-là à ses
ordres, nous nous rendrions; sans quoi, nous nous ferions plutôt
hacher en pièces ou nous mourrions de faim, plutôt que de nous
rendre. Le maieur, réfléchissant que, puisque nous étions dans le
département de Mons, c'était en quelque manière son devoir
d'en donner avis au gouverneur, lui dépêcha un exprès en diligence. Ce gouverneur, piqué que les Français eussent donné de
tels ordres dans les terres de sa dépendance, sans lui en demander permission, envoya à Quévrin un détachement de dix cavaliers et un lieutenant qui les commandait, et qui nous faisant
civilité, suivant l'ordre qu'il en avait, déchargea le maieur de
sa commission de nous mener à Valenciennes, et nous conduisit
à Mons. Le gouverneur nous fit amitié, et nous assura sur sa
parole qu'il ne nous rendrait à la France que par les ordres du
roi d'Espagne, à qui il allait envoyer un courrier sur-le-champ,
en sollicitant Sa Majesté catholique de son mieux en notre
faveur. Il nous fit conduire en arrêt civil, cependant bien gardés,
en attendant les ordres de la Cour d'Espagne. La Cour de France
ne manqua pas aussi de solliciter celle de Madrid, pour nous
avoir en sa puissance. Cependant la sollicitation du gouverneur
l'emporta et fit pencher la balance en notre faveur; car le roi
d'Espagne consentit bien qu'on nous livrât au roi de France,
mais sous la condition de ne nous pas traiter à la rigueur de
l'Ordonnance, mais qu'on nous punirait par quelques mois de
prison; après quoi on nous renverrait libres dans le lieu de notre
naissance; et il fut conclu que le gouverneur de Mons nous ferait
conduire en toute sûreté au château de Ham en Picardie pour y
tenir prison quelques mois suivant la convention. Notre guide
ne fut point distingué dans cette convention; mais il devait avoir
le même sort que nous. Le gouverneur ayant reçu cet ordre, nous
l'annonça avec la condition dite ci-dessus. Vous pouvez juger de
la joie que nous eûmes de cette décision. Le gouverneur nous fit
donc conduire avec une escorte de six cavaliers à Ham. On nous
mit entre les mains du gouverneur de cette place, qui nous donna

le château pour prison, et fut si humain envers nous qu'il nous donna tous les jours sa table; et notre guide mangeait avec ses domestiques.

Nous nous attendions de tenir prison dans ce château quelques mois, suivant la convention. Mais nous fûmes grandement trompés lorsque, au bout de trois semaines, ce gouverneur reçut ordre de la Cour de nous faire conduire sous bonne escorte dans les prisons du parlement de Tournai, pour nous y faire et parfaire notre procès. Ce bon gouverneur, avec lequel nous avions contracté une grande amitié, fut si sensiblement touché de notre malheur, qu'il ne pouvait assez nous exagérer sa peine. Il nous prit en particulier, et nous dit qu'il se consolait en pensant que nous avions deux portes ouvertes pour sortir de cet embarras. La première, que nous n'avions qu'à nous faire catholiques, que pour la seconde, il était contre son devoir de nous la dire; mais que nous la connaîtrions par l'occasion qu'il nous donnerait de nous en servir. Nous comprîmes bien qu'il entendait qu'il nous procurerait l'occasion de nous évader en chemin, comme sa manière d'agir nous le confirma; et il ne tint qu'à nous d'en profiter. Avant de partir de Ham, nous tînmes conseil, mon ami Sorbier et moi, pour nous déterminer sur le parti que nous prendrions, ou de nous évader ou de changer de religion. Nous nous arrêtâmes à ce dernier, considérant qu'en nous évadant il nous faudrait tenir errants et cachés dans le royaume de France, ou courir encore le risque de nous réfugier dans les pays étrangers; péril, dont l'expérience, que nous en avions eue, nous faisait frémir. En un mot, le courage et la Religion nous abandonnèrent, et nous formâmes la ferme résolution de nous laisser conduire comme des agneaux à Tournai, et là d'y faire notre abjuration. Le lendemain de cette résolution, le gouverneur de Ham choisit parmi sa garnison, qui était composée d'une compagnie d'invalides, l'escorte qu'il nous donna, et qui consistait en un sergent vieux et décrépit, et trois soldats, dont l'un n'avait qu'un bras et les deux autres étaient tout éclopés. Il recommanda sur toute chose au sergent d'avoir soin que le guide ne se sauvât pas. « Pour ces deux messieurs, ils n'ont garde de le tenter, dit-il; car ce n'est qu'une pure formalité de les faire conduire par un détachement jusques à Tournai. Ils iraient bien eux-mêmes à cette ville sans escorte, étant de leur avantage d'y aller. » Après ces instructions, il nous embrassa, en nous souhaitant toute sorte de bonheur dans notre route. « Profitez, messieurs, nous dit-il, des occasions qui vous paraîtront avantageuses, et donnez-moi de vos nouvelles, si vous le pouvez; j'en recevrai avec plaisir de bonnes de votre part. » Nous entendîmes fort bien tout ce discours couvert; mais notre parti était pris de nous faire catholiques romains. Le gouverneur nous fit donner à chacun un bon cheval, tandis que nos gardes éclopés marchèrent avec le guide emmenotté et lié avec des cordes. En un mot, mon ami Sorbier et moi, nous fîmes cette route comme une partie de plaisir. Souvent nous faisions galoper nos chevaux à droite et à gauche, souvent hors de la vue de nos gardes qui ne s'en embarrassaient pas; car toute leur attention était sur le pauvre guide. Vous voyez bien, messieurs, continua Rivasson, qu'il nous était très facile de nous échapper sans peine ni risque. Mais nous n'en n'eûmes jamais la pensée. Notre guide n'était pas de même. Il ne se passait aucune occasion en chemin, ou dans les cabarets où nous logions, lorsqu'il croyait n'être pas entendu par nos gardes, qu'il ne nous suppliât à mains jointes et les larmes aux yeux d'avoir pitié de nous et de lui, et de profiter des occasions qui se présentaient à toute heure de nous sauver tous les trois. « Je ne puis le faire seul, nous disait-il. Mais pour peu que vous vouliez m'aider, tout lié et emmenotté que je suis, je me fais fort de me rendre maître du sergent. Les autres trois soldats s'humilieront d'eux-mêmes devant nous à la moindre menace que vous leur ferez. Considérez, messieurs, que si je suis mené à Tournai, j'y serai pendu sans rémission. » Nous ne voulûmes rien entendre de ses supplications; car n'ayant aucune envie de nous sauver, nous ne voulions pas nous rendre coupables en faisant évader ce misérable. Enfin il nous tardait d'être à Tournai pour faire notre abjuration. J'avoue qu'en cela nous serons les hypocrites; mais nous prierons Dieu dans nos cœurs à la Réformée, pour demander pardon de notre faiblesse. Il y en a tant en France, qui en agissent ainsi pour se procurer les faveurs de ce monde; nous ne serons pas plus blâmables qu'eux. Tel était le système de M. Rivasson et de son ami Sorbier, qui nous faisait soupirer et les plaindre de tout notre cœur de leur égarement. Revenons à leur route.

Passant par Valenciennes, continua M. Rivasson, nous fûmes conduits par un soldat du corps de garde de la porte au Gouvernement, comme c'est la coutume dans les villes de guerre. Monsieur de Magaloti, qui était le gouverneur, ayant appris notre cas, nous dit : « Cela n'est rien, messieurs, vous laverez tout avec un peu d'eau bénite et en allant à la messe. » En jetant ensuite la vue sur le guide, il le reconnut d'abord. « Ah! c'est toi, Gasconnet, lui dit-il; il y a longtemps que tu files ta corde. » Et s'adressant à notre sergent : « Mon ami, lui dit-il, toi et ton détachement, vous n'êtes pas capables de conduire ce fin matois à Tournai. L'année dernière, il fut condamné dans cette ville à être pendu; mais le drôle se sauva de nos fortes prisons la veille de l'exécution. Je trouve à propos de fortifier votre détachement par quelques grenadiers; car je crains fort qu'il ne vous échappe. » Le sergent, se piquant d'honneur, lui dit qu'il en avait bien conduit d'autres aussi rusés que Gasconnet; et que le gouverneur de Ham l'avait bien connu capable de cette expédition. « A la bonne heure, dit M. de Magaloti, prenez donc bien garde à lui. » Le lendemain matin, nous partîmes avec notre détachement ordinaire pour Tournai, qui est à sept lieues de Valenciennes. La traite étant trop forte pour notre escorte à pied, nous ne pûmes arriver qu'à St. Amand, petite ville fermée de murs à deux lieues de Tournai. Ce fut là la fin de la route de notre Gasconnet, qui s'y évada; et voici comment il eut ce bonheur.

Arrivant à St. Amand, notre sergent trouva à propos d'aller loger à l'autre côté de la ville hors de la porte, pour n'être pas obligé d'attendre le lendemain matin l'ouverture des portes, et pour partir de meilleure heure. Nous traversâmes donc la ville; et étant dehors, nous fûmes loger dans une grosse cense bien murée tout autour, comme sont d'ordinaire les métairies ou censes de ces pays-là, à cause des Partis en temps de guerre. On nous mit tous les sept que nous étions dans une chambre où nous soupâmes fort tranquillement et de bon appétit, excepté le Gasconnet, qui sentait déjà l'approche de sa mort, en approchant de Tournai. Il ne faisait que gémir et soupirer auprès du feu; et il interrompait si fort notre conversation que le sergent lui ordonna de s'aller coucher. « Hélas! dit-il, je ne saurais dormir dans mes habits, que je n'ai pas quittés pendant toute la route. Si vous vouliez avoir la bonté de me délier, et m'ôter mes menottes, pour pouvoir me dépouiller, vous me feriez un grand plaisir. » Nous sollicitâmes tous le sergent de lui accorder cette légère satisfaction qui n'était de nul danger, le pouvant rattacher lorsqu'il serait déshabillé. Le sergent se laissa fléchir à nos prières, et le fit détacher. Le Gasconnet se dépouille, après quoi il prie le sergent de lui permettre d'aller à ses nécessités. Le sergent et deux soldats l'escortent dans la cour après l'avoir visitée; et la trouvant bien fermée et très sûre, ils lui permirent de se décharger à son aise de son fardeau. Le Gasconnet va choisir sa place auprès du portail de cette cour; mais comme il eut détaché sa culotte, et se fut mis en posture de faire son opération, un valet de la cense, sans savoir ce qui se passait, venant de dehors, ouvre avec sa clef le guichet ou petite porte de ce portail. Mon Gasconnet, toujours alerte, profitant de cette occasion si favorable à sa liberté, flanque un robuste soufflet à ce valet pour l'ôter de son passage, et enfile cette porte comme un éclair. Le voilà dans les champs. La nuit était obscure; nos éclopés d'invalides n'avaient pas, à beaucoup près, la jambe aussi bonne que lui pour le suivre; et où l'auraient-ils suivi, ne le voyant pas par la grande obscurité de la nuit? Enfin, après avoir fait quelque devoir de le chercher, ils revinrent dans notre chambre fort penauds et estomaqués, ne sachant que devenir. Ils nous proposèrent d'aller où bon nous semblerait; que pour eux ils n'étaient point du sentiment d'aller à Tournai, ni de retourner à leur garnison, crainte de passer par le Conseil de guerre, et d'y recevoir un rude châtiment. Mais nous, qui étions aussi aises d'aller à Tournai qu'ils en avaient peu d'envie, nous les dissuadâmes de leur résolution; et nous écrivîmes sur-le-champ en leur faveur un procès-verbal exagéré, que nous signâmes et fîmes signer au censier pour leur décharge; de quoi ils furent contents et nous aussi. Et ils nous ont emmenés ce matin, comme vous voyez, dans cette prison, continua M. Rivasson, où nous espérons de ne pas faire grand séjour.

Voilà l'histoire que M. Rivasson nous conta. Je vais en poursuivre le reste jusqu'à leur délivrance à Lille, dont nous avons été témoins oculaires. Deux jours après l'arrivée de ces messieurs dans notre cachot, on les vint prendre pour les faire monter à la Chambre du Parlement. Là ils furent interrogés légèrement; après quoi le président leur demanda s'ils voulaient changer de religion pour se faire bons catholiques romains. Ils n'hésitèrent pas à dire «qu'ils le souhaitaient de tout leur cœur». «Hé bien, leur dit-il, on va vous faire instruire pour faire votre abjuration, après laquelle nous procéderons à votre délivrance.» On les remit après cela dans notre cachot, ravis d'aise d'avoir fait cette démarche, qui dans peu leur promettait leur liberté et quelque récompense de la Cour pour prix de leur abjuration; comme quelques conseillers du Parlement le leur avaient fait pressentir. Ils ne cessaient de s'en féliciter en notre présence; et nous ne cessions de détester leur lâcheté et leur apostasie. Peu d'heures s'étaient écoulées depuis leur retour dans notre cachot, lorsque le chapelain du Parlement y vint; et après avoir extrêmement loué leur pieuse intention, il leur mit en main un catéchisme, en leur disant que leur délivrance dépendait de leur diligence à

l'apprendre par cœur, et prit congé d'eux. Ces messieurs étu-
diaient jour et nuit, lorsqu'au bout de trois jours, ils cessèrent
cette étude par un contretemps fatal pour eux : car deux huissiers du Parlement les vinrent prendre pour les conduire à la
chambre criminelle. Ces huissiers leur mirent les menottes aux
mains, ce qui ne nous fit rien présager de bon pour eux; mais
ils ne s'en émouvaient pas, se persuadant que ce n'était qu'une
formalité de Justice. Ils comparurent donc devant l'Assemblée
du Parlement, où le président leur dit au premier début : « Messieurs, il y a trois jours que vous avez promis à cette Assemblée
de faire abjuration de vos erreurs, et d'embrasser la religion
romaine. En conséquence, nous vous avons promis votre délivrance. Nous ne voulons pas vous abuser. Nous ne sommes plus
en état de vous pouvoir délivrer. Voilà, dit-il, en leur montrant
une lettre de cachet, ce qui nous en empêche. La Cour nous
ordonne de faire votre procès à la rigueur de l'ordonnance, qui
défend la sortie du royaume; et vous êtes heureux de ce qu'il ne
sera fait aucune mention de votre imprudent attentat à Quévrin,
où vous avez tiré un coup de pistolet sur la lettre de cachet
portant ordre de vous arrêter. C'est la cause de l'ordre du roi,
qui nous commande de vous condamner aux galères, sans faire
mention dans votre procès de l'action que vous avez commise
à Quévrin; car en ce cas la punition serait plus rigoureuse.
Ainsi, messieurs, que vous fassiez abjuration ou non, le roi
veut que vous soyez condamnés aux galères à perpétuité. Il
vous est libre cependant de faire votre abjuration; nous louerons
même cette pieuse action; mais nous vous déclarons qu'elle ne
vous garantira pas d'aller aux galères. » Pour lors ces messieurs
répondirent que, la chose étant ainsi, ils quittaient le dessein
de faire abjuration. « Bons catholiques! » répliqua le président;
et il ordonna qu'on les remît dans leur cachot. En effet nous
vîmes revenir nos ci-devant candidats prosélytes d'un air extrêmement consterné, faisant des lamentations pitoyables et des
réflexions accablantes sur leur faiblesse à tous égards. Le Par-

lement expédia bientôt leur procès, et dans moins de huit jours leur sentence leur fut lue, portant condamnation aux galères à perpétuité. Le lendemain de leur sentence, quatre archers de la maréchaussée les vinrent prendre pour les conduire à Lille en Flandres, où la chaîne des galériens s'assemblait. C'était un bizarre et piteux spectacle de voir ces messieurs galonnés et en habit d'écarlate, emmenottés et garrottés de cordes, traverser à pied, au milieu de quatre archers, la grande ville de Tournai, où à peine pouvaient-ils se faire passage à cause de l'affluence du peuple qui s'assemblait dans les rues, pour voir cette tragique décoration; car tout le monde croyait fermement que ces deux messieurs étaient de la première noblesse de France. Ils furent donc conduits à Lille, à cinq lieues de Tournai, dans cet équipage et à pied. On les conduisit à l'affreux cachot des galériens à la Tour de Saint-Pierre. Je ferai la description de cette effroyable demeure en son temps. Cependant ces messieurs n'y restèrent pas longtemps. Les jésuites de Lille, comme ces Pères savent tout, les y furent visiter; et leur ayant demandé s'ils voulaient se faire catholiques romains, et qu'en ce cas ils obtiendraient leur grâce de la Cour, ils y topèrent d'abord. Sur quoi les jésuites prièrent le grand prévôt de Lille, qui a la direction des galériens, de leur livrer ces messieurs, dans leur couvent pour les y instruire et y faire leur abjuration solennelle; lui restant garant qu'après cette cérémonie, ils les leur relivreraient dans la prison. Le grand prévôt y acquiesça volontiers. Voilà donc ces âmes tièdes et faibles retombées dans leur apostasie. Ils furent trois semaines chez les jésuites. Ces Pères, après les avoir instruits dans les principes de la religion romaine, et leur avoir fait proférer les plus horribles blasphèmes contre la Religion Réformée, et les plus affreuses imprécations contre Calvin et sa doctrine, leur firent faire une abjuration publique et des plus pompeuses, y ayant invité l'état-major de Lille et toutes les personnes de confédération de cette ville-là. Après quoi, ils les remirent dans la prison du grand Prévôt, non dans le cachot des galériens, mais dans une chambre commode et bien garnie, à six pistoles par mois avec la nourriture, le tout aux dépens des jésuites, ou plutôt à ceux des gens de distinction de la ville, chez qui ces bons Pères firent une collecte pour cet effet. Après quoi ils sollicitèrent la grâce de ces messieurs en Cour, croyant l'avoir de haute lutte. Mais ils furent trompés en cela; car le roi la refusa tout net, et prétendit que leur sentence fut exécutée à toute rigueur. Les jésuites n'en demeurèrent pas là. Ils remuèrent Ciel et Terre pour obtenir cette grâce. Leurs sollicitations parvinrent jusques à Madame de Maintenon. Ils exagérèrent à cette dame, que ces messieurs étaient d'une des meilleures noblesses du Périgord, que l'action de Quévrin, qui tenait si fort au cœur du roi, était plutôt un coup d'étourdis et de jeunesse qu'un dessein prémédité de déplaire à Sa Majesté; et qu'enfin ces deux messieurs étaient les deux meilleurs catholiques de France. Cette dame, persuadée ainsi par les jésuites, demanda leur grâce au roi, qui la lui accorda avec un brevet de lieutenant d'infanterie pour Rivasson et un autre de lieutenant de dragons pour Sorbier. Mais en même temps avec cette restriction contre ce dernier, qu'il tiendrait prison six semaines après la grâce; et pour l'autre, qu'il serait délivré sur-le-champ. Il paraît ici que le plus coupable était le mieux récompensé, car une lieutenance de dragons vaut mieux qu'une d'infanterie. Mais peut-être que le roi considérait la hardiesse de Sorbier convenable aux dragons; du moins c'est le jugement qu'on en faisait à Lille. Rivasson tint compagnie à son ami Sorbier pendant les six semaines de sa prison; quoiqu'il lui fût libre de sortir quand il voudrait; mais il voulut donner cette marque de générosité à son ami, ce qui le fit louer et approuver de tout le monde. Après les six semaines expirées, ils furent élargis, visitèrent leurs amis et bienfaiteurs, et partirent pour leur régiment. Depuis, nous apprîmes qu'ils avaient été tués tous les deux à la bataille de Hekeren [18]. Voilà la fin de ces deux messieurs, qui, à mon avis, n'a rien de glorieux pour eux que d'être morts au lit d'honneur. Les gens d'esprit et de pénétration qui liront cette histoire y trouveront de quoi faire des réflexions justes et utiles, en considérant la conduite de messieurs Rivasson et Sorbier; et les jugements de Dieu, qui punit tôt ou tard les crimes scandaleux, principalement celui de l'apostasie, qui est le plus atroce de tous ceux que l'on commet contre la Divinité. Pour moi, je me contente d'écrire les faits naïvement et avec vérité, laissant à chacun de ceux qui liront ces Mémoires à porter leur jugement tel qu'il leur plaira. Je reprends le fil de ma narration, pour ce qui regarde mon cher compagnon de souffrance et moi.

Rivasson et Sorbier nous empêchèrent de mourir de faim, comme je l'ai déjà dit. Nous savions qu'ils avaient beaucoup d'argent; et la crainte où nous étions de retomber dans la famine après leur départ fit que je les suppliai à mains jointes de nous laisser trois ou quatre louis d'or. Je leur dis que je leur en ferais mon billet, pour que mon père les payât leur ordre à Bergerac. Mais ils furent si durs qu'ils ne voulurent jamais nous laisser qu'un demi-louis d'or, que je leur ai rendu dans la suite, lorsque nous nous rencontrâmes dans les prisons de Lille en Flandre peu de jours avant leur délivrance. Nous ménageâmes ce demi-louis d'or extrêmement, ne mangeant que notre réflection de pain sans autre pitance. Nous n'eûmes cependant pas le temps de le dépenser dans cette prison du Parlement, parce qu'on nous transféra dans la prison de la ville nommée le Beffroi; et voici pourquoi.

Il faut savoir que la rivière de l'Escaut traverse la ville de Tournai; au côté du sud de ladite rivière est bâti le Parlement, et ce côté-là dépend de l'archevêché de Cambrai; et l'autre partie de la ville, au nord de la rivière, dépend de l'évêque de ladite ville de Tournai. J'ai déjà dit que le curé de la paroisse du Parlement venait quelquefois nous visiter, plutôt pour voir si nous changions de sentiments par rapport à la Religion, que pour nous exhorter par de bonnes raisons à en changer. L'évêque de Tournai ayant appris la froideur, ou plutôt la négligence ou l'ignorance de ce curé à nous convertir, nous envoya visiter par un de ses chapelains. Ce chapelain était un bon vieux ecclésiastique qui avait plus de bonne foi que de théologie, du moins nous le témoigna-t-il; car après avoir dit qu'il venait de la part de Monseigneur l'évêque, il poursuivit ainsi : « Pour vous convertir à la religion chrétienne. » Nous répliquâmes que nous étions chrétiens par le baptême et par notre foi à l'Évangile de Jésus-Christ. « Comment, nous dit-il, vous êtes chrétiens? Et comment vous nommez-vous? » en sortant de sa poche ses tablettes, où nos noms étaient écrits, et craignant de s'être mépris. Nous lui dîmes nos noms et surnoms. « C'est bien vous, nous dit-il, à qui je suis adressé, mais vous n'êtes pas ce que je croyais; car vous dites que vous êtes chrétiens; et Monseigneur m'envoie pour vous convertir au christianisme. Récitez-moi, s'il vous plaît, les articles de votre foi. » — « Très volontiers monsieur », lui dis-je, et en même temps je lui dis le Symbole des Apôtres. « Comment! s'écria-t-il, vous croyez cela? » Et lui ayant dit que oui : « Et moi, aussi, nous répondit-il! Monseigneur l'évêque m'a vendu du poisson d'avril, pour se moquer de moi. » Ce jour-là en effet était le premier d'avril de l'année 1701. Il prit congé de nous fort promptement, outré de dépit que son évêque eût ainsi joué un homme de son âge et de son caractère. On peut juger si ce bon ecclésiastique avait étudié et examiné les différentes sectes du christianisme. Quoi qu'il en soit, nous ne le vîmes plus. Mais le lendemain, l'évêque nous envoya son grand vicaire, nommé M. Régnier. Pour celui-là, c'était un autre théologien que le bon vieux chapelain. Cependant il nous trouva mieux instruits sur les preuves de la Religion Réformée et sur les erreurs de l'Église romaine qu'il ne s'y était attendu; c'est pourquoi il prit plus à cœur de venir à bout, comme il le disait, de nous convertir. Il ne se passait guère de jour qu'il ne nous rendît visite. C'était un fin rhétoricien, plein de sophismes, ne voulant jamais controverser que sur la Tradition, et nous, sur l'Écriture sainte. Cette diversité ne pouvait rien faire conclure; ce qui faisait qu'il se retirait toujours aussi avancé qu'il était entré. C'était d'ailleurs un très honnête homme, plein de probité et de charité chrétienne. Je me souviens que, s'étant aperçu que nous étions en nécessité de linge et de vêtements, et que même il nous manquait le nécessaire à la nourriture, il nous fit donner secrètement du linge, sans vouloir que nous sussions que cela venait de sa part; et étant dans la semaine sainte, dans laquelle l'évêque fait ses charités aux prisonniers, ledit grand vicaire vint dans la prison du Parlement, et visitant tous les prisonniers, qui y étaient en grand nombre, il leur donna à chacun deux escalins de permission de la part de l'évêque. Il se rendit ensuite dans notre cachot, et après nous avoir priés de la part de l'évêque d'accepter sa générosité comme une marque d'estime et de distinction, il nous fit présent de quatre louis d'or de 20 livres pièce. Nous faisions quelque difficulté de les accepter; mais il nous pria de si bonne grâce de les prendre, en nous représentant que Monseigneur regarderait notre refus comme une marque d'orgueil, qu'il nous fut impossible de les refuser. Ce qui nous vint à la vérité fort à propos pour nous aider dans notre grande nécessité.

J'ai déjà dit, que quelquefois le curé de la paroisse du Parlement nous venait visiter. Un jour, il trouva avec nous le grand vicaire. Il le choqua d'abord, lui demandant qui le faisait si hardi de venir dans sa paroisse y faire des fonctions qui n'appartenaient qu'à lui curé dudit lieu? Le grand vicaire lui répondit fort modestement qu'il y venait par les mêmes raisons que lui, pour ramener des brebis égarées dans le bercail du Seigneur. « Je les y ramènerai bien sans vous, lui répondit brusquement le curé; et Monseigneur de Cambrai ne souffrira pas que vous empiétiez sur ses droits dans son diocèse; et je vous ordonne de sa part de sortir d'ici pour n'y plus rentrer [19]. » Le grand vicaire sortit en effet, et n'y revint plus; mais ayant fait son rapport à son évêque, et l'évêque ne voulant pas avoir le démenti de nous faire visiter, pria le procureur général du Parlement de nous faire transférer dans les prisons de la ville, qui étaient de son diocèse; ce qui lui fut accordé d'abord.

Nous voilà donc aux prisons du Beffroi, où nous étions infiniment mieux qu'à celle du Parlement. Plusieurs protestants, notables bourgeois de Tournai, avaient la permission de nous venir visiter. Ils graissaient la patte, comme on dit, au geôlier, qui, à leur sollicitation, nous ouvrait tous les matins notre cachot pour nous faire prendre l'air dans une petite cour toute proche, pendant quelques heures, et bien souvent jusques au soir. Là nos zélés amis nous venaient voir souvent, nous consolant de leur mieux et nous exhortant à la persévérance. Le grand vicaire Régnier les y trouvait souvent, sans jamais s'en être formalisé. Au contraire, il leur faisait civilité; et lorsque par respect ces personnes charitables voulaient se retirer, il les priait instamment et très humainement de rester, et d'entendre notre conversation. Et j'ose dire que ces bons protestants étaient ravis d'entendre la manière dont nous nous défendions dans ces controverses, comme aussi de la douceur et de la bénignité avec laquelle ce grand vicaire nous exposait ses prétendues preuves. Souvent, après une heure ou deux de disputes, qui ne concluaient jamais rien, il faisait apporter une bouteille de vin; et nous la buvions ensemble comme de bons amis, sans parler de religion. Enfin, après avoir controversé sur tous les points que nous prétendions lui prouver être des erreurs dans la religion romaine, il nous proposa un plan de conversion pour abréger toute dispute. Le voici : « Nous vous dispenserons, nous dit-il, de croire la majeure partie des points qui vous semblent erreurs, comme l'invocation des saints et de la Vierge, la déférence pour les images, de croire qu'il y a un purgatoire, ni d'avoir la foi pour les indulgences et les pèlerinages; moyennant que vous vous soumettiez à croire de bonne foi la transsubstantiation et le sacrifice de la messe, et que vous abjuriez les erreurs de Calvin. » Mais nous lui fîmes connaître que nous voyions le pas glissant qu'il nous proposait, et que nous n'en serions pas la dupe.

Après cela, il diminua peu à peu ses visites, si bien qu'il ne nous venait voir que de huit en quinze jours, et enfin il nous laissa tout à fait en repos; et depuis pas un prêtre ni moine ne nous vint incommoder; ce qui nous faisait grand plaisir.

Un jour, sur les neuf heures du matin, nous vîmes entrer dans notre cachot cinq personnes que le geôlier y vint mettre, et puis se retira. Nous nous mîmes à nous regarder les uns les autres, tellement, que nous reconnûmes trois de ces messieurs pour être de Bergerac. Mais nous ne connaissions pas les deux autres, qui fondaient en larmes en nous embrassant de même que les trois premiers; et ces deux nous nommaient, et témoignaient nous connaître intimement. Surpris de ne pas connaître deux personnes qui ne cessaient de nous embrasser et de pleurer sur notre état, aussi bien que sur le leur et d'ailleurs étant accompagnés des trois que nous connaissions, nous demandâmes au sieur Dupuy, qui était l'un des trois, qui étaient ces deux personnes à nous inconnues. « C'est, nous dit-il, l'une mademoiselle Madras, et l'autre mademoiselle Conceil, de Bergerac, vos bonnes amies, qui se sont exposées au périlleux voyage de sortir de France avec nous, sous les habits d'hommes que vous leur voyez, et qui ont résisté à la fatigue de ce pénible voyage à pied, avec une fermeté et une constance extraordinaires pour des personnes élevées avec délicatesse, et qui, avant ce voyage, n'auraient pu faire une lieue à pied. » Nous saluâmes ces deux demoiselles, et leur représentâmes qu'il n'était pas de la bienséance qu'elles restassent ainsi déguisées et demeurassent avec cinq garçons dans le même cachot; que nos ennemis nous en feraient et à elles, un crime scandaleux. Je les priai de permettre que j'avertisse le geôlier de leur déguisement, qui aussi bien ne leur servait de rien à présent; qu'il fallait déclarer leur nom et leur sexe, et confesser la vérité avec fermeté et constance. Ces messieurs furent de mon avis et les demoiselles y acquiescèrent. J'appelai le geôlier, et lui ayant dit de quoi il s'agissait, il fit sortir ces filles de notre cachot, les mit dans une chambre particulière et en avertit le juge, qui leur fit donner des habits convenables à leur sexe; et depuis nous ne les avons pas revues, car elles furent condamnées pour le reste de leurs jours au couvent des Repenties à Paris, où elles furent conduites dans le temps qu'on condamna aux galères leurs trois compagnons de souffrance, pour avoir voulu sortir du royaume.

Après nos plaintes et lamentations avec ces trois messieurs, nommés les sieurs Dupuy, Mouret et La Venue, nous les priâmes de nous raconter leur histoire. Le sieur Dupuy s'en acquitta de cette manière.

HISTOIRE

DE LA DÉTENTION DES SIEURS DUPUY, MOURET, ET LA VENUE, ET DES DEMOISELLES MADRAS ET CONCEIL

Le sieur Dupuy nous dit qu'il n'y avait rien que d'ordinaire depuis leur départ de Bergerac avec un bon guide. Qu'ils avaient traversé la France, sans aucun accident ni obstacle, jusques au passage de l'Escaut à deux lieues de Tournai, où ils avaient été arrêtés par la trahison d'un malheureux paysan, en qui leur guide et eux s'étaient fiés pour leur faire passer la rivière. En voici, nous dit-il, l'affligeante histoire.

Arrivés aux environs de la rivière de l'Escaut, qui séparait la France du Pays-Bas espagnol, notre guide nous conduisit de nuit chez un paysan de sa connaissance, qui faisait métier de passer les réfugiés sur cette rivière avec un petit bateau. Ce paysan fut ravi de voir qu'il se présentait une si bonne aubaine pour lui, car nous accordâmes de lui payer d'avance chacun deux louis d'or de 20 livres pour nous passer de l'autre côté de la rivière. Il nous donna quelque chose à manger en attendant l'heure qui n'était pas encore convenable, à cause des patrouilles qui se faisaient le long de l'Escaut. Le paysan, jetant les yeux sur un manteau gris de bonne étoffe que portait le sieur Mouret, le convoita et le lui demanda. Mouret lui dit qu'il ne lui donnerait pas ce manteau pour toute chose au monde, parce qu'il appartenait à son père qui était réfugié à Amsterdam, et qu'il voulait avoir le plaisir de le lui apporter. Le paysan fit beaucoup d'instances pour avoir ce manteau, mais Mouret le refusa toujours constamment. Enfin ce fatal manteau fut la cause de notre malheur, car le paysan conclut, par dépit de ce refus, la résolution de nous faire arrêter, à quoi il réussit trop bien; et voici comment il s'y prit.

Il nous amusa dans sa maison jusques environ minuit, après quoi il nous dit de le suivre jusques à l'endroit où était son bateau. Nous le suivîmes en effet, la joie au cœur d'être bientôt en sûreté. Ce scélérat nous conduisit dans un cabaret qui n'était pas loin de sa maison, nous disant qu'il fallait attendre encore un peu, et qu'il allait amener son bateau à l'endroit convenable pour nous passer. Nous étions tous dans une chambre de ce cabaret, en attendant notre paysan. Notre guide, qui était avec nous, ne se méfiait de rien, non plus que nous. Le paysan resta bien une bonne heure à revenir, au bout de laquelle il entre dans la chambre où nous étions et, prenant le guide en particulier, le fit sortir avec lui, et le passa de l'autre côté de la rivière. Ensuite il vint accompagné d'une vingtaine de paysans armés, qui nous arrêtèrent et nous conduisirent ici.

Voilà l'histoire de la détention de ces messieurs; mais, pendant que je suis sur leur sujet, il faut que je raconte de quelle manière ce paysan nommé Batiste reçut le juste salaire de sa perfidie dans la ville de Tournai.

Il faut savoir que de la ville d'Ath à cette dernière ville, dans ce temps, il se faisait journellement une grande contre-bande. Un jour, Batiste et un de ses camarades, ayant appris qu'un marchand de Tournai venait d'Ath avec un chariot chargé de contrebande, résolurent d'aller sur le grand chemin pour faire mine d'arrêter ce chariot, mais en effet pour rançonner ce marchand. Le chariot paraît avec le marchand; les deux paysans, le fusil en joue, l'arrêtent pour le mener, disent-ils, à la douane, pour y être confisqué. Le marchand leur présente 10 pistoles pour lui laisser faire son chemin. C'est ce que nos drôles demandaient. Ils reçurent l'argent et s'en allèrent. Mais il arriva que le chariot fut arrêté par les commis aux portes de la ville de Tournai, et confisqué au profit des fermiers. Le marchand, voyant qu'il avait perdu ses marchandises, ne songea qu'à se venger de ces deux paysans qui l'avaient rançonné sur le grand chemin comme des voleurs. Pour cet effet, il fut les dénoncer à M. de Lambertie, grand prévôt de Flandre, qui envoya enlever ces deux malheureux, qui furent conduits dans les prisons du Beffroi, mais non pas dans le même cachot où nous étions. Le grand prévôt, qui savait depuis longtemps que Batiste était un scélérat et homme à commettre toutes sortes de crimes, et qu'il était même extrêmement soupçonné de favoriser les protestants au passage de l'Escaut pour de l'argent, ce qui était un cas pendable; quoique jusqu'à ce temps il n'eût eu aucun dénonciateur contre lui, crut pour le coup le pouvoir faire rouer vif pour la violence et le vol par lui commis à l'égard de ce marchand. Il se mit donc à lui faire son procès. Il l'interroge exactement; mais Batiste, qui était un fin compère, savait bien la leçon et se défendait à merveille sur l'accusation du vol de grand chemin, alléguant pour sa justification que chacun pouvait et même devait faire ce qu'il avait fait; que les Ordonnances du roi et celles des fermiers généraux promettaient et donnaient en effet récompense aux dénonciateurs; et que de bonne foi lui et son compagnon n'avaient eu d'abord d'autre pensée que celle de faire l'office de dénonciateur; mais que ce marchand de lui-même, sans qu'ils lui eussent rien demandé, les avait tentés par son présent de 10 pistoles, et qu'en reconnaissance, ils lui avaient laissé faire son chemin. Le grand prévôt fut trompé dans son calcul d'avoir moyen de faire mourir ce méchant homme; car sa défense sur le prétendu vol de grand chemin avait un air si plausible que l'on ne crut point devoir passer outre à procéder sur ce crime; mais il arriva dans cette affaire un cas qui vaut la peine d'être détaillé, le voici.

Il faut savoir qu'après la détention des trois messieurs et des deux demoiselles, dont j'ai parlé ci-dessus, leur procès fut bientôt fait par la juridiction ou baillage de la ville de Tournai; et en attendant que le Parlement eût confirmé la sentence, ce qui dura cinq à six semaines, on laissa ces messieurs dans notre cachot pour les envoyer ensuite aux galères. Pendant ce temps-là, le geôlier venait souvent auprès de nous fumer sa pipe; et dans la conversation, le sieur Dupuy lui fit un jour le récit de leur prise par la perfidie de Batiste. Il lui raconta comment ce misérable leur avait nommé plusieurs de ses compatriotes et autres personnes de leur connaissance, qu'il avait passées avec son bateau, se louant fort de ces gens-là, qui l'avaient bien payé. Il lui dit encore que Batiste, avant de les faire arrêter, était venu prendre son bon ami, notre guide, dans le cabaret, et lui avait fait passer la rivière, soit par amitié, ou, ce qui est bien plus apparent, afin que ce guide ne le pût pas accuser de ses mauvaises pratiques. Quoi qu'il en soit, Batiste, suivant les principes de la France et de ses Ordonnances, méritait la mort, quand bien même il n'aurait commis d'autres crimes que d'avoir passé le guide à l'autre bord de l'Escaut. Or il arriva que le grand prévôt, descendant de la chambre où il tenait son tribunal au Beffroi, parla au geôlier pour lui recommander de garder étroitement et dans le plus fort de ses cachots ledit Batiste, pendant qu'il chercherait des preuves convaincantes de divers crimes dont ce malheureux était soupçonné. Le geôlier, là-dessus, lui dit qu'il pouvait avoir des preuves certaines que Batiste avait passé souvent sur l'Escaut des gens de la Religion Réformée qui s'enfuyaient hors du royaume; et tout de suite il lui raconte ce que Dupuy et ses compagnons, qui étaient encore dans sa prison, lui avaient dit, même avant que Batiste fût arrêté. Le prévôt fut ravi d'entendre une telle déposition, et au plus tôt il s'en vint à notre cachot, et appelant par leurs noms et surnoms ces trois messieurs, leur dénonça que le lendemain, à dix heures du matin, il les citait à comparaître devant son tribunal pour dire vérité, sous serment, de ce en quoi ils seraient interrogés au sujet de Batiste, qui les avait fait arrêter; « mais messieurs, je vous exhorte, ajouta-t-il, de ne point nourrir dans vos cœurs aucun sentiment de vengeance contre ce misérable, mais de dire la pure vérité sur ce qui vous sera demandé »; après quoi il se retira. Ces trois messieurs, d'abord, parurent ravis de joie de pouvoir se venger de la perfidie de Batiste en déclarant ce qu'ils savaient, sans engager leur conscience. J'avoue que je fus dans le moment de leur sentiment; mais ensuite, ayant fait réflexion sur les conséquences de leur déposition, je changeai d'avis, et leur communiquai ma pensée, telle que la voici.

« Il est certain, messieurs, leur dis-je, qu'en déposant la pure vérité au sujet de Batiste, ce malheureux sera pendu sans rémission. Mais je vous prie, considérons ici deux choses que cela produira. La première ne vous fera aucun honneur parmi nos amis, et elle vous sera un sujet de reproche de la part de nos ennemis; car l'un et l'autre parti concluront qu'il y aura eu de la vengeance dans votre fait; car tout le monde est naturellement porté à médire de son prochain, et vous ne sauriez absolument vous laver de cette calomnie, puisque vous ne pourriez donner des preuves visibles et parlantes de ce qui réside dans votre cœur, et que notre intégrité ne nous justifie qu'envers Dieu, qui connaît seul nos plus secrètes pensées.

La seconde chose que votre déposition causera, ce sera une injustice tacite que vous commettrez en faisant pendre ce misérable, car il est certain que vous serez cause de la mort d'un homme, qui, selon les Réformés, n'a commis aucun crime en facilitant l'évasion de nos frères; puisque, lorsque quelqu'un nous rend cet office, nous le payons comme méritant salaire, non pour sa peine mais pour le risque qu'il court en nous rendant ce service, qui est regardé chez les papistes comme un crime digne de mort, et chez les Réformés comme une vertu digne de récompense. Voilà, messieurs, à quoi votre déposition, toute sincère et véritable qu'elle sera, vous expose, et ce qu'à mon avis vous ne pouvez éviter. » — « Mais, s'écrièrent ces messieurs, faut-il donc faire un faux serment pour sauver la vie à cet homme, et éviter les deux précipices que vous nous faites envisager? » — « Non, leur dis-je, pour rien au monde vous ne devez faire un faux serment. » — « Que faire donc, me dirent-ils. » — « C'est ce qui m'embarrasse, leur répondis-je, mais il y faut penser mûrement, et chercher s'il n'y aurait pas un milieu qui vous empêche de commettre une injustice, et qui sauve en même temps la vie à Batiste. Il me vient une pensée, leur dis-je, mais je ne sais si elle pourra s'exécuter, parce que je ne suis pas sûr du fait, ne connaissant pas les lois des procédures civiles et criminelles. La voici.

J'ai souvent entendu dire que tout homme condamné aux galères est récusable dans le témoignage qu'il rend, et que même aucun magistrat ni juge ne le doit, ni ne le peut contraindre à rendre aucun témoignage par serment. A votre place, j'éprouverais, si vous pouvez éviter de rendre un témoignage assermenté en en faisant le refus au grand prévôt, et lui alléguant ce que j'ai dit ci-dessus, qu'un galérien est dispensé de faire un tel acte. Si je me trompe, et qu'on puisse, suivant les lois, vous contraindre à déclarer la vérité par serment, à la bonne heure, dites la vérité. C'est une épreuve que, selon moi, vous devez faire, continuai-je; du moins cette démarche vous empêchera d'être accusés d'user de vengeance, puisque l'on verra que vous ne rendrez témoignage contre Batiste qu'à votre corps défendant. » Ce conseil fut approuvé et suivi. Le lendemain matin, sur les dix heures, le geôlier et deux huissiers vinrent prendre ces messieurs pour les conduire en haut dans la chambre prévôtale, où ils trouvèrent le prévôt et ses conseillers assemblés, et le misérable Batiste garrotté, et assis sur la sellette criminelle, plus mort que vif de voir comparaître ceux de qui sa vie dépendait, et qui avaient tant de raisons de se venger de la trahison qu'il leur avait faite. D'abord le prévôt lui demanda s'il connaissait ces messieurs? Il dit que non. « Nous te les ferons bien connaître », lui repartit le prévôt. En même temps, il demande à ces messieurs s'ils connaissaient ce criminel? Ils ne manquèrent pas de dire qu'ils le connaissaient pour celui qui les avait fait arrêter. Jusque-là, ils ne disaient rien à la charge de Batiste, sur quoi le prévôt leur dit : « Levez la main, et promettez à Dieu et à la Justice de dire vérité sur ce qu'on vous interrogera. » Ces messieurs répondirent hardiment qu'ils n'en feraient rien, qu'ils étaient hors du monde par leur sentence de galère et qu'ils n'étaient pas obligés de témoigner, encore moins de prêter serment. Le prévôt leur dit, d'un air moins doux : « Quoi! vous dites que vous faites profession de la vérité et vous refusez de la dire! » — « Nous faisons profession, monsieur, lui répondit Dupuy, de la vérité de l'Évangile, mais non pas de la dire pour faire pendre un homme, lorsque les rois nous en dispensent. » — « Quelle vertu! » dit le grand prévôt en levant les yeux au ciel. Puis se tournant vers Batiste, qui était extasié d'entendre ses ennemis, au lieu de se venger, défendre sa cause, le prévôt, dis-je, s'adressant à lui, lui dit : « Malheureux, baise les pas de ces honnêtes gens, qui t'ôtent la corde du cou. Tu les as fait condamner aux galères, tu leur y tiendras compagnie. » Et, se levant de son siège judicial, il rompit l'assemblée, et chacun des prisonniers fut reconduit dans son cachot. Nos trois messieurs ne se sentaient pas d'aise d'avoir si bien réussi, en déchargeant Batiste sans charger leurs consciences. Enfin la sentence du grand prévôt fut prononcée contre Batiste et Pitous (c'était son compagnon). Ils furent condamnés aux galères perpétuelles pour avoir rançonné ce marchand sur le grand chemin. La sentence aussi de ces trois messieurs étant confirmée, six archers vinrent les prendre pour les conduire à Lille, à la chaîne des galériens qui s'y assemblait. On les attacha deux à deux par les mains, et ensuite tous les cinq ensemble. Et le sort voulut, ou peut-être ce fut un ordre du prévôt, que Batiste fût attaché avec le sieur Dupuy. On les sortit ainsi attachés sur les dix heures du matin pour les conduire à Lille. Toute la ville de Tournai sut bientôt ce qui s'était passé, et la généreuse et chrétienne action de ces messieurs, qui avaient sauvé la vie à leur perfide et traître ennemi. Une affluence de peuple s'assembla devant le Beffroi et les rues étaient pleines de monde pour voir, disaient-ils, la vertu attachée avec le crime. Et chacun faisait des huées et des imprécations horribles contre ce scélérat et traître Batiste, et souhaitait toutes sortes de bénédictions à ces trois messieurs [20].

Nous voilà encore privés pour la seconde fois de nos nouveaux hôtes, compagnons de cachot, ce qui nous affligea beaucoup. Leur piété nous édifiait, et leur conversation nous égayait. Il y avait longtemps que le grand vicaire ne nous était venu voir; il vint enfin après le départ de ces trois messieurs. « Je viens voir, nous dit-il, si nos anciennes conversations ne vous ont pas fait faire des réflexions favorables à votre conversion. » Nous lui dîmes que les réflexions que nous y avions faites nous fortifiaient de plus en plus dans les sentiments que nous lui avions témoignés. « Sur ce pied-là, nous dit-il, mes visites sont inutiles, et je ne viendrai que pour apprendre si je vous suis utile en quelque chose; cependant, continua-t-il, Monseigneur l'évêque doit dégager sa parole avec monsieur le procureur général du Parlement; et il m'a ordonné de lui aller faire compliment de sa part, et de lui offrir de vous remettre dans les prisons du Parlement. » A ces mots, nous pâlîmes de crainte de retourner dans cette affreuse prison, où nous avions tant pâti. Il s'en aperçut. « Je vois, dit-il, que vous craignez d'y retourner; si vous souhaitez, je prierai ce seigneur de vous laisser ici, et que, lorsque le Parlement voudra faire la révision de votre procès, il ne vous fasse pas transférer dans leur prison; et je vous viendrai dire sa réponse aujourd'hui même. » Nous lui témoignâmes que nous lui serions bien obligés de ce bon office, car nous craignions la prison du Parlement comme le feu. Il s'en fut, et le même jour il nous vint dire que nous n'avions qu'à nous tranquilliser; qu'on ne nous transférerait plus. Nous le remerciâmes de sa

grande bonté pour nous. Il nous quitta fort ému de compassion
pour nous, et je lui vis même répandre quelques larmes. Quelques
jours après, un conseiller du Parlement, que je ne nommerai
pas pour raison, vint nous voir dans notre prison et nous dit
que nous lui étions fortement recommandés et qu'il voudrait
bien voir quelque jour à nous tirer d'affaire. Nous ne pouvions
nous imaginer d'où nous venait cette recommandation, à moins
que nos parents, à qui nous avions écrit depuis que nous étions
au Beffroi, ne l'eussent fait faire par quelques personnes de
considération de leurs amis. Cependant, n'ayant aucune nouvelle de nos parents qui nous donnât avis de cette recommandation et aucun des Réformés de Tournai, qui nous venaient
voir souvent, ne nous ayant fait connaître qu'elle nous vînt par
leur canal, nous ne pouvions jeter notre soupçon que sur notre
bon ami le grand vicaire, qui nous avait assuré d'une manière
qui nous paraissait très sincère qu'il désirait ardemment de nous
voir libres. Quoi qu'il en soit, ce conseiller resta une bonne
heure avec nous, et nous interrogea sur notre route, en quel
endroit nous avions été arrêtés, et de quelle manière. Nous le
satisfîmes sur tous ces points. Il nous fit redire l'événement de
Couvé; et il nous demanda si nous pourrions bien prouver que
nous avions passé et logé dans un cabaret de cette petite ville.
Nous lui répondîmes que rien n'était plus facile que de le vérifier. Sur quoi il nous dit : « Prenez courage mes enfants, j'espère
que vous sortirez d'affaire. Demain je vous enverrai un homme
de loi, qui vous portera une requête à signer; signez-la, et vous
en verrez les effets. » Après quoi il sortit, et depuis nous ne le
vîmes plus qu'assis au rang de nos juges en Parlement, où nous
comparûmes peu de jours après, comme on le verra bientôt. Le
lendemain de la visite du conseiller, l'homme de loi dont il nous
avait parlé vint dans notre prison, et nous fit lire la requête
qu'il avait dressée et que nous signâmes. Cette requête, adressée à nos juges en Parlement, portait en substance que, pour
être de la Religion Réformée, nous n'étions pas sujets aux peines

portées par l'Ordonnance, qui défend à toute personne du royaume de sortir de France sans permission de la Cour; et que nous offrions de faire preuve que nous ne sortions pas du royaume, puisque nous en étions déjà sortis et y étions rentrés ensuite en passant par Couvé, ville du prince de Liège, où il y avait garnison hollandaise; mais que n'ayant aucune envie de sortir du royaume, nous ne nous étions servis que du passage par ladite ville, ne pouvant aller de Rocroy à Mariembourg qu'en la traversant; que si nous avions eu dessein de sortir de France, nous n'avions qu'à nous mettre sous la protection du gouverneur hollandais de Couvé, qui nous aurait fait conduire sans difficulté par les terres de Liège jusqu'à Charleroi. Cette requête fut mise sur la table de la chambre criminelle du Parlement.

Deux jours après, trois huissiers du Parlement nous vinrent prendre pour nous y conduire, où étant, le président nous montrant la requête, nous demanda si nous avions signé et présenté cet écrit. Nous répondîmes que oui, et que nous priions la vénérable assemblée d'y avoir égard. Le président nous dit qu'ils avaient examiné ladite requête, et qu'ils y avaient vu que nous offrions de faire preuve que nous avions passé par Couvé; mais qu'il ne suffisait pas de prouver cet article, que la preuve n'en était pas même nécessaire, puisqu'elle était toute faite, et qu'il était de notoriété publique que nous ne pouvions venir à Mariembourg sans passer par cet endroit. « Mais, nous dit-il, vous avez une autre preuve à faire, sans laquelle la première est nulle. C'est, continua-t-il, qu'il faut prouver qu'étant à Couvé, vous étiez pleinement informés que cette ville-là était hors des terres de France. » Franchement, nous ne nous attendions pas à cette question. Cependant, nous répondîmes assez hardiment et sans hésiter que nous le savions parfaitement. « Comment pouviez-vous le savoir? nous dit-il. Vous êtes de jeunes garçons qui n'aviez jamais sorti du coin de vos foyers, et Couvé est à plus de deux cents lieues de chez vous. » Pour moi je ne savais que répondre, car de dire que nous l'avions appris étant sur la frontière, cela n'était pas prouvé. Mais mon camarade s'avisa de dire que pour lui il le savait même avant de partir de Bergerac, parce qu'ayant servi en qualité de barbier dans une compagnie du régiment de Picardie, qui s'était trouvé lors de la paix de Ryswyk en garnison à Rocroy, il avait été témoin des limites qui furent réglées dans ce pays-là; que, de là, son régiment avait été transféré à Strasbourg, où il avait été réformé; et que, s'il avait voulu sortir de France, soit pour aller en Hollande, soit pour se retirer en Allemagne, il lui aurait été très facile de le faire, étant dans le service. « Si vous avez, lui dit le président, été réformé du service, vous devez en avoir un bon congé. » — « Aussi l'ai-je, dit-il, Monseigneur, et en bonne forme. » Sur quoi il sortit son portefeuille de sa poche et en tira effectivement ledit congé imprimé et en bonne et due forme, et le présenta au président, qui le livra de main en main à l'assemblée. Après quoi le greffier l'attacha à la requête, et on nous fit retirer, et reconduire au Beffroi.

Pour l'intelligence de ce fait, il est bon de dire qu'à la vérité Daniel le Gras, mon camarade, avait été *frater* dans le régiment de Picardie, et qu'après la paix de Ryswyk, il avait été réformé à Strasbourg; mais il n'avait jamais été à Rocroy ni dans les environs. Il supposa ce fait pour notre défense, laissant au Parlement à faire rechercher s'il était vrai que ce régiment eût été à Rocroy à la paix de Ryswyk ou non. Ce que ces messieurs n'approfondirent pas, car il est vrai de dire que le conseiller, notre protecteur, avait brigué plusieurs voix au Parlement en notre faveur, et qu'en un mot ce corps était, ou tout entier ou pour la majeure partie, incliné à notre élargissement. Deux heures après que nous fûmes de retour dans la prison, le geôlier tout essoufflé courut à notre cachot pour nous féliciter de notre délivrance prochaine. Un clerc du Parlement était venu la lui annoncer, ayant vu de ses propres yeux la résolution de l'assemblée, qui nous avait en plein absous de l'accusation d'avoir voulu sortir du royaume. Nos bons amis de la ville nous vinrent aussitôt féliciter en foule, et nous crûmes la chose si réelle que nous attendions d'heure en heure notre élargissement. Cependant il n'en fut rien, quoiqu'il fût très vrai que le Parlement nous avait absous. Mais, comme nous étions des criminels d'État, le Parlement ne pouvait nous élargir qu'en conséquence des ordres de la Cour. Le procureur général en écrivit donc au marquis de la Vrillière, ministre d'État, lui disant que nous avions fait preuve parfaite de notre innocence à sortir du royaume, et que le Parlement attendait ses ordres pour la destination des prisonniers. Le ministre répondit qu'ils prissent garde que cette preuve ne fût équivoque, et de la bien examiner. Le Parlement, qui ne voulait pas se démentir, récrivit que la preuve était complète et sans réplique. Il se passa bien quinze jours avant que les ordres définitifs de la Cour vinssent. Ils vinrent enfin pour nous ôter la flatteuse espérance de notre prochaine délivrance, et pour ne nous laisser plus douter de notre sort. Car le Parlement nous ayant fait comparaître devant leur pleine assemblée, à la chambre criminelle, le président nous demanda si nous savions lire. Et après avoir dit que oui. « Lisez donc », dit-il après nous avoir donné la propre lettre du marquis de la Vrillière. Sa brièveté m'en a toujours fait retenir les propres termes, que voici :

« Messieurs,

Jean Marteilhe et Daniel le Gras s'étant trouvés sur les frontières sans passeport, Sa Majesté prétend qu'ils seront condamnés aux galères.

Je suis, Messieurs, etc.

Le Marquis DE LA VRILLIÈRE. »

« Voilà, mes amis, nous dirent le président et divers conseillers, votre sentence émanée de la Cour et non de nous, qui nous en lavons les mains. Nous vous plaignons, et vous souhaitons la grâce de Dieu et du roi. » Après quoi, on nous ramena au Beffroi; et sur le soir du même jour, un conseiller et le greffier du Parlement vinrent à cette prison, et nous ayant fait venir dans la

chambre du geôlier, le conseiller nous dit de nous mettre à
genoux devant Dieu et la justice, et de prêter attention à la
lecture de notre sentence. Nous obéîmes, et le greffier nous lut
notre sentence portant en substance, après le préambule, ce qui
suit :

« Avons lesdits Jean Marteilhe et Daniel le Gras, dûment
atteints et convaincus de faire profession de la Religion Prétendue Réformée, et de s'être mis en état de sortir du royaume
pour professer librement ladite Religion; pour réparation de
quoi, les condamnons à servir de forçats sur les galères du roi
à perpétuité. » Etc.

La lecture de cette sentence finie, je dis au conseiller : « Comment, monsieur, le Parlement, un corps si vénérable et si judi-
cieux, peut-il accorder la conclusion de cette sentence (« *atteints
et convaincus* ») avec la délibération de nous absoudre, comme
il l'avait effectivement fait? » — « Le Parlement, nous dit-il,
vous a absous, mais la Cour, qui est supérieure aux Parlements,
vous condamne. » — « Mais où reste la Justice, monsieur, qui
doit diriger et l'un et l'autre tribunal? » — « N'allez pas si avant,
me répondit-il, il ne vous appartient pas d'approfondir ces
choses. » Il fallut donc se taire, et prendre notre mal en patience.
Cependant je suppliai ledit conseiller de nous faire donner copie
authentique de notre sentence, ce qu'il nous promit et effectua [21].

Trois jours après, quatre archers du grand prévôt nous vinrent
prendre, et après nous avoir liés et mis les menottes aux mains,
nous conduisirent à Lille en Flandre, où la chaîne des galériens
s'assemblait.

Nous arrivâmes le soir à cette dernière ville, n'en pouvant
plus de fatigue d'avoir fait ces cinq lieues à pied, et très incom-
modés de nos liens. On nous mena à la prison de la ville, où est
la tour Saint-Pierre, destinée pour les galériens à cause de l'épaisseur de ses murs. En entrant dans la prison, le geôlier nous
fouilla partout; et comme il se trouva là, soit par hasard ou de
dessein prémédité, deux Pères jésuites, ils nous prirent nos

livres de dévotion et notre sentence, sans nous avoir jamais
voulu rendre ni l'un ni l'autre; et j'entendis que l'un de ces
Pères disait à l'autre, après avoir lu ladite sentence, que c'était
une grande imprudence au Parlement de donner copie authentique de pareilles pièces. Après cette visitation, on nous conduisit au cachot des galériens dans la tour de Saint-Pierre, l'une
des plus affreuses demeures que j'aie jamais vues. C'est un
spacieux cachot, mais si obscur, quoiqu'il soit au second étage
de cette tour, que les malheureux qui y sont ne savent jamais
s'il est jour ou nuit que par le pain et l'eau qu'on leur porte tous
les matins; et qui pis est, on n'y souffre jamais de feu ni
de lumière, soit lampes ou chandelles. On y est couché sur un
peu de paille toute brisée et rongée des rats et des souris, qui y
sont en grand nombre et qui mangeaient impunément notre
pain, parce que nous ne les pouvions voir ni nuit ni jour pour
les chasser. En arrivant dans ce cruel cachot, où il y avait une
trentaine de scélérats de toute espèce, condamnés pour divers
crimes, nous ne pûmes savoir leur nombre qu'en le leur demandant, car nous ne nous voyions pas l'un l'autre. Leur premier
compliment fut de nous demander la bienvenue sous peine de
danser sur la couverte. Nous aimâmes mieux donner deux écus
de cinq livres pièce, à quoi ces scélérats nous taxèrent sans
miséricorde, que d'éprouver cette danse. Nous la vîmes exercer
deux jours après à un misérable nouveau venu, qui la souffrit
plutôt par disette d'argent que par courage. Ces malheureux
avaient une vieille couverte de serpillière sur laquelle ils faisaient étendre le patient; et quatre forçats des plus robustes
prenaient chacun un coin de la couverte, l'élevant aussi haut
qu'ils pouvaient, et la laissaient tomber ensuite sur les pierres
qui faisaient le plancher du cachot; et cela par autant de reprises
que ce pauvre malheureux était condamné, suivant son obstination à refuser l'argent à quoi on le taxait. Cette estrapade
me fit frémir. Ce malheureux avait beau crier, il n'y avait aucune
compassion pour lui. Le geôlier même, à qui va tout l'argent

que cet exécrable jeu produit, n'en faisait que rire. Il regardait par le guichet de la porte et leur criait : « Courage, compagnons. » Ce misérable était tout moulu de ses chutes, et on crut qu'il en mourrait; cependant il se remit. Quelques jours après, j'eus à mon tour une terrible épreuve à essuyer. En voici le détail.

Tous les soirs, le geôlier et quatre grands coquins de guichetiers, accompagnés du corps de garde de la prison, venaient faire la visite du cachot pour voir si nous ne faisions pas quelques tentatives pour nous évader. Tous ces gens-là, au nombre d'une vingtaine, étaient armés de pistolets, d'épées et de baïonnettes au bout du fusil. Ils visitaient ainsi les quatre murailles et le plancher fort exactement, pour voir si nous n'y faisions pas quelque trou. Un soir, après qu'ils eurent fait la visite, et comme ils se retiraient, un des guichetiers resta le dernier pour fermer la porte et le guichet. Je m'amusai à lui dire quelques paroles, et comme je vis qu'il me répondait assez amiablement, je crus l'avoir un peu apprivoisé. Je m'avisai donc de le prier de me donner le bout de chandelle qu'il tenait à la main, pour voir à chercher un peu notre vermine; mais il n'en voulut rien faire et me ferma le guichet au nez. Alors, je dis assez haut, ne croyant pas cependant le guichetier assez proche pour m'entendre, que je me repentais de ne lui avoir pas arraché des mains son bout de chandelle, car je l'avais eu belle pour cela, lorsque je lui parlais au guichet. Mon drôle m'entendit et ne manqua pas d'en faire son rapport au geôlier. Le lendemain matin, que tous mes camarades de cachot étaient levés et chantaient les litanies à leur ordinaire, sans quoi ils n'auraient eu aucune charité des jésuites, qui la donnaient tous les jeudis; il n'y avait que moi qui étais demeuré couché sur mon peu de paille, et je m'étais endormi, lorsque je fus éveillé par plusieurs coups de plat d'épée, qui portaient à plein sur mon corps, n'ayant que ma chemise et ma culotte. Je me lève en sursaut et je vois le geôlier l'épée à la main, les quatre guichetiers, et tous les soldats du corps de garde, tous armés jusques aux dents. Je demandai pourquoi on me maltraitait ainsi. Le geôlier ne me répondit que par plus de vingt coups de plat d'épée; et le guichetier au bout de chandelle me donna un si terrible soufflet qu'il me renversa. M'étant relevé, le geôlier me dit de le suivre. Et voyant que c'était pour me faire encore plus de mal, je refusai de lui obéir avant que je susse par quel ordre il me traitait ainsi; que si je le méritais, ce n'était qu'au grand prévôt à ordonner de mon châtiment. On me donna encore tant de coups que je tombai une seconde fois. Alors les quatre guichetiers me prirent, deux aux jambes et deux aux bras et m'emportèrent ainsi, à mon corps défendant, hors du cachot, et me descendirent ou plutôt me traînèrent comme un chien mort, du haut des degrés de cette tour en bas dans la cour, où étant, on ouvrit la porte d'un autre escalier de pierre, qui conduisait dans un souterrain. On me fit aussi dégringoler ces degrés, sans les compter, quoique je croie qu'il y en avait pour le moins vingt-cinq ou trente, et au bas, on ouvrit un cachot à porte de fer, qu'on nomme *le Cachot de la Sorcière*. On m'y poussa, et on ferma la porte sur moi et puis ils s'en allèrent. Je ne voyais non plus dans cet affreux souterrain qu'en fermant les yeux. J'y voulus faire quelques pas pour trouver quelque peu de paille en tâtonnant, mais je m'enfonçai dans l'eau jusques à demi-jambes, eau aussi froide que la glace. Je retournai en arrière et me plaçai contre la porte, dont le terrain était plus haut et moins humide. En tâtonnant, j'y trouvai un peu de paille, sur laquelle je m'assis; mais je n'y fus pas deux minutes que je sentis l'eau qui traversait la paille. Pour lors, je crus fermement qu'on m'avait enterré avant ma mort, et que cet affreux cachot serait mon tombeau si j'y restais vingt-quatre heures. Une demi-heure après, le guichetier me porta du pain et de l'eau, qu'il mit par le guichet dans le cachot. Je lui rejetai sa cruche et son pain, en lui disant : « Va dire à ton bourreau de maître que je ne boirai ni ne mangerai que je n'aie parlé au grand prévôt. » Le guichetier s'en alla, et dans moins d'une heure le geôlier vint seul avec une chandelle à la main, sans autres armes qu'un trousseau de clefs; et ouvrant la porte du cachot, il me dit fort doucement de le suivre en haut. J'obéis. Il me mena dans sa cuisine. J'étais sale, plein du sang qui m'avait coulé par le nez et d'une contusion à la tête que ces barbares guichetiers m'avaient faite, en me laissant tomber et traîner la tête sur les escaliers de pierre. Le geôlier me fit laver mon sang, me mit un emplâtre sur ma contusion, et ensuite me donna un verre de vin de Canarie, qui me refit un peu. Il me fit une petite réprimande de mon imprudence touchant la chandelle du guichetier; et m'ayant fait déjeuner avec lui, il me mena dans un cachot de sa cour, sec et clair, me disant qu'il ne pouvait plus me remettre avec les autres galériens après ce qui s'était passé. « Donnez-moi donc mon camarade avec moi », lui dis-je. « Patience, dit-il, tout viendra avec le temps. » Je restai quatre ou cinq jours dans ce cachot, pendant lesquels le geôlier m'envoyait tous les jours à dîner de sa table. Il me proposa un jour de nous mettre, mon camarade et moi, dans une chambre de sa prison où il y aurait un bon lit et toutes les commodités requises, moyennant deux louis d'or par mois. Nous n'étions pas fort pourvus d'argent. Cependant, je lui offris un louis et demi jusques au temps que la chaîne partirait. Il n'en voulut rien faire, dont il se repentit; car peu de jours après nous fûmes mis dans une belle et bonne chambre, bien couchés et bien nourris, sans qu'il nous en coutât rien, comme je le dirai tout à l'heure. Un jour, il me dit que mon camarade l'avait fort prié de me remettre avec lui, et qu'il lui avait promis de le faire. « Hé bien, lui dis-je, descendez-le ici avec moi. » — « Non, dit-il, il faut que vous retourniez avec les autres galériens dans la tour de Saint-Pierre. » Je vis bien qu'il nous voulait mettre dans la nécessité de lui donner les deux louis d'or par mois pour nous mettre en chambre; mais consultant notre bourse, et considérant que, si la chaîne ne partait que dans deux ou trois mois, nous ne pourrions y subvenir, je me tins ferme à l'offre que je

lui avais faite, si bien qu'il me remit dans la tour de Saint-
Pierre avec les autres. Mon camarade, qui me croyait perdu,
fut ravi de me sentir auprès de lui. Je dis « *sentir* », car pour nous
voir, nous n'avions aucune clarté pour cela. Un matin, sur les
neuf heures, le geôlier vint ouvrir notre cachot et nous appelant, mon camarade et moi, nous dit de le suivre. Nous crûmes
d'abord qu'il nous allait mettre en chambre pour notre louis et
demi, mais nous fûmes désabusés, car nous ayant sortis du
cachot, il nous dit : « C'est monsieur de Lambertie, grand
prévôt de Flandres, et qui est le maître ici, qui vous veut parler.
J'espère, dit-il en s'adressant à moi, que vous ne lui direz rien
de ce qui s'est passé dernièrement. » — « Non, lui dis-je, lorsque
j'ai pardonné, j'oublie, et ne cherche plus à me venger. » En
disant cela, nous arrivâmes dans une chambre, où nous trouvâmes monsieur de Lambertie, qui nous fit l'accueil le plus
gracieux du monde. Il tendit une lettre de monsieur son frère,
bon gentilhomme, d'origine protestante, à trois lieues de Bergerac. Mon père nous avait procuré cette recommandation.
Monsieur de Lambertie nous dit donc qu'il était bien fâché de
ne nous pouvoir procurer notre délivrance. « Pour tout autre
crime, nous dit-il, j'ai assez de pouvoir et d'amis en Cour pour
obtenir votre grâce; mais personne n'ose s'employer pour qui
que ce soit de la Religion Réformée. Tout ce que je puis faire,
c'est de vous faire soulager dans cette prison, et de vous y retenir
autant que je voudrai, quoique la chaîne parte pour les galères. »
Ensuite, il demanda au geôlier quelle chambre bonne et commode il avait de vide. Le geôlier lui en proposa deux ou trois
qu'il rejeta, et lui dit : « Je ne prétends pas seulement que ces
messieurs aient toutes leurs commodités, mais je veux aussi
qu'ils aient de la récréation, et je prétends que tu les mettes
dans la chambre à l'aumône. » — « Mais, monsieur, repartit le
geôlier, il n'y a que des prisonniers civils dans cette chambre-là,
qui ont des libertés qu'on n'ose donner à des gens condamnés. »
— « Hé bien! répondit M. de Lambertie, je prétends que tu les

leur donnes, ces libertés; c'est à toi et à tes guichetiers à prendre garde qu'ils ne se sauvent de la prison; donne-leur un bon lit, et tout ce qu'ils souhaiteront pour leur soulagement, et cela pour mon compte, ne prétendant pas que tu prennes un sol d'eux. Allez, messieurs, nous dit-il, dans cette chambre à l'aumône; c'est la plus belle, la mieux aérée et la plus réjouissante de toute cette prison; et outre que vous y ferez bonne chère sans qu'il vous en coûte rien, vous y amasserez de l'argent. Je prétends, dit-il encore au geôlier, que tu fasses M. Marteilhe prévôt de cette chambre. » Nous remerciâmes de notre mieux M. de Lambertie de sa grande bonté. Il nous dit qu'il viendrait souvent s'informer à la prison si le geôlier observait ses ordres à notre égard, et se retira.

On nous mit donc dans la chambre à l'aumône, et on m'en installa prévôt, au grand regret de celui qui l'était avant moi, et que l'on plaça ailleurs. Cette chambre à l'aumône était fort grande, et contenait six lits pour douze prisonniers civils, qui étaient toujours des gens de quelque considération et hors du commun; et outre cela, un ou deux jeunes drôles, ordinairement coupeurs de bourse, ou prisonniers pour des crimes légers, qui servaient à faire les lits, la cuisine, et tenir la chambre nette. Ils couchaient à un coin de la chambre, sur une paillasse : c'étaient, en un mot, nos valets de chambre. La prévôté, dont j'avais eu l'honneur d'être gratifié, était un emploi onéreux. Celui qui est revêtu de ce titre dans la chambre à l'aumône est obligé de distribuer toutes les charités qui se font à cette prison. Elles sont ordinairement considérables et se portent toute dans cette chambre. Il y a un tronc, qui pend avec une chaîne d'une des fenêtres, pour les passants qui veulent y mettre leurs charités. Le prévôt de la chambre, qui a la clef de ce tronc, l'ouvre tous les soirs pour en retirer l'argent et le distribuer à tous les prisonniers, tant civils (s'ils en veulent) que criminels. Outre cela, tous les matins, les guichetiers vont avec des charrettes ou tombereaux par toute la ville recueillir les charités des boulangers, bouchers, brasseurs et poissonniers, chacun donnant de leurs denrées. Ils vont aussi au marché aux herbes, à celui des tourbes et autres; et toute cette collecte se porte à la chambre à l'aumône, pour être partagée et distribuée dans toutes les chambres par le prévôt, à proportion que chaque chambre a de prisonniers, dont le geôlier lui donne une liste chaque jour et dont le total allait, lorsque j'y entrai, à cinq ou six cents. Quoique je fusse devenu le distributeur général de ces aumônes, je ne pus cependant remédier à un abus qui m'empêchait de faire parvenir rien aux prisonniers destinés pour les galères. Le geôlier recevait leur part de l'argent du tronc pour l'employer, disait-il, à leur faire de la soupe. Mais bon Dieu! quelle soupe? C'était ordinairement de sales et vilaines tripes de bœuf, qu'il leur cuisait avec un peu de sel, dont l'odeur seule faisait vomir.

Six semaines après avoir habité cette heureuse chambre, M. de Lambertie nous y vint voir et nous dit que la chaîne devait partir le lendemain pour Dunkerque, où étaient six galères du roi, qu'il nous exempterait de partir en nous faisant passer pour malades; qu'il fallait que nous restassions ce jour-là au lit jusques à ce que la chaîne fût partie. Ce que nous fîmes. Et cela nous procura de rester dans ce bien-être encore trois mois. Après quoi, une autre chaîne partit, avec laquelle nous partîmes aussi par l'occasion que je vais dire.

SUR LA GALÈRE
LA PALME

Au mois de janvier 1702, monsieur de Lambertie nous vint voir, et nous dit que la chaîne partirait le lendemain, qu'il pourrait encore nous exempter de la suivre, mais qu'il avait à nous avertir (afin que nous eussions le choix de partir ou de rester) que ce serait la dernière chaîne qui irait sur les galères de Dunkerque [22], que par la suite toutes les autres iraient à Marseille, voyage de plus de trois cents lieues, qui serait d'autant plus rude et pénible pour nous que nous serions obligés de le faire à pied et la chaîne au cou; que d'ailleurs il faudrait qu'il allât en campagne au mois de mars, et qu'il ne serait plus à portée de nous rendre service à Lille. Qu'il nous conseillait donc de partir par la chaîne qui commençait le lendemain sa route pour Dunkerque, que cette chaîne était sous ses ordres jusques à cette ville, et qu'il nous y ferait conduire avec distinction des autres galériens, en chariot et commodément pendant la route, qui n'était que d'environ douze lieues. Ces raisons plausibles de monsieur de Lambertie nous firent accepter ce dernier parti. Ce seigneur nous tint parole, car au lieu de nous faire attacher avec ving-cinq ou trente galériens dont la chaîne était composée, et qui marchaient à pied, il nous fit mettre en chariot; et tous les soirs, on nous faisait coucher dans un bon lit, et l'exempt des archers, qui conduisait la chaîne, nous faisait manger à sa table; si bien qu'à Ypres, Furnes et autres lieux où nous passions, on croyait que nous étions des gens de grande considération. Mais hélas! ce bien-être n'était qu'une fumée qui disparut bientôt; car le troisième jour de notre départ de Lille nous arrivâmes à Dunkerque, où on nous mit tous sur la galère l'*Heureuse*, commandée par le commandeur de la Pailleterie, qui était chef d'escadre des six galères qui étaient dans ce port [23]. On nous mit d'abord chacun dans un banc à part; par là je fus séparé de mon cher camarade. Le jour même de notre arrivée, on donna la bastonnade à un malheureux forçat pour je ne sais quoi qu'il avait commis. Je fus effrayé de voir exercer ce supplice, qui se fit sans aucune forme de procès, et sur-le-champ. Le lendemain, je fus sur le point de recevoir le même traitement, qui m'avait fait tant d'horreur la veille, et cela par la méchanceté d'un grand coquin de forçat, qui était aux galères pour vol. Ce misérable vint dans le banc où j'étais enchaîné avec six autres, et en m'injuriant de toute manière, me demanda de quoi boire à ma bienvenue. Je n'avais par bonheur rien répondu à toutes les injures qu'il m'avait dites, mais à sa demande, je lui répondis que je ne donnais de bienvenue qu'à ceux qui ne me la demandaient pas. En effet, j'avais payé cinq ou six bouteilles de vin à ceux de mon banc, qui ne me l'avaient pas demandé. Ce malheureux, qui se nommait Poulet, s'en fut dire au sous-comite de la galère [24], que j'avais prononcé des blasphèmes exécrables contre la Vierge et tous les saints du Paradis. Ce sous-comite, qui était un barbare brutal, comme sont tous ceux de sa sorte, ajouta foi au rapport de Poulet et s'en vint à mon banc me dire de commencer à me dépouiller pour recevoir la bastonnade. On peut juger de mon émotion. Je ne savais pas que Poulet lui eût parlé. D'ailleurs je n'avais rien dit ni fait qui me pût attirer ce châtiment. Je demandai à mes compagnons de banc pourquoi on me voulait ainsi traiter, et si c'était la coutume de faire passer les nouveaux venus par cette épreuve. Eux, aussi surpris que moi, me dirent qu'ils n'y comprenaient rien. Cependant, le sous-comite s'en alla sur le quai pour faire son rapport au major des galères qui y était, et en la présence duquel

cette exécution de la bastonnade se fait toujours. Comme donc
ce sous-comite était sur la planche de la galère qui aboutit au
quai, il y rencontra le premier comite, à qui il dit qu'il allait
parler au major pour faire donner la bastonnade à un nouveau
venu, qui était huguenot, et qui avait vomi des blasphèmes
horribles contre l'Église catholique, la Sainte Vierge et tous
les saints. Le comite lui demanda s'il l'avait entendu. Il dit que
non, mais que c'était sur le rapport de Poulet. « Bon témoignage! » répondit le comite. Ce premier comite était passable-
ment honnête homme, et fort grave pour un homme de sa profession. Il s'approcha de mon banc et me demanda quelle raison
j'avais eue de blasphémer ainsi contre la religion catholique.
Je lui répondis que je ne l'avais jamais fait et que ma Religion
même le défendait. Là-dessus, il fit appeler Poulet, auquel il
demanda ce que j'avais fait et dit. Ce maraud eut l'impudence
de répéter la même chose qu'il avait dite au sous-comite, qui
était présent et que le premier comite avait fait rentrer avec lui.
Celui-ci, ne voulant pas s'en rapporter à la déposition de Poulet,
interrogea les six galériens de mon banc; ensuite ceux du banc
au-dessus et celui au-dessous [25]. Ces dix-huit ou vingt personnes
lui déposèrent tous la même chose : que je n'avais proféré
aucune parole ni en bien ni en mal lorsque Poulet me disait les
plus grosses injures; et que tout ce que j'avais dit était que je ne
donnais pas la bienvenue à ceux qui me la demandaient. Ces
informations faites, le premier comite rossa d'importance ce
scélérat de Poulet, et le fit mettre à double chaîne au banc
criminel [26], et il tança fortement son sous-comite d'avoir été si
prompt à décider sur le rapport de ce coquin. Je fus donc quitte
pour la peur de la bastonnade, qui est un supplice affreux.
Voici comment on pratique cette barbare exécution. On fait
dépouiller tout nu, de la ceinture en haut, le malheureux qui la
doit recevoir. On lui fait mettre le ventre sur le coursier de la
galère [27], ses jambes pendantes dans son banc, et ses bras dans le
banc à l'opposite. On lui fait tenir les jambes par deux forçats

et les bras par deux autres, et le dos en haut tout à découvert et
sans chemise, et le comite est derrière lui, qui frappe avec une
corde un robuste Turc, pour l'animer à frapper de toutes ses
forces avec une grosse corde sur le dos du pauvre patient. Ce
Turc est aussi tout nu et sans chemise; et comme il sait qu'il n'y
aurait pas de ménagement pour lui s'il épargnait le moins du
monde le pauvre misérable que l'on châtie avec tant de cruauté,
il applique ses coups de toutes ses forces, de sorte que chaque
coup de corde qu'il donne fait une contusion élevée d'un pouce.
Rarement, ceux qui sont condamnés à souffrir un pareil supplice en peuvent-ils supporter dix à douze coups sans perdre la
parole et le mouvement. Cela n'empêche pas que l'on ne continue
à frapper sur ce pauvre corps, sans qu'il crie ni qu'il remue,
jusques au nombre de coups à quoi il est condamné par le
major. Vingt ou trente coups n'est que pour les peccadilles, mais
j'ai vu qu'on en donnait cinquante ou quatre-vingts, et même
cent; mais ceux-là n'en reviennent guère. Après donc que ce
pauvre patient a reçu les coups ordonnés, le barbier ou frater
de la galère vient lui frotter le dos tout déchiré avec du fort
vinaigre et du sel pour faire reprendre la sensibilité à ce pauvre
corps, et pour empêcher que la gangrène ne s'y mette. Voilà ce
que c'est que cette cruelle bastonnade des galères.

Je fus environ quinze jours sur la galère où l'on m'avait
d'abord mis. Il faut savoir, qu'ainsi que tous les hommes ne sont
pas également bons ou également mauvais, il y a des comites
qui sont plus méchants et plus cruels les uns que les autres. A
côté de la galère où j'étais, il y en avait une dont le comite était
pire qu'un démon d'enfer. Il faisait faire la « *bourasque* », ou
nettoiement de sa galère, tous les jours, au lieu que les autres ne
la faisaient que tous les samedis. Les coups de corde pendant
cette *bourasque* tombent sur les galériens comme la grêle, et cet
exercice dure deux ou trois heures. Je voyais ce cruel traitement
parce que la distance de l'une à l'autre galère n'était pas grande.
Les forçats de mon banc me disaient sans cesse : « Priez Dieu

qu'au partage qu'on doit bientôt faire de vous autres nouveaux venus sur les six galères, vous ne tombiez pas sur la galère la *Palme*. » C'était celle de ce méchant comite. J'en tremblais de peur. Le partage d'environ 60 nouveaux venus que nous étions, pour les distribuer sur les 6 galères, arriva. On nous mena tous au parc de l'Arsenal, où on nous fit dépouiller absolument tout nus, pour nous visiter dans toutes les parties de nos corps. On nous tâtait partout ni plus ni moins qu'un bœuf gras qu'on achète au marché. Cette visite achevée, on fit des classes, des plus forts aux plus faibles [28]. On fit ensuite six lots, aussi égaux qu'il se put, et les comites tirèrent au sort pour avoir chacun son lot. On m'avait mis à la première classe, et j'étais à la tête d'un lot. Le comite à qui j'étais échu nous dit de le suivre pour nous amener à sa galère. Curieux de savoir mon sort, et ne sachant pas que cet homme fût un comite, je le priai de me dire sur quelle galère j'étais échu. « Sur la *Palme* », me dit-il. Je fis une exclamation, déplorant mon malheur. « Pourquoi, me dit-il, êtes-vous plus malheureux que les autres? » — « C'est, lui dis-je, monsieur, que je tombe dans un enfer de galère, et dont le comite est pire qu'un démon. » Je ne savais pas que je parlais à ce même comite. Il me regarda en fronçant les sourcils : « Si je connaissais, dit-il, ceux qui vous ont dit cela, et que je les eusse en mon pouvoir, je les en ferais bien repentir. » Je vis bien que j'avais trop parlé, mais le mal était fait et sans remède. Cependant, ce méchant comite voulut faire voir à mon égard qu'il n'était pas si démon qu'on l'accusait. Il mena son lot à sa galère, où étant il commença à me faire voir un trait de sa bénignité pour moi. Car comme j'étais jeune et vigoureux, l'argousin me mit à la jambe un anneau de fer et une chaîne d'une grosseur et pesanteur extraordinaires. Le comite s'en aperçut, et d'un air rude et brutal, dit à cet argousin que s'il ne m'ôtait pas cette énorme chaîne, il s'en plaindrait au capitaine, et qu'il ne souffrirait pas qu'il gâtât ainsi le meilleur sujet de son lot pour la rame. L'argousin m'ôta sur-le-champ cette grosse chaîne, et m'en mit une des plus légères qu'il eût, que le comite choisit lui-même. Il ordonna ensuite à l'argousin de m'aller enchaîner à son banc de lui comite. Il faut savoir que le comite mange et couche à un banc de la galère, sur une table qu'on dresse sur quatre petits piliers de fer avec des traverses. Et cette table est assez longue pour y prendre ses repas et pour servir à dresser son lit, entouré d'un pavillon de grosse toile de coton; si bien que les forçats dudit banc sont sous cette table qui s'ôte facilement lorsqu'il faut ramer, ou faire quelque autre manœuvre. Les six forçats de ce banc forment le domestique du comite. Chacun a son emploi pour le servir; et lorsque le comite mange ou est assis sur sa table (car c'est son appartement et sa résidence), tous les forçats dudit banc et des bancs à chaque côté se tiennent toujours debout, la tête nue par respect. Tous les forçats de la galère ambitionnent extrêmement d'être au banc du comite et sous-comite, non seulement parce qu'ils mangent les restes de leurs tables, mais principalement à cause qu'il ne s'y donne jamais aucun coup de corde pendant qu'on rame ou fait d'autres manœuvres; et on nomme ces bancs « *les bancs respectés* », et c'est un office que d'être d'un tel banc. J'eus donc cet office, qui ne dura pas longtemps par ma propre faute, parce que, me sentant encore d'un reste de vanité mondaine, je ne pus gagner sur moi de faire le pied de grue comme les autres. Car lorsque le comite était à sa table, je me couchais ou lui tournais le dos, mon bonnet sur la tête, faisant semblant de regarder à la mer. Les forçats du banc me disaient souvent qu'il m'en prendrait mal, mais je les laissais dire, et allais toujours mon train, me contentant d'être l'esclave du roi, sans être encore celui du comite. Je courais cependant risque de tomber dans sa disgrâce, ce qui est le plus grand malheur qu'un forçat puisse avoir. Il ne m'arriva pas cependant ainsi, car ce comite, tout diable qu'on me l'avait fait, était très raisonnable. Il s'informa des forçats de son banc si je mangeais avec eux les restes de sa table, et ayant appris que je n'en avais jamais voulu goûter : « Il a, dit-il, encore les poulets dans le ventre; laissez-le faire. »

Un soir, après qu'il se fut couché dans son pavillon, il me fit appeler auprès de son lit, et me parlant doucement pour que les autres ne l'entendissent pas, il me dit, qu'il voyait bien que je n'avais pas été élevé dans la crapule, et que je ne pouvais m'assujettir à ramper comme les autres; qu'il ne m'en estimait pas moins, mais que pour l'exemple, il me ferait mettre dans un autre banc, et que je pouvais compter que dans le travail et la fatigue de la galère, je ne recevrais jamais un coup de lui ni de ses sous-comites. Je le remerciai de sa bonté de mon mieux, et je puis dire qu'il tint sa parole; ce qui est beaucoup : car, lorsque nous naviguions ou dans d'autres manœuvres, il n'aurait pas connu son propre père, et l'aurait rossé comme un autre. En un mot, c'était le plus cruel homme dans sa fonction que j'aie jamais vu; mais en même temps et hors de là, très raisonnable et qui pensait toujours fort judicieusement. Nous étions cinq Réformés sur sa galère, qu'il considérait tous également; et aucun des cinq n'a jamais reçu le moindre mauvais traitement de sa part. Au contraire, lorsque l'occasion s'en présentait, il nous rendait service. Je l'ai expérimenté, comme je le dirai dans son temps. En attendant, j'en dois rapporter un exemple, qui arriva à l'égard d'un de nos frères réformés, l'été de ma première année de galères, le voici.

Le capitaine de notre galère, nommé le chevalier de Langeron Maulevrier, avait tous les sentiments jésuites. Il nous haïssait souverainement, et il ne manquait pas, lorsque nous étions à ramer, le corps tout nu, sans chemise, comme c'était l'ordinaire, d'appeler le comite et de lui dire : « Va rafraîchir le dos des huguenots d'une salade de coups de corde »; mais toujours quelqu'autre que nous les recevait [29]. Ce capitaine était fort magnifique, et faisait grosse dépense pour sa table; car 500 livres que le roi donne par mois à chaque capitaine de galère pour leur table ne lui suffisaient pas pour la moitié de la dépense de la sienne. Les capitaines ont ordinairement à leur office ou chambre de provision, qui est pratiquée dans le fond de cale de la galère, un mousse, ou gardien de cette chambre. C'est ordinairement un forçat qui a cet office. C'est un emploi fort favorable pour celui qui peut l'avoir; car on est alors exempt de la rame et de toute autre fatigue, et l'on fait bonne chère de la cuisine du capitaine. Or il arriva que le mousse d'office de M. de Langeron lui friponna 50 ou 60 livres de café, que le maître d'hôtel trouva qui manquaient à l'office. Il le déclara au capitaine qui, sans autre forme de procès, ordonna sur-le-champ qu'on donnât cinquante bastonnades à ce pauvre fripon de mousse, et qu'on le mît au banc criminel, ce qui fut exécuté fort ponctuellement. Après quoi, le capitaine ordonna au comite de lui chercher un mousse fidèle parmi les forçats de la galère. Le comite se récria sur ce mot de « *Fidèle* », disant qu'il lui était impossible de l'assurer de la fidélité d'aucun de ces malfaiteurs; mais qu'il savait un galérien déjà âgé, et peu capable de la rame, de la fidélité duquel il pouvait lui répondre. « Mais, ajouta-t-il, je sais que vous ne le voudrez pas. » — « Pourquoi non? dit le capitaine, s'il est tel que tu le dis. » — « C'est, dit le comite, qu'il est huguenot. » Le capitaine, fronçant les sourcils, lui dit : « N'en as-tu pas d'autre à me proposer? » — « Non, dit le comite, du moins dont je puisse vous répondre. » — « Hé bien, dit le capitaine, je l'éprouverai; fais-le venir en ma présence », ce qui fut fait. C'était un nommé Bancilhon, vénérable vieillard, respectable par sa candeur et sa probité, qui étaient empreintes sur sa physionomie [30]. Le capitaine lui demanda s'il voulait bien le servir pour son mousse d'office. L'air et la prudence avec laquelle il lui répondit charmèrent le capitaine, qui le fit d'abord installer par son maître d'hôtel dans la chambre d'office. Le capitaine fut bientôt si content de son mousse, qu'il n'aimait personne autant que lui, jusque-là qu'il lui confiait la bourse de sa dépense; lorsque l'argent était fini, Bancilhon lui portait le mémoire de la dépense faite par le proviseur et le maître d'hôtel, lesquels lui rendaient compte; le capitaine avait pris une telle confiance en lui qu'il déchirait ses mémoires en sa présence sans les lire, et les jetait à la mer. Cette grande confiance du capitaine à l'égard de Bancilhon, et l'économie qu'exerçait celui-ci au profit de son maître lui firent bientôt des jaloux et des ennemis mortels. Le capitaine avait deux maîtres d'hôtel, un proviseur et un chef de cuisine, qui mangeaient à la seconde table. Ces messieurs voulaient souvent se régaler de vin de Champagne et d'autres délicatesses confiées à la garde de Bancilhon, lequel les leur refusait souvent, lui étant défendu d'y toucher que pour la table du capitaine. Sur cela, ces messieurs conçurent une telle haine contre lui qu'ils résolurent de le perdre. Pour cela, ils projetèrent un jour que lorsque le capitaine donnerait à manger, et qu'il y aurait presse à l'office, ils détourneraient quelque pièce d'argenterie (dont le capitaine était bien pourvu) pour faire accuser Bancilhon de ce vol. La chose conclue entre eux quatre, l'un des maîtres d'hôtel, soit par bienveillance pour Bancilhon, ou pour débusquer son camarade, fut en secret communiquer ce complot au dit Bancilhon, lui disant qu'il leur soutiendrait la chose, si besoin en était. Bancilhon, informé de la haine de ces messieurs contre lui, résolut de n'attendre pas l'orage qui tôt ou tard le perdrait, et conclut de retourner plutôt ramer toute sa vie dans un banc que de rester ainsi exposé. Dans cette pensée, ses comptes à la main, il fut trouver un matin le capitaine à son lit, et le pria instamment de le décharger du fardeau de garder sa chambre d'office, protestant que son âge, qui affaiblissait sa mémoire et sa vue, ne lui permettait plus de profiter de ses bontés. Le capitaine, fort surpris, lui dit qu'il fallait qu'il y eût quelqu'autre raison qui le portât à lui faire cette demande, et qu'il voulait la savoir sur l'heure, sous peine de son indignation. Bancilhon, ne pouvant plus s'en défendre, lui avoua le fait, et lui dit que Moria, le second maître d'hôtel, lui avait découvert le complot. « Qu'on m'appelle ces messieurs, dit le capitaine, tout à l'heure; ce qui étant fait, il les menaça

de les faire jeter à la mer sur-le-champ s'ils n'avouaient pas la
vérité. Ils l'avouèrent en effet, en demandant mille fois pardon.
« Hé bien, messieurs, dit-il, je ne vous veux faire d'autre punition que celle de vous déclarer que dès ce moment, s'il se perd
quoi que ce soit de ce que Bancilhon a en garde, vous en serez
responsables tous trois. » Ils voulurent se récrier, disant que sur
ce pied-là Bancilhon pouvait les perdre à tout moment. « Il est
honnête homme, leur dit le capitaine, et vous êtes des coquins,
qui mériteriez que je vous fisse raser et mettre à la chaîne. »
Ces messieurs se retirèrent tout confus, et ils ne tentèrent jamais
depuis de faire pièce à Bancilhon, qui demeura le domestique
favori de monsieur de Langeron, dont l'amitié pour lui rejaillit
sur nous, les autres quatre Réformés qui étions sur sa galère.

Cette même année 1702, au mois de juillet, nous allâmes avec
nos six galères dans le port d'Ostende. De là, nous faisions des
courses, lorsque la mer était calme, le long des côtes de Blan-
quenbourg et de l'Écluse en Flandre. Ensuite, nous revenions
vers Nieuport, et jusques à l'entrée de la Manche[31].

Un jour, nous aperçûmes à la hauteur de Nieuport, à quatre
ou cinq lieues au large, une escadre de douze navires de guerre
hollandais, qui étaient arrêtés par un calme tout plat. Nous
allâmes les reconnaître, et voyant qu'un de leurs navires était
éloigné des autres d'environ une lieue, nous allâmes les six
galères de front pour le canonner. Le capitaine de ce navire
était assurément un grand ignorant; car quand il vit que nous
allions à lui, comme les galères sont fort basses de bord et
qu'elles ne paraissent pas d'un peu loin être fort grosses, ce
capitaine disait par bravade à son équipage : « Préparons nos
palans pour embarquer ces six chaloupes sur mon bord. » Son
maître chirurgien, qui était un Français réfugié, nommé Laba-
dour, qui connaissait mieux la force des galères que lui, se tuait
de lui dire qu'il ne s'y fiât pas, que s'il laissait approcher les
galères de son bord, elles l'enlèveraient par la grande quantité
de monde qu'elles avaient. Mais malgré cet avis, le capitaine ne

fit aucun devoir, ni de se défendre par son artillerie, ni de
s'approcher de l'escadre; ce qu'il aurait pu faire en se faisant
remorquer par ses chaloupes, et pour lors nous aurions été entre
deux feux, et contraints de lâcher prise. Enfin, nous appro-
châmes de son bord à force de rame, en faisant la « *chamade* »
qui est une huée que les galériens font pour épouvanter l'ennemi.
En effet, c'est une chose épouvantable de voir sur chaque
galère 300 hommes, nus comme la main, qui heurtent tous à la
fois et secouent leurs chaînes, dont le bruit se confond avec leurs
hurlements et fait frémir ceux qui n'ont jamais été à pareille
fête. Aussi l'équipage de ce navire en prit tellement l'épouvante
qu'ils se jetèrent tous à corps perdu dans le fond de cale, en
criant quartier, si bien que les soldats et les matelots des
galères n'eurent aucune peine à monter à l'abordage et à se
saisir du navire qui avait 54 pièces de canon et était percé pour
soixante. A la vérité, son équipage était trop faible pour résister,
n'étant composé que de cent quatre-vingts hommes en tout. Ce
navire se nommait la *Licorne de Rotterdam* [32]. Nous le remor-
quâmes promptement, à la vue des onze autres navires de
l'escadre qui ne pouvaient nous suivre faute de vent, et nous
l'amenâmes dans le port d' Ostende. Pendant tout le reste de la
campagne, nous ne fîmes plus aucune expédition, et nous
allâmes hiverner dans le port de Dunkerque.

L'année 1703 se passa aussi sans que nous fissions rien que
d'aller alarmer à coups de canon les côtes d'Angleterre dans la
Manche, et cela lorsque le temps le permettait, car il faut du
calme pour les galères; et tous les hivers nous allions désarmer
à Dunkerque.

En l'année 1704, nous fûmes dans le port d'Ostende pour y
observer une escadre hollandaise qui croisait à la hauteur de ce
port; et lorsqu'il faisait calme, nous allions harceler leurs navires
à grands coups de canon, hors de la portée de leur artillerie qui
ne portait pas à beaucoup près si loin que celle des galères; lesdits navires ne pouvant se remuer à cause du calme que nous

choisissions toujours pour ces sortes d'expéditions, et d'abord qu'il s'élevait un peu de vent, nous nous retirions dans Ostende. Un jour que le vice-amiral Almonde croisait avec cinq vaisseaux de guerre hollandais à la hauteur de Blankenbourg, il fit rencontre d'un pêcheur de cette côte, auquel il donna quelques ducats afin qu'il allât avec sa barque dans le port d'Ostende pour avertir le commandant des galères qu'il avait fait rencontre de cinq gros navires hollandais revenant des Indes orientales, si pesamment chargés, et leurs équipages si malades, qu'ils ne pouvaient faire la manœuvre pour gagner quelque port de Hollande. Ce pêcheur, suivant ses instructions, vint dans le port d'Ostende et va faire son rapport à notre commandant, l'accompagnant de plusieurs circonstances qui paraissaient plausibles. Il disait, entre autres choses, qu'il avait été à bord de ces navires et y avait fait un bon négoce, leur ayant vendu tout son poisson. On croit facilement ce qu'on souhaite. Notre commandant donna dans le panneau, et à la marée montante, sur les dix heures du soir, nos six galères mirent en mer pour aller chercher ce riche butin. Il faisait un petit vent d'est assez frais. Nous voguâmes toute la nuit, et le matin, à la pointe du jour, nous vîmes nos cinq prétendus vaisseaux indiens qui, d'abord qu'ils nous aperçurent, firent mine de forcer de voile, et se mirent tous cinq à la file les uns des autres, de sorte que nous ne pouvions bien voir que celui qui faisait l'arrière-garde, et qui était l'Amiral. Ces navires étaient si bien masqués, leurs ornements de poupe couverts, les sabords de leurs canons fermés, leurs voiles de hune amenées; enfin ils étaient si bien déguisés en navires marchands qui viennent d'un voyage de long cours, qu'ils nous donnèrent le change, et nous les prîmes effectivement pour cinq navires qui venaient des Indes. Tous nos officiers, matelots et soldats ne se sentaient pas de joie dans la ferme espérance de s'enrichir de ce gros butin. Cependant nous avancions toujours et approchions à vue d'œil de cette flotte, qui ne forçait ses voiles que pour nous mieux faire croire qu'ils

avaient peur, et pour nous attirer plus en assurance à leur portée, dans le dessein de nous bien recevoir; car, quoiqu'ils for-
çassent de voiles, ils trouvaient le moyen de ne pas avancer à
l'aide d'un gros câble en double, qu'ils laissaient traîner à la
mer au derrière de leurs vaisseaux. Nos six galères voguèrent
donc de toute leur force, en front de bataille, et avec une grande
confiance que c'était des Indiens si pesants et si sales dans leur
carène qu'ils ne pouvaient pas avancer. Étant à la portée du
canon, nous fîmes une décharge de notre artillerie sur eux. Le
vaisseau qui faisait l'arrière-garde nous répondit par un coup
d'un petit canon de dessus son château de derrière, qui ne portait pas à mi-chemin de nous, ce qui nous encourageait de plus
en plus. Nous avancions toujours en faisant un feu horrible de
notre artillerie, qu'ils souffrirent constamment. Enfin, nous
nous trouvâmes si près de leur navire d'arrière-garde que nous
commencions déjà à nous préparer pour l'abordage, la hache
d'armes et le sabre à la main, lorsque tout à coup leur amiral
fit un signal. Incontinent après, leur avant-garde vira de bord
sur nous, et les autres de même, si bien que dans un moment
nous fûmes environnés de ces cinq gros navires qui, ayant eu
tout le temps de préparer leur artillerie, ouvrirent leurs sabords
et firent sur nous un feu épouvantable, qui abattit la plupart de
nos mâtures et agrès, avec grande tuerie de nos équipages. Pour
lors, nous nous aperçûmes que ces prétendus Indiens n'étaient
rien moins que de bons et formidables navires de guerre, qui
nous avaient donné le change par leur stratagème, pour nous
attirer au-delà du banc de sable, qui règne à deux ou trois lieues
de cette côte, et que les gros navires, comme calant trop profond, ne sauraient passer, pendant que les galères, comme ayant
moins de calage, y passent facilement. Enfin, nous voyant tout
à coup si maltraités, et craignant pis, notre commandant fit
le signal « *de sauve qui peut* » vers le banc que les ennemis ne
pouvaient nous empêcher de gagner. Mais il nous y escortèrent,
en se rangeant en bataille, avec un feu si terrible sur nous, que

nous courûmes le plus grand péril du monde d'être tous coulés
à fond. Enfin, la proximité du banc de sable nous sauva. Nous
regagnâmes Ostende à force de rames, tout délabrés, ayant eu
plus de 250 hommes tués dans ce combat, et un grand nombre
de blessés. Arrivés à Ostende, le premier soin fut de chercher
le pêcheur qui nous avait si bien trompés. Si on l'eut trouvé, on
l'aurait pendu dans le moment; mais il n'avait pas été si sot
que de nous attendre. Notre commandant ne fut pas fort loué
de la Cour; et tout le monde fut bientôt instruit de sa crédulité,
mais surtout de son imprudence à risquer de faire perdre au roi
ses six galères avec 3 000 âmes; car les galères ont cinq cents
hommes chacune. Je dis son *imprudence,* car lorsque nous étions
à la vue des ennemis et que, tenant Conseil de guerre avec les
autres cinq capitaines, il fit prévaloir son opinion et conclut que
c'était des Indiens, l'un des capitaines, nommé monsieur de
Fontête [33], opina fortement que ce pourrait bien être une trom-
perie, et qu'il croyait qu'il serait bon de s'en assurer en envoyant
notre brigantin (petit vaisseau léger qui nous suivait) pour
reconnaître cette flotte. Mais le commandant, lui disant que
c'était la peur des coups qui le faisait ainsi opiner, monsieur de
Fontête répliqua sans plus hésiter : « Allons, messieurs, aux
ennemis; on verra si j'ai peur. » Paroles qui nous coûtèrent
beaucoup de sang, du moins à la galère du commandant; car
ayant fait le signal *« de sauve qui peut »,* comme je l'ai déjà
dit, monsieur de Fontête, piqué du reproche que le commandant lui avait fait au Conseil de guerre, s'obstina à ne se pas
retirer du combat, agissant comme s'il n'avait pas vu le signal
de retraite; et les cinq galères s'étant retirées par-dessus le banc,
le commandant, voyant cette galère en danger d'être coulée à
fond, s'écria : « Fontête veut-il me défier d'être aussi brave que
lui? Allons, dit-il, à son comite, fais voguer avant tout aux ennemis. » Le comite, qui sentait apparemment sa mort, se mit à
genoux devant lui, le suppliant de n'y point aller; mais le commandant, le pistolet à la main, l'ayant menacé de lui casser la

tête s'il ne faisait exécuter ses ordres sur-le-champ, ce pauvre comite obéit et fit faire « *avant tout* » pour aller porter l'ordre à monsieur de Fontête de se retirer. Le commandant vint donc se mettre encore une fois au milieu du feu des ennemis, et le premier boulet qui donna sur cette galère emporta la tête du pauvre comite. Le commandant, étant à portée de se faire entendre de monsieur de Fontête, lui cria de se retirer, ce qu'il fit aussitôt, et à la faveur du banc de sable, échappa ainsi que la Commandante à la poursuite des Hollandais.

Pendant le reste de cette campagne, nous n'eûmes plus d'envie de recommencer de nouvelles expéditions. Celle des cinq navires prétendus indiens nous avait tellement abattu le courage, et nous craignions si fort le vice-amiral Almonde, que nous nous imaginions qu'il était partout avec ses feintes et ses stratagèmes de guerre; c'est ce que prouvera le trait suivant.

J'ai déjà dit qu'en l'année 1702 nous avions pris un navire de guerre hollandais, nommé la *Licorne de Rotterdam*. J'ai parlé aussi d'un nommé Labadoux, Français réfugié, qui était maître chirurgien de ce navire. Ce vaisseau ayant été amené à Ostende, on mit son équipage dans les prisons de cette ville. Labadoux, pour éviter d'aller aux galères comme réfugié, prit parti en qualité de soldat sur la galère du commandant; mais peu après il déserta pour retourner en Hollande. Il fut pris et ramené sur la galère, où on le mit à la chaîne pour lui faire son procès. Le Conseil de guerre l'interrogea pour savoir où il avait dessein d'aller. « En Hollande, dit-il, pour porter les armes contre la France. » Le commandant, surpris de cette réponse, lui dit : « Si tu avais répondu que tu désertais sur terre de France, tu en aurais été quitte pour être condamné à être forçat, mais tu te mets toi-même la corde au cou. » — « Oui, monsieur, répondit-il, je déclare ici au Conseil, comme c'est la vérité, que j'ai mérité suivant les ordres du roi et les règles de la guerre, d'être pendu; et si vous jugez autrement, vous commettrez injustice. » Le commandant, voyant que c'était la crainte du supplice des galères qui lui faisait préférer la mort, lui dit : « Et moi, pour te punir plus rigoureusement, je te fais grâce de la mort que tu désires, et tu seras condamné aux galères. » Effectivement, il y fut condamné, et n'y resta qu'un peu plus d'un an, que le vice-amiral Almonde l'en fit sortir de la manière que je vais dire. L'amiral Almonde connaissait et considérait Labadoux, qui avait été chirurgien sur son bord. Labadoux trouva le moyen de lui écrire une lettre, par laquelle il lui représentait qu'ayant été pris par les Français sur la *Licorne,* on l'avait contraint de s'engager pour soldat de galère, par la menace qu'on lui faisait de l'y faire servir comme forçat; et qu'ayant déserté pour retourner en Hollande, sa légitime patrie, il avait été arrêté et condamné aux galères perpétuelles, laquelle peine il souffrait actuellement dans l'espérance que la faveur et les bontés de M. l'Amiral, dont il implorait le secours, lui procureraient sa délivrance. Nous étions dans Ostende, après la belle expédition dont j'ai parlé ci-dessus, lorsqu'un soir une chaloupe, portant un exprès, y arriva. Cet exprès remit une lettre de l'amiral Almonde au commandant des galères, pour le prier de relâcher Labadoux, vu l'injustice qu'on lui avait faite de le contraindre, étant prisonnier de guerre, à prendre parti en France. L'amiral concluait que si Labadoux n'était pas délivré incessamment, on l'obligerait à prendre d'autres mesures, qui pourraient n'être pas agréables; par où peut-être il entendait qu'il viendrait brûler les galères dans le port d'Ostende, ce qui était assez facile et que nous craignions beaucoup dans ce temps-là. Cette lettre fit son effet. Jamais jusques alors on n'avait vu délivrer un forçat ou un esclave turc des galères, que par lettre de cachet du roi. Cependant, le commandant des galères, soit par appréhension des menaces de l'amiral Almonde, soit qu'il fût bien aise de trouver cette occasion de l'obliger, mit le même jour Labadoux en liberté de cette manière : il le fit appeler dans la chambre de poupe, et tête à tête il lui dit que, pour faire plaisir à l'amiral Almonde, il lui allait procurer sa liberté; mais qu'il fallait que cela se fît comme s'il s'était sauvé, et que lui commandant lui faciliterait la chose le soir de ce même jour sur la brune, en ordonnant à l'argousin d'oublier de l'enchaîner dans son banc; que lui Labadoux se tiendrait au-dehors de la galère, assis sur la rame de son banc, et que la chaloupe de la galère l'y viendrait prendre et le porterait à terre du côté qui mène à l'Écluse en Flandre, ce qui s'exécuta de point en point. Labadoux, de qui j'étais bon ami, après cette conversation avec le commandant, demanda permission de venir sur la galère la *Palme*. Il y vint, et m'embrassant prit congé de moi, me racontant de quelle manière il allait être délivré ce même soir. Après donc que la chaloupe l'eut mis à terre, l'argousin faisant la visite pour voir si tout était bien enchaîné, trouva, comme il le savait bien, que Labadoux s'était sauvé. Il en fut avertir le commandant, qui fulminait en présence de l'équipage et de ses officiers contre la négligence de l'argousin, qu'il fit mettre à la chaîne pour vingt-quatre heures seulement, et envoya divers détachements du côté opposé à celui où Labadoux avait débarqué, pour courir après lui. Le lendemain, il n'en fut plus question. On peut connaître par là l'impression que fit la prière ou plutôt la menace de l'amiral Almonde sur le commandant des six galères.

Ce fut pendant la campagne suivante que les Alliés firent le siège d'Ostende. Nos six galères étaient armées dans le port de Dunkerque, et monsieur le chevalier de Langeron, mon capitaine, en fut fait chef d'escadre; son prédécesseur, le chevalier de la Pailleterie, étant allé prendre possession de la dignité de grand bailli de Malte [34], pour laquelle cette religion l'avait choisi. Notre nouveau commandant reçut un soir un paquet de la Cour, avec ordre d'aller au plus tôt avec ses six galères à Ostende, pour en fortifier la garnison, cette ville étant menacée d'un siège. Nous partîmes sur-le-champ pour y aller; et ayant vogué toute la nuit, le matin nous nous trouvâmes devant Nieuport, à trois lieues d'Ostende. Nous aperçûmes sur la côte quantité de monde, avec des charrettes et des chevaux chargés, qui se sauvaient d'Ostende. Nous envoyâmes la chaloupe à la côte pour prendre langue de ces gens-là, qui rapportèrent que l'armée des Alliés était à la vue d'Ostende, et que cette place serait certainement investie ce jour-là. Peu après, nous vîmes une armée navale extrêmement nombreuse, qui venait par notre nord, et forçait de voile pour nous couper la passe du banc de sable, qui est entre Ostende et Nieuport, par où elle devait entrer dans la rade d'Ostende. Nous avions plus d'une heure d'avance et nous pouvions facilement entrer dans Ostende avant que la flotte y fût arrivée. Mais notre commandant, considérant le péril extrême où nous serions dans ce port, qui n'est à couvert de l'armée de terre que d'un côté, joint à ce qu'il était facile à l'armée de mer de nous envoyer des brûlots qui auraient pu nous être funestes, et que d'ailleurs les Alliés, prenant la ville, prendraient aussi les galères, ce qui chagrinerait extrêmement le roi; tout considéré, et ayant tenu Conseil de guerre, il fut résolu de s'en retourner à Dunkerque, ce que nous fîmes au plus vite et à force de rames. Le chevalier de Langeron fut loué et récompensé de la Cour, parce qu'il n'avait pas exécuté ses ordres. Ostende étant assiégé par mer et par terre, et ayant été obligé de se rendre au bout de trois jours, non faute de garnison, mais pour en avoir trop : car le comte de la Motte, qui était près de là avec un camp volant de vingt-deux bataillons et quelques escadrons, se jeta avec toute sa troupe dans cette ville, ce qui fut une grande bévue, car les Alliés, n'ayant attaqué cette place que par le feu de bombes, boulets rouges et carcasses, et tant de monde, les uns sur les autres, dans cette petite ville, ne pouvant s'y remuer, ni se mettre à couvert de ces machines infernales qui leur pleuvaient sur le corps, ils furent obligés de se rendre, à condition qu'ils sortiraient le bâton à la main et qu'ils ne serviraient d'un an. Pendant les trois jours qu'on bombarda cette ville, nous allions la nuit, sans feu ni lumière, nous fourrer avec nos six galères parmi la flotte des Alliés, pour tâcher d'enlever quelque navire de transport, ou galiote à bombes, mais il n'y eut pas moyen d'y réussir. Nous n'eûmes que le plaisir de voir le plus beau feu qu'on ait jamais vu. Il ne nous restait plus de retraite que le port de Dunkerque; aussi y passâmes-nous tout l'été, n'osant en sortir que par un temps calme, ou avec le vent d'Est, Nord, ou Nord-Est; car si le vent d'Ouest, ou Sud-Ouest nous eût pris en mer, nous n'eussions su où courir, si nous avions été sous le vent de Dunkerque; ce qui nous procura un peu de repos, ne faisant rien dans ce port qui nous fatiguât beaucoup. Nous désarmions toujours au mois d'octobre pour hiverner, et au mois d'avril nous armions pour entrer en campagne.

L'année suivante, mille sept cent sept, nous eûmes beaucoup de fatigues à essuyer, à cause que le vent d'Est régna beaucoup; car pour lors nous allions patrouiller toute la Manche. Nous y prîmes un petit capre anglais, et en brûlâmes un d'Ostende à la côte d'Angleterre. Nous fûmes un jour dans un très grand péril de périr avec deux galères. Étant dans le port de Dunkerque par le plus beau temps du monde, sans qu'il parût aucun nuage, monsieur de Langeron, qui était impatient d'aller visiter la côte d'Angleterre, appela tous ses pilotes hauturiers et ceux des côtes pour leur demander leurs avis sur le temps, et s'il y avait apparence qu'il changeât bientôt. Ils furent tous d'accord que le temps était constant, et que le vent de Nord-Est nous promettait un temps certain. J'ai déjà dit que nous prenions toujours de grandes précautions pour mettre en mer, depuis qu'Ostende était aux Alliés; car si une tempête du vent d'Ouest ou Sud-Ouest nous eût surpris en mer, et que nous eussions manqué le port de Dunkerque, nous aurions été contraints de courir au nord ou de nous échouer sur la côte de quelque province appartenant aux Alliés, car les galères ne peuvent pas tenir la mer dans un gros temps. Je reviens au conseil de nos pilotes, qui assuraient tous la durée du beau temps. Nous avions à bord de notre galère (qui était la commandante, depuis que monsieur de Langeron, notre capitaine, était devenu chef d'escadre) nous avions, dis-je, un pilote côtier,

qui était un pêcheur de Dunkerque nommé Pieter Bart. Il était
propre frère du fameux Jean Bart, amiral du Nord; mais ce
Pieter Bart n'était qu'un pauvre pécheur, s'étant toujours adonné
à la crapule et à l'ivrognerie du genièvre, qu'il buvait comme de
l'eau. Mais d'ailleurs habile connaisseur des côtes, et grand
observateur du temps; car je n'ai jamais vu qu'il se soit trompé
à pronostiquer quel vent et quel temps nous aurions deux ou
trois jours à l'avance. Ce pilote cependant, tel que je le dépeins,
ne trouvait pas beaucoup de croyance chez les autres pilotes,
ni auprès du commandant, parce qu'il était presque toujours
ivre. On l'appela cependant à ce conseil pour dire son avis. Il parlait un très mauvais français, et disait toujours « toi » à tout le
monde. Il dit donc son sentiment, tout opposé à ceux des autres
pilotes. Tu veux aller en mer? dit-il à notre commandant. Je te
promets demain matin un bon bouillon. Voilà comme il s'exprimait, parlant de la mer agitée. On se moqua de son avis, et
quelque instance qu'il fît pour qu'on le mît à terre, le commandant n'y voulut jamais consentir. Enfin, nous mîmes en mer
notre galère et celle de monsieur de Fontête, avec un temps si
beau et si calme qu'on aurait tenu une bougie allumée au bout
du mât. Nous fûmes aux côtes de Douvres et de Blanquai faire
ronfler notre artillerie dans le sable des dunes une bonne partie
de la nuit; après quoi, nous revînmes sur les côtes de France à
la rade d'Ambleteuse, village situé entre Calais et Boulogne. Il
y avait dans cet endroit une anse entre deux montagnes, qui
mettait à l'abri du vent d'Est et Nord-Est les navires qui y
ancraient. Je ne sais par quelle fantaisie notre commandant
voulut aller mouiller l'ancre dans cette anse. Monsieur de
Fontête fut plus sage; il resta dans la grande rade. D'abord que
Pieter Bart vît la manœuvre que nous faisions pour aller mouiller dans cette anse, il cria comme un perdu de s'en bien garder.
On lui en demanda la raison. Il assura qu'au soleil levé nous
aurions la plus grande tempête du vent de Sud-Ouest que de vie
d'homme on eût vue; et que l'entrée de cette anse étant exposée

à ce vent, nous ne pourrions en sortir, ni éviter de tomber sur les roches sous eau, dont cette anse était remplie et où la galère se briserait, et qu'il ne s'en sauverait pas un chat. On se moqua de lui et de son avis, et nous entrâmes dans cette fatale anse un peu avant jour. Nous y jetâmes deux ancres, et chacun songea à prendre un peu de repos. Cependant, Pieter Bart pleurait et soupirait, se disant à l'approche d'une mort inévitable. Enfin le jour parut; le vent se mit au Sud-Ouest, mais si faible qu'on n'y prenait pas garde. Mais à mesure que le soleil se levait, il se renforçait, ce qui réveilla l'attention sur le pronostic de Pieter Bart. On se mit en état de sortir de l'anse, mais une tempête des plus furieuses s'éleva si subitement qu'au lieu de lever nos ancres il fallut en jeter deux autres pour nous soutenir contre la violence du vent et des vagues, qui nous jetaient sur des écueils, que la baisse des vagues nous faisait apercevoir à chaque instant près du derrière de la galère. Et ce qu'il y avait de plus fâcheux était que l'ancrage de cette anse ne valait rien, et que les quatre ancres, que nous avions mouillées à la proue de la galère, labouraient et ne pouvaient tenir fond, et nous acculions à vue d'œil sur les rochers. Le commandant et tous nos pilotes, voyant que nos ancres ne pouvaient tenir, trouvèrent à propos de faire ramer sur les ancres [35] pour les soulager, mais aussitôt qu'on trempait les rames à la mer pour ramer, les épouvantables vagues les emportaient bien loin de là. Alors, tout le monde connut le naufrage inévitable : chacun pleurait, gémissait et faisait sa prière. L'aumônier exposa le Saint Sacrement, donna la bénédiction et l'absolution à ceux qui se sentaient une véritable contrition, n'y ayant ni le temps ni l'occasion d'aller à confesse. Ce qu'il y avait de singulier dans une si grande désolation, c'était d'entendre ces malheureux forçats, condamnés pour leurs crimes, crier hautement au commandant et aux officiers : « Allez, messieurs, nous allons être bientôt tous égaux; car nous ne tarderons pas à boire dans un même verre. » Jugez de la contrition et de la repentance qu'ils avaient de leurs crimes.

Enfin, dans cette horrible extrémité, où tout le monde n'attendait qu'une mort visible et prochaine, le commandant vit Pieter Bart qui s'affligeait et lamentait. « Mon cher Pieter, lui dit-il, si je t'avais cru, nous ne serions pas dans cette grande angoisse. N'as-tu pas quelque expédient pour nous sauver de cet inévitable péril? » — « Que sert, lui répondit Pieter, que je conseille, ou que j'agisse, si je ne suis pas écouté! Oui, dit-il, j'ai un moyen avec la grâce de Dieu pour sortir de ce mauvais pas; mais je te déclare, continua-t-il dans son méchant français, que si ma vie n'y était pas intéressée, je vous laisserais tous noyer comme des cochons que vous êtes. » Cette impertinence lui fut facilement pardonnée en faveur de la rusticité naïve et de l'espérance qu'on avait qu'il nous sauverait la vie. « Mais, ajouta-t-il, je ne prétends pas être contrarié dans ma manœuvre, qui vous paraîtra d'abord ridicule; il faut qu'on obéisse à mon commandement, sans quoi nous périrons tous. » Le commandant fit aussitôt battre un ban par le tambour, avec ordre, sous peine de la vie, d'obéir à Pieter Bart en tout ce qu'il ordonnerait. Après quoi Pieter demanda au commandant s'il avait une bourse d'or. « Oui, dit le commandant, la voilà; disposes-en comme de la tienne »; et lui donna sa bourse. Pieter, après en avoir tiré quatre louis d'or, la lui rendit. Ensuite il demanda aux matelots de la galère s'il y en avait quatre parmi eux, bien résolus à faire ce qu'il leur ordonnerait, et que chacun aurait un louis d'or pour boire. Il s'en présenta plus de vingt. Il en choisit quatre des plus déterminés, qu'il fit mettre dans la grosse chaloupe nommée la caïque, qu'on tient toujours embarquée sur la galère lorsqu'on navigue. Il leur fit mettre une ancre que nous avions encore sur la galère dans cette chaloupe; mais le câble restait sur la galère pour le laisser filer à mesure qu'ils s'éloigneraient. Ce qui étant fait, il fit descendre la chaloupe à la mer par les palans à poulies, avec ces quatre hommes et l'ancre, et leur ordonna d'aller porter cette ancre sur le derrière de la galère, contre le rocher sur lequel nous acculions, et de la jeter là. A cet ordre, tout le monde levait

les épaules, ne pouvant concevoir ce que cette ancre pouvait faire
sur le derrière de la galère, puisque c'était sur son devant qu'il
fallait la retenir. Le commandant même ne put s'empêcher de
lui demander à quoi servirait cette ancre? Pieter lui répondit :
« Tu le verras, s'il plaît à Dieu. » Ces quatre matelots réussirent
quoiqu'avec grande peine et péril d'être submergés, et portèrent l'ancre contre le rocher. Alors Pieter, frappant dans la
main du commandant, lui dit : « Nous sommes sauvés, grâces à
Dieu »; mais on ne comprenait rien encore à sa manœuvre.
Ensuite, Pieter fit descendre l'antenne en bas[36], y fit attacher
la grande voile; et pliant cette voile en rouleau, l'attacha avec
des joncs marins, afin qu'en tirant l'écoute de la voile, ces joncs
cassant, la voile se trouvât tendue. Il fait ensuite rehisser
l'antenne, la guinde à sa fantaisie, ordonne quatre hommes avec
des haches pour couper les quatre câbles des ancres sur le
devant de la galère, lorsqu'il l'ordonnerait; puis fait tirer et
raidir le câble de l'ancre, qu'il avait fait mettre sur le derrière
contre le rocher, et ordonne un homme avec une hache pour la
couper à son ordre. Cela fait, et le tout préparé de la manière
que je viens de dire, il ordonne aux quatre hommes sur le devant
de couper les câbles des quatres ancres. Aussitôt que la galère se
sentit détachée sur le devant, elle commença à tourner, parce
qu'elle était assujettie sur le derrière, et aurait, si on lui en avait
donné le temps, tourné de la proue à la poupe, car l'endroit d'un
bâtiment qui est attaché tourne toujours contre le vent. Lorsque
Pieter vit que la galère avait assez tourné pour pouvoir prendre
un quart de vent dans la voile, il fit tirer l'écoute de la voile.
Aussitôt, les joncs se cassèrent, et dans un clin d'œil la voile fut
tendue et prit son quart de vent. Au même moment, il fait couper le câble de l'ancre de derrière; et lui-même, tenant le gouvernail, fit sortir la galère de cette fatale anse, comme un trait
d'arbalète. Nous fûmes donc, par l'habilité de Pieter Bart,
sauvés de ce grand et manifeste péril d'être brisés sur l'écueil
de cette anse, et nous nous revîmes en pleine mer. Il s'agissait

alors de courir dans le premier port, pour nous mettre à couvert
de cette furieuse tempête qui continuait avec plus de force que
jamais. Dunkerque était le seul sous le vent que nous eussions. La
difficulté d'y aller ne nous inquiétait pas : nous n'en étions qu'à
douze lieues; et le vent furieux qui soufflait, et qui étant du
Sud-Est nous était vent arrière, nous y porta en moins de trois
heures, sans autre voile qu'un petit perroquet pour pouvoir
gouverner [37]. Mais nous étions, du moins nos officiers, dans la
plus grande angoisse du monde, par la crainte que la tempête ne
nous poussât au point de nous faire passer Dunkerque. Alors, il
nous aurait fallu courir au nord, et à cause du mauvais temps,
nous aurions été contraints d'échouer sur les côtes d'Hollande.
C'était ce que les forçats souhaitaient ardemment; mais ce que
les officiers et le reste de l'équipage craignaient extrêmement.
Enfin, c'était une nécessité de hasarder le paquet. Nous courûmes donc à Dunkerque, et nous arrivâmes à la rade de ce port.
Notre galère avait laissé toutes ses ancres dans l'anse d'Ambleteuse, mais monsieur de Fontête, qui nous suivait, nous en donna
deux, que nous mouillâmes dans cette rade, où l'ancrage par
bonheur est fort bon et tenable. Il nous fallut y rester six heures
pour attendre la marée haute, afin de pouvoir entrer dans le
port. Pendant ces six heures, nous fûmes toujours entre la mort
et la vie. Les vagues, comme des montagnes, nous couvraient
continuellement. On eut grand soin de tenir les écoutilles [38] bien
fermées, sans quoi le fond de cale aurait été dans un moment
plein d'eau et nous aurions coulé à fond. Tout le monde était en
prière, tant sur nos galères que dans la ville de Dunkerque, dont
les habitants nous voyaient dans ce grand danger. On y exposa
le Saint Sacrement dans toutes les églises, et on y ordonna des
prières publiques pour nous. C'est tout ce qu'ils pouvaient faire
pour nous aider; car aucun bâtiment, ni petit ni grand, ne pouvait sortir du port pour nous secourir. Il fallut donc patienter
malgré nous pendant ces six heures, que, la marée étant haute,
il était question de lever nos ancres, ou de laisser filer les

câbles pour entrer dans le port. Mais autre difficulté : il faut savoir que le port de Dunkerque est construit par deux puissantes digues, qu'on nomme jetées, qui s'avancent presque une demi-lieue dans la mer. La tête de ces jetées forme l'embouchure ou entrée du port. Cette entrée est difficile pour les bâtiments qui sont obligés d'y entrer par le Sud, à cause d'un banc de sable qui se trouve devant cette embouchure; qui fait que pour y entrer il faut raser la côte du Sud, et observer, en gouvernant juste, de tourner tout court entre ces deux têtes de jetée, dont l'entrée est étroite et par conséquent très difficile dans un gros temps surtout pour les galères, qui sont d'une extrême longueur, et qu'on ne peut faire tourner facilement. Toutes ces difficultés nous intriguaient fort. Outre que la tête de ces jetées se trouvait pour lors couverte par la mer, à cause de l'horrible tempête qui la grossissait; et nous ne voyions l'embouchure qu'à la faveur de la baisse des vagues. Mais que faire? Il fallait entrer, ou périr sans ressource. Tous nos pilotes y perdaient leur latin. On fut éveiller Pieter Bart, qui dormait tranquillement dans un banc, tout mouillé qu'il était des vagues qui nous passaient sur le corps. Il avait donné ordre qu'on l'éveillât lorsque la marée serait haute, ce qu'on fit. Notre commandant lui demanda s'il ne savait pas quelque moyen d'entrer dans le port sans périr. « Oui, dit-il, je vous entrerai de la manière que j'entre avec ma barque, quand je reviens de la pêche, avec toutes mes voiles au vent. » — « Bon Dieu! s'écria le commandant; entrer à la voile? Nous y périrons infailliblement »; car jamais galère n'entre à la voile dans un port, à cause de la difficulté de la régir par le gouvernail, et que ce sont les rames qui la gouvernent. « Mais, lui dit Pieter, tu ne peux faire ramer à cause de la grosse mer. » — « C'est ce qui m'intrigue », dit le commandant. — « Laisse-moi faire, dit Pieter; tout ira bien. » Cependant, nous étions tous plus morts que vifs, mouillés jusques aux os, n'ayant ni mangé, ni bu depuis deux jours, parce qu'on ne pouvait avoir ni pain, ni vin, ni eau-de-vie, en un mot aucun vivre, n'osant ouvrir les écoutilles, de peur que la galère ne se remplît d'eau. Outre cela, l'appréhension du péril prochain nous abattait le peu de courage qui nous restait, en considérant qu'il fallait entrer par l'étroite embouchure entre ces deux têtes de jetée, et que si malheureusement la galère y touchait tant soit peu, elle se briserait en mille pièces, et pas un chat ne se sauverait. Il n'y avait que Pieter Bart qui témoignait n'avoir aucune crainte, et qui se moquait de la terreur panique qui nous avait tous saisis, tant officiers que les autres, nous reprochant que nous étions des poules mouillées. Il dit cependant au commandant qu'il ne pouvait éviter que la galère ne s'allât casser la proue au quai de la Poissonnerie, qui était le cul-de-sac où aboutissait le port, à cause qu'entrant avec toutes les voiles au vent, on ne pourrait arrêter ladite galère. « Qu'importe, dit monsieur de Langeron, ce n'est que du bois, et le travail des charpentiers réparera le dommage. » Pieter donc prépare sa manœuvre, laisse filer les câbles des ancres à la mer, range ses voiles, et ordonnant un grand silence, il rase la côte du Sud jusques à l'embouchure, et gouverna si habilement, qu'il tourna tout court dans ladite entrée des jetées. Il amena d'abord ses voiles; mais la galère était si abreuvée de son cours rapide [39], que plus de deux ou trois mille matelots, ou autres gens de mer, que l'intendant de la ville avait envoyés sur les jetées pour nous secourir, et qui nous jetaient à tout moment des cordages pour nous arrêter, n'en purent venir à bout; les plus grosses cordes se cassant comme un fil; et enfin la galère s'alla casser le nez contre le quai de la Poissonnerie, comme Pieter l'avait bien prévu. La galère de monsieur de Fontête observa et fit la même manœuvre que la nôtre, et entra aussi heureusement dans le port; où étant, Pieter Bart prit son congé du commandant, qui voulait à toute force le retenir sur son bord en lui promettant double gage. « Non pas, lui dit Pieter, quand tu me donnerais mille livres par mois; j'en suis fou, et on ne m'y rattrapera jamais »; et s'en alla.

Nous ne sortîmes presque plus du port de Dunkerque de tout l'été, et nous désarmâmes de bonne heure pour hiverner.

L'ÉPREUVE
DU FEU

L'année mille sept cent huit, au mois d'avril, nous réarmâmes;
et de toute la campagne nous ne fîmes que courir sur les côtes
d'Angleterre, sans aucune autre expédition que d'alarmer cette
côte, pour y tenir les troupes alertes; mais aussitôt que quelque
gros navire garde-côte paraissait, nous nous sauvions au plus
vite sur les côtes de France, dans quelque port, rade ou plage.
Ce manège dura jusques au cinq septembre, jour que je n'ou-
blierai jamais par l'événement que nous eûmes et dont je porte
les marques par trois grandes blessures que j'y reçus. Je vais
rapporter cette histoire que le lecteur ne sera pas fâché de lire :
elle est assez curieuse et est, comme tout ce qui est contenu dans
ces Mémoires, dans la pure vérité. Pour l'intelligence du fait, il
est nécessaire que je remonte un peu plus haut.

Au commencement de l'été de mil sept cent huit, la reine d'Angleterre, parmi un grand nombre de navires qu'elle envoya en
mer de tous côtés, avait un vaisseau garde-côte de soixante et
dix canons, qui était commandé par un papiste caché, et très
mal intentionné pour sa patrie, comme l'expérience le fit voir.
Ce capitaine se nommait Smit. N'étant d'aucune escadre, mais
seul et en liberté d'exécuter sa trahison, il fit voile à Gottenburg
en Suède. Là, il vendit le navire; si ce fut au roi de Suède, ou
à des particuliers, c'est ce que je ne sais pas. Quoi qu'il en soit,
il le vendit, il reçut l'argent; et ayant congédié l'équipage, il
fut en personne à la Cour de France offrir ses services au roi

contre l'Angleterre. Le roi le reçut fort bien, et lui promit que la première place de capitaine de haut bord qui vaquerait, il en serait pourvu; mais qu'il lui conseillait en attendant d'aller à Dunkerque, servir en qualité de volontaire sur la galère du chevalier de Langeron, et qu'il ordonnerait qu'il y fût honoré et respecté. Le capitaine Smit vit bien que ce conseil était un ordre tacite de Sa Majesté. Il y obéit, et fut reçu fort poliment du chevalier de Langeron et entretenu à ses dépens. Le capitaine Smit était de toutes les corvées que nous faisions aux côtes d'Angleterre. Il aurait fort voulu que nous y fissions souvent descente, afin de s'y distinguer en y brûlant quelques villages; mais il était dangereux de s'y frotter. Il y avait tout le long des côtes des corps de garde, et de distance en distance des corps de troupes de terre, que les gens de mer craignent comme le feu. Le capitaine Smit, brûlant de haine contre sa patrie, avait toujours la tête pleine de projets pour nuire aux Anglais. Il en envoya un, entre autres, à la Cour, pour brûler et piller la petite ville de Harwich, située à l'embouchure de la Tamise[40], moyennant que les six galères de Dunkerque fussent à ses ordres. Le roi approuva ce projet et donna ordre à monsieur de Langeron, notre commandant, de suivre les ordres du capitaine Smit pour cette expédition, et à l'intendant de la Marine de lui fournir tout ce dont il aurait besoin. Monsieur de Langeron, quoiqu'avec répugnance de se voir contraint d'être aux ordres d'un étranger, qui n'était revêtu d'aucun caractère, obéit en apparence de bonne grâce, et dit à Smit qu'il n'avait qu'à ordonner les préparatifs et le départ des galères pour cette expédition. Smit fit embarquer tout ce qu'il demanda à l'intendant comme matières combustibles, enfin tout ce qui était nécessaire pour mettre à sac la ville de Harwich, outre un renfort de soldats pour soutenir la descente. Tout étant préparé, un beau matin cinq septembre, nous mîmes en mer avec un temps à souhait pour les galères. Un petit vent de Nord-Est nous favorisa si bien, qu'à petites voiles nous arrivâmes à l'embouchure de la Tamise sans ramer, à environ les cinq heures du soir. Mais Smit, jugeant qu'il était de trop bonne heure, et qu'on pourrait nous découvrir, ce qui gâterait tout, ordonna de nous retirer plus haut en mer, pour attendre la nuit, afin de faire sa descente, ce que nous fîmes. Nous n'eûmes pas resté un quart d'heure à la cape [41], que la sentinelle, que nous avions à la découverte au haut de notre grand mât, cria : « Navires. » — « Et où? lui demanda-t-on. » — « Au Nord. » — « Quelle route? » — « A l'Ouest », dit-il. — « Combien de voiles? » — « Trente-six », dit-il. — « De quelle fabrique? » — « Trente-cinq navires marchands, et une frégate d'environ trente-six canons, qui paraît leur servir d'escorte », répondit la sentinelle. En effet, c'était une flotte marchande, sortie du Texel, faisant route pour la Tamise [42].

Notre commandant tint d'abord conseil de guerre, où il fut conclu que sans s'arrêter à l'expédition de Harwich, on tâcherait de se rendre maître de cette flotte, qui était plus intéressante pour le roi que de brûler Harwich; qu'il ne se présentait pas tous les jours l'occasion de faire un si riche butin; mais que tous les jours on pourrait entreprendre l'expédition de Harwich. Le commandant alléguait toutes ces raisons au capitaine Smit, lequel pestait et protestait contre la conclusion du conseil de guerre, alléguant qu'il fallait suivre les ordres du roi, sans se distraire à aucune autre entreprise; qu'il fallait même nous éloigner vers le sud pour donner lieu à cette flotte d'entrer dans la Tamise sans qu'elle nous vît. Le conseil de guerre tint ferme dans sa résolution, étant secrètement bien aise qu'il y eut une occasion de faire échouer l'expédition de Harwich, par la jalousie qu'ils avaient d'être obligés de suivre les ordres de Smit.

Après l'issue du conseil, où chaque capitaine des galères reçut les ordres du commandant pour l'attaque de cette flotte, nous fîmes force de voile et de rame pour aller à sa rencontre; et comme elle venait à nous, et nous à elle, nous fûmes bientôt tout près les uns des autres.

Notre commandant avait ordonné de telle sorte sa division, que quatre galères devaient investir, autant qu'il serait possible, les navires marchands, et ne s'attacher qu'à eux afin de s'en rendre maîtres (on sait que la plupart des vaisseaux marchands sont sans défense) pendant que notre galère, qui était la commandante, s'attacherait avec celle du chevalier de Mauviliers[43] à attaquer et à se rendre maîtres de la frégate qui servait de convoi.

Suivant ces dispositions, les quatre galères prirent leur route pour entourer les vaisseaux marchands et leur couper l'embouchure de la Tamise; et nous, avec notre conserve, allâmes droit à la frégate. Cette frégate, voyant notre manœuvre, conçut bien que sa flotte était en grand danger ou du moins la plus grande partie. Cette frégate était anglaise, et le capitaine qui la montait, un des plus prudents et braves de son temps, ce qu'il fit bien connaître dans cette occasion; car ayant donné ordre aux vaisseaux marchands de forcer de voile pour gagner le plus promptement qu'il serait possible l'embouchure de la Tamise et de faire en sorte de ne point tomber au pouvoir des Français, et ayant ajouté que, quant à lui, il comptait donner tant d'ouvrage aux six galères qu'il espérait de les sauver tous, et qu'en un mot il s'allait sacrifier pour eux, il mit toutes ses voiles au vent, et cingla sur nos deux galères qui allaient l'attaquer comme s'il venait nous attaquer lui-même.

Il faut savoir que la galère qui nous servait de conserve était restée plus d'une lieue derrière la nôtre, soit qu'elle ne marchât pas si bien, ou que le capitaine qui la commandait eût dessein de nous laisser essuyer les premiers coups.

Notre commandant, que l'approche de la frégate n'inquiétait pas beaucoup, croyait qu'avec sa galère il était assez fort pour s'en rendre maître. L'événement cependant prouva, comme on le verra par la suite de ce récit, qu'il s'était trompé dans ses conjectures.

Cette frégate, comme je l'ai déjà dit, venant à nous et nous à elle, on juge bien que nous fûmes bientôt à la portée du canon. Nous en fîmes en effet une décharge sur la frégate qui ne nous répondit pas d'un seul coup, ce qui fit dire à notre commandant, par gasconnade, que le capitaine de cette frégate était sans doute las d'être anglais, et se venait rendre à nous sans combat; mais patience, il ne tardera pas à changer de ton. Nous avancions si vigoureusement l'un contre l'autre que notre galère fut en peu de temps à la portée du fusil, et déjà notre mousqueterie commençait à jouer sur la frégate, lorsque tout à coup elle revira de bord, comme si elle eût voulu s'enfuir de nous. La fuite de l'ennemi augmente ordinairement le courage; celle de la frégate augmenta celui de notre équipage, qui se mit à crier aux gens qui la montaient qu'ils étaient des lâches d'éviter le combat, mais qu'il n'était plus temps, et que, s'ils n'amenaient pas leur pavillon pour se rendre, on les allait couler à fond. L'Anglais ne répondait rien, mais se préparait à nous donner, comme on va le voir, une sanglante tragédie.

La frégate, qui feignait de prendre la fuite, nous tournait le derrière, et nous la donnait belle pour sauter à l'abordage; car la manœuvre d'une galère qui veut attaquer un navire et s'en emparer est de porter sur le derrière du navire (qui est le côté le plus faible) son devant, où elle a toute sa force et toute son artillerie; elle fait en sorte d'y enfoncer sa proue, fait feu de ses cinq pièces de canon, et aussitôt on monte à l'abordage. Le commandant de la galère ordonna d'abord cet abordage, croyant en faire de même avec cette frégate, et recommanda à celui qui était au gouvernail de viser droit à elle pour l'enfoncer de notre éperon. Tous les soldats et matelots destinés pour sauter à bord se tenaient prêts avec le sabre nu et la hache d'arme à la main, lorsque la frégate, qui avait prévu notre manœuvre, esquiva d'un coup de gouvernail notre éperon qui était prêt d'enfoncer sa poupe, ce qui fit qu'au lieu de « clystériser » cette frégate, comme nous comptions certainement le faire, nous nous trouvâmes tout à coup allongés le long de son bord, que nous rasâmes de si près que nos rames en sautèrent toutes en pièces.

Mais la hardiesse du capitaine anglais est admirable; car comme il avait prévu cet événement, il s'était tenu tout prêt avec ses grappins (qui sont des crocs de fer attachés à des chaînes) au moyen desquels il nous accrocha, et nous attacha contre son bord. Ce fut alors qu'il nous régala de son artillerie : tous ses canons étaient chargés à mitraille, tout le monde était à découvert sur la galère comme sur un pont ou radeau, pas un coup de son artillerie, qui nous tirait à brûle-pourpoint, ne se perdait, mais faisait un carnage épouvantable. De plus, ce capitaine avait sur les hunes [44] de ses mâts plusieurs de son monde avec des barils pleins de grenades, qui nous les faisaient pleuvoir comme de la grêle sur le corps; si bien que dans un instant tout notre équipage fut mis hors d'état, non seulement d'attaquer mais même de faire aucune défense; ceux qui n'étaient ni morts ni blessés s'étaient couchés tout à plat pour le contrefaire, et la terreur était si grande, tant parmi les officiers que l'équipage, que tous tendaient la gorge, pour ainsi dire, à l'ennemi, qui, voyant notre terreur, fit pour surcroît une sortie de 40 ou 50 hommes de son bord, qui descendirent sur la galère le sabre à la main, et hachaient en pièces tout ce qui se trouvait devant eux de l'équipage, en épargnant cependant les forçats, qui ne faisaient aucun mouvement de défense. Après donc qu'ils eurent haché comme des bouchers, ils rentrèrent dans leur frégate, continuant de nous canarder avec leur mousqueterie et grenades.

M. de Langeron, notre commandant se voyant réduit en cet état, et ne voyant personne sur pied sur la galère que lui, craignant d'ailleurs quelque événement plus funeste, hissa lui-même le pavillon de secours, appelant par là toutes les galères de son escadre à son aide.

Notre conserve fut bientôt avec nous, et les quatre qui avait déjà attaqué et fait amener les voiles de la plupart des bâtiments marchands, voyant ce signal et le péril de leur commandant, quittèrent prise pour le venir secourir, et abandonnèrent la Tamise, si bien que toute cette flotte, rehaussant ses voiles, se sauva dans la rivière. Toutes les galères voguèrent avec tant de vitesse que dans moins d'une demi-heure toutes les six entourèrent la frégate, qui se vit bientôt hors d'état de tirer ni canon, ni mousqueterie, et personne de l'équipage de la frégate ne paraissait sur le tillac.

On commanda d'abord vingt-cinq grenadiers par galère, pour aller à l'abordage de la frégate. Ils n'eurent pas beaucoup de peine à y monter, n'y ayant personne qui leur disputât l'abord; mais lorsqu'ils furent sur le pont ou tillac de la frégate, ils trouvèrent à qui parler. Les officiers s'étaient retranchés sous le château de derrière, et tiraient à mitrailles des fauconneaux sur ces grenadiers [45], ce qui leur fit sentir que l'ennemi n'était pas encore rendu. Mais le pire de tout était que le tillac était ce qu'on appelle (en terme de marine) en *caillebotis*, qui est un grillage de bandes de fer qui sert de pont; la plupart de l'équipage de la frégate se tenait entre les deux ponts, dessous ce grillage, et au travers les trous de la grille donnaient avec des piques dans les fesses de ces grenadiers, tant, qu'ils les contraignirent de ressauter sur leurs galères, ne pouvant plus résister sur ce tillac. On commanda un autre détachement qui monta à l'abordage, mais qui en descendit plus vite qu'il n'y était monté. Il fallut enfin rompre ce grillage avec des pieds de porc et autres instruments, pour faire une ouverture au tillac, afin d'en dénicher l'équipage de la frégate et se rendre maître de l'entrepont, ce qui fut exécuté, malgré les coups de fauconneaux et de pique, qui en tuèrent et blessèrent un grand nombre. A force de monde, on fit sortir l'équipage d'entre les deux ponts et on le fit prisonnier. Mais les officiers de la frégate étaient toujours retranchés sous le château de derrière, faisant grand feu de leurs fauconneaux. Il fallut aussi les y forcer, non sans perte. Voilà donc tout l'équipage de la frégate rendu, excepté le capitaine, qui s'enferma dans sa chambre de poupe, faisant feu de divers fusils et pistolets qu'il avait avec lui, et jurant comme un perdu qu'il ne se rendrait pas tant qu'il lui resterait quelque mouvement de vie. Les officiers, qui étaient déjà descendus sur la galère Commandante comme prisonniers de guerre, firent un rapport de leur capitaine, qui fit trembler tout le monde, le dépeignant comme un téméraire déterminé à mettre le feu à sa frégate plutôt que de se rendre. Autre crainte plus effroyable que toutes celles où l'on avait déjà passé, car on n'attendait autre chose, à tout moment, que de se voir sauter en l'air avec la frégate. Le capitaine était maître de la chambre de poupe, où est l'entrée de la soute à poudre; il pouvait par conséquent y mettre le feu dans un clin d'œil, et la frégate sautant, les six galères auraient fait le même saut. Il y avait plus de trois mille hommes sur les six galères, et tout était transi de la crainte de la mort dont on était en si grand danger. Dans cette extrémité, il fut résolu de sommer ce capitaine avec honnêteté et politesse de se rendre, en lui promettant toute sorte de bon traitement; mais il ne répondait qu'à grands coups de fusil. Enfin, il fallut en venir au remède extrême, qui était de l'aller prendre mort ou vif. Pour cet effet, on commanda un sergent avec douze grenadiers, la baïonnette au bout du fusil, pour aller enfoncer la porte de cette chambre et forcer le capitaine à se rendre. Le sergent, à la tête de son détachement, eut bientôt enfoncé cette porte, mais le capitaine qui l'attendait là, le pistolet à la main, lui cassa la tête et le renversa roide mort. Les douze grenadiers, voyant cela et craignant le même sort, s'enfuirent, et il ne fut pas possible aux officiers d'y faire avancer aucun autre soldat, car ils disaient pour leur défense que, ne pouvant entrer qu'un à un dans cette chambre, le capitaine les tuerait tous l'un après l'autre. Il fallut encore tenter la voie de la douceur, pour l'avoir. Alors ce capitaine, qui n'avait tant résisté que pour amuser les galères et donner le temps à sa flotte d'entrer dans la Tamise, s'apercevant aux fanaux que portaient les navires qu'elle y était toute entrée, ne se fit plus tirer l'oreille pour se rendre. Mais pour donner surabondance de temps à quelques traîneurs de la flotte, et pour que la nuit les dérobât entièrement à la poursuite des Français, il prétexta encore un délai, disant qu'il ne remettrait son épée qu'entre les mains du commandant des galères, qui devait venir la prendre sur son bord. On établit une trêve, pour en aller faire le rapport au commandant, qui envoya son second à ce capitaine, pour lui représenter qu'il n'était pas du devoir d'un commandant de quitter son poste. Ce capitaine, qui n'avait plus rien à faire pour mettre sa flotte en sûreté, rendit son épée. On le descendit dans la galère, auprès du commandant, qui fut surpris de voir un petit homme tout contrefait, bossu devant et derrière. Notre commandant lui fit compliment, lui disant que c'était le sort des armes, et qu'il aurait lieu de se consoler de la perte de son navire par le bon traitement qu'il lui ferait. « Je n'ai aucun regret, lui répondit-il, de la perte de ma frégate; puisque je suis venu à bout de mon dessein qui était de sauver la flotte qui m'avait été confiée; et que d'ailleurs j'avais pris la résolution, dès que je vous ai aperçu, de sacrifier mon vaisseau et ma propre personne pour la conservation du bien qui était sous ma défense. Vous trouverez encore, ajouta-t-il, parlant au commandant, quelque peu de plomb et de poudre que je n'ai pas eu le temps et l'occasion de vous donner, voilà tout ce que vous trouverez de plus précieux sur la frégate. Au reste, si vous me traitez en homme d'honneur, moi, ou quelque autre de ma nation auront quelque jour l'occasion de vous rendre la pareille. » Cette noble fierté charma M. de Langeron, qui en lui rendant son épée lui dit fort civilement : « Reprenez cette épée, monsieur, vous méritez trop bien de la porter, et vous n'êtes mon prisonnier que de nom. » Peu après, notre commandant eut sujet de se repentir de lui avoir rendu son épée, laquelle fut sur le point de causer du malheur; car le capitaine étant introduit dans la chambre de poupe de la galère, et y voyant le traître Smit qu'il reconnut à l'instant, et dont la tête était à prix en Angleterre à mille livres sterling : « Perfide, lui dit-il,

tu recevras la mort de ma main, puisque le bourreau de Londres
ne peut te la donner »; et en même temps il fond sur lui l'épée
à la main pour la lui passer au travers du corps; mais le commandant le prit dans ses bras, et empêcha le coup, au grand
regret du capitaine qui protesta qu'il aimerait mieux l'avoir
pris que les six galères. Le capitaine Smit, fort choqué de cette
action, représenta qu'il ne convenait pas que ce capitaine et lui
se trouvassent sur la même galère, et pria le commandant de faire
mettre son prisonnier sur une autre galère; mais le commandant
lui répondit que ce capitaine étant son prisonnier, lui capitaine
Smit irait sur une autre galère, et que son prisonnier resterait
avec lui, ce qui fut fait. Nous amarrinâmes notre prise, qui se
nommait le *Rossignol;* le nom de ce brave capitaine m'est échappé.

Nous partîmes d'abord de devant la Tamise avec notre prise,
mais il nous fallut faire diverses fausses routes, pour nous déro-
ber à la faveur des ténèbres de la nuit à quatre navires de haut
bord, qui sortirent de la Tamise pour nous donner la chasse.
Ils ne nous purent atteindre, et ces fausses routes furent cause
que nous n'arrivâmes à Dunkerque que trois jours après, sans
aucune mauvaise rencontre.

J'ai dit au commencement de cette histoire que je n'oublierais
jamais cette époque du cinq septembre 1708, où cet événement
nous arriva, et où je reçus trois grandes blessures et échappai
à la mort, comme par une espèce de miracle. En voici le récit.

On a vu que lorsque la frégate que nous attaquions eut esquivé
l'abordage, et qu'elle nous eut jeté ses grappins et attachés à son
bord, nous étions exposés au feu de son artillerie chargée à
mitraille. Il se rencontra donc que notre banc, dans lequel nous
étions cinq forçats et un esclave turc, se trouva vis-à-vis d'un
canon de la frégate que je voyais bien qui était chargé. Nos
bords se touchaient, par conséquent ce canon était si près de nous
qu'en m'élevant un peu je l'eusse pu toucher avec la main. Ce
vilain voisin nous fit tous frémir; mes camarades de banc se
couchèrent tout plat, croyant échapper à son coup. En exami-

nant ce canon, je m'aperçus qu'il était pointé, ce qu'on appelle à couler à bas; et que, comme la frégate était plus haute de bord que la galère, le coup porterait à plomb dans le banc, et qu'étant couchés, nous le recevrions tout sur nos corps. Ayant fait cette réflexion, je me déterminai à me tenir tout droit dans le banc. Je n'en pouvais sortir, j'y étais enchaîné, que faire? Il fallut se résoudre à passer par le feu de ce canon; et comme j'étais attentif à ce qui se passait dans la frégate, je vis le canonnier avec sa mèche allumée à la main, qui commençait à mettre le feu au canon sur le devant de la frégate, et de canon en canon, venait celui qui donnait sur notre banc. J'élevai alors mon cœur à Dieu et fis une courte prière, mais fervente, comme un homme qui attend le coup de la mort. Je ne pouvais distraire mes yeux de ce canonnier, qui s'approchait toujours de notre canon, à mesure qu'il tirait les autres. Il vint donc à ce canon fatal, j'eus la constance de lui voir mettre le feu, me tenant toujours droit, en recommandant mon âme au Seigneur. Le canon tire, et je fus étourdi tout à coup, et couché non dans le banc, mais sur le coursier de la galère; car le coup de ce canon m'avait jeté aussi loin que ma chaîne pouvait s'étendre. Je restai sur ce coursier, à travers le corps du lieutenant de la galère qui était tué, je ne sais combien de temps, mais je conjecture qu'il doit avoir été considérable, étourdi et sans connaissance. A la fin cependant, je repris mes sens. Je me lève de dessus le corps du lieutenant, rentrant dans mon banc. Il était nuit, et je ne voyais pas, ni le sang, ni le carnage qui était dans mon banc, à cause de l'obscurité. Je crus d'abord que mes camarades de banc se tenaient couchés pour la crainte du canon. Moi, qui ne savais pas que je fusse blessé, ne sentant aucun mal, je dis à mes camarades : « Levez-vous mes enfants, le danger est passé »; mais je n'eus d'eux aucune réponse. Le Turc du banc qui avait été janissaire, et qui se vantait de n'avoir jamais eu peur, restant couché comme les autres, me fit prendre un ton railleur. « Quoi, lui dis-je, Isouf, voilà donc la première fois que tu as peur; allons, lève-toi »; et en même temps je voulus le prendre par le bras, pour l'aider; mais, ô horreur, qui me fait frémir encore, quand j'y pense! Son bras détaché de son corps me reste à la main. Je rejette avec horreur ce bras sur le corps de ce pauvre misérable, et je m'aperçus bientôt que lui comme les quatre autres étaient hachés comme chair à pâté; car toute la mitraille de ce canon leur était tombée dessus. Je m'assis dans le banc; je ne fus pas longtemps dans cette attitude, que je sentis couler sur mon corps, qui était nu, quelque chose de froid et d'humide. J'y portai la main et je sentais bien qu'elle était mouillée, mais dans l'obscurité je ne pouvais distinguer si c'était du sang. Je m'en doutai cependant, et suivant avec le doigt ce sang qui coulait à gros bouillons de mon épaule gauche, proche la clavicule, je trouvai une grande blessure qui me perçait l'épaule de part en part. J'en sentis aussi une autre à la jambe gauche, au-dessous du genou, qui perçait aussi d'outre en outre; plus une troisième, qui, je crois, avait été faite par un éclat de bois, qui m'avait emporté la peau du ventre, de la longueur d'un pied et de quatre pouces de largeur. Je perdais une infinité de sang, sans pouvoir être aidé de personne, tout étant mort, tant à mon banc qu'à celui d'au-dessous et à celui de dessus; si bien que de dix-huit personnes que nous étions dans ces trois bancs, il n'en réchappa que moi, avec mes trois blessures, et cela de la mitraille de ce seul canon. On le comprendra aisément si on se représente que ces canons étaient chargés jusques à la gueule : premièrement la cartouche de poudre, ensuite une longue boîte de fer-blanc, suivant le calibre du canon, remplie de grosses balles à mousquet, et le reste du vide avec toute sorte de vieilles ferrailles; et lorsque l'on tire ces canons, la boîte se brise, les balles et la mitraille s'épandent d'une manière incompréhensible, et font un carnage affreux. Il fallait donc que j'attendisse pour être secouru que le combat fût fini, pour s'arranger; car tout était sur la galère dans un désordre effroyable. On ne savait qui était mort, blessé ou en vie; on n'entendait que des cris lugubres des blessés qui étaient en grand nombre. Le coursier, qui est le pont ou chemin qui règne au milieu de la galère, de l'un à l'autre bout, large de quatre pieds, était si jonché de corps morts, qu'on n'y pouvait passer. Les bancs des rameurs étaient pareillement, pour la plupart, pleins, non seulement de forçats, mais de matelots, de soldats et d'officiers morts ou blessés, tellement que les vivants ne pouvaient se remuer, ni agir, pour jeter les morts à la mer, ni secourir les blessés. Joignez à cela l'obscurité de la nuit, et que nous n'osions allumer ni falots ni lanterne, à cause qu'on craignait d'être vu de la côte, et que les navires de guerre, qui étaient dans la Tamise, ne courussent sur nous. Enfin, tout était dans notre galère dans un chaos et un embarras épouvantable, qui dura jusques bien avant dans la nuit; que le combat étant fini, par la reddition de la frégate, on s'arrangea le mieux que l'on put. Les autres cinq galères nous aidèrent, remplaçant nos morts et blessés, rames et apparaux que nous avions perdus; car elles n'avaient pas à beaucoup près eu tant de mal et de perte que nous. On fit beaucoup de diligence, avec tout le silence possible, pour nous remettre en ordre. Je dis silence, et sans lumière, parce que nous voyions sortir de la Tamise quantité de falots allumés, et tirer divers coups de canon de signal, qui nous faisaient juger que c'étaient des navires de guerre qui venaient nous chercher. La première chose que l'on fit sur notre galère fut de jeter les morts à la mer, et porter les blessés dans le fond de cale. Mais Dieu sait combien de malheureux furent jetés à la mer pour morts, qui ne l'étaient pas; car dans cette confusion, et dans l'obscurité, on prenait pour mort tel qui n'était qu'évanoui, ou de peur, ou par la perte que faisaient les blessés de leur sang. Je me trouvai dans cette extrémité; car lorsque les argousins [46] vinrent dans mon banc, pour y déchaîner les morts et les blessés, j'étais tombé évanoui et sans mouvement ni connaissance parmi les autres, vautré dans leur sang et le mien, qui coulait en abondance de mes blessures. Ces argousins conclurent d'abord que tous ceux du banc étaient morts. On ne faisait que déchaîner et jeter à la mer, sans examiner de plus près si on était mort ou en vie; et il suffisait pour eux de n'entendre crier ni parler. Ces funérailles se faisaient d'ailleurs si précipitamment, que dans un moment, ils avaient vidé un banc. Tous mes pauvres camarades ne furent pas sujets à cette équivoque : on les jeta par pièces et lambeaux dans la mer. Il n'y avait que moi, qui étais entier, mais couché, et confondu dans ce carnage, sans mouvement, ni son de voix. On me déchaîne pour me jeter dans la mer, me jugeant mort. Or il faut savoir que j'étais enchaîné à la jambe gauche, et que j'étais blessé comme je l'ai déjà dit à cette même jambe. L'argousin prit ma jambe à pleine main, pour me la tenir sur l'enclume, pendant qu'un autre faisait sortir la goupille de l'anneau de fer qui tenait la chaîne. Cet homme, qui me tenait ainsi la jambe sur l'enclume, appuya par hasard et pour mon bonheur, le pouce bien fort, sur la plaie que j'y avais; ce qui me causa une si grande douleur que je fis un grand cri, et j'entendis que l'argousin disait : « Cet homme n'est pas mort », et m'imaginant de quoi il s'agissait, et qu'on me voulait jeter dans la mer, je m'écriai aussitôt (car cette douleur m'avait fait reprendre mes sens): « Non, non, dis-je, je ne suis pas mort », si bien qu'on m'emporta à fond de cale parmi les autres blessés, et on me jeta sur un câble. Quel lit de repos pour un blessé plein de douleur!

Nous étions, tous les blessés, dans ce fond de cale, pêle-mêle, matelots, soldats, bas officiers et forçats, sans distinction, couchés sur la dure, et sans être secourus en rien; car à cause du grand nombre de blessés que nous étions, les chirurgiens ne pouvaient y subvenir pour nous panser. Quant à moi, je fus trois jours dans cet affreux fond de cale, sans être pansé qu'avec un peu d'eau-de-vie camphrée que l'on mit sur une compresse pour arrêter le sang, sans aucun bandage ni médicament. Les blessés crevaient comme des mouches dans ce fond de cale, où il faisait une chaleur à étouffer, et une puanteur horrible, ce qui causait une si grande corruption dans nos plaies que la gangrène s'y mit partout. Dans cet état déplorable, nous arrivâmes trois jours après le combat à la rade de Dunkerque. On y débarqua d'abord les blessés, pour les porter à l'hôpital de la Marine. On me sortit de ce fond de cale, de même que plusieurs autres, avec le palan à poulie, comme des bêtes. On nous porta à l'hôpital plus morts qu'en vie. On mit tous les forçats, séparément des personnes libres, dans deux grandes chambres à quarante lits chacune, bien enchaînés au pied du lit. A une heure de l'après-midi, le chirurgien-major de l'hôpital vint pour visiter et panser nos blessures, accompagné de tous les chirurgiens des navires et des galères qui se trouvaient dans le port. Je venais d'être fortement recommandé au chirurgien-major, et voici comment.

Depuis l'année 1702 que je fus mené sur les galères à Dunkerque, je fus recommandé par mes parents de Bordeaux, de Bergerac et d'Amsterdam, à un riche et renommé banquier nommé M. Piécourt, qui avait maison à Dunkerque et s'y tenait souvent [47]. Il était natif de Bordeaux, protestant d'origine et de cœur, mais papiste à la royale. Je laisserai pour un moment mon sujet pour parler de ce qui m'arriva, au commencement que je fus mis aux galères, touchant ce même M. Piécourt. Il était, comme on dit, du grand monde, généreux comme un prince, et sa bourse toujours ouverte pour faire plaisir aux grands seigneurs, de qui il était fort caressé. M. Piécourt donc, se voyant sollicité de divers endroits en ma faveur, et par des gens qu'il considérait extrêmement, jugea que je valais la peine qu'il me rendît service, et que s'il me pouvait procurer ma délivrance, il se rendrait du moins ses meilleurs amis très obligés pour ses bons offices. Il parla en ma faveur à M. le chevalier de Langeron, mon capitaine, qui me fit jouir de quelques douceurs sur la galère à sa considération, car il était son grand ami. Mais voulant pousser plus loin ses bons offices, il pria un jour mon capitaine que le lendemain à huit heures du matin, qui était jour de Noël, il eût la bonté d'ordonner qu'on me menât chez lui. Il prenait ce temps-là pour n'avoir pas sa femme pour témoin : elle

était une papiste bigote, et elle devait ce même matin-là rester
à l'église jusques à midi. M. de Langeron vint la veille de ce jour
sur sa galère (en hiver ces messieurs n'y logent pas) pour ordonner à l'argousin de m'amener lui-même, sans chaîne, chez
M. Piécourt, et d'attendre à la porte de la rue ou dans le vestibule que j'eusse achevé mes affaires avec lui, ce qui fut exécuté.
M. Piécourt me fit entrer dans sa chambre, disant à ses domestiques qu'il n'était visible pour personne. Il commença à m'exagérer l'envie qu'il avait de me rendre service, ajoutant qu'il en
avait imaginé un moyen, qui lui réussirait certainement, pour
peu que j'y donnasse les mains. Je le remerciai de sa bonté, et
lui dis que je ferais tout ce qu'il souhaiterait, pourvu que cela
pût s'accorder avec ma conscience. « La conscience, me dit-il,
y aura un peu de part, mais c'est si peu que vous ne le sentirez
pas, et ce que vous y trouverez de mauvais, vous irez vous en
purger en Hollande. Écoutez, me dit-il, je suis protestant comme
vous, j'ai des raisons pour ma fortune de faire l'hypocrite devant
le monde; je ne crois pas qu'il y ait là un si grand mal, lorsqu'on
n'apostasie pas tacitement. Voici, continua-t-il, le moyen auquel
j'ai pensé pour vous mettre en liberté. J'ai M. de Pontchartrain,
ministre d'État de la Marine, pour ami [48], et qui n'a rien à me
refuser. Vous ne ferez que signer une promesse, que je lui enverrai, et par laquelle vous promettrez, lorsque vous serez en liberté,
et en quel pays que vous soyez, de vivre et mourir en bon catholique romain. Vous n'aurez aucune cérémonie à faire, personne
même ne saura ce que vous aurez promis, et vous ne serez pas
exposé à être en scandale à vos frères. Si vous faites cela, continua-t-il, je puis vous assurer qu'avant qu'il soit quinze jours
vous serez mis en liberté, et je me charge de vous faire passer
en Hollande, sûrement et sans le moindre danger. Qu'en
pensez-vous? » me dit-il. « Je pense, monsieur, lui répondis-je,
que je me suis trompé en vous croyant bon protestant. Vous
êtes protestant, mais il faut retrancher le mot *bon;* j'en suis
bien fâché, et je vous prie de me pardonner si j'ose prendre la

liberté de vous dire que vous n'êtes rien en croyant être protestant. Quoi, monsieur! continuai-je, croyez-vous que Dieu est
sourd et aveugle, et que la promesse que vous me proposez,
cachée aux yeux des hommes, ne l'offenserait pas souverainement, autant et même plus que si je la faisais à un simple curé?
Car enfin je n'aurais qu'à la faire à l'aumônier de la galère où
je suis, il me procurerait d'abord ma délivrance. Ne vous y
trompez pas, lui dis-je encore, monsieur, vos propres lumières
sur la vérité vous condamnent, car vous savez aussi bien que moi,
et même beaucoup mieux, que, si la confession que nous faisons
à Dieu dans nos cœurs n'est pas confirmée par celle de nos
bouches, cet acte de foi, qui est une vertu, devient un grand
crime. » Il m'allégua encore quelques autres raisons pour adoucir la rigidité que l'Évangile nous prescrit, je les réfutai toutes
suivant que ma foi et ma conscience me le dictaient. Je lui dis
ensuite que je ne croyais pas que mes parents, qui m'avaient
recommandé à ses bontés, l'eussent sollicité de me procurer ma
délivrance aux dépens de ma conscience. « Non certainement,
me dit-il, bien loin de là, et je ne voudrais pas pour beaucoup
qu'ils le sussent. » Il m'embrassa, la larme à l'œil, souhaitant
et priant Dieu qu'il m'accordât la grâce de persévérer dans des
sentiments si dignes d'un confesseur de la vérité. « Je ne vous
aime plus, me dit-il, par recommandation, mais par une pure
considération pour les beaux sentiments que je vois en vous; et
vous pouvez compter que je veillerai aux occasions de vous
rendre service. » Il m'offrit ensuite tout l'argent dont j'aurais
besoin et en quel temps que ce fût. Je le remerciai de mon mieux,
après quoi je pris congé de lui et je revins sur la galère. Depuis
ce temps-là, M. Piécourt me venait voir souvent sur la galère,
m'offrant toujours ses services.

Il arriva donc qu'ayant entendu que notre galère avait perdu
beaucoup de monde à la prise que nous avions faite de cette
frégate anglaise, il courut d'abord au port pour s'informer de
moi. Il apprit que j'étais fort blessé, et qu'on m'avait déjà porté

à l'hôpital. Il fut de ce pas chez le chirurgien-major de cet hôpital, qui était son ami, et me recommanda à ses soins aussi fortement que si j'avais été son propre fils. Aussi puis-je dire, qu'après Dieu, je dois la vie à ce chirurgien-major, qui prit à tâche contre sa coutume (car il ne faisait jamais qu'ordonner) de me panser lui-même. A la première visite qu'il fit dans notre chambre, il tira ses tablettes de sa poche, et demanda qui se nommait Jean Marteilhe. Je lui dis que c'était moi. Il s'approcha de mon lit et me demanda si je connaissais M. Piécourt. Je lui dis que oui, et qu'il avait la bonté de me procurer autant de soulagement qu'il pouvait, depuis six ou sept années que j'étais en galère. « La manière, me dit-il, dont il vous a recommandé à mes soins, me prouve assez ce que vous me dites; aussi, m'en acquitterai-je avec plaisir. Voyons, dit-il, vos plaies. » La principale était celle de l'épaule, très dangereuse par sa situation. D'abord qu'il eut levé le premier et l'unique appareil que le chirurgien de la galère m'avait mis, qui n'était qu'une compresse trempée d'eau-de-vie, et qu'il vit que cette négligence était cause que la gangrène était à ma plaie, il appela le chirurgien de la galère, lui reprocha qu'il était un bourreau de m'avoir ainsi traité, et que si j'en mourais, comme il était à craindre, il aurait à se reprocher d'être mon meurtrier [49]. Notre chirurgien s'excusa du mieux qu'il put et pria le chirurgien-major de permettre qu'il me pansât. Le chirurgien-major le refusa et déclara à tous les autres que j'étais son blessé, et qu'il ne prétendait pas que qui ce soit me pansât que lui. En effet, il prit un si grand soin de moi et usa de tant de précautions pour que la gangrène, qui était dans toutes mes plaies, ne gagnât le dessus, que je puis dire, humainement parlant, qu'il me sauva la vie. Il mourut bien les trois quarts de nos blessés, dont la plupart ne l'étaient pas si dangereusement que moi. Cette grande quantité de monde qui mourut à l'hôpital, tant des équipages des galères que des forçats, fit croire que la frégate anglaise avait empoisonné ses balles. Mais je crois, avec tous les gens raisonnables,

que c'était une pure calomnie, causée par la haine que les
Français portaient à cette nation. J'ai entendu raisonner
là-dessus le chirurgien-major, qui était le plus habile de
France dans son art, et qui soutenait que cette mortalité de
nos blessés ne provenait que de ce que la mitraille des canons
étant pour la plupart sale et enrouillée et déchirant d'ailleurs les
chairs des plaies qu'elle faisait, cela joint à la négligence que les
chirurgiens des bords apportaient à leur premier appareil, était
cause que les plaies étaient incurables. Joignez à cela que, dans
les hôpitaux comme celui où nous étions, où il se trouvait
quarante ou cinquante chirurgiens aux pansements, chacun
indifféremment pansait le premier qui lui tombait sous la main,
ce qui faisait qu'il était rare qu'un seul chirurgien pansât deux
fois le même blessé. Il n'en fut pas de même à mon égard; car,
comme j'ai déjà dit, je fus toujours pansé par le chirurgien-
major, qui consolida mes plaies dans moins de deux mois; mais
il me fit rester encore un mois en convalescence, pour me bien
refaire et reprendre mes forces; le directeur de l'hôpital, à qui
j'étais aussi recommandé, ayant ordonné aux frères de l'ordre
de St. François qui servent cet hôpital de me donner tout ce que
je demanderais, ce qui ne fut pas nuisible à ma santé et à la
guérison de mes plaies. J'étais nourri et soigné comme un
prince.

Au bout de trois mois d'hôpital, je me trouvai gros et gras
comme un moine, et le chirurgien-major, m'ayant donné une
attestation de sa main comme quoi j'étais, par mes blessures,
rendu incapable de la rame et autre travail des galères, je fus
renvoyé sur la galère dans mon banc ordinaire.

La campagne d'ensuite, en l'année 1709, au mois d'avril,
les galères armèrent. Le comite fit la classe de ses forçats, chacun
dans leur banc. Il y a six forçats à chaque rame. Le plus fort et
vigoureux est toujours vogue-avant, c'est-à-dire le premier de
la rame, et qui a le plus de peine. Celui-là est de la classe première. Le second de la rame est de la classe deuxième, et ainsi

du reste jusques à la classe sixième. Ce dernier n'a presque pas de peine; aussi y met-on le plus chétif et malingre du banc. Or il faut savoir que lorsque je fus blessé, j'étais de la première classe, et le comite, soit par mégarde ou autrement, m'avait laissé sur son rôle à cette classe, que je ne pouvais remplir, à cause de la faiblesse de mon bras, étant presque estropié, et ne pouvant porter la main à ma bouche. Je me mis donc de moi-même à la sixième classe, m'attendant bien de passer par l'épreuve. Cette épreuve est terrible, car à la première sortie qu'on fait en mer, le comite, pour voir si on ne fait pas l'estropié exprès et à dessein de s'exempter du fort travail de la rame, accable de coups de corde un malheureux qui est dans cet état jusques à le laisser pour mort.

Il arriva donc que nous sortîmes du port pour la première fois de cette année; et après que le comite (qui se tient toujours sur le devant de la galère, jusqu'à ce qu'on soit à la grande rade) eut fait sortir la galère, il fit la visite de chaque banc, pour voir si la vogue était bien classée. Il tendit une grosse corde à la main, rossant indifféremment ceux qui ne voguaient pas bien à sa fantaisie. J'étais au sixième banc de l'arrière de la galère, et comme il avait commencé sa revue à la proue et qu'il s'était animé à frapper avant qu'il fût à mon banc, je m'attendais avec la plus grande angoisse du monde qu'il me traiterait impitoyablement. Il arrive enfin devant notre banc, et s'arrê-tant, il ordonna, d'un air féroce, au vogue-avant de cesser de ramer. Ensuite, m'adressant la parole : « Chien de huguenot, me dit-il, viens ici. » Je tirai ma chaîne pour m'approcher du coursier où il était, le cœur serré de crainte et croyant ferme-ment qu'il ne me faisait approcher de lui que pour être à portée de me mieux étriller. Je m'approchai donc de lui, mon bonnet à la main, en posture de suppliant. « Qui t'a ordonné, me dit-il, de ramer? » — « Je lui répondis qu'étant estropié, comme il pouvait le voir à mes cicatrices (car j'étais tout nu jusques à la ceinture, comme on est à la rame) et que ne pouvant m'aider

que d'un bras, je l'employais de mon mieux à aider mes camarades du banc. » — « Ce n'est pas ce que je te demande,
répliqua-t-il; je te demande qui t'a ordonné de ramer. » — « Mon
devoir », lui dis-je.« Et moi, dit-il, je ne prétends pas que tu
rames, ni qui que ce soit de ma chiourme en pareil cas (la
chiourme est le corps des galériens); car, continua-t-il, si on
ne délivre pas ceux qui auront été blessés dans un combat
comme c'est la loi, je ne souffrirai pas du moins qu'ils rament. »
Notez qu'il disait cela afin que les autres forçats l'approu-
vassent, et qu'on ne crût pas qu'il favorisât les Réformés. Après
avoir tenu ce discours, que j'écoutais comme si un ange du ciel
m'apparaissait, tant j'étais ravi d'aise, il appela l'argousin et
lui dit : « Déchaîne ce chien de giffe (giffe veut dire en provençal
un homme incapable d'aucun travail) et mets-le au *paillot*. »
Le paillot est la chambre aux vivres, dans le fond de cale.
L'argousin me déchaîna donc de ce banc fatal, où j'avais tant
sué pendant sept années, et me fit descendre au paillot. Le
mousse du paillot [50], qui était un forçat avec lequel j'avais déjà
contracté amitié depuis deux ou trois ans, quoiqu'il fût papiste,
était un jeune homme d'environ vingt-trois à vingt-quatre ans,
joli garçon, fils d'un bon gentilhomme de la province du Limousin, et qui était aux galères plutôt pour un trait de jeunesse que
pour crimes odieux. Il se nommait Goujon. Lorsque le pauvre
Goujon me vit introduit au paillot, il sauta à mon col. « Mon
cher ami, me dit-il, est-il bien vrai que nous ajouterons au titre
d'ami celui de camarade? » Nous nous félicitions l'un l'autre,
pendant que la galère voguait sans l'aide de nos bras; et comme
nous avions tout le temps de nous entretenir, il me fit son
histoire que je ne savais qu'imparfaitement, et que je donnerai
bientôt au lecteur. Elle est assez curieuse pour mériter de
trouver place dans ces Mémoires.

Je reviens à mon sujet. Les galères furent, ce jour-là et la
nuit suivante, faire une course dans la Manche; après quoi
elles revinrent à la rade de Dunkerque. D'abord que nous y

eûmes mouillé l'ancre et tendu la tente, le comite assis sur la table de son banc, me fit appeler. Je fus à lui. « Vous avez vu, me dit-il, ce que j'ai fait pour votre soulagement. Je suis ravi d'avoir trouvé cette occasion pour vous témoigner combien je vous considère, et tous ceux de votre religion; car vous n'avez fait mal à personne, et je considère que si votre religion vous damne, vous serez assez punis dans l'autre monde. » Je le remerciai de mon mieux des bontés qu'il me témoignait. Il continua ainsi : « Je suis assez embarrassé comment je me comporterai dans cette affaire, pour n'avoir pas à dos l'aumônier, qui ne souffrira pas impunément que je favorise un huguenot. Je pense cependant à un moyen qui réussira, j'espère, continua-t-il. L'écrivain de M. de Langeron, notre commandant, est mort; et il est en peine d'en avoir un autre; je m'en vais lui proposer de vous prendre, et je le ferai d'une manière que je suis persuadé qu'il le fera; vous serez par là, non seulement exempt du travail, mais même respecté d'un chacun, et moi à l'abri de la censure de l'aumônier. Allez-vous-en, me dit-il, au paillot, on vous fera bientôt appeler »; ce que je fis. Le comite fut sur-le-champ parler à M. de Langeron. Il lui exagéra qu'il y avait un homme dans le sixième banc, qu'il aimerait mieux y avoir un mouton; que ce forçat se disait estropié d'un bras, et que lui qui parlait l'avait fait passer par l'épreuve à force de coups de corde; mais que n'en pouvant rien tirer, il l'avait fait ôter du banc, à cause qu'il embarrassait et empêchait ses camarades de voguer. Là-dessus, M. de Langeron lui demanda par quel sort j'avais été estropié. « Par les blessures, répondit le comite, qu'il a reçues à la prise du *Rossignol* devant la Tamise. » — « Hé, d'où vient, dit le commandant qu'il n'a pas été délivré comme les autres? » — « C'est, dit le comite, qu'il est huguenot. Vous noterez que c'est la loi de délivrer ceux qui sont blessés dans un combat, pour quel crime qu'ils aient été mis aux galères, excepté les Réformés. Mais, ajouta le comite, ce garçon sait écrire et se comporte très bien; et je crois, puisqu'il vous manque un écrivain, qu'il serait votre fait. » — « Qu'on l'appelle », dit le commandant; on m'appela sur-le-champ. D'abord qu'il me vit, il me demanda si je n'étais pas ami de M. Piécourt. Je lui dis que oui. « Hé bien, vous serez mon écrivain, dit-il; qu'on le mette au paillot et que personne n'ait rien à lui commander que moi. »

Me voilà donc installé écrivain du commandant. Je savais qu'il aimait la propreté; je me fis faire un petit habit rouge (un forçat doit porter cette couleur). Je me fis faire du linge un peu fin. J'eus la permission de laisser croître mes cheveux; j'achetai un bonnet d'écarlate; et ainsi décrassé et assez propre, je me présentai au commandant, qui fut charmé de me voir dans cet équipage que j'avais fait à mes dépens. Il ordonna à son maître d'hôtel qu'on me portât à chaque repas un plat de sa table et une bouteille de vin par jour, ce qu'on fit tous les jours pendant la campagne de 1709; et je puis dire qu'il ne me manquait rien que la liberté. J'étais sans chaîne nuit et jour, ayant seulement un anneau au pied. J'étais bien couché, et en repos pendant que tout le monde était au travail de la navigation. J'étais bien nourri, honoré et respecté des officiers et de l'équipage, et par-dessus tout, aimé et chéri du commandant et du major des six galères, son neveu[51], de qui j'étais secrétaire. J'avais à la vérité, dans certains temps, beaucoup à écrire, et j'y étais si exact que j'y passais les nuits entières, pour rendre mes écritures plus tôt même que le commandant ne s'y attendit.

Voilà l'état heureux où je me trouvai, jusques à l'année mil sept cent douze, qu'il plût à Dieu de me remettre dans une épreuve, grande d'elle-même et d'autant plus amère que presque quatre années de bon temps m'avaient accoutumé au bien-être. Je ne dirai rien ici des années mil sept cent dix, mil sept cent onze et la plus grande partie de 1712, que les galères restèrent désarmées dans le port de Dunkerque, la France étant si dénuée de tout, dans sa Marine[52], qu'on ne pouvait armer une chaloupe; si bien que nous n'eûmes aucun événement extraordinaire et digne de curiosité, jusques au mois d'octobre 1712, que nos grandes tribulations et celle de notre société souffrante arrivèrent. Mais avant que d'y venir, j'ai promis l'histoire de Goujon, je m'en acquitte.

HISTOIRE

DU GALÉRIEN GOUJON

Goujon était natif du Serche en Limousin, de parents nobles et riches [53]. Il était le plus jeune de trois frères qu'ils étaient. L'un de ses frères était capitaine dans le régiment de Picardie, et l'autre guidon dans les mousquetaires du roi. Goujon prit aussi inclination pour les armes. On levait un *nouveau régiment* dans sa province, nommé le régiment d'Aubesson. La plus grande partie de la jeunesse de ce pays-là prenait partie dans ce régiment. Presque tous les officiers étaient de la noblesse du Limousin. Goujon y avait divers parents et amis, entre autres un de ses oncles, nommé M. de Labourlie, en était lieutenant-colonel. Il n'en fallait pas tant pour donner à Goujon l'envie d'y prendre partie. Monsieur son père ne voulut pas qu'il y prît d'autre caractère que celui de cadet, afin de lui procurer par la suite une place plus distinguée dans un vieux régiment. Goujon fut équipé magnifiquement par son père, qui lui fournit et ordonna par la suite qu'on lui fournît tout l'argent nécessaire pour faire belle figure.

Le régiment étant complet partit de là et vint tenir garnison à Gravelines, petite place située à quatre lieues de Dunkerque, Goujon avait été bien élevé, il avait fait ses études et appris tous les exercices convenables à un jeune gentilhomme, et il soutenait parfaitement bien son extraction. Toujours propre et magnifique, étant jeune et bien fait, joignant à cette dernière qualité beaucoup d'esprit, il ne tarda pas à s'attirer l'amitié et la considération de tout le monde; et comme il fréquentait tout ce qu'il y avait de beau monde dans Gravelines, il n'y fut pas longtemps sans se faire aimer du beau sexe et sans prendre lui-même de l'amour pour une jeune demoiselle, qui méritait tout son attachement. Elle était belle, spirituelle et fort riche. Elle était fille unique d'un vieux officier, pensionnaire du roi, qui avait des biens immenses. Ces jeunes amants s'aimaient passionnément, il n'en fallait pas davantage pour faire beaucoup de chemin en peu de temps. S'étant promis foi de mariage, Goujon se flattait que le père de la fille la lui donnerait avec joie. Dans cette espérance, il lui en fait la demande; mais il fut bien surpris, non seulement de se voir refuser tout net, mais d'entendre le commandement que le vieux officier lui fit, de ne voir ni fréquenter en aucune manière sa fille. Il fit de même des défenses très rigoureuses à sa fille de ne plus voir le cavalier, sous peine du couvent. Ce contretemps affligeait extrêmement nos deux amants, qui, ne voyant aucun moyen de fléchir le bon vieillard, formèrent le projet de prendre la fuite et de se rendre dans quelque lieu où ils pussent se marier sans obstacle; ce qui ayant été arrêté et conclu, Goujon travailla aux préparatifs de cet enlèvement. A cet effet, il fit tenir toute prête une chaise de poste hors de la ville, et indiqua à sa maîtresse le jour où elle devait s'échapper de la maison de son père et se rendre à un certain endroit du rempart. La difficulté était de pouvoir sortir de la ville; nos amants ne pouvaient le faire qu'à la faveur des ténèbres, et les portes de la place se fermaient avant la nuit close. L'embarras était grand; mais l'amour, ce grand maître qui n'éclaire que trop souvent l'esprit aux dépens de la raison, suggéra à Goujon un expédient qui ne lui fut pas aussi favorable qu'il se l'était imaginé. Il y avait à un endroit du rempart une vieille brèche que l'on avait négligée; Goujon la connaissait fort bien, y ayant monté plus d'une fois lorsqu'il se trouvait trop tard hors de la ville pour pouvoir entrer par la porte. Il est vrai qu'il y avait toujours à cette brèche une sentinelle à qui il était défendu, sous peine de la vie, d'y laisser passer qui que ce soit.

Mais comme il n'y avait point d'autres troupes dans Gravelines que le régiment d'Aubesson, dont tous les soldats connaissaient et aimaient Goujon, qui d'ailleurs donnait pour boire à la sentinelle toutes les fois qu'il passait par cette brèche, il se persuada que, quelque soldat qu'il y eût à ce poste, il trouverait la même facilité, et pourrait y passer avec sa belle. Il fut donc au rendez-vous; la demoiselle n'y avait pas manqué : il la prit sous le bras et la conduisait droit à cette brèche, lorsqu'un malotru de sentinelle qu'il y avait pour lors, venu depuis peu de recrue, et qui avait même été domestique du père de Goujon, entendant approcher quelqu'un, crie : « Qui va là? » — « Ami », répondit Goujon. La sentinelle, qui le reconnut à la voix, lui crie de ne pas approcher davantage, s'il ne voulait avoir la bourre de son fusil dans le ventre. Goujon, le nommant par son nom, lui parlait amiablement, lui promettant de l'argent pour boire à sa santé, s'il le laissait descendre par cette brèche. La sentinelle, qui prenait son ordre à la lettre, lui répondit que pour tout l'argent du monde il ne voulait pas risquer à se faire pendre. Goujon avançait cependant, mais la sentinelle, l'ayant encore averti de se retirer et voyant qu'il avançait toujours, le couche en joue; mais l'amorce de son fusil n'ayant point pris, Goujon animé de fureur, saute aussitôt sur ce soldat, et l'ayant pris au travers du corps dans ses bras le jette du haut du rempart dans le fossé qui était sec. Cette sentinelle, qui n'eut cependant aucun mal de sa chute, s'écrie comme un perdu. Il y avait près de là une porte de la ville, et à côté un bureau de la douane, dans lequel se divertissait une douzaine de commis, tous bourgeois de la ville. Dès qu'ils entendirent crier la sentinelle qui était dans le fossé, ils sautèrent tous à leurs armes et sortirent pour se rendre à l'endroit où était Goujon, les uns armés de pistolets et les autres d'épées et de sabres, en criant : « *Aide au Roi.* » Goujon, voyant venir cet orage et ne pouvant se sauver sans exposer sa maîtresse, qui aurait été déshonorée pour toute sa vie s'il l'eût abandonnée, prit un parti plus généreux : « Sauvez-vous promptement, mademoiselle, lui dit-il, et faites en sorte de gagner votre logis, pendant que je tiendrai tête à ces gens-là pour favoriser votre retraite »; ce qu'elle fit, sans que personne s'en aperçût. Cependant, Goujon fut entouré et attaqué par ces douze commis. Il mit l'épée à la main et ne s'en servit que trop bien pour quatre de ces malheureux, qu'il renversa raides morts, et en blessa divers autres, non sans recevoir lui-même plusieurs blessures. Or il se trouva qu'il y avait près de là un petit cabaret où était pour lors un sergent de la compagnie de Goujon qui, entendant les cris et le cliquetis des armes, sortit et demanda ce que c'était. Goujon, reconnaissant sa voix, lui cria : « C'est moi, mon ami La Motte, qu'on assassine. » La Motte met l'épée à la main, court sur l'un de ces commis, qui avait un pistolet à la main, qu'il déchargea sur La Motte, qui, dans le même moment, plongea son épée dans le corps du commis, et par ce coup fourré ils tombèrent tous deux roides morts. Pendant ce massacre, le corps de garde le plus prochain, entendant crier *« aide au Roi »*, avait donné l'alarme à toute la garnison, qui fut d'abord sous les armes, et se rendit vers l'endroit où s'était donné le combat. Goujon était tombé par terre, par la faiblesse que lui causait la perte de son sang, qui coulait de quatre blessures, savoir deux coups d'épée au travers du corps, un coup de sabre sur la tête et un autre à la main droite, qui lui avait fait tomber son épée de la main. Cependant, le major de la place, qui était accouru avec les postes des corps de garde les plus prochains, fit enlever les morts et blessés, de même que ceux qui ne l'étaient pas, et provisionnellement les fit tous porter ou conduire à l'hôpital de la ville. Tous les officiers du régiment, surtout le lieutenant-colonel qui se trouvait alors commandant dudit régiment, pour sauver Goujon, prirent cette affaire fort haut contre les commis, les accusant de rébellion, meurtre et assassinat des gens du roi. On pallia et même on supprima le fait de la sentinelle jetée du rempart en bas par Goujon, qui était le mobile et le fondement de tout ce grand meurtre. D'ailleurs, douze bourgeois contre deux gens de guerre formaient une circonstance fort désavantageuse contre ces commis, et on en profita pour sauver Goujon; et quelque injustice qu'il y eut de sacrifier les sept commis qui restaient, on agit contre eux avec la dernière rigueur. Le Conseil de guerre se saisit de cette affaire, et après l'avoir examinée, rendit sentence fort précipitamment. Elle justifiait Goujon et le louait d'avoir, en homme d'honneur, à son corps défendant et pour le service du roi, tué quatre bourgeois de douze qui l'avaient attaqué, et elle condamnait les sept commis qui restaient à tirer au sort, pour y en avoir trois de pendus et quatre condamnés aux galères perpétuelles. Toute la bourgeoisie de la ville se récria contre la sentence du Conseil de guerre. Le magistrat prit cette affaire à cœur [54], et fut en corps chez le gouverneur pour protester de la connaissance de la cause que s'était attribuée le Conseil de guerre, contre des bourgeois, au préjudice des droits de la magistrature qui ne pouvait voir sans beaucoup de désagrément la sentence rendue contre des citoyens, et contre laquelle elle faisait ses protestations. Le gouverneur fut en même temps supplié de faire surseoir l'exécution de cette sentence, afin que le magistrat pût verbaliser et adresser sa supplique au roi pour lui demander la connaissance du procès, à l'exclusion du Conseil de guerre, afin que si les commis se trouvaient réellement coupables, il fût procédé contre eux suivant la rigueur des lois. Le gouverneur, ne pouvant refuser une demande si raisonnable, leur accorda le délai de trente jours pour l'exécution de la sentence du Conseil de guerre, et ordonna, à la réquisition du magistrat, que Goujon fût transféré à la prison de la ville jusques à décision du procès, ce qui fut exécuté.

Le magistrat fit son procès-verbal, alléguant au net, et avec preuve de vérité, de quelle manière la chose s'était passée. On n'oublia pas d'y insérer le crime de Goujon d'avoir forcé la sentinelle et jeté du rempart dans le fossé. Il fut encore prouvé par ce procès-verbal, que les commis, prenant le parti du roi et celui de la pacification, avaient prié, avant d'user d'aucune hostilité, ledit Goujon de mettre arme bas, de la part du roi. Mais que Goujon, très irrespectueusement, avait répondu : *« Que le Roi et toute sa famille s'aille faire tout foutre. »* Cette imprudence coûta bien cher à Goujon, car le roi, qui en fut pleinement informé, n'a jamais voulu la lui pardonner.

La Cour, après l'examen du procès-verbal, ordonna que la sentence du Conseil de guerre serait mise à néant; et remettant la connaissance de la cause au magistrat, lui enjoignit d'y procéder suivant la rigueur des Ordonnances. En conséquence des Ordres de la Cour, le magistrat prononça sentence définitive, qui mettant les parties hors d'appel, mit les commis hors de Cour et de procès, et condamna Goujon à être pendu, lui laissant le choix, à cause de sa qualité, d'être arquebusé au pied de la potence.

On peut juger de la consternation que cette sentence causa dans tout le régiment. Le lieutenant-colonel, oncle de Goujon, en fut au désespoir. Il courut d'abord chez le gouverneur, le suppliant instamment de ne pas permettre l'exécution de cette sentence, et de lui accorder le délai de douze jours. Le gouverneur le lui accorda, et sur-le-champ, ce lieutenant-colonel prit la poste, et fut en Cour pour solliciter la grâce de son neveu. Il se jeta aux pieds du roi, le suppliant à mains jointes d'accorder la grâce de Goujon, tâchant de toucher Sa Majesté par les endroits les plus sensibles. Mais le roi, piqué de l'irrévérence insolente que Goujon avait commise contre lui et sa famille royale, resta inflexible. Le lieutenant-colonel ne se rebuta pas; il remua ciel et terre, et fit solliciter Madame de Maintenon, dont personne n'ignorait le pouvoir qu'elle avait sur le roi. Elle prit cette affaire à cœur, et malgré la répugnance de ce monarque à pardonner Goujon, elle obtint sa grâce de Sa Majesté qui voulut que Goujon restât toute sa vie forçat sur les galères de Dunkerque, ajoutant qu'il ne voulait pas qu'on lui en parlât davantage.

Le lieutenant-colonel revint en diligence à Gravelines, portant avec lui cette commutation de peine de la mort à celle des galères perpétuelles. Il se fit descendre chez le gouverneur, à qui il remit cette sentence avec l'Ordre du roi en ces termes, qu'il entendait et prétendait que Goujon fût conduit aux galères sans connivence, et que sa tête et celle du commandant de la garnison en répondraient. Le lieutenant-colonel en consulta avec le gouverneur, et ils conclurent que pour empêcher que la garnison ne formât le dessein d'enlever Goujon, soit dans la ville, ou en chemin, on feindrait que Goujon avait obtenu sa grâce pleine et entière, aux conditions seulement de servir de soldat dans la compagnie du chevalier de Langeron, commandant des galères de Dunkerque. Cela étant ainsi arrêté, le lieutenant-colonel s'en alla à la prison, où Goujon était déjà entre les mains de deux capucins, qui l'exhortaient à la mort qu'il devait subir le lendemain. D'aussi loin que le lieutenant-colonel le vit, il lui cria : « Courage mon neveu, tu n'en mourras pas; j'ai obtenu ta grâce entière, et le roi a ordonné que tu serviras en qualité de soldat dans la Compagnie du chevalier de Langeron. Cette punition n'est rien, puisque nous t'en sortirons bientôt, en obtenant pour toi un brevet d'officier; demain, deux archers, pour la forme seulement, te viendront prendre pour te conduire à Dunkerque et te présenter au chevalier de Langeron; ainsi tu seras libre en étant soldat. » Goujon donna dans le panneau facilement.

Le lendemain, deux archers qui avaient le mot et leurs ordres, viennent à la prison, font civilité à Goujon, lui disant qu'ils allaient monter tous trois à cheval pour Dunkerque, non pas comme menant un prisonnier, puisqu'il ne l'était plus, mais comme faisant une partie de promenade. Goujon, très persuadé de ce qu'on lui faisait accroire, fut fort content de son sort, ainsi que tous les officiers du régiment, qui n'en savaient pas plus que lui et qui vinrent en foule à la prison pour le féliciter et lui souhaiter un bon voyage. Enfin, il monte à cheval avec ses deux archers, et se met en chemin. A quelque distance de la ville, un des archers affecta quelque nécessité, et se tint derrière Goujon, tandis que l'autre était devant. Étant arrivés dans cette disposition dans les dunes, au milieu d'un chemin creux et étroit, l'archer qui allait devant tourne brusquement bride sur Goujon, le pistolet à la main, lui disant qu'il lui casserait la tête s'il faisait la moindre résistance. Pendant que cet archer tenait ainsi Goujon en respect, l'autre, qui s'était préparé, lui attacha les jambes sous le ventre du cheval, et lui mit les fers aux mains. On peut juger de l'affliction de ce jeune homme, qui s'imagina d'autant plus facilement qu'on l'allait faire mourir qu'ayant demandé aux archers sa destinée, ils lui répondirent brutalement qu'il la connaîtrait lorsqu'il serait sur les lieux. Ils arrivèrent dans cet état à Dunkerque et conduisirent Goujon sur notre galère et le livrèrent à l'argousin, qui le fit dépouiller de ses habits galonnés et revêtir d'une casaque rouge. Ensuite, on lui coupa les plus beaux cheveux que j'aie vus de ma vie, et on le mit à la chaîne dans un banc. Cependant, les recommandations qui venaient de toutes parts à notre capitaine en sa faveur lui firent adoucir ses peines. Le capitaine ordonna qu'on le mît au paillot pour distribuer les vivres à la chiourme et à l'équipage, et l'exempta d'aucune autre manœuvre. Il fut aussi déchaîné nuit et jour, et on lui laissa seulement un anneau au pied, comme une marque de servitude. Je fis bientôt connaissance avec lui; c'était un garçon d'esprit et d'une agréable conversation. Je n'avais su d'abord son histoire qu'en gros; j'en appris seulement les particularités lorsqu'en 1709 on me mit au paillot avec lui comme je l'ai déjà dit.

Goujon et moi, nous restâmes amis et camarades de paillot jusques en l'année mille sept cent douze, au mois de juillet qu'il se sauva des galères. La manière dont il s'y prit, et qu'il exécuta heureusement, mérite la curiosité du lecteur. J'ai déjà dit que Goujon avait de puissants parents et amis, qui s'intéressaient à sa disgrâce, et sollicitaient sans relâche pour lui procurer sa délivrance. Monsieur son père, vénérable vieillard, fut se jeter aux pieds du roi avec ses deux autres fils, implorant la clémence de Sa Majesté pour celui qui était en galère. Il exprima avec tant de force la tendresse d'un père pour ses enfants, en promettant à ce monarque d'aller, tout vieux qu'il était, à la tête de ses trois fils, répandre gaiement son sang pour son service; il parla d'une façon si touchante et si pathétique, que tous ceux qui étaient présents en furent attendris jusques aux larmes. Il ne put cependant fléchir le roi, qui refusa constamment la grâce de Goujon; ce qui fait bien voir que les injures que l'on fait aux Grands sont des taches pénétrantes qui ne s'effacent pas aisément. Malgré le mauvais succès de cette dernière démarche, on essaya cependant encore une nouvelle tentative pour la liberté de Goujon. L'on fit agir monsieur le maréchal de Noailles; il revenait du siège de Gironne [55], dont il s'était rendu le maître avec beaucoup de gloire. Le roi, à qui il sut rendre compte de sa conduite, l'approuva d'une manière fort gracieuse. L'occasion était favorable pour demander et obtenir quelque faveur de Sa Majesté. Cependant, monsieur de Noailles se borna à demander la grâce de Goujon. Le roi lui dit qu'il était fâché de la lui refuser, et qu'il avait juré de ne l'accorder jamais. Goujon, qui en fut informé, vit bien qu'il ne pourrait obtenir sa délivrance tant que le roi vivrait, et ne se consolait que dans l'espérance que sa mort ou celle du roi le délivrerait de cet esclavage. Dans un si fâcheux état, il ne laissait pas que de jouir de quelques agréments. Son père lui envoyait ce qui lui était nécessaire, et ses amis de son régiment, tant officiers que soldats, le venaient souvent visiter; car tout le monde peut entrer dans les galères. Le comite n'en refuse l'entrée à personne. Comme il fait vendre du vin à son profit, et que tous ceux qui viennent sur les galères pour voir leurs connaissances y boivent ordinairement bouteille, il est de son intérêt d'y laisser entrer tous ceux qui se présentent.

Vers le mois de mai de l'année 1712, un sergent des grenadiers du régiment d'Aubesson, pour lors en garnison à Nieuport, vint voir Goujon à qui il était fort attaché. Après plusieurs complaintes sur son esclavage, et sur le peu d'espérance d'en sortir, ce sergent lui parla ainsi : « Je viens exprès ici, monsieur, de la part de vos amis du régiment, pour vous proposer si moi et quatre grenadiers, gens de cœur et à toute épreuve, nous pouvons vous procurer votre liberté, soit à force ouverte ou autrement vous n'avez qu'à nous indiquer le moyen de vous servir, et vous connaîtrez que nous sommes tous cinq à votre disposition au péril de notre vie. On est informé au régiment que vous avez souvent occasion d'aller en ville. Si vous croyez que nous puissions vous y enlever, je vous proteste qu'aucun danger ne pourra nous empêcher de le faire. Faites vos réflexions sur ce que j'ai l'honneur de vous dire, et comptez sur notre discrétion et notre courage. Il serait inutile que vous me demandassiez qui est celui ou ceux qui nous mettent en œuvre; vous pouvez le deviner sans que je vous le dise. En un mot, continua-t-il, je viendrai de temps en temps prendre langue et consulter avec vous sur les résolutions que vous aurez prises. » J'étais présent à cette conversation; nous étions si intimement liés, Goujon et moi, que nous n'avions rien de caché l'un pour l'autre. Goujon, charmé de la proposition, remercia ce sergent de sa bonne volonté, et lui dit qu'une entreprise aussi périlleuse demandait du temps et beaucoup de réflexions; qu'il y penserait mûrement, afin de ne rien entreprendre qu'il ne fût certain de la réussite; et qu'aussitôt qu'il verrait jour à sortir heureusement de cette affaire, il lui communiquerait ses idées, pour prendre ensemble de plus justes mesures s'il était nécessaire. Après cette première conversation, le sergent prit congé de nous, et dès ce moment Goujon n'eut plus autre chose dans l'esprit que de chercher le moyen de se sauver. La chose n'était pas facile. Il est vrai qu'il avait souvent occasion d'aller en ville, à cause de l'emploi qu'il avait de distribuer les vivres à la chiourme, mais il n'y allait jamais seul; et lorsqu'il était obligé de sortir, soit pour aller chez le commissaire des vivres ou chez le magasinier, l'argousin l'enchaînait avec un Turc qui était dans ses intérêts, et lui donnait pour garde un nommé Guillaume, qui était fort rigide, et qui l'accompagnait ordinairement, l'argousin ne se fiant à aucun autre pour la garde de Goujon. Il faut remarquer qu'il y avait une défense générale de laisser entrer dans les maisons publiques aucun couple de forçats qui allaient en ville pour leurs affaires, soit pour acheter ou pour vendre leurs ouvrages, à peine de trois ans de galère pour le garde, et de mille écus d'amende pour ceux qui les laisseraient entrer chez eux[56]. Le privilège qu'avait Goujon d'aller en ville ne pouvait donc lui servir pour l'exécution de son dessein. Il était impossible de l'enlever dans la rue, en plein jour et à la vue d'un grand nombre de soldats et de l'équipage des galères. D'ailleurs, la ville était remplie d'une nombreuse garnison, qui avait partout des corps de garde et des sentinelles; en un mot, la chose ne paraissait pas praticable. Il n'y avait qu'un seul moyen pour réussir, qui était d'apprivoiser le garde à force de libéralités, et de faire en sorte d'obtenir de lui la permission d'entrer dans un cabaret. Ce fut celui dont se servit Goujon, qui était persuadé que, s'il pouvait obtenir de son garde cette grâce pour une seule fois, il viendrait facilement à bout de son entreprise. Ayant formé ce projet, il écrivit à son père pour le prier de lui faire tenir une bonne somme d'argent dont il avait besoin pour une affaire de conséquence. Le bon homme ne manqua pas de la lui envoyer, et il ne l'eut pas plutôt reçue qu'il commença à faire jouer ses batteries.

Un jour du mois de juin qu'il faisait fort chaud, Goujon fut en ville avec Guillaume, son garde ordinaire. Après avoir fait plusieurs messages relatifs à son emploi, comme ils passaient dans une petite rue écartée devant un cabaret à bière et à eau-de-vie, Goujon, voyant que son garde pâmait de soif, fit aussi l'altéré, et le pria de laisser venir un pot de bière devant la porte du cabaret afin de se rafraîchir. Guillaume, qui ne voyait là rien de contraire à la défense, l'accepta volontiers. La cabaretière leur porta un pot de bière dans la rue, et s'étant aperçue

que la fatigue leur faisait chercher de quoi s'asseoir, elle leur
dit : « Mes amis, voilà un banc dans mon vestibule, servez-
vous-en, et même entrez sous la porte, où étant visibles comme
dans la rue, on n'aura rien à me dire par rapport à la défense. »
Ils ne se firent pas beaucoup prier. Goujon y régala son garde
et le Turc à merveille, et après y avoir passé deux ou trois heures,
il demanda à la cabaretière à combien montait l'écot? Elle lui
dit qu'il se montait à une trentaine de sols. « Tenez ma bonne,
dit-il, voilà un écu de cinq livres; je vous fait présent du reste. »
Cette femme, qui n'était pas fort opulente, se sentit si obligée
de cette libéralité qu'elle lui offrit de le laisser entrer dans sa
maison lorsqu'il lui plairait. « Non, lui dit Goujon, je ne veux
pas vous exposer, non plus que mon garde; c'est un devoir que
je me fais, et que j'observerai toujours. » Sur cela, ils sortirent
pour retourner à la galère. Mais avant d'y arriver, Goujon mit
un écu de cinq livres dans la main de Guillaume, « par reconnaissance, disait-il, de la permission qu'il lui avait donnée de se
rafraîchir à ce cabaret ». Guillaume fut si extasié de ce présent
qu'il ne savait où il en était. Ces gardes ont de petits gages; et
depuis trois années on ne les payait pas, ni personne de l'équipage; de sorte que cet écu de cinq livres était un trésor[57] pour
lui, ce qui l'engagea de dire à Goujon que, par la suite, il lui
donnerait plus de liberté que ci-devant, et qu'en prenant certaines précautions, il n'y aurait aucun danger pour personne.

Goujon fut fort content de son coup d'essai, qu'il me raconta
dans toutes ses parties, et qui lui fit concevoir de grandes espé-
rances. Il ne tarda pas longtemps à retourner en ville. Il sentait
combien il lui était nécessaire de se concilier de plus en plus ses
gens, et de ne pas laisser refroidir leur bonne volonté par une
négligence qui aurait pu causer quelques contretemps et rompre
ses mesures. Après avoir donc fait les affaires qu'il avait pré-
textées, ils furent déjeuner à leur cabaret. La femme les fit
entrer dans son vestibule, et leur donna ce qu'ils avaient besoin,
pendant que sa servante se tenait en sentinelle à la porte de la

rue pour observer s'il ne paraissait pas quelques personnes sus-
pectes. Après le déjeuner, la cabaretière, soit par intérêt ou autrement, leur dit : « Mes amis, vous et moi nous sommes toujours
en appréhension que quelqu'un ne vous découvre dans ce vestibule; il y aurait un moyen de nous tirer de cette inquiétude;
j'ai, continua-t-elle, une chambre tout à fait au bout de ma maison; vous pourriez vous y tenir en repos, et lorsque vous voudrez
y venir, il n'y aura seulement qu'à observer, en sortant ou en
entrant, s'il n'y a personne dans la rue qui puisse vous apercevoir. » Goujon, ne voulant pas témoigner la joie qu'il avait de
cette proposition, n'y répondait pas; mais Guillaume qui, outre
l'espérance qu'il avait de venir plus souvent et plus sûrement
faire bonne chère, comptait encore sur les générosités de Goujon,
dit d'abord que la cabaretière avait fort bien imaginé, et qu'il
fallait voir la chambre. Elle fut trouvée fort commode. Guillaume pour sa propre sûreté, et Goujon pour l'exécution de son
dessein, se réunirent facilement pour en faire l'accord. « Je ne
prétends pas, dit ce dernier à l'hôtesse, que pour nous obliger
vous y perdiez. Il pourrait arriver que, lorsque nous viendrons
ici, votre chambre serait occupée par d'autres personnes qui
viennent y dépenser leur argent, et il ne serait pas juste que vous
vous privassiez de ce profit. Arrangeons-nous, de sorte que nous
soyons tous deux contents : louez-moi cette chambre par mois;
pour lors, elle sera toujours à notre disposition quand nous viendrons chez vous. » — « Parbleu, dit Guillaume, on voit bien,
monsieur Goujon, que vous avez de l'esprit; on ne peut au
monde rien imaginer de mieux. » La cabaretière laissa le louage
de la chambre à la discrétion de Goujon qui, toujours libéral,
le fixa à vingt livres par mois, dont il en paya un d'avance, et
donna une pareille somme à Guillaume, en lui disant que, puisqu'il courait les mêmes risques que cette femme, il était juste
qu'il eût le même profit. « Au reste, ajouta Goujon, cet argent
que je vous donne à présent ne vous exclut pas de mes libéralités
chaque fois que nous ferons la partie de venir ici. » Il donna

aussi la pièce au Turc, afin qu'il ne jasât pas à l'argousin; après quoi ils sortirent pour revenir à la galère, les uns et les autres fort contents des événements de cette journée. Guillaume et Goujon avaient arrêté que, le surlendemain, ils iraient faire la dédicace de cette chambre. A cet effet, Guillaume alla audit cabaret par ordre de Goujon, pour y ordonner un bon dîner, et le jour marqué ils s'y rendirent et se régalèrent parfaitement. Ce manège continua jusques à la consommation de l'entreprise, qui arriva vers la fin du mois de juillet, comme je vais le décrire.

Le sergent des grenadiers, qui se nommait La Rose, ne manquait pas de venir de temps en temps voir Goujon, qui lui faisait part de ce qui se passait, et l'assurait que l'affaire allait un bon train. « Quelque chose m'embarrasse, lui dit un jour La Rose, je n'entrevois aucun moyen pour que moi et mes quatre grenadiers puissions entrer dans cette chambre dont vous m'avez parlé. Car la cabaretière, continua-t-il, ne voudra jamais permettre que personne y entre tandis que vous y serez, dans la crainte d'être décelée; et d'ailleurs votre garde, par la même raison, s'y opposerait fortement. » — « Ne te mets pas en peine de cela, lui dit Goujon; j'ai pensé avant toi à cette difficulté et j'y ai pourvu. Lorsqu'il en sera temps, je te communiquerai le plan que j'ai formé, et les mesures qu'il faudra prendre pour réussir. Laisse-moi le soin de prendre les arrangements convenables. Je ne te demande à toi et à tes quatre fidèles grenadiers que de la constance dans vos résolutions, de la fermeté et du courage pour l'exécution. » Le sergent l'assura de nouveau qu'il pouvait compter sur eux. Après quoi il retourna à sa garnison. Cependant, Goujon et Guillaume s'allaient régaler souvent chez leur mère (c'est ainsi qu'ils appelaient la cabaretière) et se rendirent si familiers dans ce cabaret que l'hôtesse les regardait comme s'ils eussent été de sa famille. Enfin, Goujon, jugeant qu'il était temps de mettre son projet à exécution, donna ses derniers ordres à La Rose, qui l'était venu voir. Après lui avoir dit que le temps était venu de mettre son courage à l'épreuve, il lui donna le plan de l'entreprise par écrit, afin qu'il n'en oubliât rien, et lui indiqua le jour et l'heure qu'il devait se trouver à Dunkerque avec ses quatre grenadiers. Ce plan qu'il me fit voir me charma, tant par son invention que par les moyens qu'il avait pris pour empêcher que dans cette force ouverte, il n'y eût du sang répandu; aussi n'y en eut-il pas. Le lecteur aura une idée de ce plan par le récit que je vais faire de son exécution.

Le jour marqué pour l'enlèvement de Goujon étant arrivé, le sergent et les quatre grenadiers ne manquèrent pas de se trouver à Dunkerque, après avoir appris chacun leur rôle par cœur, afin de mieux jouer cette tragi-comédie. Goujon s'étant apprêté pour aller en ville, m'embrassa les larmes aux yeux : « Priez Dieu pour moi, mon cher ami, me dit-il. C'est aujourd'hui que sera l'époque de mon bonheur ou de la fin de ma vie; car s'il arrive quelque traverse à ma fuite et que j'aie une épée en main, je ne me laisserai jamais reprendre sans en coucher quelques-uns sur le carreau; ainsi, si je ne meurs pas en défendant ma liberté, et que je sois vaincu, je perdrai la vie par la main du bourreau. » Cet adieu m'effraya et m'attendrit tellement que je le suppliai, par notre tendre amitié, d'abandonner son entreprise et d'attendre patiemment sa délivrance d'une occasion qui serait pour lui moins dangereuse. « Non, me dit-il, le vin est tiré, il faut le boire. J'ai un pressentiment d'une favorable issue, qui m'engage à ne plus temporiser davantage. » Il m'embrassa de nouveau, essuya ses larmes, et alla se faire enchaîner avec son Turc pour aller en ville sous la garde de maître Guillaume.

Goujon avait donné pour signal au sergent qu'il passerait vers les neuf heures du matin devant la maison de ville, et que, s'il n'y avait point de contretemps pour l'exécution du projet, il tirerait son mouchoir de la poche, et qu'alors il devrait suivre de point en point ce qu'il lui avait prescrit. Il passa donc devant l'endroit désigné, fit semblant de ne pas voir le sergent qui s'y était rendu pour l'observer, lui donna le signal dont ils étaient convenus, et fut déjeuner au cabaret avec son escorte ordinaire.

Sur les dix heures, pendant qu'ils déjeunaient, deux de ces quatre grenadiers, passant devant le cabaret chargés de leurs havresacs, l'un dit à l'autre : « Camarade, il faut que nous buvions ici un verre d'eau-de-vie. » Ils entrèrent dans le vestibule, et après que l'hôtesse leur en eut versé un verre, et qu'ils se furent assis, l'un des deux demanda à l'autre s'il n'avait pas vu leurs deux autres camarades et le sergent. L'autre dit que non. « Que le Diable les emporte », répondit celui qui avait parlé le premier, avec leur peste de Goujon; ils seront cause que nous ne pourrons pas arriver aujourd'hui à notre garnison. La femme, qui avait entendu nommer Goujon, curieuse de savoir s'ils parlaient de celui qui était chez elle, leur demanda s'ils connaissaient ce Goujon qu'ils venaient de nommer. « Palsambleu, dirent-ils, si nous le connaissons? Il a été cadet dans notre régiment, et a eu le malheur, il y a quelques années, d'être condamné aux galères pour une affaire d'honneur. Mais, Dieu merci, il en va être délivré. Notre lieutenant-colonel a tant sollicité en Cour pour sa délivrance qu'il a obtenu sa grâce et un brevet de lieutenant. C'est même pour cette affaire que notre sergent est venu à Dunkerque. Le lieutenant-colonel l'a chargé d'apporter le brevet de grâce à l'intendant des galères, pour faire délivrer ce monsieur Goujon, et nous autres quatre grenadiers nous avons profité de cette occasion pour venir acheter des provisions pour nos chambrées. Le sergent, pour exécuter sa commission, s'est transporté en arrivant sur la galère où est Goujon pour le faire délivrer; mais ne s'y étant pas trouvé, ayant été obligé d'aller chez le commissaire des vivres, notre sergent, qui ne l'a pas trouvé non plus dans ce dernier endroit, s'est détaché de nous pour le chercher et lui porter cette bonne nouvelle. » — « Comment, dit l'hôtesse, Goujon va donc être délivré? » — « Vraiment oui, dirent-ils, et il le serait déjà si nous l'eussions pu rencontrer sur sa galère. » Cette femme donna dans le panneau et courut annoncer à Goujon ce qui venait de se passer sans oublier aucune circonstance. Le tout avait tant d'appa-

rence de vérité, que Guillaume crut aussi que Goujon allait
être mis en liberté. Goujon, faisant semblant d'être transporté
de joie, demanda si ces deux grenadiers étaient sortis. « Non, dit
la femme, ils sont encore dans le vestibule. » Guillaume, persuadé de ce qu'il venait d'apprendre, et ne voyant plus aucun
danger à être trouvé dans un cabaret, s'écria le premier qu'il
fallait les faire venir. L'hôtesse fut les prier de venir derrière.
Ces deux grivois, qui savaient bien leur rôle, se jetèrent en
entrant au col de Goujon, et le félicitèrent de son heureuse
délivrance dont ils racontèrent toutes les particularités, ainsi
que les prétendues recherches que faisait le sergent. L'on but
plusieurs rasades à la santé de Goujon, et chacun prenait part
à la joie qu'il témoignait ressentir, tandis que les deux autres
grenadiers se préparaient aussi à entrer sur la scène. Ils ne
tardèrent pas à passer à leur tour devant le cabaret; et comme
s'ils s'y fussent trouvés par hasard, l'un dit à l'autre : « Regarde
un peu, camarade, si nos gens ne seraient pas dans ce cabaret. »
Celui-ci, regardant à la porte : « Non, dit-il, ils n'y sont pas. »
— « Qu'ils aillent donc au Diable avec le sergent, dit l'autre;
nous ne perdrons plus nos peines pour les chercher. » La cabaretière, qui voyait à leurs uniformes que ceux-ci étaient du
même régiment que les autres qui étaient chez elle, leur demanda
qui ils cherchaient. « Deux de nos camarades », répondirent
ces grenadiers. « Vous les allez voir dans l'instant, messieurs,
leur dit-elle, ils sont chez moi; ayez la bonté d'entrer et de me
suivre. » Les ayant aussitôt introduits dans la chambre où était
Goujon, les embrassades et les compliments recommencèrent
de plus belle. « Pour rendre la fête complète, il ne nous manque
plus que le sergent, dit Goujon; si l'un de vous voulait se détacher pour l'aller chercher, il me ferait plaisir. » Le grenadier
qui se chargea de la commission et qui savait où était le sergent,
ne tarda pas à rentrer avec lui. Jusqu'ici, l'affaire prenait un bon
train; la grande difficulté était levée; il ne s'agissait plus que de
parachever l'entreprise avec le même succès, et d'éloigner tout

ce qui aurait pu y mettre obstacle. La cabaretière était veuve et n'avait avec elle qu'une servante qui aurait pu crier, répandre l'alarme et rendre l'aventure périlleuse et sanglante. Goujon, qui avait prévu cet inconvénient, pour s'en défaire, dit à ces messieurs que, puisqu'ils étaient venus trop tard pour déjeuner, il voulait les régaler avec des huîtres. Ils l'en remercièrent pour être moins suspects, et lui dirent qu'ils devaient se rendre à Nieuport, et que s'ils s'amusaient, il serait trop tard pour y arriver. Mais enfin Goujon les persuada, en leur disant que cela serait bientôt fait; et en même temps appela la servante, à qui il donna de l'argent pour aller acheter des huîtres à la poissonnerie, qui était à l'autre bout de la ville. Peu après son départ, on appela l'hôtesse pour avoir du vin. Lorsqu'elle en eut apporté, Goujon lui dit : « Ma mère, il faut que vous buviez à ma bonne délivrance. » — « De tout mon cœur, mon fils », lui dit-elle; et comme elle avait le verre à la bouche, ainsi que les autres qui s'étaient armés d'une rasade pour lui faire raison, Goujon fit son signal. Au même instant, le sergent sauta sur l'hôtesse, la baïonnette au bout du fusil, la menaçant de l'égorger, si elle criait ou faisait la moindre résistance. D'un autre côté, un grenadier se rua sur Guillaume en lui faisant la même menace; et un autre sur le Turc, qui se coucha sous la table. On jeta sur un lit la cabaretière, qui s'était évanouie de frayeur, et on ordonna à Guillaume de se coucher sans faire la moindre résistance; ce qu'il fit, après avoir demandé quartier à genoux, et ne remua pas plus que s'il eût été mort. Chacun ayant son office, les deux autres grenadiers vidèrent promptement leurs havresacs. Il s'y trouva un habit complet, et tout ce qui était nécessaire pour habiller Goujon depuis les pieds jusques à la tête. S'étant munis aussi d'une petite enclume, d'un marteau et d'un repoussoir, ils l'eurent bientôt déchaîné et habillé comme un officier avec l'épée au côté; car le sergent en avait apporté une sous son bras, disant que c'était pour un officier du régiment qui lui avait donné la commission de l'acheter à Dunkerque. Cela étant fait, Goujon, avec le sergent et deux grenadiers, sortirent et gagnèrent promptement la porte de Nieuport. Les deux autres grenadiers restèrent un moment après eux, pour veiller sur les trois patients, savoir l'hôtesse, le garde et le Turc; et se disant l'un à l'autre qu'ils voulaient prendre un doigt d'eau-de-vie, ils s'en allèrent au vestibule, et jurant comme des grenadiers qu'ils étaient, que si quelqu'un d'eux faisait le moindre mouvement, ils reviendraient sur leurs pas pour les poignarder tous trois. De cette manière, les deux derniers grenadiers enfilèrent la porte et se rendirent en diligence sur le chemin de Nieuport, où ils joignirent leurs camarades. Nos trois patients n'avaient garde de se remuer. La frayeur leur faisait penser que les grenadiers étaient toujours dans la maison. Ils restèrent dans cette attitude jusqu'à ce que la servante entrât avec des huîtres. Les ayant trouvés couchés et pâles comme la mort, elle s'informa de ce qui leur était arrivé et leur apprit qu'il n'y avait personne dans le vestibule ni dans la maison. Alors, ils commencèrent à respirer et à reprendre courage. Guillaume, se levant promptement, s'enfuit à Nieuport, où il savait qu'il y avait franchise dans les églises comme dans toutes celles du Brabant et de la Flandre espagnole[58]. En arrivant, il se retira chez les capucins et y trouva Goujon, le sergent et les quatre grenadiers qui s'y étaient aussi réfugiés. Cependant, j'étais fort inquiet et fort curieux d'apprendre ce qui se serait passé à l'évasion de mon ami Goujon, pour qui je craignais beaucoup, sachant que dans les entreprises de cette nature, où il y a tant de précautions à garder, souvent la moindre chose les fait échouer. Dans la perplexité où je me trouvais, me tenais assis sur l'arrière de la galère, regardant toujours sur le quai, lorsque j'y vis venir le Turc de Goujon portant sa chaîne sur l'épaule. Il n'en fallut pas davantage pour me faire juger que Goujon était déjà bien loin, ce qui me soulagea extrêmement de l'angoisse où j'étais à son sujet. L'argousin, qui se tenait sur le quai, au bout de la planche de la galère, voyant venir ce Turc, la chaîne sur l'épaule, lui demanda avec empressement où était

Goujon. « Bon, dit le Turc, il est bien loin; plus de cinq cents grenadiers sont venus avec des bombes, des canons et autres armes, nous l'enlever. » La peur avait tellement dérangé la cervelle de ce pauvre Turc, qu'il en devint fou à lier et l'est resté toute sa vie. L'argousin, ne pouvant tirer rien de raisonnable de ce Turc, vit bien qu'il était fou, et que Goujon s'était sauvé. Sur quoi, craignant de passer par le Conseil de guerre, il prit aussi la route de Nieuport, et alla avec les autres chez les capucins se mettre en franchise [59]. Le commandant du régiment d'Aubesson écrivit en Cour pour obtenir la grâce du sergent, des quatre grenadiers, et celle de Goujon. Le commandant des galères écrivit pareillement pour la grâce de son argousin et du garde. Comme en pareil cas de franchise, on n'en refuse pas ordinairement, elles furent toutes accordées, à la réserve de celle de Goujon, dont le roi ne voulut jamais entendre parler, ni lui pardonner. Il fallut qu'on le fît sortir secrètement et déguisé de la ville de Nieuport; et quelques jours après, il m'écrivit de Bruges, me marquant qu'il était dans cette ville en attendant que son père eût ordonné de sa destinée, dont je ne pus avoir par la suite aucune nouvelle. Je fus soupçonné d'avoir su son projet. On l'insinua à monsieur de Langeron. Mais il m'aimait trop pour faire attention à de pareilles accusations. Tout autre cependant aurait eu la bastonnade, car c'est une loi des galères que si quelqu'un sait l'évasion de son camarade ou d'un autre forçat, et n'en avertit pas l'argousin, il reçoit la bastonnade sans miséricorde. De plus, si un forçat se sauve d'un banc, les cinq restants du même banc, et les douze des deux bancs joignants, reçoivent tous la bastonnade. Cette loi est politique, et fait que chacun veille à empêcher qu'un autre ne se sauve. Cependant elle est très injuste, car un homme peut s'enfuir sans qu'aucun de ses voisins le sache. Mais il n'y a point de justice pour un forçat, ou du moins très peu. Je reviens à mon sujet.

LE SUPPLICE

DE MONSIEUR SABATIER

Après la fuite de Goujon, on ajouta, à mon emploi d'écrivain du commandant et du major celui de distributeur des vivres de la chiourme, que j'exerçai jusqu'au premier octobre de l'année mille sept cent douze, qu'on nous enleva de Dunkerque pour nous conduire à Marseille. Je raconterai dans son lieu les particularités de cet enlèvement; mais auparavant, je vais rapporter une autre histoire, qui me mit, aussi bien que d'autres de nos frères, dans un extrême péril de mourir sous la bastonnade.

Il faut savoir que nos frères des églises françaises des Provinces-Unies envoyaient de temps en temps une subvention d'argent aux Réformés qui souffraient sur les galères de France. Cet argent passait ordinairement par Amsterdam, d'où un négociant le faisait tenir par un de ses correspondants aux lieux où étaient les galères. Un de mes parents d'Amsterdam, ancien de l'Église wallonne, crut me distinguer en me chargeant de la commission de le recevoir. Cet emploi est très périlleux, car si on s'en aperçoit, vous risquez qu'on vous donne la bastonnade jusqu'à la mort, à moins de déclarer le marchand qui a compté l'argent; et en ce cas, un tel marchand serait ruiné de fond en comble.

Les missionnaires de Marseille [60], qui nous ont toujours persécutés à toute outrance, ne trouvaient aucune occasion de renouveler et d'augmenter nos souffrances, qu'ils ne l'embrassassent avec ardeur. Sachant que nos frères des pays étrangers

nous faisaient tenir de temps en temps quelque argent, pour
nous aider à ne mourir pas de faim, et se persuadant que si
cette ressource nous était ôtée, ils nous prendraient par famine,
proposèrent en Cour de donner ordre aux intendants de Marseille et de Dunkerque, et aux majors et autres officiers des
galères, de tenir la main à ce qu'aucun négociant ou autre ne
comptât de l'argent ou remît des lettres de change aux galériens
de la Religion Réformée qui étaient sur les galères. La Cour
ne manqua pas d'envoyer ces ordres, et commanda de les faire
exécuter à la rigueur, et de procéder criminellement contre les
négociants ou autres qui seraient convaincus d'avoir contrevenu
à la défense. On peut juger si les missionnaires, sous lesquels
tout pliait, faisaient observer exactement qu'aucun secours ne
nous parvînt. Leur grande attention était à découvrir quels
marchands ou banquiers nous fournissaient de l'argent par
correspondance des pays étrangers, afin de les faire punir si
sévèrement qu'aucun autre par la suite ne s'y osât exposer.
Mais par la grâce de Dieu, jamais ils n'ont pu parvenir à cette
découverte, quoique ces subventions nous parvinssent très souvent; je dois ajouter aussi, grâce à la fidélité des esclaves turcs [61],
qui nous servaient merveilleusement bien par pure charité et
bonté pour nous.

En parlant de la fidélité et de l'affection que les Turcs nous
portaient, j'en dirai ici un exemple qui concerne le Turc qui me
servait dans ces occasions à Dunkerque. J'ai dit ci-dessus que je
fus commis pour recevoir ces subventions et les distribuer à nos
frères. J'étais enchaîné dans mon banc, sans avoir la liberté
d'aller en ville, et cela par la malice des aumôniers des galères,
qui nous empêchaient d'avoir ce privilège que les autres forçats
condamnés pour leurs crimes avaient bien, en payant un sou à
l'argousin et autant au garde qui les y conduisait [62]. Comment
faire donc pour recevoir cet argent? Monsieur Piécourt m'envoya
une fois ou deux par son commis ce qu'il avait ordre de me compter. Mais les ordres de la Cour ayant été renouvelés, avec de

grandes menaces à l'intendant et aux officiers qui négligeraient d'y tenir la main, le commis du sieur Piécourt n'osa plus s'y exposer. Son maître me l'ayant fait savoir, me pria de trouver quelqu'un de toute fidélité, pour envoyer chez lui prendre cet argent à chaque remise. J'étais encore novice sur l'affection et la fidélité que les Turcs nous portaient. Cependant, je m'en ouvris au Turc de mon banc qui, avec joie, entreprit de me rendre service, en mettant la main sur son turban (ce qui est parmi eux signe de l'épanchement du cœur vers Dieu) en le remerciant de toute son âme de la grâce qu'il lui faisait de pouvoir exercer la charité au péril de son sang; car ce Turc savait bien que s'il avait été pris sur le fait en nous rendant ce service, on lui aurait donné la bastonnade jusqu'à la mort, pour lui faire avouer quel marchand nous comptait de l'argent. Ce Turc donc, qui se nommait Isouf, me servit quelques années très fidèlement dans cette affaire, sans jamais avoir voulu prendre de moi le moindre salaire, m'alléguant que s'il le faisait il anéantirait sa bonne œuvre, et que Dieu l'en punirait. Ce bon Turc fut tué au combat de la Tamise. C'est celui dont le bras me resta à la main, comme je l'ai raconté. Je fus fort affligé de sa mort, et je ne savais à qui m'adresser pour me servir dans un si périlleux emploi. Je n'eus cependant pas la peine d'en chercher un, car dix ou douze, les uns après les autres, me vinrent solliciter, comme on sollicite un office lucratif dans le monde. Il faut savoir que, lorsque les Turcs ont occasion d'exercer la charité ou d'autres bonnes œuvres, ils communiquent la joie qu'ils en ont à divers de leurs « *Papas* » (c'est ainsi qu'ils appellent leurs théologiens, qui pour toute science savent lire l'Alcoran), leur demandant leur avis sur les bonnes œuvres qu'ils entreprennent de faire; et quoi que j'eusse instamment prié mon Isouf de ne communiquer à personne le service qu'il me rendait, il ne put s'empêcher, par principe de Religion, de dire la chose à ses « *Papas* », comme je le sus après sa mort. Ces bonnes gens donc, voyant que je serais embarrassé pour ne savoir à qui me fier, vinrent tous les uns après les autres me prier de me servir d'eux, me marquant des sentiments si pieux et me témoignant tant d'affection pour ceux de notre Religion, qu'ils appelaient leurs frères en Dieu, que j'en fus touché jusqu'aux larmes. J'en acceptai un, nommé Aly, qui sautait de joie d'obtenir un emploi si périlleux pour lui. Il m'y rendit service pendant quatre ans, c'est-à-dire jusqu'au temps qu'on nous enleva de Dunkerque, et il s'y comporta avec un zèle et un désintéressement inexprimables. Ce Turc était pauvre, et j'ai diverses fois tenté de lui faire accepter un écu ou deux, lui alléguant que ceux qui nous envoyaient cet argent prétendaient que ceux qui nous servaient en ressentissent quelque douceur. Il le refusa toujours constamment, disant, dans son style figuré, que cet argent lui brûlerait les mains; et lorsque je lui disais que, s'il n'en prenait pas, je me servirais d'un autre, ce pauvre Turc était comme au désespoir, me sollicitant à mains jointes de ne lui fermer pas le chemin du Ciel. Ce sont ces gens que les chrétiens nomment « *barbares* », et qui dans leur morale le sont si peu qu'ils font honte à ceux qui leur donnent ce nom. Il faut cependant distinguer ces Turcs d'avec ceux qui, quoique de même Religion, n'ont pas les mêmes mœurs. Ces derniers sont les Turcs de l'Afrique, nommément ceux des royaumes de Maroc, Alger, Tripoli, etc., qui sont en général des gens de sac et de corde, fripons, cruels, parjures, traîtres et scélérats au suprême degré. Aussi, n'avions-nous garde de nous y fier. Mais les Turcs de l'Asie et de l'Europe, nommément ceux de la Bosnie, et autres frontières de la Hongrie, et de la Transilvanie, ceux de Constantinople, etc., dont il y en a beaucoup sur les galères de France, qui ont été faits esclaves par les Impériaux, qui les vendaient en Italie, et que les Français achetaient des Italiens pour peupler leurs galères [63]; ces derniers, dis-je, sont en général très bien faits de corps, blancs et blonds de visage, sages dans leur conduite, zélés à l'observation de leur Religion, gens de parole et d'honneur, et surtout charitables au suprême degré. Ils outrent même la charité. J'en ai vu qui donnaient tout l'argent qu'ils avaient pour acheter un oiseau privé en cage, afin d'avoir le plaisir et la consolation de lui donner la liberté. Quand ils sont à prendre leur repas, tous ceux qui passent, soit chrétiens, Turcs ou autres, amis ou ennemis, s'ils ne mangent pas avec eux, du moins s'ils ne goûtent pas de leurs viandes, c'est le plus grand affront qu'on puisse leur faire. Ils ne boivent jamais de vin ni de liqueur forte, ni ne mangent jamais de chair de pourceau, parce que leur Religion le leur défend. Pour les Turcs de l'Afrique, que j'ai dépeints ci-dessus, et qu'on nomme ordinairement Mores, quoique en dise leur Religion, ils s'enivrent comme des bêtes et commettent, quand ils le peuvent, les plus horribles crimes. Aussi les Turcs asiatiques, qu'on nomme « *Turqué fino* » ou « *Turcs fins* », haïssent mortellement cette moraille africaine, et ne conversent jamais avec eux. J'ai cru que je devais cette digression au lecteur de ces Mémoires pour lui donner une idée de la candeur de ces Turcs fins ou asiatiques, par opposition à ceux de cette religion, qui sont nés en Afrique. Je vais présentement reprendre l'histoire que j'ai promise.

J'ai insinué que, grâces à Dieu, et par la fidélité d'Isouf, et en dernier lieu du bon Aly, il ne m'arriva rien de fâcheux au sujet de la réception et de la distribution des subventions dont j'eus la charge pendant diverses années sur les galères. Mais à Marseille, il en arriva autrement à l'égard d'un de nos frères qui, comme moi, avait cette fonction.

Les Missionnaires, peu contents de veiller à ce qu'ils pussent attraper quelqu'un sur le fait qui comptât de l'argent aux Réformés des galères, faisaient souvent visiter et fouiller ces pauvres confesseurs [64], et leur prenaient, sans jamais le leur rendre, tout l'argent, livres de dévotion et lettres qu'on leur trouvait. Ces recherches se faisaient avec une très grande exactitude, et les missionnaires, s'étant aperçus ou doutés que les Réformés, attendant cette visite, donnaient à garder leurs effets aux forçats papistes de leur banc ou à quelque Turc, s'avisèrent, pour les

surprendre mieux, de tenir l'heure et le jour de la visite fort
cachés; et quand ils en voulaient faire quelqu'une, ils donnaient
ordre aux bas officiers des galères, à l'heure marquée, que les
Réformés ignoraient, de se jeter au signal qu'on leur ferait sur
ces pauvres gens pour les fouiller exactement. Tout étant ainsi
disposé, on tirait à l'heure marquée un coup de canon de la
grande réale, qui était le signal; et aussitôt les bas officiers, qui
avaient chacun leur Réformé en vue, se jetaient sur eux à l'im-
proviste et leur prenaient tout impunément, non sans coups de
corde; car c'est toujours le premier et dernier appareil. De cette
manière, on nous surprenait souvent à Dunkerque, où l'on nous
faisait les mêmes recherches. Mais depuis que le frère Bancilhon,
qui était le garde-office de monsieur de Langeron, notre commandant, était devenu son favori, comme j'ai dit plus haut, et que
cette bienveillance eût rejailli sur tous les Réformés, ce commandant, qui recevait souvent les ordres de la Cour pour faire faire
de pareilles visites, en avertissait d'avance le frère Bancilhon
en lui disant : « Bancilhon, mon ami, *le coq a chanté*. » Alors,
nous étions bientôt tous sur nos gardes, et en nous fouillant,
on ne trouvait jamais rien.

Pour revenir à Marseille, l'un de nos frères nommé Sabatier [65],
qui avait la charge de recevoir et distribuer les subventions,
en reçut une par le moyen de son Turc affidé, sans obstacle
pour la réception; mais il s'agissait d'en faire la distribution
aux autres frères, chacun sur leur galère, et il fallait que le bon
Turc en fît la fonction fort prudemment comme il avait accoutumé. Sabatier pliait la portion d'argent de chaque galère dans
une liste des noms des participants, qu'il envoyait par son Turc
à un frère de chaque galère. Or il arriva que, comme le Turc par
sa fonction était souvent obligé d'aller auprès de Sabatier dans
son banc, pour prendre ses commissions, l'argousin ou le comite
s'apercevant de cette fréquentation, se douta du fait, et en ayant
averti le major des galères, celui-ci ordonna d'observer le Turc
lorsqu'il irait auprès de Sabatier et d'attendre que ledit Turc

sortît de la galère, et pour lors de se saisir de lui et de le visiter, ce qui ne manqua pas d'arriver, car le Turc ayant reçu le petit paquet pour l'apporter sur une des galères, il fut saisi comme il en sortait, et on lui trouva le paquet qui consistait en l'argent et la liste de ceux à qui il le fallait distribuer. On demanda au Turc de qui il avait reçu cet argent. Il n'en voulut jamais rien dire; mais on n'avait pas besoin de sa déposition. On avait vu que cela venait de la part de Sabatier, qui avoua franchement qu'il avait donné ce paquet au Turc. L'intendant, qui eut d'abord avis de cette trouvaille, en fut ravi, espérant qu'on découvrirait enfin le banquier qui comptait l'argent aux Réformés; et comme l'intendant [66] se trouvait pris de la goutte et qu'il ne pouvait pas se transporter sur la galère où était Sabatier pour lui faire avouer par le tourment de la bastonnade ce qu'il désirait avec tant de passion de savoir, il ordonna qu'on enchaînât Sabatier en couple avec un Turc, et qu'un garde de la galère le lui amenât chez lui, ce qui fut fait. Sitôt qu'il vit Sabatier, il lui parla d'abord assez aimablement, lui disant que, puisqu'il disait faire profession de la vérité, qu'il espérait qu'il la lui dirait sur ce qu'il allait lui demander. Sabatier lui dit qu'il la disait hardiment sur tout ce qui concernait sa personne, au hasard d'encourir les plus rudes tourments et même au péril de sa propre vie. « Or çà, dit l'intendant, si tu me confesses la vérité, tu n'auras aucun mal. »

Premièrement, l'intendant lui demanda si ce paquet et l'écrit qui l'enveloppait venaient de lui. « Oui, Monseigneur », répondit Sabatier.

Ensuite, à qui il envoyait ledit paquet.

Sabatier répondit qu'il l'envoyait à un tel, l'un de ses frères de foi, pour distribuer cet argent à divers autres qui étaient sur cette liste.

« A quel usage est cet argent? » lui demanda l'intendant.

Sabatier répondit que c'était une charité qu'on leur faisait, pour s'en aider dans leur misérable esclavage.

« D'où vous vient cet argent? » demanda l'intendant. « De Genève, Monseigneur », répondit Sabatier.

« En recevez-vous souvent de cette manière? » dit l'intendant.

« Quelquefois, répondit Sabatier, lorsque nos amis prévoient le besoin que nous en aurons. »

« Par quelle voie le recevez-vous? » continua l'intendant.

« Par un banquier de Genève qui, par correspondance, nous le fait compter par un banquier de Marseille », répondit Sabatier.

« Quel est ce banquier, qui vous le compte? » lui demanda l'intendant.

« C'est jusque-là, Monseigneur, dit fermement Sabatier, que j'ai pu vous dire la pure vérité. J'ai promis à votre Grandeur de la dire en tout ce qui me concerne, et si vous trouvez que ce que j'ai dit et fait soit criminel, punissez-m'en de la manière que vous voudrez. Mais de dénoncer un homme, qui n'a agi que par bonté et pour nous faire plaisir, et dont je sais que ma déposition causerait la perte, c'est ce que je ne ferai jamais. » — « Comment, malheureux, tu oses me nier ce que tu avoues toi-même de savoir, lui dit l'intendant; je te ferai expirer sous la corde, ou tu me le diras. » — « Faites-moi mourir, dit Sabatier, dans les tourments les plus horribles, je ne le dirai jamais. » L'intendant, transporté de rage, ordonna au garde qui avait conduit Sabatier de l'assommer de coups de bâton en sa présence. Le garde, qui connaissait Sabatier pour l'avoir fréquenté plusieurs années, attendri de son malheureux sort, répondit à l'intendant en propres termes : « Monseigneur, c'est un si brave homme; je ne saurais le battre. » — « Coquin, dit l'intendant, donne-moi ton bâton »; ce que le garde ayant fait, ce cruel intendant fit approcher Sabatier de son fauteuil et lui rompit le bâton sur le corps, sans que le pauvre Sabatier se plaignît le moins du monde, ni qu'il changeât d'attitude pour esquiver les coups de ce furieux. Ensuite, ne pouvant plus le battre, les forces lui manquant, il fit reconduire Sabatier sur la galère et donna ordre au major de lui faire donner la bastonnade jusqu'à la mort, ou qu'il eût dit le nom du banquier qui lui avait compté l'argent, ce qui s'exécuta sur-le-champ sans autre forme de procès. Sabatier souffrit constamment ce plus que barbare traitement, et tant que la parole lui resta pendant ce supplice, il ne fit qu'invoquer Dieu, le priant de lui accorder la grâce de résister jusques à la mort, à laquelle il s'attendait, et de recevoir son âme en sa divine miséricorde. La parole et le mouvement lui ayant manqué, on frappait cependant à toute outrance ce pauvre corps déchiré. Le chirurgien de la galère, attentif s'il respirait encore, dit au major que, s'il continuait à le faire frapper tant soit peu, il mourrait infailliblement et son secret avec lui; mais que si on tâchait de le faire revenir, on pourrait recommencer, pour lui faire avouer ce qu'on désirait de savoir. Le major y acquiesça. On lui frotta le dos tout déchiré avec du fort vinaigre et du sel. La douleur que lui causa cet appareil le fit revenir, mais si faible qu'on ne pouvait plus recommencer son supplice qu'en le tuant du premier coup. C'est pourquoi on trouva à propos de le porter à l'hôpital pour lui redonner des forces à supporter un second supplice. Mais comme il y fut assez longtemps, toujours entre la mort et la vie, soit que le temps le fît oublier ou que les bourreaux même eussent horreur d'un tel supplice pour une cause qui ne leur faisait pas honneur, tant y a qu'on ne l'y exposa plus, et il en revint mais toujours si valétudinaire et si faible de cerveau qu'on l'a vu diverses années dans ce pays, où il est mort, hors d'état de soutenir la moindre conversation, et ayant la parole si basse qu'on ne pouvait presque pas l'entendre. Voilà l'exemple de cruauté inouïe suscitée par les missionnaires de Marseille, que j'avais à déduire à mon lecteur. Je reprends le fil de mon histoire.

Par un effet de la divine Providence, j'avais été, sans aucun danger, le distributeur des subventions que me remettait monsieur Piécourt. Pour m'aider dans ce soin, j'avais fait, comme je l'ai dit ci-dessus, le choix d'un Turc nommé Aly, un des plus honnêtes hommes et des plus fidèles que j'aie jamais vus. Je savais à peu près le temps qu'on envoyait la subvention, et j'envoyais seulement Aly (car les Turcs vont partout sans garde) chez monsieur Piécourt, qui lui donnait l'argent pour me le remettre, avec une quittance pour me faire signer que lui reportait Aly, avec mes lettres pour la Hollande. Mais il arriva que monsieur Piécourt eut le malheur d'être dérangé dans ses affaires. Ce contretemps fut cause que la correspondance pour nos subventions fut commise à un autre négociant de Dunkerque, nommé monsieur Pénetrau. Ce dernier s'en était acquitté deux ou trois fois avec assez de ponctualité et de précaution, et l'avait fait avec d'autant plus de sûreté et de facilité que mon Turc entendait fort bien à faire les commissions dont je le chargeais, et que nous avions d'ailleurs sur la galère un aumônier qui était fort raisonnable à notre égard. Ce mot d'aumônier me fait souvenir de dire ici quelque chose de ceux qui, ordinairement, sont chargés de cette fonction sur les galères [67].

Ces aumôniers sont des prêtres séculiers, de la congrégation que l'on nomme vulgairement *de la Mission ou de St-Lazare*. Comme les chefs de cette congrégation avaient eu le secret de se concilier la confiance du roi, par un certain air de simplicité et de désintéressement, on redoutait beaucoup à Marseille le pouvoir de chacun de ses membres en particulier. Cette congrégation avait eu pour fondateur monsieur Vincent de Paul, qui, de simple prêtre qu'il était, avait mérité (par la réputation de sainteté qu'il avait su s'acquérir) l'honneur d'être le confesseur de la reine, mère de Louis XIV. Il fut ensuite chargé de faire des missions dans les campagnes pour l'instruction des paysans et du commun peuple. C'est ce qui donna lieu à l'établissement de sa congrégation, qui dans les commencements était peu respectable, mais qui dans la suite s'agrandit et s'établit dans les meilleures villes de France, s'acquit divers privilèges, prérogatives et bénéfices, entre autres la direction de la nomination des curés de village, des aumôniers des troupes du roi, des navires et galères. Enfin, ces Pères surent si bien s'insinuer en Cour, que les ministres les regardaient comme des oracles, et les jésuites comme des gens qui les avaient dupés, et qu'ils ne voyaient plus qu'avec des yeux d'envie et de jalousie. Malgré leur finesse, ils n'avaient pu prévoir cette élévation, dont ils avaient été eux-mêmes les principaux instruments. Ils avaient cru, en appuyant cette congrégation de leur crédit, grossir seulement le nombre de leurs partisans; mais les lazaristes avaient de trop bons modèles devant les yeux pour suivre simplement l'institution de leur fondateur. Ils avaient adopté les sentiments des jésuites; ils en prirent facilement l'esprit. Parmi les ecclésiastiques, l'ambition est une maladie épidémique qui n'affecte que l'intérieur : aussi, ce fut sous le manteau de l'humilité que nos lazaristes couvrirent leurs vues ambitieuses. Ils le firent avec tant d'adresse que ceux qui les surchargeaient de grâces et de faveurs croyaient bonnement avoir triomphé de la répugnance la plus décidée pour les honneurs et l'agrandissement. Ils savaient combien avaient servi aux jésuites l'extérieur humble, l'air mortifié et composé; pour aller plus sûrement à leurs fins, ils les imitèrent dans leur maintien et leur habillement, et renchérirent même sur leurs originaux, dont ils se distinguèrent par un collet de grosse toile blanche, un floquet de poil au menton, et une négligence étudiée, ou plutôt une crasseuse malpropreté qui, jointe à un certain patelinage, en imposa si bien au public et à la Cour, qu'ils ont mérité les suffrages de l'un et de l'autre, la desserte des chapelles de toutes les maisons royales, l'administration d'une infinité de séminaires, et la possession des biens immenses dont ils jouissent actuellement. Tant il est vrai qu'on arrive souvent avec plus de facilité au but que l'on se propose en feignant de s'en éloigner qu'en prenant les mesures les mieux concertées pour y parvenir. C'est à cette politique que les jésuites, et plusieurs autres congrégations, sont redevables de leurs richesses et d'un pouvoir dont ils n'abusent que trop souvent pour persécuter les pauvres Réformés aux dépens de l'humanité et de la Religion. Tels sont particulièrement nos lazaristes, qui s'étaient de mon temps rendus si puissants et si redoutables à Marseille, que si quelques officiers du roi leur faisaient quelque déplaisir, ils obtenaient bientôt une lettre de cachet qui les mettait en disgrâce. De cette façon ils étaient si craints, et en apparence si respectés, que tout pliait sous leur tyrannie.

Ces Pères de la Mission ayant donc, comme je viens de le dire, la direction du spirituel des galères, y plaçaient les aumôniers, gens comme eux, cruels et persécuteurs des Réformés qui s'y trouvaient. Mais notre aumônier étant venu à mourir lorsque les six galères passèrent de la Méditerranée dans l'Océan, monsieur de Langeron, à cause de l'éloignement qui le dispensait d'attendre la nomination des missionnaires, et qui d'ailleurs ne voulait pas manquer d'aumônier sur sa galère, prit à Rochefort un moine du couvent de l'ordre des dominicains. Cet aumônier, dans les commencements, nous faisait tous les mauvais traitements qu'il pouvait; mais à la longue, il se radoucit et se conforma à la façon d'agir de notre capitaine, qui avait beaucoup changé en notre faveur. Aux mauvais traitements que nous avions d'abord eu à essuyer, succédèrent des procédés obligeants pour nous tous, et particulièrement pour moi, surtout depuis que je fus devenu écrivain de monsieur de Langeron, emploi qui me fournissait souvent l'occasion de converser avec lui. Pendant les trois dernières années que je restai à Dunkerque, où les galères furent toujours désarmées, il ne se passait presque point de jour qu'il ne vînt sur la galère, où nous passions une heure ou deux ensemble, sans parler de la Religion, du moins fort peu. C'était un homme savant et bon prédicateur; et comme par le moyen de mes amis, je recevais souvent des livres de piété de la Hollande, entre autres divers tomes des sermons de feu monsieur Saurin, il me demanda un jour si je n'avais pas quelques sermons de nos auteurs à lui prêter. Quoique cette demande me parût suspecte, je hasardai cependant de lui en prêter, et je débutai par un tome des ouvrages de monsieur Saurin, qu'il me rendit ponctuellement. Il y trouva tant de goût qu'ensuite je lui prêtai tous les livres que j'avais, même les *Préjugés légitimes contre le papisme,* de monsieur Jurieu [68], qu'il me rendit, ainsi que les autres, avec exactitude. Un jour, dans la conversation, il me demanda si nous autres réformés ne recevions pas de l'argent de Hollande. Je jugeai à propos de lui parler négativement sur cet article, par la crainte que j'avais des conséquences. On verra par la suite de ces Mémoires, qu'il n'était pas inutile que je m'étendisse un peu à l'égard de cet aumônier.

La digression que j'ai cru devoir faire au sujet du malheur de Sabatier m'ayant écarté de mon sujet, je reviens au péril que j'ai annoncé avoir couru moi-même dans la distribution des subventions. J'ai déjà dit que monsieur Pénetrau, négociant de Dunkerque, en avait la correspondance. Ce monsieur-là pensa un jour me perdre. Il reçut ordre d'Amsterdam de me compter cent écus, et il en avait sous son couvert la lettre d'avis pour me remettre. Il se trouva que ledit sieur était dérangé dans ses affaires, et pour ne pas montrer la corde, comme on dit, à son correspondant d'Amsterdam, il voulut chercher un prétexte plausible pour se défendre de me compter cette somme. Quoi-qu'il sût qu'il allait me sacrifier pour soutenir son crédit, il fut chez notre aumônier et lui déclara qu'il avait ordre de la Hollande de me compter cent écus; mais que, comme les défenses de la Cour lui faisaient craindre de s'attirer des affaires, il vou-lait premièrement lui en demander la permission. Il s'imaginait que l'aumônier, bien loin de la lui accorder, le lui défendrait absolument. Par ce moyen, il aurait été tiré d'embarras, et moi j'aurais été exposé à un grand examen qui ne se serait pas fait sans une furieuse bastonnade pour me faire avouer qui étaient les négociants qui ci-devant m'avaient compté de l'argent. L'au-mônier comprit d'abord les suites que pourrait avoir cette affaire, et regardant fixement monsieur Pénetrau, lui dit : « Je suis sûr, monsieur, que ce n'est pas la première fois que vous avez fait de pareils paiements sans en demander la permission, et que messieurs vos correspondants d'Hollande ne sont pas si imprudents que de vous confier une telle commission à la volée et sans être bien certains, par expérience, que vous vous en acquittez bien. Mais, quoi qu'il en soit, puisqu'il ne tient qu'à ma permission, je vous la donne très volontiers. » Pénetrau fut fort décontenancé par cette réponse, à laquelle il ne s'était pas attendu. Il répliqua à l'aumônier que sa permission ne le rassurait pas sur le danger, et qu'il verrait l'intendant pour lui demander la sienne. L'aumônier fut choqué de cette repartie, et lui dit brusquement : « Quoi! monsieur, après que vous m'avez fait connaître que mon consentement vous déterminerait, vous osez me dire que vous vous adresserez à l'intendant. Vous en ferez comme il vous plaira; mais sachez que si vous en parlez le moins du monde à l'intendant ou à qui que ce soit, j'ai le bras long, et que je saurai vous atteindre pour vous en faire repentir. » Pénetrau, au bout de son latin, et ne sachant que faire de mieux, lui avoua qu'il était un peu obéré, et que, quoique cent écus ne pussent pas le mettre dans la dernière extrémité, cependant il ne les avait pas pour le présent; mais que, si je voulais attendre quinze jours, sans donner avis en Hollande que je n'eusse pas reçu cette somme, il me paierait sans faute au bout de ce terme. L'aumônier lui dit qu'il faisait bien de s'ouvrir à lui, et qu'il lui pardonnait l'irrégularité qu'il avait commise à son égard. « Mais, continua-t-il, comme je ne veux pas courir les risques d'être votre dupe, pour m'assurer de votre ponctualité, faites-moi un billet au porteur des cent écus, valeur de moi, payable dans quinze jours, lequel argent je remettrai à celui à qui vous auriez dû le payer, et je vous en procurerai quittance; vous pouvez être tranquille à l'égard de ce forçat, et je vous donne ma parole qu'il n'écrira pas à Amsterdam avant l'échéance de votre billet. » Pénetrau, charmé que sa démarche eût pris cette tournure, fit avec plaisir ce billet, et en même temps remit à l'aumônier la lettre qu'il avait pour moi. Tout cela se passait à mon insu. Le même jour, l'aumônier vint sur la galère et me fit appeler dans la chambre de poupe. En l'abordant, il me dit d'un air sérieux : « Je suis surpris qu'un confesseur de la vérité ose mentir à un homme de mon caractère. » Je restai fort interdit à ce début, et je lui dis que je ne savais pas ce qu'il voulait dire. « Ne m'avez-vous pas assuré, me dit-il, que vous ne receviez pas d'argent de la Hollande, ni d'aucun autre endroit? J'ai en main de quoi vous convaincre de mensonge. » Et en même temps, il me montra le billet au porteur que Pénetrau lui avait fait. « Connaissez-vous cela, me dit-il? » — « Oui, monsieur, je vois, lui dis-je, que c'est un effet qui vous appartient. » — « Il n'est point à moi, répliqua l'aumônier, mais à vous. » Et en même temps il me raconta ce qui s'était passé entre Pénetrau et lui, et me remit la lettre d'avis, en me reprochant encore que je lui avais menti. Je pris la liberté de lui dire qu'il était plus coupable que moi puisque, sachant bien que ce n'était pas une chose que je pusse avouer, il m'avait obligé à la nier, en me la demandant. Il en tomba d'accord et me dit que je n'avais qu'à me tranquilliser; que dans quinze jours il m'apporterait les cent écus. Ce qu'il fit au jour précis; et en me les comptant, il m'offrit ses services : « Écrivez, me dit-il, à vos amis de Hollande qu'ils peuvent m'adresser leurs remises, et soyez persuadé que je vous les paierai ponctuellement, et par ce moyen vous serez hors de tout risque. » Je le remerciai de sa bonne volonté, dont je ne crus pas cependant devoir faire usage. Cette retenue de ma part n'empêcha pas que nous ne fussions toujours bons amis. Nous étions cinq Réformés sur notre galère, qu'il ne chagrinait jamais; au contraire, il nous faisait mille amitiés. Aussi ne pensait-il pas, comme les jésuites et comme les autres aumôniers des cinq galères, qui firent en sorte de le punir d'avoir osé montrer des sentiments plus humains et plus chrétiens qu'eux. Comme rien ne coûte à ces messieurs pour se venger, ils adressèrent un mémoire à l'évêque d'Ypres, dans lequel ils accusèrent l'aumônier d'être hérétique, d'aimer et de favoriser les prétendus Réformés, et de les laisser en repos, au lieu de les porter à rentrer dans le giron de l'Église romaine. L'évêque cita notre aumônier devant lui pour rendre raison de sa conduite. En conséquence de cet ordre, il se rendit à Ypres et alla se présenter à l'évêque, qui lui dit qu'on l'accusait de favoriser les Réformés de sa galère, et qu'il les laissait dans une tranquille sécurité, sans porter ses soins à les convertir. « Monseigneur, lui dit l'aumônier avec fermeté, si votre Grandeur m'ordonne de les exhorter, et de les presser d'écouter et de se conformer aux vérités de l'Église romaine, c'est ce que je fais tous les jours; et nul ne me peut prouver le contraire; mais si elle m'enjoint d'imiter les autres aumôniers, qui martyrisent cruellement ces pauvres malheureux, je partirai dès demain pour mon couvent. » L'évêque lui dit qu'il était content de sa conduite, l'engagea à continuer et censura ensuite les autres aumôniers sur leur méthode de conversion.

Me voilà sur la fin de ma résidence à Dunkerque, aussi bien que mes frères de souffrance. Je vais commencer la description d'un nouveau genre de peine, de fatigues et de tourments affreux, qu'on nous fit souffrir, depuis le premier octobre 1712 qu'on nous enleva ou, pour mieux dire, déroba de Dunkerque, jusques au 17 janvier 1713, que nous fûmes mis sur les galères de Marseille. Mais avant cela, il est nécessaire de remonter un peu plus haut.

DE DUNKERQUE
A MARSEILLE

Chacun sait qu'en cette année-là, la reine d'Angleterre fit sa paix particulière avec la France, et qu'entre autres articles, il y fut stipulé que les Anglais prendraient possession de la ville, fortifications et port de Dunkerque, jusqu'à sa démolition et comblement du port. En conséquence, les Anglais vinrent à Dunkerque au mois de septembre, avec quatre à cinq mille hommes, s'emparèrent de la ville, forts et citadelle, que la garnison française évacua. Mais, comme je l'ai déjà fait remarquer, la Marine de France était si dénuée qu'on ne pouvait armer les galères pour les mettre en mer. Ainsi la France convint avec la reine d'Angleterre que les galères, avec leurs équipages et chiourmes, resteraient dans le port jusqu'à ce qu'on commençât à le combler, ce qui ne pouvait se faire qu'après l'hiver [69]. Il fut aussi arrêté que rien ne sortirait du port, soit bâtiments, équipages ou chiourmes, qu'avec la permission expresse de Sa Majesté la reine d'Angleterre. Les Anglais n'eurent pas plutôt pris possession des postes et établi la garnison dans la ville et la citadelle, qu'ils accoururent en foule sur les galères pour satisfaire leur curiosité de voir des bâtiments que la plupart n'avaient jamais vus. Entre autres officiers, plusieurs, qui étaient « *Français réfugiés* », ayant appris qu'on tenait en galère des Réformés pour le sujet de leur Religion, s'informèrent d'abord s'il y en avait sur lesdites galères, et apprirent que nous étions vingt-deux. Ces officiers témoignèrent leur zèle pour leur Religion dans cette occasion, en venant nous embrasser, gémir et pleurer avec nous, dans nos bancs, et ils ne pouvaient s'empêcher de donner des marques de leur indignation et de leur pitié, en considérant nos chaînes et les misères qui accompagnent ce dur esclavage. Ils restaient une grande partie du jour avec leurs chers frères souffrants, assis très incommodément, ne craignant ni vermines ni puanteur que cette misère engendre, et se faisaient gloire, en présence des officiers des galères, qui voyaient leurs actions, de nous caresser, nous consoler et nous exhorter à la persévérance. Leur exemple attira grand nombre d'officiers anglais des plus qualifiés, qui témoignèrent leur piété par des actions dignes de vrais protestants. La soldatesque y accourut aussi en foule, et selon leur manière d'exprimer leur zèle, jurait que si on ne nous délivrait pas de bonne grâce, ils le feraient le sabre à la main. J'ai déjà dit que tout le monde entrait librement sur les galères; mais dans cette occasion, les aumôniers prièrent monsieur de Langeron d'ordonner qu'on n'y laissât plus entrer personne, vu le scandale, disaient-ils, que cela portait à la religion catholique. On essaya cette défense, mais les soldats anglais qui se présentaient pour entrer, et qu'on priait fort civilement de s'en abstenir, mettaient le sabre à la main, disant qu'étant maîtres de la ville et du port, ils étaient aussi les maîtres des galères et qu'ils y entreraient de gré ou de force. On fut donc contraint de laisser la planche libre à un chacun qui voulait y entrer. Dans ces entrefaites, un colonel anglais, dont j'ai oublié le nom, vint me parler et me dit que milord Hill, qui était gouverneur de Dunkerque pour la reine d'Angleterre, pouvait ignorer notre détention et la cause de notre esclavage, et me conseilla de lui adresser un placet pour l'en informer et implorer sa bonté pour notre délivrance. Je fis ce placet le mieux qu'il me fut possible, et le colonel s'en chargea, et le remit à milord Hill. Le lendemain, ce milord m'envoya son secrétaire pour me dire de sa part qu'il approuvait la connaissance que je lui donnais de notre détention, et qu'il s'emploierait avec zèle pour notre délivrance; mais que n'en étant pas le maître, il allait en écrire à la reine, et que ses ordres, qu'il s'assurait qui nous seraient favorables, détermineraient ses actions; qu'il nous priait en attendant de prendre patience encore pendant quinze jours. Ce secrétaire ajouta que milord Hill nous offrait sa bourse si nous avions besoin d'argent. Je lui répondis que nous n'avions besoin de rien que de la protection de milord, et que j'étais très reconnaissant de la réponse qu'il faisait à mon placet et du zèle qu'il témoignait avoir pour nous rendre service. Je fis savoir cette réponse à nos frères, qui étaient sur les six galères, en les exhortant en même temps d'être circonspects avec les soldats anglais, et d'éviter tout discours qui pourrait les animer à user de violence pour nous procurer notre liberté; qu'il fallait, au contraire, qu'ils leur disent la réponse de leur gouverneur, dont la conclusion était d'attendre patiemment les ordres de la reine. Dès lors, tout se tint tranquille, et chacun de nous attendit avec patience des nouvelles d'Angleterre. Pendant les quinze jours que le gouverneur nous avait demandés, soit qu'il eût écrit à la reine ou non, il se rendit grand ami de monsieur de Langeron, notre commandant. Un jour, milord Hill lui dit qu'il ne comprenait pas comment la Cour de France avait pu faire la bévue de ne nous pas faire sortir de Dunkerque avant qu'ils y fussent entrés; que cette Cour ne pouvait pas ignorer que la nation anglaise regardait avec horreur les mauvais traitements qu'on faisait aux protestants pour cause de Religion, et que même dans toutes les églises en Angleterre, on priait Dieu tous les jours pour la délivrance des Réformés qui souffraient sur les galères de France; qu'en un mot, la Cour de France aurait dû prévoir que les Anglais étant les maîtres de Dunkerque, et ces vingt-deux protestants qui gémissaient dans les fers pour leur Religion étant sous les étendards et à la vue de la garnison anglaise, la reine ne pouvait manquer à les faire délivrer, ne fût-ce que pour éviter le désagrément d'obéir en quelque sorte à la soldatesque, qui menaçait déjà de faire violence si on ne délivrait pas ces gens-là. Monsieur de Langeron ne put s'empêcher de convenir, qu'effectivement, sa Cour avait fait faute en cela, et le pria d'user de prudence dans cette occasion et de lui communiquer son avis sur ce qu'il y aurait à faire pour prévenir tout accident; ajoutant qu'il savait que le roi son maître ne donnerait jamais son consentement pour la délivrance de ces Réformés. Milord Hill lui dit qu'il savait un moyen pour prévenir tout fâcheux événement : « Écrivez, lui dit-il, au ministre de votre Cour, qu'il vous ordonne de les faire sortir secrètement de Dunkerque par mer. J'y donnerai les mains, et la chose sera facile et sans danger [70]. » Monsieur de Langeron ne manqua pas de suivre ce conseil; et bientôt il reçut ordre d'agir de concert avec milord Hill pour notre secret enlèvement; ce qui se fit de la manière suivante.

Le premier octobre, fête de Saint-Rémy, nous vîmes une barque de pêcheur enchaînée à notre galère. On fit courir le bruit que cette barque était confisquée pour avoir fait la contrebande, et les Anglais comme les autres prirent cela pour argent comptant. Le soir, on battit la retraite comme à l'ordinaire et chacun fut se coucher. J'étais dans mon paillot, dormant tranquillement, lorsque je fus éveillé tout à coup par notre major, armé d'un pistolet et accompagné de deux soldats de galère, qui me mirent la baïonnette à la gorge, en me menaçant que, si je faisais le moindre cri ou bruit, c'était fait de moi. Le major, qui était de mes amis, m'exhorta amiablement à ne faire aucune résistance, sinon qu'il exécuterait les ordres qu'il avait de me tuer. « Hélas! lui dis-je, monsieur le major, qu'ai-je fait, et que va-t-on faire de moi? » — « Tu n'as rien fait, me dit-il, et on ne te fera aucun mal, pourvu que tu sois docile. » Il me fit ensuite promptement descendre dans cette barque de pêcheur dont j'ai parlé; et cela sans feu ni lumière et avec grand silence, de peur d'être aperçu de la sentinelle anglaise de la citadelle, dont nous n'étions pas fort éloignés. En entrant dans cette barque, j'y trouvai nos autres vingt et un frères, que l'on avait enlevés dans leurs bancs, de la même manière que moi. On nous enchaîna tous dans le fond de cale, en observant un grand silence; et quoiqu'on nous eût fait coucher sur le dos, comme des bêtes que l'on va immoler, chacun de nous avait un soldat de galère qui nous tenait la baïonnette à la gorge pour nous empêcher de crier, ni même de proférer aucune parole. Ensuite, la barque démarra pour sortir du port [71]. Il fallait passer près d'un navire anglais, qui se tenait toujours au milieu du port pour empêcher que rien n'en sortît. Ce navire fit venir cette barque à son bord, lui demandant où elle allait. Le maître de la barque, qui était anglais, lui répondit en cette langue qu'il allait à la pêche pour la maison de milord Hill, dont il montra un billet. Le capitaine dudit navire prit le billet et y lut ceci écrit et signé de la main de milord Hill : « Laissez sortir cette barque, qui va à la pêche pour ma maison. » Ce capitaine ayant lu ce billet, le visa, et laissa aller la barque. Tous ceux qui commandaient les forts, tant du port que des jetées, en firent de même, et enfin nous nous trouvâmes en pleine mer. Pour lors les soldats nous quittèrent, montèrent sur le tillac de la barque et fermèrent les écoutilles sur nous; et par là nous eûmes la liberté de nous arranger plus commodément sur le sable qui servait de lest à cette barque. Nous savions qu'on ne sortait jamais en mer sans avoir provision, quand ce ne serait que du pain et de l'eau; comme nous n'en avions vu aucune en entrant dans la barque, nous nous imaginâmes tous fortement qu'on nous allait couler à fond, et que les soldats se sauveraient à terre dans la chaloupe qui était attachée à la barque. On peut juger de l'angoisse où nous plongeait cette idée, et l'affreuse situation où nous nous trouvions. Étant sans lumière dans ce fond de cale, ne voyant ni n'entendant personne, notre imagination échauffée par la terreur ne nous peignait que plus vivement le danger où nous croyions être. Ce fut dans cette cruelle perplexité que nous passâmes cette nuit, en ne cessant d'adresser nos prières au Seigneur, comme des gens qui attendent le coup de mort.

Quelques-uns de nous, saisis de crainte, redoublaient nos alarmes en s'écriant de temps en temps : « Frères, nous périssons, l'eau entre dans la barque. » A ces gémissements, chacun de nous redoublait ses prières, croyant être au dernier instant de sa vie. Il se trouva cependant qu'un vieillard de septante ans ne le croyait pas aussi fermement que nous; et certainement il nous aurait fait rire si nous nous fussions trouvés dans des circonstances moins accablantes. Il était assis sur son havresac, et entendant crier que l'eau entrait dans la barque, il se leva tout droit, tenant d'une main son havresac et cherchant de l'autre avec empressement s'il ne trouverait pas un clou pour l'y accrocher. Comme il était auprès de moi et que son remuement interrompait ma dévotion, je lui demandai ce qu'il faisait. « Je cherche à pendre mon havresac, me dit-il, aussi haut que je pourrai, de peur que mes hardes ne se mouillent. »— « Songez à votre âme, bon homme, lui dis-je. Si vous vous noyez, vous n'avez plus besoin de hardes. » — « Hélas! dit-il, il n'est que trop vrai », et aussitôt il quitta la recherche du clou. Ce trait nous fait bien voir qu'il y a partout de l'homme, et que nous tenons toujours à la terre.

Nous sentions bien que notre barque allait à la voile, mais nous ne savions pas quel air de vent nous tenions. Lorsqu'il fut jour, on ouvrit l'écoutille; et comme je me trouvai dessous, et qu'en me tenant sur mes pieds je pouvais voir sur le tillac, je me levai promptement tout droit; et la première personne que j'aperçus fut notre capitaine d'armes, qui est ordinairement le premier sergent des quatre qu'il y a dans les compagnies de Marine. Il était fort de mes amis, et il n'y avait pas longtemps que je lui avais rendu service auprès de notre capitaine. « Hé! vous voilà, monsieur Praire », lui dis-je. — « Oui, mon ami, me dit-il d'un air riant; je crois que vous n'avez pas trop bien reposé cette nuit. » — « Mais où nous menez-vous? » — « Tenez, me dit-il, voilà Calais, en me montrant la ville devant laquelle nous étions; nous allons vous y débarquer, ajoutant que nous n'y ferions pas un long séjour, et que nous n'avions qu'à préparer nos jambes. » — « Mais, monsieur, lui dis-je, vous n'êtes pas capable, ni tous les hommes du monde, de faire marcher des gens décrépits de vieillesse, ou qui sont impotents ou malades comme moi (j'avais pour lors la fièvre tierce). En ce cas, le roi, qui ne demande jamais l'impossible, fait fournir des chariots aux infirmes, et je suis certain qu'on a joint à votre route un ordre de nous en faire donner? » — « Tenez, dit-il en me la montrant, voyez s'il y a plus d'un chariot ordonné pour les chaînes de rechange et le bagage. » Comme Je voulais voir notre destination, qu'il ne m'avait pas voulu dire, au lieu de jeter les yeux sur le commencement, je regardai à la fin et j'y lus ces lignes :

« Au Havre de Grâce, où ils seront remis à l'Intendant jusqu'à nouveaux ordres. »

J'en avais assez vu pour satisfaire la curiosité de nos frères, à qui je dis notre destination (telle que je l'avais lue) le plus doucement qu'il me fut possible, de crainte que le capitaine d'armes ne s'en aperçût. On nous débarqua donc à Calais; nous fûmes conduits en prison, chargés de nos chaînes, et nous reçûmes l'étape sur le pied des soldats de recrue. Le lendemain matin, l'argousin de la chaîne (car il y en avait un qui nous suivait) nous enchaîna de deux en deux, chacun par une jambe, et ensuite fit passer une longue chaîne dans les anneaux ronds des chaînes qui nous accouplaient; de sorte que les onze couples que nous étions étaient tous enchaînés ensemble. Or il faut savoir que parmi nous il y avait de vieilles gens qui, par la faiblesse de leur âge et par leurs infirmités, ne pouvaient pas marcher un quart de lieue, quand même ils n'auraient pas été chargés de chaîne. Nous avions aussi des malades et des gens usés de misère et de fatigue, et outre cela nous n'avions pas marché depuis fort longtemps. Il nous était donc impossible de faire quatre ou cinq lieues par jour, comme notre route le portait. Après qu'on nous eut enchaînés, j'appelai notre capitaine d'armes. « Voyez, monsieur, lui dis-je, s'il est possible que nous marchions dans l'état où vous nous voyez. Croyez-moi, ajoutai-je, faites-nous fournir un ou deux chariots pour porter les infirmes; vous êtes en droit de les exiger partout où vous passerez. » — « Je sais mes ordres, me dit-il, et je les observerai. » Je me tus, et nous partîmes. Nous n'eûmes pas fait un quart de lieue, qu'une petite montagne se présentant pour la monter, il nous fut impossible de le faire, car trois ou quatre de nos vieillards et malades tombèrent par terre, ne pouvant plus faire un seul pas; et comme nous tenions tous à une même chaîne, nous ne pouvions plus avancer, à moins que nous n'eussions eu assez de force pour les traîner. Notre capitaine d'armes, avec les soldats qu'il commandait pour notre escorte, nous exhortèrent par de belles paroles à prendre courage et à redoubler nos efforts; mais contre l'impossible nul ne peut. Le capitaine était fort embarrassé, et ne savait quel parti prendre. Nous nous assîmes tous par terre pour donner le temps de se reposer à ceux qui étaient tombés, et reprendre ensuite la marche, si cela se pouvait. Ce moyen ne put nous aider, quoi que nous pût dire le capitaine, qui ne savait comment faire pour sortir d'embarras. Je l'appelai et lui dis que dans l'extrémité où nous étions, il fallait que de deux conseils que j'allais lui donner, il en prît un. « Faites-nous canarder à coups de fusil, lui dis-je, ou, comme je vous l'ai déjà dit, faites-nous fournir des chariots pour nous conduire. Vous me permettrez de vous faire observer que n'ayant jamais servi que sur mer, vous ne pouvez savoir ce que c'est qu'une route que le roi ordonne par terre. Dans les ordres qu'il donne pour la marche, soit de soldats, soit de recrues, soit de criminels, il est sous-entendu que, lorsque ceux qui sont conduits ne peuvent absolument marcher, leurs conducteurs doivent leur faire donner des voitures, qu'ils prennent de la part du roi dans les bourgs, villes ou villages où ils se trouvent. Vous êtes dans ce cas, monsieur, continuai-je; envoyez un détachement de vos soldats au premier village, enlevez autant de chariots que vous en avez besoin pour porter les infirmes; pour vous faire voir notre soumission pour les ordres de Sa Majesté à l'égard de la route qu'elle nous fait faire, nous vous donnerons six livres par jour pour le louage d'un chariot, ce qui fera pour vous un profit réel, car de la part du roi pouvant avoir des chariots *gratis*, ces six livres vous demeureront. » Le capitaine m'écouta et quelques-uns de ses soldats, qui en savaient plus que lui, confirmèrent ce que je venais de lui dire, ce qui le détermina à prendre le parti que je lui conseillais. Les paysans lui fournirent deux chariots jusqu'à la première couchée, et ainsi d'endroit en endroit jusqu'au Havre de Grâce.

Ce capitaine d'armes était un bon homme, qui n'avait pas (comme on dit) inventé la poudre. On lui avait fait faire serment à Dunkerque de ne point déclarer, ni à nous ni à qui que ce soit, l'endroit où il avait ordre de nous rendre. La crainte que quelque parti de la garnison d'Aire, qui faisait des courses jusqu'à Calais et à Boulogne, ne nous enlevât, avait fait prendre cette précaution. Or un jour, étant en chemin, ce capitaine, qui allait toujours à cheval, s'approcha du chariot où j'étais, et lia conversation avec moi. En parlant de choses indifférentes, je lui demandai le lieu de notre destination. Voyant qu'il faisait le réservé, je lui dis que cela était inutile, puisque je le savais aussi bien que lui. Il me défia de le lui dire, ce que je fis sur-le-champ en lui récitant ce que j'avais vu et lu à la fin de la route, qu'il m'avait montrée avant de débarquer à Calais. Ce bon homme, n'ayant point fait attention au coup d'œil que j'avais jeté sur le dernier article de sa route, lorsqu'il me l'avait montrée, fut si étonné de me voir aussi savant que lui sur ce sujet, n'y ayant personne de sa troupe qui sût son secret, qu'il me demanda naïvement si j'étais sorcier ou prophète. Je lui dis que j'étais trop honnête homme pour être sorcier, et trop grand pécheur pour être prophète. « D'ailleurs, lui dis-je, il n'y a personne de nous qui n'en sache autant que moi à cet égard, et vous faites un grand secret d'une chose qui est publique parmi nous. » Je le raillai un peu sur sa prétendue circonspection; et je remarquai, par les précautions qu'il prenait tous les jours, qu'il croyait sérieusement qu'il y avait en nous du surnaturel. Nous n'eûmes cependant pas lieu de nous plaindre de lui pendant la route, étant au contraire fort exact à nous faire donner l'étape à chaque logement, comme aux soldats de recrue; mais ne pouvant agir outre ses ordres, il ne pouvait nous donner pour logement que des prisons ou des écuries, s'il ne se trouvait pas de prisons dans les endroits où nous arrivions.

Enfin, nous parvînmes au Havre de Grâce, où nous eûmes un logement plus distingué et plus commode que ceux que nous avions eus sur la route. Il est bon de savoir que dans cette ville, il y a beaucoup de nouveaux convertis qui, malgré leur chute forcée, sont toujours fort zélés pour la Religion Réformée. Ces messieurs, prévenus de notre arrivée et sachant que nous devions être remis à l'intendant de la Marine, furent chez lui pour le prier d'avoir quelques égards pour nous, lui faisant considérer que ces pauvres enchaînés avaient été ci-devant leurs frères de foi, qu'ils n'avaient commis d'autre crime que d'avoir témoigné de la fermeté et de la constance pour la religion de leurs pères; ajoutant que, s'il voulait avoir la bonté de les bien traiter, ils lui en auraient beaucoup d'obligation, et qu'ils répondaient sur leur tête que pas un de nous n'abuserait, pour s'évader, du soulagement qu'il voudrait nous procurer. Comme ceux qui avaient été chargés de cette espèce de députation étaient les plus riches négociants de la ville, l'intendant leur répondit fort gracieusement, qu'à leur considération, il nous ferait traiter le mieux qu'il lui serait possible. « J'ai ordre de la Cour, dit-il, de les faire mettre en lieu de sûreté. Ces ordres ne portant pas que ce soit en prison, je ferai en sorte de leur faire donner un logement plus commode; et comme la Cour m'ordonne simplement de leur faire donner du pain et des fèves, vous pouvez compter qu'ils en auront du même que celui que l'on sert sur ma table. Quant au reste, vous aurez toute liberté de les voir et de les assister. » Les choses étaient dans ces heureuses dispositions lorsque nous arrivâmes au Havre de Grâce. On nous fit descendre devant l'arsenal du roi, où l'intendant nous avait fait préparer une grande chambre appartenant à la corderie, et y avait fait mettre des paillasses, matelas et couvertures pour coucher. En entrant dans cette chambre, qui était de plain-pied, nous y trouvâmes l'intendant et nos protecteurs, qui étaient, comme je l'ai déjà dit, de notre Religion. Ces messieurs nous firent de grands embrassements, les larmes aux yeux, sans craindre de se commettre en la présence de l'intendant, qui en parut tout attendri. Le beau de l'affaire est que, pendant que ces Messieurs nous caressaient, les commis de la douane arrivèrent et demandèrent à l'intendant la permission de nous fouiller. Il la leur accorda en haussant les épaules, et leur dit que, selon les apparences, ils prendraient plus de poux que de butin. Cependant, ils nous fouillèrent partout, et comme on peut juger, sans rien trouver. Mais voyant parmi nos hardes une petite caisse fermée à clef, où nous avions tous nos livres de dévotion, ils demandèrent à la visiter. J'avais la clef de cette caisse, et je ne voulais pas la donner, craignant le feu pour notre petite bibliothèque. L'intendant s'en apercevant, me dit : « Mon ami, donnez cette clef sans rien craindre, ces Messieurs doivent faire leur devoir. » L'ayant donnée en tremblant, un des commis l'ouvrit, et ne voyant que des livres, il s'écria : « Voici la bibliothèque de Calvin; au feu, au feu. » Ce que voyant l'intendant lui dit : « Coquin, de quoi t'ingères-tu? Fais ton devoir et ne passe pas outre, ou je t'apprendrai à chercher ce que tu dois chercher. » Le commis ne demanda pas son reste, referma la caisse, et passa la porte.

Dès que nous fûmes installés dans notre nouvelle habitation, l'on nous ôta la grande chaîne qui nous tenait tous ensemble, nous laissant seulement celle qui nous accouplait deux à deux. L'intendant était tellement prévenu en notre faveur qu'il eut l'attention de nous demander si nous étions contents de nos gardes. Nous lui dîmes que nous n'avions reçu d'eux pendant la route que tout le bon traitement qu'ils avaient pu nous donner. « Hé bien, dit-il, je vous les laisse »; et en même temps établit leur corps de garde dans une chambre qui était vis-à-vis la nôtre, et nous fit apporter du pain de sa table, nous disant que c'était là le pain d'amunition qu'il nous destinait. Nos protecteurs lui dirent que dorénavant, avec sa permission, ils prendraient soin de nous fournir la nourriture, et lui demandèrent avec insistance qu'il leur fût permis de nous venir voir de temps en temps. Là-dessus, l'intendant appela le capitaine d'armes et lui ordonna de laisser entrer tous les jours dans notre chambre, indifféremment, tous ceux qui se présenteraient depuis neuf heures du matin jusqu'à huit heures du soir, et de n'empêcher aucun de nos exercices de piété. Le capitaine d'armes se conforma à ces ordres et dès lors notre chambre ne désemplissait pas de personne de tout sexe et de tout âge. Nous faisions la prière soir et matin; et après avoir lu de bons sermons que nous avions avec nous, nous chantions des psaumes, de sorte que notre prison n'avait pas mal l'air d'une petite église. On n'entendait que les pleurs et les sanglots de ces bonnes gens qui nous venaient voir, et qui ne nous quittaient presque plus. En voyant les chaînes dont nous étions chargés, et notre résignation à les porter, ils se reprochaient leur faiblesse, et se plaignaient de n'avoir pas résisté jusqu'à la mort aux maux qu'on leur avait fait souffrir, ou aux charmes dont on s'était servi pour les faire renoncer à la vraie Religion. Hélas! je puis dire que c'était plutôt la vue de notre misère qui les attendrissait; ou, pour parler plus juste encore, que c'étaient plus les cris de leur propre conscience que ce ne pouvaient être nos exhortations et nos prédications, car nous n'étions pas appelés à un si digne ministère, et nous n'étions nullement capables de l'exercer. La conduite de ces nouveaux convertis fait bien connaître que l'Église romaine, au lieu de convertir, ne fait que de véritables hypocrites. Le zèle de nos faibles frères à nous venir visiter fut cependant cause que, dès le lendemain de notre arrivée au

Havre de Grâce, toutes les églises de cette ville, et surtout la paroissiale, se trouvèrent vides de nouveaux convertis, quelque prière et quelque menace qu'eût pu leur faire le curé, qui s'en plaignit à l'intendant. Mais ce dernier se contenta de lui répondre qu'il ne pouvait forcer les consciences, et qu'il valait mieux un hérétique déclaré qu'un hypocrite caché; que cette occasion procurait ce bien que désormais on pouvait distinguer au Havre les bons catholiques d'avec ceux qui ne l'étaient pas. Ces raisons, toutes valables qu'elles étaient, ne satisfirent point ce curé, qui venait quelquefois nous voir, et trouvait toujours notre chambre pleine de ses nouveaux prosélytes, qui ne craignaient pas de lui dire : « Voilà, monsieur le curé, de braves gens (et cela en nous désignant), de bons chrétiens qui ont eu plus de fermeté que nous. » On peut juger si de pareils discours devaient plaire à ce curé.

Personne ne pouvait approfondir quelle était la politique de la Cour de nous avoir fait transporter au Havre de Grâce. Plusieurs pensaient que c'était pour nous envoyer en Amérique; et j'ai toujours cru que c'était le premier dessein des ministres. Car si leur première résolution eût été de nous envoyer à Paris pour nous joindre à la chaîne des galériens, à quoi servait-il de nous mettre hors de route et de nous faire conduire au Havre, qui est aussi éloigné de la capitale que Dunkerque? C'était nous faire faire le double de chemin, puisque de Dunkerque à Paris il y a aussi loin que de Dunkerque au Havre. Il est à présumer que le scandale que nous causions aux catholiques de cette dernière ville est ce qui fit changer de sentiment à la Cour. Il n'y eut pas de moyen que n'employât le curé du Havre pour nous faire partir de cette ville. Nous avons su depuis qu'il avait écrit en Cour que notre séjour avait beaucoup dérangé les nouveaux convertis qui, depuis notre arrivée, avaient déserté son église. Il n'en fallut pas davantage pour engager les ministres à envoyer ordre à l'intendant de nous faire partir le plus secrètement que faire se pourrait, de peur d'exciter quelque soulèvement. Certes, il n'était pas besoin de prendre ces précautions. les Réformés du Havre n'étaient point dans l'intention de nous enlever de force; et pour nous autres, nous nous laissions mener comme des moutons à la boucherie. Mais le curé de la ville nous avait dépeints les uns et les autres avec des couleurs si noires que la Cour ne pouvait qu'en prendre ombrage. Avant que de détailler ce second enlèvement, qui ne se fit pas moins mystérieusement que celui de Dunkerque, je vais régaler mon lecteur d'un petit incident, assez surprenant par sa singularité, et qui acheva de confirmer le capitaine d'armes dans l'idée que nous étions des prophètes.

Le quinzième jour de notre résidence au Havre, sur les neuf heures du soir, comme nous commencions à souper et que nos gardes en faisaient autant, je me sentis frapper sur l'épaule. En tournant la tête pour voir qui c'était, je vis une jeune demoiselle de considération, fille d'un des premiers banquiers de la ville, à qui j'avais prêté quelques jours auparavant un tome de sermons. Elle était enveloppée d'une écharpe, qu'elle ouvrit pour me dire fort précipitamment et toute en pleurs : « Tenez, cher frère, voilà votre livre, que je vous rends. Dieu soit avec vous dans toutes vos épreuves! On vous enlève, continua-t-elle, cette nuit à douze heures. Quatre chariots sont ordonnés à cet effet, et la porte blanche restera ouverte pour votre sortie de la ville. » Je la remerciai de la peine qu'elle avait voulu prendre de venir elle-même nous donner cet avis, à une heure si indue, et lui demandai comment elle avait pu s'introduire dans notre chambre. « Ce détail, me dit-elle, ne vous touche en rien; il est plus expédient de vous dire, chers confesseurs, qu'on va vous conduire à Paris dans l'affreuse prison de la Tournelle, pour vous joindre à la grande chaîne qui se rend de cette ville, tous les ans, à Marseille. J'ai bien voulu, continua-t-elle, vous annoncer cette triste nouvelle, afin que vous n'ayez pas d'inquiétude sur votre destinée, et que vous vous prépariez à souffrir constamment cette nouvelle épreuve. » Cela dit, elle s'en alla aussi invisiblement qu'elle était entrée, sans qu'aucun de nos gardes s'en aperçût. Il est très apparent que cette demoiselle obtint du garde de l'arsenal la permission d'entrer par sa maison, qui communiquait à la corderie où nous étions. Quoi qu'il en soit, cela arriva de la manière que je viens de le dire. Nous continuâmes à souper fort tranquillement; après quoi, au lieu d'étendre nos matelas pour nous coucher à l'ordinaire, nous nous mîmes à plier notre petit bagage. Pendant que nous étions dans cette occupation, notre capitaine, suivant sa coutume, passa dans notre chambre pour discourir une heure avec nous en fumant sa pipe; et nous voyant ramasser notre bagage au lieu de préparer nos lits, il nous demanda ce que nous faisions. « Nous nous préparons à partir à minuit, monsieur, lui dis-je; et vous n'avez qu'à en faire autant. » — « Vous êtes fou, me dit-il, d'où vous vient cette frénésie? » — « Je vous dis, répliquai-je, qu'à minuit précis, quatre chariots se trouveront à la porte de l'arsenal pour nous faire sortir par la Porte blanche, qui restera ouverte à cet effet; et vous continuerez à nous conduire jusques à Paris, et nous livrerez aux prisons de la Tournelle pour y joindre la grande chaîne de Marseille. » — « Je vous dis, repartit-il, que vous êtes fou, et qu'il n'y a rien de tout ce que vous venez de dire. J'ai été prendre les ordres de l'intendant à huit heures, comme j'ai coutume de faire, et il m'a dit qu'il n'y avait rien de nouveau. » — « Hé bien, monsieur, lui dis-je, vous le verrez. » Comme nous finissions ce discours, le laquais de l'intendant entra pour lui dire d'aller sur l'heure lui parler. Il ne tarda pas à revenir et entra dans notre chambre en faisant des exclamations et joignant les mains. « Au nom de Dieu, me dit-il, dites-moi si vous êtes sorciers ou prophètes. Je crois cependant que c'est Dieu qui vous favorise, car vous êtes trop dévots et trop honnêtes gens pour implorer le secours du Diable. » — « Non, lui dis-je, monsieur, nous ne sommes ni l'un ni l'autre; et il n'y a rien que de très naturel dans ce qui cause votre surprise. » — « Je n'y comprends donc rien, dit le capitaine, car j'ai appris de la bouche de l'intendant même que personne dans la ville ne sait rien de votre départ que lui et moi; et quoi que vous puissiez dire, on ne m'ôtera jamais de l'esprit que Dieu est avec vous autres. » — « Je l'espère », lui dis-je; et lui et nous continuâmes à nous préparer au départ.

Il me semble entendre le lecteur demander comment cette demoiselle pouvait savoir ce secret. Je l'ignorerais moi-même encore si le père de cette demoiselle ne nous l'eût dit dans la prison de Rouen, où il vint exprès pour nous remettre le montant d'une collecte qu'on avait faite pour nous au Havre de Grâce, dans la vue de nous procurer du soulagement dans la pénible route que nous allions faire de Paris à Marseille. Il nous dit donc que sa fille était recherchée en mariage par le secrétaire de l'intendant du Havre de Grâce; que l'intendant ayant reçu son paquet de la Cour, la veille de notre départ, le secrétaire y lut l'ordre qui nous regardait; et comme il savait, nous dit-il, que ma fille vous affectionnait, il accourut d'abord lui porter cette nouvelle. Quant à son entrée mystérieuse dans la corderie où vous étiez, je n'en sais pas plus que vous, ne lui ayant fait de question sur cet article.

Je revins à notre départ du Havre. A minuit, les quatre chariots ne manquèrent pas de venir nous prendre; nous riions en nous-mêmes du secret mystérieux qu'on observa pour nous enlever. Les roues des chariots, ainsi que les chevaux qui les tiraient, étaient déferrés, afin que l'on ne nous entendît pas passer dans la rue. On couvrit chaque chariot d'une voile, comme s'ils n'eussent contenu que des balles ou des paquets de marchandise; et sans lanternes ni fanaux, l'on nous fit sortir de la ville. Il ne nous arriva rien de remarquable jusqu'à Rouen. En y arrivant, nous fûmes conduits devant la maison de ville pour recevoir du magistrat l'ordre pour notre logement, qui fut à l'ordinaire une prison. Mais nous fûmes bien surpris de nous voir refusés par le géôlier de celle où l'on nous mena. Le capitaine d'armes lui montra l'ordre du magis-

trat, lui faisant des instances pour l'engager à nous recevoir;
ce que le geôlier refusa constamment de faire, disant qu'il
aimait mieux quitter son office que de nous prendre sous sa
garde. On nous envoya à une autre, où il en fut de même; finalement, on nous mit dans une tour destinée pour les plus
insignes criminels. Le geôlier, qui ne nous reçut qu'à son corps
défendant, nous fit entrer dans un cachot affreux, et à l'aide de
cinq ou six guichetiers qui avaient le sabre à la main, il nous
enserra les pieds sur de grosses poutres, de manière que nous
ne pouvions nous remuer; et sans nous donner ni lumière, ni
pain, ni quoi que ce soit, il referma le cachot et s'en alla avec
ses guichetiers. Nous avions faim et soif, et nous criâmes à tue-
tête plus de deux heures pour qu'on nous apportât quelque
nourriture pour notre argent. Enfin, quelqu'un vint au guichet et nous entendîmes que l'on disait : « Ces gens-là parlent
bon français. » Ce discours nous fit juger qu'il y avait quelque
malentendu et quelque mystère dans la conduite que l'on tenait
à notre égard. Nous nous mîmes encore à crier et à prier qu'on
nous aidât pour notre argent que nous étions prêts de donner
d'avance. Là-dessus, le geôlier ouvrit la porte et entra accompagné de ses six guichetiers; et après nous avoir examinés les
uns après les autres, il nous demanda si nous étions français
de nation. Nous lui dîmes que oui. « Mais pourquoi donc n'êtes-
vous pas chrétiens, nous dit-il, et que vous adorez le Diable qui
vous rend plus méchants que lui? » Nous lui répondîmes qu'il
voulait apparemment badiner, et qu'il nous ferait plus de plaisir
de nous donner à boire et à manger. Et en même temps je lui
donnai un louis d'or, le priant instamment de nous donner
pour cet argent ce qui nous était nécessaire, et ajoutant que,
s'il n'y en avait pas assez, je lui en donnerais d'autre. « Vraiment, dit ce geôlier, vous ne me paraissez pas tels qu'on vous a
dépeints. Dites-moi donc franchement ce que vous êtes, car
depuis huit jours que l'on vous attend ici, on ne fait que parler
de vous comme de gens qui êtes du pays du Nord, tous sorciers,

et si méchants qu'on n'a jamais pu vous vaincre sur les galères de Dunkerque et qu'on vous envoie à Marseille pour vous mettre à la raison, ce qui a été la cause que je vous ai reçus avec tant de répugnance dans cette prison. » A ce trait de noirceur, qui avait si bien prévenu en notre faveur, je reconnus facilement qu'il venait des jésuites, qui avaient semé ce bruit pour nous mettre en horreur et exécration dans la ville de Rouen, où il y a beaucoup de bons Réformés. Dans cette idée, je me mis à converser avec ce geôlier. Je lui racontai notre petite histoire et lui dis la raison pour laquelle nous allions de Dunkerque à Marseille. Sur ce propos, notre capitaine d'arme arriva dans le cachot pour nous faire donner notre étape. Le geôlier le tira à part et lui demanda si nous étions aussi dociles que nous le paraissions. « Oui, certainement, dit le capitaine; j'entreprendrais de les conduire moi seul par toute la France; et tout leur crime est d'être huguenots. » — « N'y a-t-il que cela? dit le geôlier; les plus honnêtes gens de Rouen sont de cette religion. Je ne l'aime pas, ajouta-t-il, mais j'aime les personnes qui en sont, car ce sont de braves gens. » Et, s'adressant à nous, il nous dit : « Vous séjournez ici demain; j'aurai soin d'avertir divers de vos gens, qui ne manqueront pas de vous venir voir, et mes portes leur seront toujours ouvertes. » Il ordonna ensuite à ses guichetiers de nous déferrer, et de nous laisser seulement nos chaînes ordinaires, pendant qu'il nous allait chercher des rafraîchissements. Le lendemain, il nous tint parole et nous amena plusieurs personnes de la Religion Réformée qui, bientôt, rendirent publique la nouvelle de notre arrivée; de sorte que ce jour-là notre cachot, qui était assez grand, ne désemplit pas. Ce fut là que le père de cette demoiselle du Havre de Grâce nous apporta la collecte dont j'ai parlé ci-dessus. Je n'ai jamais vu de personnes si zélées que ces messieurs de Rouen. Ils nous rendaient confus par les éloges, même outrés, qu'ils donnaient à la constance de notre foi. Ils nous exhortaient d'une façon si pathétique à la persévérance que nous ne pouvions retenir nos larmes. Leur ardeur fut si grande qu'une partie de ces messieurs voulaient absolument (après en avoir demandé la permission au capitaine d'arme) nous conduire publiquement à notre départ jusqu'à une lieue de la ville, pour nous aider à porter nos chaînes sur leurs épaules, ce que nous ne voulûmes jamais souffrir, tant par l'humilité dont nous faisions profession, que pour leur épargner de s'attirer de mauvaises affaires. Nous partîmes donc de Rouen, toujours en chariot. Je ne puis assez exprimer les bontés que nous témoigna notre capitaine pendant cette route. Car, outre les gratifications qu'il reçut à Rouen de nos amis, il se persuadait fermement que nous étions des saints favorisés de Dieu, et que nous avions le don de prophétie. Lorsque l'argousin prenait ses précautions ordinaires, soit en visitant nos chaînes ou autrement, il lui disait qu'il prenait des soins inutiles et que nous voulions bien aller volontairement où le roi voulait; qu'autrement, ni ses précautions, ni toutes celles des hommes, ne nous sauraient tenir. Nous avions beau le vouloir désabuser de cette opinion, nous ne pouvions le dissuader qu'il y avait en nous du surnaturel.

Ce fut le 17 novembre 1712, sur les trois heures de l'après-midi, que nous arrivâmes à Paris. Nous descendîmes devant le château de la Tournelle, qui était autrefois une maison de plaisance de nos rois, et qui sert présentement de lieu d'entrepôt aux malheureux condamnés aux galères pour toute sorte de crimes [72]. On nous fit entrer dans le vaste mais lugubre cachot de la grande chaîne. Le spectacle affreux qui s'y présenta à nos yeux nous fit frémir, d'autant plus qu'on nous allait joindre aux acteurs qui le représentaient. J'avoue que, tout accoutumé que j'étais aux cachots, entraves, chaînes et autres instruments que la tyrannie ou le crime ont inventés, je n'eus pas la force de résister au tremblement qui me saisit et à la frayeur dont je fus frappé en considérant cet endroit. Ne pouvant en exprimer toute l'horreur, je me contenterai d'en donner une faible idée. C'est un grand cachot ou, pour mieux dire, une spacieuse cave, garnie de grosses poutres de bois de chêne, posées à la distance les unes des autres d'environ trois pieds. Ces poutres sont épaisses de deux pieds et demi, et sont rangées et attachées de telle sorte au plancher qu'on les prendrait à la première vue pour des bancs, mais qui ont un usage beaucoup plus incommode. Sur ces poutres sont attachées de grosses chaînes de fer, de la longueur d'un pied et demi, et à la distance les unes des autres de deux pieds; et au bout de ces chaînes est un collier de même métal. Lors donc que les malheureux galériens arrivent dans ce cachot, on les fait coucher à demi pour que la tête appuie sur la poutre. Alors, on leur met ce collier au col, on le ferme, et on le rive sur une enclume à grands coups de marteau. Comme ces chaînes à collier sont distantes les unes des autres de deux pieds et que les poutres en ont la plupart quarante de longueur, on y enchaîne vingt hommes à la file, et aux autres à proportion de leur grandeur. Cette cave faite en rond est si grande qu'on peut y enchaîner de la manière susdite jusqu'à cinq cents hommes. Il n'y a rien de si affreux que de voir l'attitude et la posture de ces malheureux ainsi enchaînés. Car, figurez-vous qu'un homme ainsi attaché ne peut se coucher de son long, la poutre sur laquelle il a la tête étant trop élevée, ni s'asseoir et se tenir droit, cette poutre étant trop basse; si bien que je ne puis mieux dépeindre la posture d'un tel homme qu'en disant qu'il est à demi couché et à demi assis, partie de son corps sur les carreaux ou planchers, et l'autre partie sur cette poutre.

Ce fut aussi de cette manière qu'on nous enchaîna; et tout endurcis que nous étions aux peines, fatigues et douleurs, trois jours et trois nuits, que nous fûmes obligés de passer dans cette cruelle situation nous avaient tellement roué le corps et tous nos membres, que nous n'en pouvions plus, surtout nos pauvres vieillards, qui s'écriaient à tout moment qu'ils se mouraient, qu'ils n'avaient plus la force de supporter un pareil supplice[73]. L'on me dira peut-être ici : Comment ces autres misérables que l'on amène à Paris des quatre coins de la France, et qui sont quelquefois obligés d'attendre trois ou quatre, souvent cinq ou six mois que la grande chaîne parte pour Marseille, peuvent-ils supporter si longtemps un pareil tourment? A cela je réponds qu'une infinité de ces infortunés succombent sous le poids de leur misère; et que ceux qui échappent à la mort par la force de leur constitution souffrent des douleurs dont on ne peut donner une juste idée. On n'entend dans cet antre horrible que gémissements, que plaintes lugubres capables d'attendrir tout autre que les gens féroces commis pour la garde de ce terrible lieu. Les plaintes sont un soulagement pour les malheureux; mais on ôte encore cette douceur aux esclaves dignes de pitié qui y sont enfermés, car toutes les nuits, cinq ou six bourreaux de guichetiers font la garde dans ce cachot et se ruent sans miséricorde sur ceux qui parlent, crient, gémissent et se plaignent, les assommant avec barbarie à coups de nerf de bœuf. A l'égard de la nourriture, ils l'ont assez bonne. Des espèces de béguines, que l'on nomme *Sœurs Grises,* y apportent tous les jours à midi de la soupe, de la viande et du bon pain, qu'on leur donne suffisamment [74]. A propos de ces béguines, il faut, pour désennuyer un peu mon lecteur, que je raconte ici un trait de la Mère supérieure de celles qui desservent la prison de la Tournelle. Leur congrégation n'est pas fort ancienne, et a pour fondateur celui des Pères de la Mission. Leur fonction est de servir les pauvres des paroisses de Paris, à qui elles portent tous les jours le nécessaire, leur donnant même les médicaments dont ils peuvent avoir besoin. Elles ont, outre cela, la direction de plusieurs hôpitaux, surtout de ceux qui sont fondés pour les militaires; et par leur règle, elles sont obligées de visiter les prisonniers et de les soulager. Dans quelques endroits, elles sont aussi chargées d'instruire les jeunes personnes de leur sexe; on va bientôt juger par ce que je vais dire si elles en sont bien capables.

La Mère supérieure, qui venait tous les jours dans notre cachot pour distribuer la soupe aux galériens, s'arrêtait toujours un quart d'heure avec moi et me donnait plus à manger que je n'en avais besoin. Les autres galériens m'en raillaient souvent, m'appelant le favori de la Mère abbesse. Un jour, après m'avoir donné ma portion, elle me dit entre autres choses que c'était bien dommage que nous ne fussions pas chrétiens. « Qui vous l'a dit, ma bonne Mère? lui dis-je; nous sommes chrétiens par la grâce de Dieu. » — « Hé! oui, dit-elle, vous l'êtes; mais vous croyez à Moïse. » — « Ne croyez-vous pas, lui demandai-je, que Moïse était un grand prophète? » — « Moi! dit-elle, croire à cet imposteur, à ce faux prophète qui a séduit tant de Juifs, comme Mahomet a séduit les Turcs; moi! croire à Moïse, oh que non! Grâces au Seigneur, je ne suis pas coupable d'une pareille hérésie. » Je haussai les épaules à un discours aussi ridicule, et me contentai de lui dire que ce n'était pas le lieu ni le temps de discuter cette matière; mais que je la priais seulement de se confesser de ce qu'elle venait de dire, et qu'elle verrait que son confesseur lui dirait certainement, s'il était plus savant qu'elle, que ce qu'elle avait dit de Moïse était un très grand péché. L'on peut juger à présent si ces bonnes filles sont en état de donner des instructions à la jeunesse.

Je reviens à ce qui nous arriva dans la Tournelle. J'ai dit plus haut que nous ne restâmes que trois jours et trois nuits enchaînés sur les poutres. Voici comment nous en fûmes délivrés si tôt. Un bon protestant de Paris, nommé monsieur Girardot de Chancourt, riche négociant, ayant appris notre arrivée à la Tournelle, fut prier le gouverneur de ce château de lui permettre de nous voir et de nous assister dans nos besoins. Le gouverneur, tout son ami qu'il était, ne voulut jamais lui permettre d'entrer dans le cachot pour nous parler; car on n'y laisse jamais entrer que des ecclésiastiques. Monsieur Girardot, donc, ne put obtenir de nous voir de plus près que de la cour de ce château, au travers d'un double grillage de fer, dont les croisées du cachot étaient garnies. Il ne put même nous parler, la distance qu'il y avait de lui à nous étant trop grande, et ce n'était

qu'avec peine qu'il pouvait entrevoir quelqu'un de nous, qu'il
ne distinguait que par notre casaque rouge; mais nous voyant
dans l'attitude affreuse où nous étions, la tête clouée sur ces
poutres, il demanda au gouverneur s'il n'y aurait pas moyen de
nous enchaîner par la jambe, comme quelques-uns des autres
galériens qu'il voyait être près des grillages des croisées, en
dedans du cachot. Le gouverneur lui dit que ceux qu'il voyait
ainsi payaient pour cela par mois un certain prix fait. « Si vous
vouliez, monsieur, lui dit monsieur Girardot, mettre ces pauvres
gens dans cette liberté et faire le prix avec eux, je vous le paierai
d'abord à leur défaut. » Le gouverneur lui dit qu'il verrait s'il
y avait place au grillage, et qu'en ce cas il le ferait; sur quoi
monsieur Girardot se retira. Le lendemain au matin, le gouverneur entra dans le cachot et demanda au premier de nous
qui s'offrit à sa vue qui était celui qui était chargé de la dépense.
On me montra. Le gouverneur vint à moi et me demanda si
nous serions bien aises d'être à la grille, la chaîne au pied? Je
lui dis que nous ne demandions pas mieux; et enfin nous
convînmes de lui payer cinquante écus pour le temps que la
chaîne resterait à la Tournelle. Je payai sur-le-champ cette
somme de la bourse commune, dont j'étais le trésorier. Aussitôt,
le gouverneur nous fit décramponner de ces affreuses poutres et
nous fit mettre le plus proche de la grille qu'il put, la chaîne au
pied. Depuis plusieurs années, nous étions accoutumés à cette
dernière espèce d'enchaînure; c'est pourquoi nous nous trouvâmes fort soulagés. Notre chaîne, qui était attachée au plancher, et qui nous tenait à un pied, était de la longueur de deux
aunes [75], de sorte que nous pouvions être droit sur nos pieds,
assis ou couchés tout de notre long; et vu l'état où nous avions
été sur les poutres, nous nous trouvions dans une très heureuse
situation. Monsieur Girardot nous vint visiter, et nous parla
avec beaucoup de facilité au travers du grillage, mais avec prudence et circonspection, à cause des autres galériens qui nous
environnaient. Nous ne jouîmes de ce repos qu'un mois, au bout

duquel nous partîmes avec la chaîne, le dix-sept décembre. Le lecteur ne sera pas fâché de lire la description de ce départ, que je vais lui donner.

Les jésuites ont la direction du spirituel du château de la Tournelle. Huit jours avant le départ de la chaîne, un de leurs novices, qui nous parut un grand ignorant dans ses prédications, y vint prêcher tous les jours, pour préparer ces misérables galériens à se confesser et à recevoir le Saint Sacrement. Ce prédicateur prenait toujours le même texte; c'était ce précepte de l'Évangile : « *Venez à moi, vous tous qui êtes chargés et travaillés, et je vous soulagerai* [76]. » Il soutenait et s'efforçait à prouver, par divers passages des Pères, que le Sauveur, par les paroles de ce texte, enseignait qu'on ne pouvait venir à lui que par la « *confession auriculaire* ». Nous entendions ses sermons, et nous étions outrés de ses absurdités; mais nous n'eûmes jamais l'occasion de lui pouvoir parler, car il craignait notre conversation comme le feu, croyant que nous étions tous des ministres huguenots, très dangereux et très propres à surprendre les bons catholiques, comme le bruit s'en était répandu dans Paris. De sorte que ce pauvre novice, soit en entrant, soit en sortant du cachot, prenait toujours un grand détour pour nous éviter. Cependant, plusieurs Pères jésuites confessèrent tous ces malheureux, et leur apportèrent le Saint Sacrement, qu'ils leur firent prendre dans cette effroyable attitude, la tête clouée sur la poutre : action qui paraissait si indécente, même à nous qui n'avions pas la foi pour ce mystère, que nous en avions horreur. Je remarquai qu'après leur avoir donné l'hostie, on leur faisait boire un peu de vin dans un calice. Je demandai à l'un d'eux s'ils recevaient la communion sous les deux espèces. Il me répondit que non, et que le vin qu'on leur donnait dans ce calice n'était pas consacré, que ce n'était qu'une précaution qu'on prenait à la Tournelle pour leur faire avaler l'hostie, et cela depuis qu'un malheureux galérien, au lieu de l'avaler, l'avait gardée, ayant fait un pacte avec le Diable par lequel il s'obligeait de lui fournir une hostie, à condition que sur la route il mettrait tous les galériens en liberté; ce que le Diable n'avait pas manqué de faire une belle nuit, car ayant rompu les fers de toute la chaîne, tous les forçats, au grand étonnement des gardes, s'étaient sauvés [77]. J'aurais pu embarrasser celui qui venait de me faire ce récit en lui demandant quel usage pouvait faire le Diable de cette hostie puisque, selon leur communion, elle renfermait réellement le corps et le sang de Christ, le Sauveur du monde, qui était venu établir sur la terre le règne de Dieu et précipiter Satan jusques au fond de l'abîme. Mais j'aimai mieux me taire, et ne me pas attirer quelque mauvaise affaire de la part des jésuites qui s'efforcent de faire accroire cette fable, toute absurde qu'elle soit, et ne la croient pas eux-mêmes.

Je crois avoir dit plus haut que le départ de la chaîne fut fixé au dix-sept décembre. En effet, ce jour-là, à neuf heures du matin, on nous fit tous sortir du cachot et entrer dans une spacieuse cour, devant le château. On nous enchaîna par le col, deux à deux, avec une grosse chaîne de la longueur de trois pieds, au milieu de laquelle il y avait un anneau rond. Après nous avoir ainsi enchaînés, on nous fit tous mettre à la file, couple devant couple; et alors on passa une longue et grosse chaîne dans tous ces anneaux, si bien que nous nous trouvâmes tous enchaînés ensemble. Notre chaîne faisait une très longue file, car nous étions environ quatre cents [78]. Ensuite, on nous fit tous asseoir par terre, en attendant que le procureur général du Parlement vînt pour nous expédier et nous mettre entre les mains du capitaine de la chaîne. C'était pour lors un nommé Langlade, exempt du guet ou de monsieur d'Argenson, lieutenant de police de Paris. Sur le midi, le procureur général et trois conseillers du Parlement vinrent à la Tournelle, nous appelèrent tous par nos noms, nous lurent à chacun le précis de notre arrêt de condamnation, et les remirent tous en main du capitaine de la chaîne. Cette formalité nous arrêta trois bonnes heures dans la cour, pendant lesquelles monsieur Girardot, qui ne s'endormait pas à notre égard, fut supplier monsieur d'Argenson de nous recommander au capitaine de la chaîne; ce qu'il fit fortement, ordonnant audit capitaine de nous distinguer des autres, de nous procurer tous les soulagements qui dépendraient de lui, et de lui rapporter, après son retour de Marseille, un certificat par lequel nous attesterions que nous étions contents de lui. Il lui ordonna, de plus, de régler avec monsieur Girardot ce qui concernait notre soulagement durant la route. Pour cet effet, monsieur Girardot vint dans la cour de la Tournelle, alla saluer le procureur général, et le pria d'avoir la bonté de permettre qu'il entretînt et assistât ces vingt-deux Réformés qui étaient à la chaîne; ce que le procureur général lui ayant accordé avec beaucoup de douceur, il vint nous embrasser tous avec une affection digne des sentiments de christianisme qui le faisaient agir. Ensuite, il s'entretint avec le capitaine, qui lui dit qu'il était nécessaire de lui remettre l'argent que nous pourrions avoir, parce qu'au premier logement où la chaîne s'arrêtait, on la fouillait, et qu'alors l'argent que l'on trouve aux galériens est perdu pour eux. Monsieur Girardot nous demanda si nous voulions confier au capitaine l'argent que nous avions. Nous lui dîmes que nous ne demandions pas mieux; et comme notre argent était dans une bourse commune que je gardais, je la remis sur-le-champ entre les mains de monsieur Girardot, qui compta au capitaine cet argent, lequel consistait en sept ou huit cents livres. Après cela, le capitaine dit à monsieur Girardot qu'y ayant parmi nous des malades et des infirmes, il était de toute nécessité que nous fussions pourvus d'un ou de deux chariots, suivant le besoin que nous pourrions en avoir pendant la route. Il ajouta qu'il ne pouvait faire à ses frais cette dépense qu'après avoir chargé de coups de bâton ceux qui ne pouvaient marcher, pour s'assurer qu'ils ne faisaient pas les malades exprès pour se faire voiturer. Monsieur Girardot comprit d'abord ce que ce discours signifiait; et aussitôt accorda que nous payerions audit capitaine cent écus; et cela sur-le-champ, afin que, lorsque nous nous plaindrions de ne pouvoir marcher, on nous mît sur des chariots sans nous donner de coups ou faire d'autres mauvais traitements; de sorte qu'à proprement parler les cent écus qu'il prit de notre bourse commune étaient pour nous racheter des coups de bâton pendant la route. Pour notre sûreté, monsieur Girardot fit signer un reçu au capitaine, avec promesse qu'en nous remettant notre argent et la caisse de nos livres (que nous conditionnâmes qu'il ferait voiturer jusques à Marseille sur le marché des cent écus), il rapporterait quittance du tout avec notre attestation que nous étions contents de lui. Cela fait, et le capitaine ayant reçu ses ordres et ses expéditions pour le départ de la chaîne, sur les trois heures après midi, on nous fit sortir de la Tournelle et traverser une partie de la ville de Paris pour aller coucher à Charenton. Une grande quantité de gens de la Religion Réformée se tenaient dans les rues par où la chaîne passait, et malgré les bourrades que nos brutaux d'archers leur portaient pour les empêcher de nous approcher, ils se jetaient sur nous pour nous embrasser; car nous étions reconnaissables à nos casaques rouges. D'ailleurs, nous vingt et deux étions tous ensemble à la queue de la chaîne. Ces bonnes gens, parmi lesquelles il y en avait beaucoup de distinction, nous criaient tout haut : « Courage, chers confesseurs de la vérité; souffrez constamment pour une si belle cause, pendant que nous ne cesserons de prier Dieu qu'il vous fasse la grâce de vous soutenir dans vos rudes épreuves »; et autres discours de ce genre, très consolants pour nous. Quatre messieurs, gros marchands de Paris, nous accompagnèrent même jusques à Charenton avec la permission du capitaine, grand ami de l'un d'eux, et firent promettre audit capitaine de leur permettre de nous donner à souper à Charenton, et qu'il nous détacherait de la grande chaîne pour pouvoir être en particulier, avec ces messieurs, dans une chambre de l'hôtellerie où la chaîne loge- rait. Nous arrivâmes à Charenton sur les six heures du soir, au clair de la lune. Il gelait, comme on dit, à pierre fendre. La

peine que nous avions à marcher, et l'excessive pesanteur de nos
chaînes (qui était de cent cinquante livres pesant pour chacun,
suivant le dire du capitaine même) nous avaient réchauffés du
grand froid que nous avions enduré dans la cour de la Tournelle; mais échauffés à tel point qu'arrivant à Charenton, nous
étions en sueur, comme si on nous avait plongés dans l'eau.
Étant donc arrivés à Charenton, on nous logea dans l'écurie
d'une hôtellerie; mais quel logement, hélas! et quel repos nous
préparait-on pour nous refaire de cette grande fatigue? La
chaîne était clouée au râtelier, de manière que nous ne pouvions
nous coucher, ni même nous asseoir que difficilement sur le
fumier et les immondices des chevaux; car, comme le capitaine
conduit la chaîne à ses dépens jusques à Marseille, moyennant
vingt écus par tête de ceux qu'il livre à Marseille, il épargne
jusques à la paille, et nous n'en avons pas eu pendant toute la
route. On nous laissa donc ainsi reposer (si tant est que ce repos
ne soit pire que la fatigue que nous avions eue) jusque sur les
neuf heures du soir, pour nous préparer une autre scène, la plus
cruelle qu'on puisse s'imaginer, comme je vais la dépeindre.
Cependant, nos quatre messieurs de Paris, qui nous avaient
suivis jusques à Charenton, logèrent dans la même hôtellerie
où était la chaîne, y arrêtèrent la plus grande chambre, et ordonnèrent le souper pour trente personnes pour nous régaler, comptant que le capitaine leur tiendrait parole. Mais quel régal, bon
Dieu! autre qu'ils ne s'attendaient, n'eûmes-nous pas, et eux
aussi, par la vue d'un spectacle qui me fait frémir toutes les
fois que je me le rappelle. Le voici.

A neuf heures du soir, qu'il faisait un grand clair de lune et
une gelée par un vent de bise que tout glaçait, on décramponna
la chaîne et on nous fit tous sortir de l'écurie dans une spacieuse
cour, close d'une muraille, qui régnait devant cette hôtellerie. On
fit arranger la chaîne à un bout de cette cour; ensuite on nous
ordonna, le nerf de bœuf à la main, qui tombait comme grêle sur
les paresseux, de nous dépouiller entièrement de tous nos habits

et de les mettre à nos pieds. Il fallut obéir; et nous vingt-deux,
ni plus ni moins que toute la chaîne, nous subîmes ce cruel traitement. Après donc que nous fûmes dépouillés, nus comme la
main, on ordonna à la chaîne de marcher de front jusques à
l'autre bout de la cour, où nous fûmes exposés au vent de bise
pendant deux grosses heures pendant lequel temps les archers
fouillèrent et visitèrent tous nos habits, sous prétexte d'y chercher couteaux, limes et autres instruments propres à couper ou
rompre les chaînes. On peut juger si l'argent qui se trouva
échappa des mains de ces harpies. Ils prirent tout ce qui les
accommodait : mouchoirs, linge (s'il était un peu bon), tabatières,
ciseaux, etc., et gardèrent tout, sans jamais en avoir rien rendu;
et lorsque ces pauvres misérables leur demandaient ce qu'on leur
avait enlevé, ils étaient accablés de coups de bourrades de leurs
mousquetons, et de coups de bâton. La visite de nos hardes étant
faite, on ordonna à la chaîne de remarcher de front jusques à
la place où nous avions quitté nos habits. Mais, ô spectacle
cruel! la plupart de ces malheureux, de même que nous,
étions si roides du grand froid que nous avions souffert, qu'il
nous était impossible de marcher, quelque petit espace qu'il
y eût de l'endroit où nous étions jusques à nos habits. Ce
fut alors que les coups de bâton et de nerf de bœuf plurent; et
ce traitement horrible ne pouvant animer ces pauvres corps,
pour ainsi dire tout gelés et couchés, les uns roide morts, les
autres mourants, ces barbares archers les traînaient par la chaîne
de leur col comme des charognes, leur corps ruisselant du sang
des coups qu'ils avaient reçus. Il en mourut ce soir-là, ou le
lendemain, dix-huit. Pour nous vingt-deux, on ne nous frappa ni
traîna, grâces à Dieu et à nos cent écus, que nous éprouvâmes
dans cette occasion avoir été bien employés. Les archers nous
aidèrent à marcher et en portèrent même quelques-uns entre
leurs bras jusques où étaient nos habits; et par une espèce de
miracle, il n'y eut aucun de nous qui y périt, ni pendant la
route, où on nous fit encore trois fois cette barbare visite en

pleine campagne, avec un froid aussi grand et même plus rude
qu'il n'était à Charenton. Il est à remarquer que pendant qu'on
nous fit ce cruel traitement à Charenton, ces quatre messieurs de
Paris le voyaient des fenêtres de leur chambre, qui donnait dans
cette cour. Ils criaient et se lamentaient, demandant au capitaine,
les mains jointes, de nous épargner; mais il ne les écoutait pas, et
tout ce que ces bons messieurs purent faire, ce fut de nous crier
de nous recommander à Dieu, comme on fait à des patients à
qui on va faire subir le dernier supplice; et depuis, nous ne les
avons jamais revus, car on nous recloua nos chaînes au râtelier
de l'écurie, comme auparavant. Jugez, je vous prie, si ces messieurs eurent l'appétit et le courage de se régaler du grand souper
qu'ils avaient fait préparer pour nous. Le capitaine ne voulut
même jamais permettre qu'ils entrassent dans l'écurie pour nous
voir et nous secourir dans l'accablant état où nous étions, ni
qu'on nous apportât le moindre rafraîchissement, et il nous
fallut contenter d'un morceau de pain, d'une once de fromage
et d'un demi-setier de mauvais vin pour chacun, que le capitaine nous fit distribuer. Ce qui nous aida le plus à nous
réchauffer et qui vraisemblablement, après Dieu, nous sauva
la vie, ce fut le fumier des chevaux de cette écurie, sur lequel nous
étions assis ou à demi couchés. Pour moi, je me souviens que
j'eus la facilité de m'y enterrer entièrement. Ceux qui purent
le faire s'en trouvèrent bien, se réchauffèrent et se remirent
bientôt. Tout extrême et vilain que ce remède était, nous rendîmes grâces à Dieu de bon cœur de nous l'avoir procuré.

Le lendemain au matin, nous partîmes de Charenton. On mit
sur les chariots quelques-uns de nous vingt-deux qui le requirent,
sans qu'on les maltraitât le moins du monde; mais les autres
malheureux, accablés de leurs souffrances du soir précédent, et
quelques-uns à l'article de la mort, ne purent obtenir cette
faveur qu'après avoir passé par l'épreuve du nerf de bœuf; et
pour les mettre sur les chariots, on les détachait de la grande
chaîne et on les traînait par celle qu'ils avaient au col, comme

des bêtes mortes, jusques au chariot, où on les jetait comme des
chiens, leurs jambes nues, pendantes hors du chariot, où dans
peu elles se gelaient et leur faisaient souffrir des tourments
inexprimables; et, qui pis est, ceux qui se plaignaient ou se
lamentaient sur ces chariots des maux qu'ils souffraient, on
les achevait de tuer à grands coups de bâton. On demandera ici
pourquoi le capitaine de la chaîne n'épargnait pas plus leur vie,
puisqu'il recevait vingt écus par tête pour ceux qu'il livrait
vivants à Marseille, et rien pour ceux qui mouraient en chemin.
La raison en est claire. C'est que le capitaine, devant les faire
voiturer à ses dépens, et les voitures étant chères, il ne trouvait
pas à beaucoup près son compte à les faire charrier. Car, à faire
charrier, par exemple, un homme jusques à Marseille, il lui en
aurait coûté plus de quarante écus, sans la nourriture; ce qui fait
voir qu'il lui était plus profitable de les tuer que de les faire
voiturer. Il en était quitte d'ailleurs, en laissant au curé du
premier village qui se présentait le soin d'enterrer ces corps
morts, et en prenant une attestation dudit curé. Enfin, nous
traversâmes l'Ile de France, la Bourgogne et le Mâconnais
jusques à Lyon, faisant tous les jours trois et quatre lieues [79] ce
qui est beaucoup, chargés de chaînes comme nous étions, cou-
chant tous les soirs dans des écuries sur le fumier, mal nourris,
et quand le dégel vint, toujours dans la boue jusques à mi-
jambes, et souvent la pluie sur le corps, qui ne se séchait qu'avec
le temps sur nos corps mêmes sans compter les poux et la gale,
inséparables d'une misère pareille. Nous n'ôtions cette vermine
de nos corps qu'à pleines mains, mais pour la gale, dont tous ces
misérables de la chaîne étaient ulcérés, nous vingt-deux en
fûmes exempts, et pas un de nous ne la gagna, quoique pendant
la route nous eussions été séparés les uns des autres, et que
plusieurs de nous fussent accouplés avec quelques-uns de ces
malheureux. Pour moi; je l'étais avec un qui était condamné
pour désertion. C'était un bon enfant. On l'accoupla avec moi
à Dijon en Bourgogne, parce que le Réformé qui était enchaîné

avec moi était incommodé d'un pied, et qu'il fut mis sur un chariot. Ce pauvre déserteur donc était si infecté de la gale, que tous les matins c'était un mystère pour me dépêtrer d'avec lui. Car, comme le pauvre misérable n'avait qu'une chemise à demi pourrie sur son corps, que le pus de sa gale traversait sa chemise, et que je ne pouvais m'éloigner de lui tant soit peu, il se collait tellement à ma casaque qu'il criait comme un perdu lorsqu'il nous fallait lever pour partir; et qu'il me priait, par grâce, de lui aider à se décoller d'avec moi. Cependant, je ne gagnai pas cette incommode maladie qui se prend si facilement. En arrivant à Lyon, on mit toute la chaîne dans de grands bateaux plats pour descendre le Rhône jusques au pont St. Esprit; de là par terre à Avignon, et d'Avignon à Marseille, où nous arrivâmes le 17 janvier 1713, tous vingt-deux, grâces à Dieu, en bonne santé. Des autres, il en était mort beaucoup en chemin et il y en avait très peu qui ne fussent malades, dont divers moururent à l'hôpital de Marseille [80]. Voilà la fin de notre route de Dunkerque à Marseille; route qui m'a fait plus souffrir, principalement depuis Paris, que pendant les douze années précédentes de ma prison et de mon séjour sur les galères. Dieu soit loué, que d'ici en avant, je n'aurai plus à raconter que les événements qui précédèrent et accomplirent enfin notre chère liberté; événements qui n'ont, Dieu merci, rien de tragique, mais qui méritent bien la curiosité du lecteur. On y verra la malice noire et la haine invétérée des missionnaires de Marseille et la grâce de Dieu envers ses enfants triompher de leurs implacables ennemis.

LIBÉRÉS

A CONDITION

DE SORTIR DU ROYAUME

On nous mit tous vingt-deux sur la galère, nommée la
Grande Réale qui servait d'entrepôt aux nouveaux venus et
aux infirmes des trente-cinq galères qui étaient pour lors dans
le port de Marseille. Ces nouveaux Venus n'y restent que peu :
on les partage bientôt sur les autres galères; mais nous vingt-
deux ne fûmes pas partagés, parce qu'on comptait que les six
chiourmes de Dunkerque [81] reviendraient à Marseille, et qu'on
nous remettrait alors chacun sur les galères d'où nous étions
sortis. Nous grossîmes donc le nombre de nos frères qui se
trouvaient sur cette *Grande Réale*. Si bien que nous y étions
au-delà de quarante réformés. Ces chers frères nous reçurent
avec embrassements et larmes de joie et de douleur tout ensemble;
de joie de nous voir tous sains et saufs, constants et résignés à
la volonté de Dieu; et de douleur, des souffrances que nous
avions eues, louant la divine providence de nous avoir soutenus
dans de si longues et douloureuses épreuves.

Le supérieur des missionnaires de Marseille, nommé le père
Garcin, s'était trouvé à Paris dans le temps que nous y étions.
Il nous était venu voir dans le cachot de la Tournelle, et nous y
avait exhortés de son mieux par des promesses mondaines à
changer de religion; car c'est là presque toujours le texte de leur
mission. « Vous êtes ici, nous disait-il, à portée d'être délivrés
dans deux fois vingt-quatre heures si vous voulez changer, et je

me fais fort d'obtenir dans ce peu de temps votre délivrance. A quoi vous allez vous exposer? continua-t-il. Il y a toute apparence que les trois quarts de vous périrez d'ici à Marseille dans la rude saison où nous sommes; et puis, quand ceux de vous qui en échapperont seront à Marseille, ils feront comme tous les autres protestants qui étaient en galère et qui ont tous fait abjuration entre mes mains. » Nous lui répondîmes que ceux qu'il disait n'avaient rien fait pour nous, ni nous rien pour eux, et que chacun devait prendre garde à son propre salut. Il s'en alla, et fut plus tôt de retour à Marseille que nous. Ce même père Garcin donc, nous vint voir le lendemain de notre arrivée sur la *Grande Réale*, et nous ayant tous fait venir dans la poupe de la galère, il nous compta, et ayant trouvé le même nombre qu'il avait vu à Paris : « C'est bien merveille, dit-il, que vous ayez tous échappé. N'êtes-vous pas encore las de souffrir? » — « Vous vous trompez fort, lui dis-je, monsieur, si vous croyez que les souffrances affaiblissent notre foi. Nous éprouvons au contraire ce que dit le Psalmiste, que plus nous souffrons de maux, et plus il nous souvient de Dieu. » — « Chansons », dit-il. « Ce n'est pas tant chanson, lui repartis-je, que celle que vous nous chantiez à Paris, que tous nos frères des galères de Marseille avaient fait abjuration entre vos mains. Il n'y en a pas un qui l'ait fait, et si j'étais à votre place, j'aurais honte toute ma vie de m'être exposé à avancer une chose qui me convaincrait d'imposture. » — « Vous êtes un raisonneur », me répondit-il brusquement, et s'en alla.

Deux ou trois mois se passèrent depuis notre arrivée à Marseille sans qu'il nous arrivât rien de particulier; mais environ le commencement d'avril, les missionnaires firent une exhortation générale à nous tous pour nous persuader de changer de religion, employant à cela plutôt des promesses mondaines que des arguments démonstratifs. Ils se flattaient que du moins ils en gagneraient quelques-uns, ne fût-ce qu'un ou deux, pour exécuter un dessein diabolique qu'ils avaient formé, comme on le verra bientôt. Je dois remonter un peu plus haut pour en donner l'intelligence.

Pendant le congrès d'Utrecht pour la paix générale, nous vivions en espérance que cette paix nous procurerait notre délivrance[82]. Nous savions que les puissances protestantes s'y intéressaient fortement. Mais la France n'en voulant point entendre parler, la paix se conclut sans faire mention de nous; si bien que toute espérance du côté des hommes nous étant ôtée, nous la tournâmes toute du côté de Dieu, et nous nous résignâmes à sa sainte volonté. Nous étions dans ces termes lors de l'exhortation des missionnaires, qui se persuadaient qu'ayant perdu toute espérance humaine, il leur serait facile de nous tenter par leurs belles promesses, et d'en séduire quelqu'un pour jouer leur rôle; mais par la grâce de Dieu, ils ne réussirent pas.

Nous ne savions rien de ce qui se passait en Angleterre en notre faveur; mais les missionnaires, qui savent tout, avaient avis que la reine Anne était fortement sollicitée d'employer ses bons offices pour nous auprès du roi de France; et en bons politiques, ils se persuadaient que si la reine nous demandait, le roi, pour les raisons qu'un chacun sait, ne la refuserait pas. C'est ce qui fit prendre la résolution à ces messieurs de s'opposer, par toutes sortes de voies, à notre liberté, en faisant accroire au roi, de qui ils étaient très écoutés, que les hérétiques qui étaient sur les galères rentraient tous dans le giron de l'Église romaine; afin que le roi eût cette raison à opposer aux sollicitations que la reine Anne lui pourrait faire pour notre délivrance. Mais n'ayant pu persuader aucun de nous de se rendre, et ayant besoin de quelqu'un pour exécuter leur projet, que firent ces fourbes pour en imposer au roi? Ils sollicitèrent deux malheureux forçats, qui étaient condamnés, l'un pour vol, l'autre pour désertion, tous deux catholiques romains d'origine, et qui, depuis plusieurs années qu'ils étaient aux galères, avaient fait constamment profession de cette religion; ils les sollicitèrent, dis-je, à feindre qu'ils étaient de la Religion Réformée, et à se faire

ensuite catholiques; après quoi ils leur promettaient leur délivrance. La condition était flatteuse pour ces deux malheureux.
Aussi ne se firent-ils pas tirer l'oreille pour y acquiescer. Nous
ignorions parfaitement cette manigance, et nous fûmes tout
surpris qu'un dimanche, lorsqu'on disait la messe sur les galères,
ces deux soi-disant Réformés se plièrent dans leur capote et se
couchèrent dans leur banc, à la manière des véritables Réformés,
en qui l'on tolérait cette manière d'agir, qui désignait qu'ils
n'avaient aucune foi pour la messe.

Mon lecteur sera, je m'assure, bien aise que je sorte pour un
moment de mon sujet pour lui dire, aussi brièvement qu'il me
sera possible, l'*origine* de cette tolérance, qui surprend sans
doute ceux qui ne la savent pas, et qui connaissent l'esprit des
ecclésiastiques romains, surtout des missionnaires, peu disposés
à souffrir impunément une telle indécence à l'égard d'un mystère qu'ils exaltent si fort. La voici.

Après la paix de Ryswyk, les missionnaires entreprirent de
forcer les protestants des galères, lorsqu'on dirait la messe, de se
mettre à genoux, tête nue, et dans la posture de dévotion que les
catholiques romains observent. Pour y réussir, ils n'eurent pas
beaucoup de peine à mettre dans leur parti M. de Bonbelle,
major-général des galères, le plus grand et le plus acharné des
persécuteurs [83]. Ils conclurent avec lui de faire donner la bastonnade à tous les Réformés jusqu'à ce qu'ils eussent consenti
à se tenir dans cette posture lorsqu'on dirait la messe. Et pour
rendre cette exécution d'autant plus effrayante qu'elle durerait
plus longtemps, on convint que le major commencerait à un
bout des galères (il y en avait quarante), et ferait donner la bastonnade à une ou deux galères par jour, et ainsi jusqu'à l'autre
bout, pour recommencer encore par ceux qui resteraient opiniâtres, et continuer ainsi jusqu'à ce qu'ils se soumissent ou
mourussent sous la corde. Bonbelle commença cette effroyable
exécution et, chaque jour, il la continuait d'une galère à l'autre;
et les termes favoris dont il se servait pour exhorter ces pauvres

martyrs à obéir étaient ceux-ci, qui font frémir d'horreur :
« *Chien*, disait-il, *mets-toi à genoux quand on dira la messe, et
dans cette posture, si tu ne veux pas prier Dieu, prie le Diable
si tu veux, que nous importe?* » Tous ceux qui furent exposés à
ce supplice y résistèrent saintement et courageusement, en louant
Dieu au milieu de leurs peines. Cependant, quelques bonnes
âmes en informèrent les ambassadeurs des Puissances protestantes qui étaient à la Cour de France, et qui, frappés d'une
injustice aussi atroce, présentèrent des mémoires au roi, où ils
alléguaient, entre autres, qu'il était du dernier injuste que des
gens qui souffraient actuellement la peine des galères pour
n'avoir pas voulu se conformer à l'Église romaine fussent vio-
lentés par de nouvelles peines pour les y porter. Le roi avoua
que cela était très injuste, et déclara qu'on avait commis cette
violence sans ses ordres, et envoya incontinent ordre à Marseille
de cesser ces excès, et d'en faire réparation aux prétendus Réformés des galères; ce qui se fit assez faiblement, en disant que
c'était un malentendu qui n'arriverait plus. Et depuis ce temps-
là, on toléra que les Réformés se couchassent dans leur banc
quand on disait la messe sur les galères, comme je l'ai dit plus
haut [84].

Je reprends le fil de l'histoire des deux faux Réformés que les
missionnaires faisaient agir. Ces malheureux s'étant donc couchés dans leur banc pendant la messe, le comite, qui avait le
mot et qui observe ordinairement que chacun fasse son devoir
en pareil cas, les voyant ainsi hors de la posture convenable, leur
en demanda la raison. Ces misérables lui répondirent en jurant
qu'ils étaient huguenots à cause que leurs parents l'étaient aussi.
Les comites en avertirent les aumôniers, car c'était sur deux
galères différentes que se passait cette scène. Les aumôniers les
exhortèrent de rentrer dans le giron de l'Église. Ils se firent un
peu tirer l'oreille, et enfin se rendirent. Nous jugions bien que
c'était un tour de politique des missionnaires, mais nous ne
pénétrions pas à quoi tout cela aboutirait, et nous ne le dévelop-

pâmes que quelques jours après que les missionnaires eux-mêmes le mirent au jour, comme on le va voir.

Ces deux faux huguenots ayant fait leur abjuration publique et solennelle pour donner plus de relief à cette belle conversion, reçurent peu de jours après leur grâce de la Cour et furent sur-le-champ mis en pleine liberté. Le jour même de leur délivrance, le Père Garcin et un autre missionnaire allèrent de galère en galère annoncer cette faveur du roi, qu'ils disaient faite à deux de nos frères. Ils vinrent donc aussi sur la *Grande Réale* où nous étions, comme je l'ai déjà dit, au-delà de quarante réformés. Ils ordonnèrent à l'argousin de nous déchaîner tous pour leur aller parler dans la chambre de poupe. Nous nous y rendîmes, et après les flatteuses civilités, à quoi ces Pères ne manquent jamais, ils commencèrent leurs harangues dans ce sens : « Messieurs, nous dirent-ils, vous savez les peines et les soins que nous nous sommes toujours donnés pour votre conversion, nommément en dernier lieu, que nous vous avons fait à tous une exhortation générale, sans en tirer pourtant tout le fruit que nous avions espéré. Mais, comme Dieu dispense ses grâces à qui il lui plaît, deux des vôtres, à qui le Seigneur a donné de nous écouter plus docilement, ont embrassé les vérités que nous leur avons enseignées, et ont fait leur abjuration avec grand zèle entre nos mains. Et comme nous savons que rien ne peut faire un plus grand plaisir à Sa Majesté que la conversion de ses sujets errants, nous n'avons pas manqué de lui apprendre cette bonne nouvelle; et voici ce qu'Elle a ordonné à M. de Pontchartrain, son ministre, de nous écrire. » Sur quoi il nous lut la lettre de ce ministre, qui contenait en substance que Sa Majesté était bien aise d'avoir appris que deux des principaux hérétiques calvinistes des galères avaient fait abjuration de leurs erreurs entre leurs mains, et que Sa Majesté espérait, suivant les assurances qu'ils lui en donnaient, que tous les autres qui se trouvaient encore sur les galères suivraient bientôt ce bon exemple; qu'en ce cas Sa Majesté leur promettait, non seulement leur délivrance, mais aussi ses faveurs royales, comme à de bons sujets. Il nous fut facile de juger par cette lettre que les missionnaires avaient fait jouer ce ressort pour persuader Sa Majesté que ces deux derniers convertis étaient, pour ainsi dire, les arcs-boutants qui soutenaient les autres; et que, dans cette idée, Sa Majesté n'écouterait aucune sollicitation pour nous, y opposant toujours que nous étions tous convertis ou en train de l'être. Voyez, je vous prie, la hardiesse de ces missionnaires, qui tâchaient, par cette fourberie insigne, d'en imposer au roi. Considérez aussi l'impiété de ces imposteurs, qui se jouent impunément de la Religion, et qui sacrifient la vérité à leur exécrable mensonge; mais rien ne coûte à ces messieurs, pourvu qu'ils viennent à bout de leurs pernicieux desseins. Impiété, mensonge, hypocrisie, cruautés, et enfin tous les crimes les plus atroces ne sont chez eux que « *peccadilles* », pourvu qu'ils les exercent pour la destruction de ce qu'ils appellent « *hérésie* », et pour assouvir leur haine et leur vengeance contre leurs ennemis, qui ne le sont que parce qu'ils ne pensent pas comme eux. Voilà un échantillon du caractère de ces fameux directeurs des consciences, qui sont en même temps les plus cruels et les plus formidables ennemis des pauvres Réformés. Le lecteur verra par la suite de ces Mémoires de quoi ils sont encore capables.

Après que le Père Garcin, supérieur des missionnaires de Marseille, nous eut fait la lecture de cette lettre de M. de Pontchartrain, il nous harangua fort pathétiquement, nous exaltant la bonté du roi pour ses sujets, qui ne s'arrêtait pas seulement à leur procurer les biens temporels, mais qui portait son attention à sauver leurs âmes; que cette lettre, qu'il avait ordonné à son ministre d'écrire, en était une preuve plus que suffisante. Il s'étendit ensuite sur la bonté et la douceur de l'Église romaine qui, à l'exemple du Sauveur du monde, ne forçait personne que par la persuasion de la vérité du saint Évangile. « Et ne nous alléguez pas, s'écria ce Père, que nous vous persécutons pour vous faire rentrer dans le giron de l'Église; arrière de nous cette maxime de persécuter, que vous nous objectez si souvent. Nous vous déclarons que nous la détestons, et nous convenons qu'il n'appartient à personne, suivant le précepte de l'Évangile, de persécuter les autres pour cause de Religion. Rentrez donc en vous-même, continua ce Père, et rendez-vous à la royale et sainte sollicitation de Sa Majesté, et à la douce persuasion des vérités que nous vous annonçons de tout notre cœur, et avec un vrai zèle pour votre salut. » Ayant fini son discours, l'un de nous prit la parole, et témoigna que nous étions très sensibles aux offres pleines de bonté que Sa Majesté nous faisait faire par son ministre; que nous persisterions toute notre vie dans les sentiments de véritables et de bons sujets de Sa Majesté; et quant à notre sainte foi, que nous étions tous résolus aussi, avec la grâce de Dieu, d'en faire profession de cœur et de bouche jusques à la fin. Ici le Père Garcin lui coupa la parole, en lui disant qu'il ne pouvait répondre pour tous; que d'ailleurs il ne nous demandait pas sur l'heure de réponse, laissant à chacun de nous à réfléchir en particulier sur ce qu'il nous avait dit. Ne pouvant rien dire de plus à ces Pères (car ils étaient deux), nous sortîmes de la chambre de poupe où ils restèrent encore un peu, apparemment pour voir si du moins quelques-uns de nous n'iraient pas leur déclarer qu'ils étaient convaincus. Les argousins se mirent à nous renchaîner chacun dans nos bancs; mais comme nous étions au-delà de quarante, et qu'il se passa une bonne heure avant que cela fût fini, je liai conversation avec trois de nos frères, attendant que notre tour vînt pour nous enchaîner. Je leur dis que je ne pouvais plus retenir ce qui se passait dans mon cœur; que je désirais de répondre à l'imposture du Père Garcin, qui osait soutenir que nous n'étions pas persécutés. Ces frères me représentèrent que je connaissais bien le caractère dur et cruel de ces Pères; que nos répliques, quelque humbles qu'elles fussent, n'aboutiraient qu'à nous faire maltraiter. « Messieurs, leur dis-je, nous avons tant souffert de mauvais traitements que Dieu nous a fait la grâce de supporter avec joie pour sa cause, que quelque chose de plus ne nous étonnera point, et que, moyennant la continuation de la grâce divine, nous le souffrirons encore, s'il le faut. C'est pourquoi je vous prie que nous rentrions à nous quatre dans la chambre où sont encore ces Pères, afin que j'exhale en votre présence ce que j'ai sur le cœur. Je porterai la parole, et je vous promets qu'aucune invective ou malhonnêteté de ma part ne leur fournira le prétexte de nous maltraiter. » Ils se laissèrent persuader, et nous entrâmes dans la chambre de poupe, où ces Pères étaient encore. Dès qu'ils nous virent revenir à eux, ils prirent un air gai qui nous persuada qu'ils croyaient que nous avions fait de sérieuses réflexions sur leur harangue, et que nous venions nous avouer vaincus. Ils nous saluèrent le plus aimablement du monde, nous présentant des sièges. J'avais promis à nos trois frères qui m'accompagnaient que je parlerais, aussi fis-je, d'abord que le Père Garcin m'eût demandé de quoi il s'agissait, et si nous avions fait réflexion sur ce qu'il nous avait dit et sur la promesse du roi, au cas que nous fissions abjuration de nos erreurs. Je lui répondis que nous étions pleinement persuadés de la bonté et de la sincérité de Sa Majesté, et qu'il ne s'agissait plus que de nous lever quelque scrupule; que nous rentrions vers eux pour les prier de nous donner quelque éclaircissement sur ce que nous leur allions proposer. J'avoue que je fis en quelque manière un peu l'hypocrite, par l'air que je me forçai de prendre en leur faisant ce début, pour leur faire accroire que nous venions capituler pour nous rendre ensuite. J'imaginai cette ruse pour les faire donner dans le piège que je leur tendais, et j'eus le plaisir de voir qu'ils y tombèrent comme je l'avais désiré. Je voulais leur faire avouer tacitement que nous étions persécutés pour cause de Religion, et voici comment je m'y pris. Les trois frères qui m'accompagnaient étaient cependant dans une grande inquiétude au sujet de mon début, dont je ne les avais pas instruits, faute de temps; mais l'issue leur donna beaucoup de joie.

Je dis donc à ce Père que nous avions fait une sérieuse réflexion sur ce qui venait de se passer, mais qu'il nous restait entre autres un grand obstacle à ce qu'ils appelaient notre *conversion;* que nous venions le lui proposer, et lui demander de le lever. « Voilà comme il faut faire, s'écria tout joyeux le Père Garcin. Parlez, monsieur, me dit-il, et vous serez satisfait sur tous vos scrupules. »

Là-dessus, je pris la parole sur le même ton et lui dis : « Je puis vous certifier, monsieur, que, grâces à Dieu et à mes parents, j'ai été élevé et instruit assez bien dans les principes de la Religion Réformée. Mais il faut que je vous avoue que rien ne m'y fortifie davantage que de me voir persécuté à cause d'elle. Car lorsque je considère que Jésus-Christ, ses apôtres, et tant de fidèles chrétiens ont été persécutés suivant la prophétie de ce Divin Sauveur, je ne puis que me croire dans le vrai chemin du salut, puisque je suis persécuté comme eux. Ainsi, monsieur, continuai-je, si vous pouvez me prouver que nous ne sommes pas persécutés, comme vous le souteniez tantôt, je vous avoue que vous gagnerez beaucoup sur moi. » — « Je suis ravi, me répliqua le Père Garcin, que vous me découvriez si clairement votre scrupule; et d'autant plus ravi qu'il n'y a rien de si facile que de vous le lever, en vous prouvant que vous n'êtes pas persécutés pour cause de Religion, et voici comment. Savez-vous, me demanda-t-il, ce que c'est que persécution? » — « Hélas, monsieur, lui dis-je, mon état et celui de mes frères souffrants nous l'ont fait assez connaître. » — « Bagatelle, dit-il, c'est ce qui vous trompe, et vous prenez *châtiment* pour *persécution;* et je vais vous en convaincre.

« Pourquoi, me demanda-t-il, êtes-vous aux galères, et quel est le motif de votre sentence? » Je lui répondis « que me voyant persécuté dans ma patrie, j'avais voulu sortir du royaume pour professer ma Religion en liberté et qu'on m'avait arrêté sur les frontières et pour cela condamné aux galères. » — « Ne voilà-t-il pas, s'écria le Père Garcin, ce que je viens de vous dire, que vous ne savez pas ce que c'est que persécution? Je vous l'apprends donc, en vous disant que persécution, en fait de Religion, c'est lorsqu'on vous maltraite pour vous obliger à renoncer la Religion que vous professez. Or dans votre fait, la Religion n'y a aucune part et en voici la preuve. Le roi a défendu à tous ses sujets de sortir du royaume sans sa permission, vous en avez voulu sortir; on vous châtie pour avoir contrevenu aux ordres du roi. Cela regarde la police de l'État, et non l'Église, ni la Religion. »

Il s'adressa ensuite à un de nos frères là présent, pour lui demander aussi pourquoi il était aux galères? « Pour avoir prié Dieu, monsieur, dans une assemblée », lui répondit ce frère. « Autre contravention aux ordres du roi, reprit le Père Garcin. Le roi a défendu, dit-il, de s'assembler en aucun lieu pour prier Dieu, que dans les paroisses et autres églises du royaume. Vous faites le contraire, et vous êtes puni pour avoir contrevenu aux ordres du roi. » Un autre de nos frères lui dit qu'étant malade, le curé était venu à son lit prendre sa déclaration s'il voulait vivre et mourir dans la Religion Réformée ou dans la catholique romaine. Qu'il avait répondu dans la Réformée, qu'étant guéri de cette maladie, on l'avait pris et condamné aux galères. « Autre contravention encore aux ordres du roi, dit le Père Garcin. Sa Majesté veut que tous ses sujets vivent et meurent dans la religion romaine. Vous avez déclaré ne pas vouloir le faire, c'est contrevenir aux ordres du roi. Ainsi, messieurs, dit-il, tous tant que vous êtes, vous avez contrevenu aux ordres du roi, l'Église n'y a aucune part; elle n'a ni assisté ni présidé à votre procès. Tout s'est passé en un mot hors d'elle et de sa connaissance. » Je vis bien que j'aurais de la peine à le faire convenir que nous étions persécutés pour cause de Religion si je ne continuais pas mon air hypocrite. Je fis donc le benêt et lui dis que j'étais content de l'explication qu'il nous avait faite de ce que c'est que « *persécution* »; qu'il s'agissait à présent de savoir si, en attendant un entier éclaircissement des autres doutes qui me restaient, on ne me délivrerait pas avant que de faire mon abju-

ration? « Non assurément, répondit le Père Garcin. Vous ne
sortirez jamais des galères, que vous ne l'ayez faite dans toutes
les formes. » — « Et si je fais cette abjuration, lui dis-je, puis-je
espérer d'en sortir bientôt? » — « Quinze jours après, dit le Père
Garcin, foi de prêtre; car vous voyez qu'en tel cas le roi vous le
promet. » Pour lors, je repris mon air naturel pour lui dire d'un
grand sérieux que j'expérimentais aujourd'hui la force de la
vérité qui perce au travers du plus adroit mensonge. « Vous
vous êtes efforcé, monsieur, continuai-je, par tous vos raison-
nements sophistiqués, de nous prouver que nous n'étions pas
persécutés pour cause de Religion; et moi, sans aucune philosophie ni rhétorique, par deux simples et naïves demandes,
je vous fais avouer que c'est la Religion qui me tient en galère
avec mes frères; car vous avez décidé que si nous faisons abjuration dans les formes, nous en sortirons d'abord; et au
contraire qu'il n'y aura jamais de liberté pour nous si nous
n'abjurons. » J'aurais poussé plus loin mes réflexions sur son
aveu, pour lui faire voir le ridicule de ses sophismes; mais ce
Père se vit si bien pris par sa propre bouche, que, la fureur
s'emparant de ses sens, il rompit la conversation avec brutalité
et précipitation, nous appelant « *méchants entêtés* », et cria à
l'argousin de nous aller enchaîner dans nos bancs, lui défendant
de nous soulager le moins du monde de nos chaînes.

On peut voir par là le caractère diabolique de ces missionnaires fourbes et cruels. Je passe à ce qui occasionna notre
liberté.

La paix d'Utrecht étant conclue sans qu'on eût pu y rien
obtenir pour nous, le marquis de Rochegude[85], gentilhomme
français réfugié chez les louables cantons suisses, et qui avait
été envoyé de la part desdits cantons à Utrecht pour solliciter
en faveur des pauvres confesseurs sur les galères de France,
voulut tenter de frapper un dernier coup, avec des peines et
des fatigues surnaturelles à son grand âge. Il part d'Utrecht pour
le Nord, obtient du roi de Suède Charles XII, une lettre de

recommandation de la reine d'Angleterre, une de même des rois de Danemark, de Prusse et de divers princes protestants, des états généraux des Provinces-Unies, des cantons suisses protestants, et enfin de toutes les puissances de la même Religion, nous recommandant à la puissante intercession de Sa Majesté britannique, pour opérer notre délivrance. Le marquis repassa la mer, demanda à Milord Oxford (pour lors grand trésorier d'Angleterre) qu'il lui procurât audience de Sa Majesté. Milord lui demanda quelle affaire il avait à proposer à la reine? « J'ai, dit le marquis, toutes ces lettres à présenter à Sa Majesté », en les lui nommant toutes. « Donnez-les-moi, répondit milord, je les appuierai fortement. » — « Je ne le puis, dit le marquis, car j'ai ordre de toutes ces puissances de les remettre en main propre à Sa Majesté, sinon de les leur rapporter incessamment. » Sur quoi, milord Oxford lui procura l'audience demandée. Il remit donc toutes ces lettres à Sa Majesté, en lui disant de la part de qui elles venaient. La reine les fit recevoir par le secrétaire d'État, et dit au marquis qu'elle les ferait examiner et lui ferait donner réponse; sur quoi le marquis se retira. Il se passa bien quinze jours que le marquis n'entendait parler de rien. Au bout de ce temps, ayant appris que la reine devait aller faire un tour de promenade au parc de St. James, il s'y rendit pour se faire voir de Sa Majesté, ce qui réussit. Car la reine l'ayant aperçu le fit appeler et lui dit : « Monsieur de Rochegude, je vous prie de faire savoir à ces pauvres gens sur les galères de France qu'ils seront délivrés incessamment. » Cette pieuse et favorable réponse ne souffrait aucune équivoque. Aussi le marquis ne manqua-t-il pas de nous la faire savoir par la voie de Genève [86]. Nous reprîmes alors l'espérance que nous avions tout à fait perdue du côté des hommes, et louâmes Dieu de cet heureux événement. Peu après, il vint un ordre de la Cour à l'intendant de Marseille d'envoyer en Cour une liste de tous les protestants qui étaient sur les galères, ce qui fut exécuté et peu de jours après, vers la fin de

mai, l'ordre vint audit intendant de faire délivrer cent trente-
six de ces protestants, dont on envoya la liste, nom par nom;
on ne sait par quelle politique la Cour ne fit pas délivrer tout;
car nous étions au-delà de trois cents, souffrant pour la même
cause. Cependant, les autres ne furent délivrés qu'un an après.
L'intendant ayant reçu cet ordre le communiqua aux missionnaires, qui jetèrent feu et flamme, disant qu'on avait surpris
le roi, et que nous délivrer ce serait une tache éternelle à l'Église
romaine. Ils prièrent en même temps l'intendant de suspendre
l'exécution de ses ordres, et de leur accorder quinze jours de
temps pour qu'ils envoyassent un exprès à la Cour pour la
porter à retirer ces ordres; et cependant de les tenir secrets
jusques à la réponse qu'ils attendraient. L'intendant, qui ne
pouvait rien refuser à ces Pères sans s'attirer leur haine, leur
accorda leur demande, et tint secret l'ordre qu'il avait de délivrer ces cent trente-six protestants. Mais dès le lendemain nous
en fûmes informés secrètement par un homme de l'intendant,
qui nous fit tenir sur la *Grande Réale*, à diverses reprises, les
noms de ceux qui étaient sur la liste[87]. Je fis du mauvais sang
dans ce temps-là; car comme j'étais le dernier nommé, et qu'on
ne nous envoya cette liste que par lambeaux, je fus trois jours
dans la plus grande inquiétude du monde, ignorant si j'y étais
ou non. Enfin je fus consolé comme les autres participants de
cette faveur. Mais jugez de l'affliction de nos autres frères qui
ne s'y trouvaient pas. Ils se consolaient cependant en quelque
manière, dans l'espérance que leur tour viendrait, puisque la
reine d'Angleterre nous avait tous demandés et obtenus. Mais
que ne souffre-t-on pas entre la crainte et l'espérance! Nous
fûmes pendant trois semaines dans le même cas, nous cent trente-
six, c'est-à-dire entre la crainte et l'espérance. Car celui qui
nous avait envoyé la liste nous fit savoir en même temps que les
missionnaires avaient écrit en Cour pour tâcher de faire retirer
ces ordres et empêcher notre délivrance. Nous savions par plus
d'une expérience que ces messieurs avaient les mains longues,

et qu'on les écoutait au point de ne leur rien refuser. Qu'on juge
si notre crainte était mal fondée. Elle nous tourmentait au point
de n'en dormir ni nuit ni jour. L'exprès des missionnaires arriva
enfin de retour à Marseille; mais au grand étonnement de ces
messieurs, il n'apporta aucune réponse, ni bonne ni mauvaise;
ce qui fit juger à l'intendant que le roi voulait qu'il exécutât ses
ordres. Cependant, les missionnaires ne perdant pas toute espérance, demandèrent à l'intendant encore huit jours pour
attendre un autre exprès qu'ils avaient envoyé après le premier.
Cet exprès arriva avec le même silence de la Cour. Comme
pendant ce temps-là nous n'avions pu tenir secret l'ordre qui
était venu d'en délivrer cent trente-six, les missionnaires, qui
se flattaient de le faire contremander, venaient nous trouver
sur les galères, nous disant à chaque instant que nous étions
bien loin de notre compte, et que certainement nous ne serions
pas délivrés. Après l'arrivée de ce dernier exprès, ils furent
confondus, et n'en déployèrent pas moins leur malice pour
s'opposer encore à notre délivrance. Ils demandèrent à l'intendant
de quelle manière il voulait nous délivrer. L'intendant leur
ayant répondu : liberté entière pour aller où bon nous semblerait, ils se récrièrent si fort sur cet article et soutinrent si
vivement que des hérétiques comme nous, se répandant dans
tout le royaume, pervertiraient non seulement les nouveaux
convertis, mais même les bons catholiques, qu'ils portèrent
l'intendant à déclarer que c'était à condition de sortir sur-
le-champ, par mer, hors du royaume pour n'y plus rentrer, sous
peine d'être remis aux galères perpétuelles [88]. C'était encore une
fine et maligne politique; car comment sortir par mer? Il n'y
avait pas de navire dans le port pour nous porter en Hollande
ou en Angleterre. Nous n'avions pas le moyen d'en fréter un
d'un port, suffisant pour tant de gens, car cela aurait coûté une
somme considérable que nous n'avions pas. C'était aussi ce que
les missionnaires prévoyaient, et qui leur semblait ne nous laisser aucune ressource.

C'est l'ordinaire que, quand on veut délivrer les galériens, on le leur annonce quelques jours à l'avance. Un jour donc, les argousins des galères reçurent ordre de l'intendant de nous conduire, nous cent trente-six, à l'arsenal de Marseille, ce qui fut fait; et l'intendant nous ayant appelés chacun par nos noms, nous déclara que le roi nous accordait notre délivrance à la sollicitation de la reine d'Angleterre, à condition de sortir du royaume par mer à nos frais. Nous représentâmes à l'intendant que cette condition nous était très onéreuse, et même presque impossible à effectuer, n'ayant pas de quoi fréter des navires pour nous transporter. « Ce sont vos affaires, dit-il, le roi ne veut pas dépenser un sol pour vous. » — « Cela étant, lui dîmes-nous, Monseigneur, ordonnez s'il vous plaît que nous puissions vaquer à chercher quelque voie pour sortir par mer. » — « Cela est juste », dit-il, et sur-le-champ il donna ordre aux argousins de nous laisser aller partout le long du port avec un garde, pour chercher un fret, toutes les fois et quand nous le souhaiterions. Cependant les missionnaires, pour porter plus d'obstacle à notre délivrance, inventèrent un autre projet. Ce fut de nous faire déclarer à tous où nous voulions aller; et voici leur vue. Ils savaient que nous avions chacun nos parents ou nos habitudes hors du royaume, les uns en Hollande, les autres en Angleterre, d'autres en Suisse et ailleurs; et ils pensaient ainsi : Celui qui dira « en Hollande », on lui déclarera qu'il doit attendre qu'il y ait des navires hollandais dans le port de Marseille pour l'y porter; celui qui dira « en Angleterre », de même; et pour ceux qui diront « en Suisse », ou « à Genève », on leur dira de se faire transporter en Italie; mais ils s'attendaient que ces derniers seraient le plus petit nombre. Suivant ce projet que nous ignorions, ç'aurait été, comme on dit, la mer à boire, de pouvoir sortir de leurs griffes. Mais par hasard, ou plutôt par une secrète permission de Dieu qui avait déterminé notre délivrance, ces méchants missionnaires furent trompés dans leur attente. Car nous ayant fait venir à l'arsenal pour exiger cette déclaration d'un chacun de nous, ce que nous ne savions pas, on nous fit monter sur une galerie, au bout de laquelle était le bureau du commissaire de la Marine, qui y était avec deux de ces révérends Pères. Cette galerie étant assez étroite, nous étions là à la file, l'un derrière l'autre, attendant ce qu'on voudrait nous annoncer. Or il se trouva par bonheur que celui des cent trente-six qui était à la tête de la liste avait ses habitudes à Genève. On l'appela donc, et lui ayant demandé où il voulait aller, il dit : « à Genève ». Celui qui se tenait derrière lui crut qu'il fallait dire tous : « à Genève »; et se retournant, il dit à celui qui était près de lui : « Passez la parole, et que tous disent à Genève, ce qui fut fait; car le commissaire en ayant appelé plusieurs et entendant qu'ils répondaient tous « à Genève » dit : « Je crois qu'ils veulent aller tous à Genève. » — « Oui monsieur, dîmes-nous tous à la fois, à Genève », ce que le commissaire nota, et nous annonça que nous n'avions qu'à nous pourvoir de vaisseaux pour nous porter en Italie. Car on ne peut, comme tout le monde fait, aller de Marseille à Genève par mer; et ne nous étant pas permis de passer par la France, nous ne pouvions prendre d'autre route que par l'Italie, ce qui est un très grand détour, mais il n'y avait pas d'autre voie. Cependant, cet hasard de dire tous : « à Genève » nous facilita le moyen d'être bientôt délivrés, comme on le va voir.

Nous nous occupâmes donc à chercher quelque vaisseau pour l'Italie. Un jour que nous étions fort intrigués de n'en pouvoir pas trouver, un pilote de la galère la *Favorite,* nommé patron Jovas, s'adressa à un de nos frères de sa galère. Ce pilote avait une tartane[89], espèce de barques qui naviguent dans la mer Méditerranée. Ce patron dit donc à ce frère qu'il entreprendrait volontiers de nous passer de Marseille à Villefranche, qui est un port de mer de la comté de Nice appartenant au duc de Savoie, depuis roi de Sardaigne, par conséquent hors de France[90], et que de là nous pourrions aller à Genève par le

Piémont. Nous goûtâmes cet avis, et nous fîmes marché avec ce patron pour le passage de nous cent trente-six à raison de six livres par tête, en nous pourvoyant des vivres qui nous seraient nécessaires. Nous étions ravis d'aise d'avoir trouvé cette occasion; et le patron Jovas y trouvait son compte, car c'était un bon fret pour un si court passage, Villefranche n'étant éloigné de Marseille que d'environ vingt ou vingt-cinq lieues. Il fut question d'aller avertir l'intendant que nous avions trouvé passage. Un des nôtres y alla avec le patron. L'intendant en fut content, et dit qu'il allait nous faire expédier nos décharges ou passeports. Nous nous attendions d'être délivrés le lendemain, mais ces malheureux missionnaires y mirent obstacle. Ayant été informés que nous avions fait marché pour Villefranche, ils furent trouver l'intendant et lui représentèrent que cette place était trop proche des frontières de la France; que nous y rentre-rions tous et qu'il fallait qu'on nous transportât à Gênes, Livourne, ou Oneille [91]. Pure méchanceté et animosité de ces cruels missionnaires, qui voulaient nous persécuter encore de loin, comme ils l'avaient fait de près, car ils savaient bien que de Villefranche la route jusques à Genève était une fois plus courte que celle de Livourne ou de Gênes; outre la grande difficulté des chemins de ces dernières places, ayant à traverser toutes les affreuses montagnes des Alpes, inaccessibles pour nous, qui avions dans notre troupe des vieillards décrépits, des para-lytiques et quantité de perclus; et chacun sait qu'aucune sorte de voiture ne peut aller dans ces hautes montagnes et qu'à peine les mules, animaux faits à ces routes-là, y peuvent grimper. Ces cruels savaient bien aussi qu'il était très naturel que nous ne cherchassions pas à rentrer en France si nous en étions une fois dehors; et que nous avions plutôt raison de nous en éloigner et de la fuir, étant, pour ainsi dire, encore tout ensanglantés des plaies qu'on nous y avait faites. L'intendant, aussi bien que tout le monde, voyait bien que c'était un prétexte malin des missionnaires pour nous tourmenter. Mais il faut

que tout plie à leurs volontés et sans répliques. L'intendant,
donc, nous fit dire que l'accord que nous avions fait avec le
patron Jovas ne pourrait avoir lieu à cause de la proximité de
Villefranche, comme je l'ai dit plus haut. Nous voilà donc encore
déroutés et aussi éloignés de notre départ qu'au premier jour.
Nous annonçâmes cette fâcheuse nouvelle au patron Jovas, qui
ne fulmina pas peu contre ces « barbets ». C'est ainsi qu'il
traitait les missionnaires, qui sont haïs et craints de tout le
monde, aussi bien des communes gens que des grands. Cependant,
le patron Jovas nous consola, car, soit par dépit contre les
missionnaires, ou par bonté pour nous, ou qu'il y vît son profit,
il nous dit que notre marché avec lui subsisterait, et qu'il nous
porterait pour le prix convenu de six livres par tête où les
« barbets » voudraient, fût-ce au fond de l'archipel. Il pria en
même temps que quelqu'un de nous fût avec lui chez l'intendant
pour lui en faire la déclaration, ce qui fut fait. L'intendant en
parut encore fort content, ravi d'être débarrassé de cette affaire,
car nous apprîmes qu'il avait dit aux missionnaires que sa tête
ne tenait qu'à un filet de n'exécuter pas les ordres si précis du
roi; et que si la reine d'Angleterre s'en plaignait, il passerait
mal son temps. Il nous dit donc que nous pouvions faire état
d'être délivrés incessamment. Mais les barbares missionnaires,
toujours acharnés à nous persécuter, et espérant encore quelque
contrordre de la Cour, inventèrent une autre ruse. Ils dirent
à l'intendant que la tartane du patron Jovas était trop petite
pour contenir dans son fond de cale cent trente-six hommes,
et qu'il faudrait en souffrir la plus grande partie sur le tillac;
qu'alors nous serions maîtres de cette barque; que nous jette-
rions dans la mer le patron et ses mariniers; que nous navigue-
rions où bon nous semblerait; et qu'ils ne pouvaient donner
leur consentement à un péril si évident des corps et des âmes
de ce patron et de ses mariniers; qu'en un mot il fallait que nous
fussions sur des bâtiments propres à nous enfermer dans le fond
de cale. Que vous dirai-je? L'intendant voyait bien l'absurdité

de ce prétexte, mais il n'osait y résister. Nouveaux ordres de
sa part de nous pourvoir de vaisseaux capables de nous contenir
tous à fond de cale. Autre avis de ce contretemps au patron
Jovas, qui n'en fut pas peu intrigué et indigné contre les
« barbets », vomissant contre eux, mais en secret, mille imprécations; mais cela n'aidait de rien. Il fallut chercher un autre
moyen. Ce patron, toujours porté de plus en plus à venir à
bout de nous passer en Italie, protesta que, quand il devrait
n'y rien gagner et même y mettre du sien, il n'en aurait pas le
démenti. Il nous laissa dans cette espérance pour aller penser à
exécuter son entreprise. Le lendemain, il ne manqua pas de nous
apporter la bonne nouvelle qu'il avait agi efficacement et ne
croyait pas que les « barbets » eussent rien de plus à y opposer.
C'était qu'à ses frais et risques, il avait loué deux barques plus
grandes que la sienne, lesquelles pourraient facilement contenir
chacune cinquante hommes dans leur fond de cale, et que la
sienne en contiendrait trente-six. Il fallut aller encore chez l'intendant, qui pour le coup pensa tout de bon à nous délivrer
incessamment, mais pour ôter aux missionnaires tout prétexte
de retardement, il envoya son secrétaire pour visiter ces trois
tartanes et s'assurer si elles pourraient nous contenir dans leur
fond de cale. Nous graissâmes, comme on dit, la patte à ce visi-
teur, pour qu'il fît un rapport favorable, ce qu'il fit en effet;
et il fut conclu par l'intendant que les trente-six que le patron
Jovas devait prendre dans sa tartane seraient délivrés à deux
jours de là, qui était le 17 juin 1713, et que les deux autres
barques seraient expédiées à trois jours d'intervalle de l'une à
l'autre, chacune avec les cinquante hommes qui lui seraient destinés. Cela arrêté, et les missionnaires étant à bout de leurs
stratagèmes, ils ne s'opposèrent plus à notre départ qu'en faisant encore une tentative pour tâcher d'intimider les patrons
des barques. Ce fut de leur faire ordonner de signer une soumission portant qu'ils s'obligeaient solidairement de ne nous
pas débarquer à Villefranche, mais à Oneille, Livourne ou Gênes,

sous peine de quatre cents livres d'amende, confiscation de leurs barques et peine arbitraire de leur corps aux contrevenants; ce que les patrons signèrent de bonne grâce. Pour lors les missionnaires abandonnèrent entièrement leurs poursuites; et le Père Garcin, leur supérieur, en eut tant de dépit qu'il s'absenta de Marseille pour ne pas avoir la triste et affligeante vue de notre délivrance.

Le dix-sept donc de juin, jour heureux, et où la grâce de Dieu se manifesta si visiblement en nous par le triomphe qu'elle nous obtint sur nos implacables ennemis, on fit venir à l'arsenal les trente-six hommes nommés pour la barque du patron Jovas, dont j'étais un. Le commissaire de la Marine nous lut les ordres du roi, insérés et imprimés dans chacun de nos passeports. On lut de même au patron Jovas, qui était présent, la soumission qu'il avait signée. Cela fait, le commissaire ordonna à un argousin de nous déchaîner entièrement, ce qui fut incontinent fait; et ledit commissaire, ayant remis tous nos passeports ou décharges, comme on les nomme, au patron Jovas, lui dit qu'il le chargeait de nos personnes et qu'il nous pouvait emmener dans sa barque et partir le plus tôt possible. Nous sortîmes donc de l'arsenal, libres de tous liens, et suivîmes comme un troupeau d'agneaux notre patron qui nous mena à l'endroit du quai où était sa barque. Nous nous mettions en devoir d'y entrer et de descendre au fond de cale, où il n'y avait rien que du sable pour ballast; mais le vent était contraire pour sortir du port et la mer fort orageuse, tellement qu'il était impossible de mettre à la voile. Le patron Jovas voyant donc que nous allions résolument entrer dans sa barque pour y être enfermés suivant la volonté des missionnaires nous dit : « Croyez-vous, messieurs, que je vous sois aussi cruel que les " *barbets* ", et que je veuille vous enfermer comme des prisonniers dans ma barque pendant que vous êtes libres? Nous ne pouvons sortir du port, continua-t-il, que le vent ne change, et Dieu sait quand il changera. Croyez-moi, dit-il, allez-vous-en tous dans la ville, loger et coucher dans de bons lits, au lieu que dans ma barque il n'y a que du sable. Je n'ai garde, continua-t-il, de me figurer que vous m'échapperez. Je sais, au contraire, que vous me rechercherez et m'importunerez pour vous tirer d'ici, hors de la main de vos ennemis. Je réponds de vous, dit-il, et pourvu que je vous porte où mes ordres sont, je n'ai rien à craindre. Allez, continua-t-il, partout dans la ville. Il m'est inutile de savoir où vous logerez. Observez seulement le temps, et lors que vous verrez que le vent aura changé, rendez-vous à ma barque pour partir. » Qu'on juge de la malice des missionnaires par la bonté de ce rustique mais, en même temps, raisonnable patron qui, quoique chargé de nous garder en sûreté, comprend que la nature de notre situation même nous garde et le met hors de tout risque, et que les « *barbets* » ne nous ont fait tant de difficultés et de chicanes que pour nous tourmenter malicieusement. Nous suivîmes donc le conseil que la bonté de notre patron nous donnait, et nous fûmes tous les trente-six loger dans la ville dans différentes auberges. Cependant, nous n'étions pas sans inquiétude de voir que nous ne pouvions pas sortir par le vent contraire, craignant toujours quelque anicroche de la part des missionnaires. C'est pourquoi, dès le lendemain au matin, nous fûmes chez le commissaire de la Marine pour lui faire notre soumission, et le prier qu'on n'imputât notre retardement à partir qu'au temps qui nous empêchait d'obéir ponctuellement aux ordres du roi. Le commissaire nous reçut fort gracieusement et témoigna nous savoir gré de notre démarche, ajoutant d'un air de bonté : « Le roi ne vous a pas délivrés pour vous faire périr en mer; restez dans la ville aussi longtemps que le temps vous empêchera de partir; mais je vous conseille, ajouta-t-il, de ne pas sortir les portes, et aussitôt que le temps le permettra, mettez-vous en mer. Dieu veuille vous donner un bon et heureux voyage! » Il faut savoir que ce commissaire était Réformé d'origine. Le temps continua contraire pendant trois jours, au bout desquels le vent changea et devint bon pour sortir du port, mais encore fort impétueux et la mer en tourmente. Nous nous rendîmes cependant sur le port à notre barque. Nous y trouvâmes le patron Jovas, qui nous dit qu'à la vérité nous pouvions sortir du port, mais que nous trouverions un gros temps à la mer. Nous lui dîmes que s'il jugeait qu'il n'y eût pas grand péril en mer, nous le priions de nous y mettre, que nous aimions mieux être entre les mains de Dieu qu'en celles des hommes. « Je le savais bien, nous répondit-il, que vous m'importuneriez pour sortir d'ici, et que vous êtes toujours plus prêts à me suivre que moi à vous conduire. Allons, dit-il, embarquez-vous et nous mettrons en mer à la garde de Dieu. »

Nous embarquâmes quelques provisions avec nous et nous mîmes en mer. Mais, bon Dieu! que nous nous repentîmes bien de n'avoir pas suivi le conseil de notre patron et attendu un temps plus favorable! La mer était furieuse, et quoique le vent fût assez bon pour faire route, notre barque était si agitée par les vagues que nous croyions à tout moment de périr; et nous fûmes tous si malades du mal de mer que nous vomissions jusques au sang; ce qui émut notre patron d'une si grande compassion pour nous, qu'arrivant devant Toulon, il y relâcha à la grande rade, à l'abri du gros temps, pour nous y laisser un peu rétablir. Nous croyions dans cette grande rade être hors de portée à toute recherche, mais nous fûmes trompés. Car, vers les cinq heures du soir, un sergent et deux soldats de la marine de Toulon, dans une chaloupe, abordèrent notre barque et sommèrent le patron d'aller avec un d'eux parler à l'intendant pour rendre raison de son voyage. Nous frémîmes de crainte en faisant réflexion que sur nos passeports il était spécifié de sortir du royaume sans y plus rentrer, sous peine d'être remis en galère pour le reste de nos jours; et en considérant que si nous trouvions un intendant mal disposé à entendre nos raisons, il nous ferait provisionnellement arrêter; et que, s'il faisait savoir notre détention aux missionnaires de Marseille, qui ne sont qu'à dix lieues de Toulon, ceux-ci nous accuseraient de désobéissance et contravention aux ordres du roi, et que cela nous mettrait dans un grand labyrinthe. Le patron Jovas en était aussi fort intrigué. Il prit cependant nos passeports et descendit dans la chaloupe des soldats pour aller parler à l'intendant. Nous le priâmes de permettre que quelqu'un de nous l'y accompagnât, ce qu'il fut bien aise de nous accorder. J'y fus moi quatrième. Pendant que nous ramions vers le port, il me vint une pensée qui nous fut salutaire par la grâce de Dieu. La voici. Il faut savoir que dans ce temps-là, la peste régnait dans le Levant, ce qui faisait prendre la précaution à tous ceux qui sortaient de Marseille, soit par mer ou par terre, de se munir d'une lettre de santé, et notre patron n'avait pas oublié cette précaution. Le clerc du bureau de la santé, qui ne voyait pas assez de place pour tous nos noms dans les attestations imprimées que l'on donne en pareil cas et où l'on laisse quelques lignes en blanc pour y mettre le nom de ceux qui en requièrent, mit pour abréger : « Laissez passer trente-six hommes qui vont en Italie par ordre du roi et qui sont en santé, etc. » Je fondai là-dessus mon projet. Je dis donc au patron d'essayer si, en montrant cette attestation seule à l'intendant, cela ne suffirait pas, ce qu'il approuva. Étant arrivés, l'intendant demanda au patron d'où il venait, où il allait, et de quoi il était chargé. « De trente-six hommes, Monseigneur, lui répondit le patron, et voilà leur destination », en lui montrant la lettre de santé. L'intendant conçut d'abord la croyance que c'était une expédition secrète de la Cour, et qu'il ne lui appartenait pas de l'approfondir.

Il paraissait en effet dans cette affaire un air mystérieux, car nous quatre qui étions devant l'intendant, ayant à Marseille quitté nos habits de forçats, nous nous étions habillés comme nous avions pu, à la friperie, si bien que l'intendant crut que nous étions déguisés. Il dit donc au patron qu'il n'en voulait pas savoir davantage et, nous adressant la parole, il ajouta que nous pouvions nous reposer et séjourner dans la ville autant que nous trouverions à propos; et qu'il nous offrait ses services pour nous y défrayer si nous le souhaitions. Nous le remerciâmes de sa bonté et nous nous retirâmes fort contents de la réussite de notre petit stratagème. Nous priâmes ensuite le patron de faire débarquer tous nos gens pour venir coucher dans la ville et s'y refaire du mal que nous avions souffert dans cette barque; ce qu'il fit. Et le lendemain, de grand matin, nous nous rembarquâmes dans notre tartane pour poursuivre notre route. Ce patron nous fit naviguer fort agréablement pendant trois jours que dura notre voyage, jusques à Villefranche, au bout duquel temps nous arrivâmes à la rade de ce dernier port de mer. J'ai déjà dit que Villefranche était hors de France et que cette ville, qui est de la comté de Nice, était de la dépendance du roi de Sardaigne. Ayant donc mouillé dans cette rade, nous demandâmes à notre patron s'il lui plaisait de nous débarquer à Villefranche pour y coucher et nous y rafraîchir pour cette nuit-là, et que le lendemain matin nous nous rembarquerions à ses ordres. « Je veux bien, nous dit-il, messieurs, vous faire ce plaisir, dans l'espérance que vous n'abuserez pas de ma bonté; car, étant là, vous êtes les maîtres de ne vous pas rembarquer, et si vous me jouiez ce tour-là, vous me mettriez dans le plus grand embarras du monde, car vous savez la soumission que j'ai signée de ne vous pas débarquer dans ce port! » Nous lui donnâmes parole d'honnêtes gens de nous soumettre à ses ordres et de partir quand il voudrait. Il se fia à nous sans le moindre scrupule et nous débarqua. Nous fûmes loger dans quatre ou cinq auberges qu'il y avait proches du port. Le lendemain, qui était un dimanche, nous nous disposions à nous rembarquer, mais notre patron nous dit qu'il avait à parler à quelqu'un dans la ville de Nice (qui n'est éloignée de Villefranche que d'une petite lieue) qu'il s'y en allait, qu'il y entendrait la messe et qu'il nous viendrait rejoindre à Villefranche pour nous embarquer. Je lui dis que, s'il voulait, j'irais avec lui pour voir la ville de Nice. « Très volontiers », me dit-il, et trois autres de nos frères se joignant à moi, nous fûmes tous cinq à cette dernière ville. En y entrant, le patron nous dit qu'il irait entendre la messe et que nous l'atten-dissions dans le premier cabaret que nous trouverions. Nous nous y accordâmes. Là-dessus, nous enfilâmes une grande rue, et comme c'était un dimanche, que toutes les boutiques et mai-sons étaient fermées, on ne voyait presque personne. Nous ne laissâmes pas d'apercevoir un petit bonhomme qui venait à nous. Nous n'y faisions pas d'abord attention, mais lui, s'approchant de nous, nous salua très civilement et nous pria de ne prendre pas en mauvaise part s'il nous demandait d'où nous venions. Nous lui répondîmes que nous venions de Marseille. Alors il s'émut, n'osant pas d'abord nous demander si nous venions des galères, car c'est faire un grand affront à un homme, à moins que ce ne soit pour cause de Religion, de lui dire qu'il a été aux galères. « Mais je vous prie, messieurs, continua-t-il, en êtes-vous sortis par ordre du roi? » — « Oui, monsieur, lui répon-dîmes-nous, nous venons des galères de France. » — « Hélas, bon Dieu! dit-il, seriez-vous de ceux qu'on y a délivrés il y a quelques jours pour fait de Religion? » Nous le lui avouâmes. Cet homme, tout transporté de joie, nous pria de le suivre. Nous le fîmes sans balancer, de même que notre patron qui craignait quelque embûche pour nous, car il n'y a pas à se fier aux Italiens. Cet homme nous mena dans sa maison, qui ressemblait plutôt au palais d'un grand seigneur qu'à celle d'un négociant. Étant entrés et ayant refermé la porte, il nous sauta au col, nous embrassant en pleurant de joie; et appelant sa femme et ses enfants : « Venez, leur dit-il, voir et embrasser nos chers frères, sortis de la grande tribulation des galères de France. » Sa femme, deux fils et deux filles nous embrassèrent à qui mieux mieux, louant Dieu de notre liberté. Après quoi monsieur Bonijoli le père [92] (c'était son nom) nous pria de nous mettre décemment pour assister à la prière qu'il allait faire. Nous nous mîmes tous à genoux, le patron Jovas aussi bien que les autres; et monsieur Bonijoli fit une prière au sujet de notre délivrance, la plus zélée et la plus pathétique que j'aie jamais entendue. Nous fondions

242 Mémoires*Mémoires d'un protestant*

tous en larmes, le patron comme les autres, et il nous assura depuis qu'il croyait être en Paradis. Après la prière, on prépara le déjeuner; et après plusieurs discours pieux sur la grâce puissante de Dieu qui nous avait fait triompher de nos ennemis en nous donnant la constance de soutenir la vérité de son saint Évangile, il nous demanda combien de nous avaient été délivrés? Nous lui dîmes trente-six. « Cela s'accorde avec ma lettre, nous dit-il. Où sont donc les autres? » — « A Villefranche », dîmes-nous. De là, nous lui racontâmes toute notre histoire et par quel hasard nous nous trouvions dans Nice. « Mais à votre tour, monsieur, lui dîmes-nous, informez-nous s'il vous plaît, qui vous êtes et par quel hasard vous nous avez en quelque manière reconnus en rue. » — « Je suis, dit-il, de Nîmes en Languedoc. J'en sortis après la révocation de l'Édit de Nantes; et sous la protection du duc de Savoie, à présent roi de Sardaigne, je me vins établir dans cette ville, où j'ai négocié si heureusement qu'avec la bénédiction de Dieu j'ai acquis un bien assez considérable; et que quoiqu'il n'y ait dans cette ville aucun protestant que moi et ma famille, j'y vis dans une parfaite tranquillité par rapport à la Religion. Il est vrai que notre souverain m'y a toujours protégé, ne voulant pas qu'aucun de ses sujets, soit ecclésiastiques ou laïques, m'inquiètent le moins du monde. Et pour vous satisfaire, ajouta-t-il, sur l'autre demande que vous me faites, je vous dirai qu'un de mes correspondants de Marseille m'a écrit le propre jour de votre délivrance et m'a prié, si le hasard voulait que vous passassiez par ici, de vous assister de mon mieux. Vous avez vu ce matin par quel hasard je vous ai trouvés en rue, et je suis assuré que c'est la providence divine qui a dirigé cette heureuse rencontre et qui m'a inspiré de sortir de ma maison ce matin, moi qui n'en sors jamais le dimanche. » Enfin, après nous être édifiés les uns les autres en admirant les secrètes voies dont Dieu se sert pour manifester sa puissance, aussi bien que sa grâce et sa miséricorde à ceux qui le craignent et qui invoquent son saint nom, nous

raisonnâmes sur ce qu'il y aurait à faire pour tâcher de continuer notre route pour Genève. Les inconvénients qui s'y trouvaient parurent d'abord impossibles à surmonter. Le patron
Jovas produisit copie de la soumission qu'il avait signée à Marseille et qui lui défendait sous les peines que j'ai dites plus haut
de nous débarquer à Villefranche. Il n'aurait pas été difficile de
justifier ce qu'il avait fait par le prétexte d'un temps contraire,
par lequel les navigateurs sont toujours excusés. Mais de ne
pas poursuivre de là sa route par mer jusques à Oneille, Livorne,
ou Gênes, suivant ses ordres, cela emportait une contravention
manifeste. Il est vrai que nous pouvions nous moquer impunément du patron Jovas, étant hors de la domination de la France
et à l'abri de toute contrainte. Mais notre honneur et notre
conscience s'y opposaient. D'un autre côté, monsieur Bonijoli
paraissait extrêmement alarmé pour nous si nous allions débarquer dans un de ces trois ports de mer : Oneille, Livorne ou
Gênes. Il nous représentait que de là à Genève, nous aurions
des peines et des difficultés qui lui paraissaient insurmontables,
vu les montagnes nombreuses et impraticables à nos vieillards
et à nos infirmes, joint à ce que nous ne pourrions trouver des
montures pour une si grosse troupe qu'à des prix excessifs et
au-dessus de nos forces, et que nous trouvant sans aide ni secours
de personne, nous serions réduits à embrasser le moyen que nous
avions évité à Marseille, qui était de fréter un vaisseau pour
nous porter en Hollande ou en Angleterre, ce qui nous serait trop
onéreux et d'un grand retardement. Que faire donc pour remédier à tant de difficultés? Il n'y avait, ce semble, d'autre parti à
prendre que celui de manquer à la foi promise au patron Jovas.
Mais nous ne le voulions pas faire au péril même de notre vie.
Ce pauvre homme, pendant le conseil que nous tenions en sa
présence, était toujours en posture de suppliant, appréhendant
sans cesse que notre conclusion ne le perdît et que les missionnaires ne le poursuivissent à toute outrance si nous prenions
notre route de Nice à Genève. Monsieur Bonijoli et nous le

rassurâmes, en protestant devant Dieu que nous l'affranchirions de tous risques par rapport à ses ordres, que nous préférerions toujours son bien-être à notre propre soulagement, et que si nous ne voyions aucune autre voie pour sa décharge et sa sûreté, nous nous rembarquerions incontinent dans sa barque. Après cette assurance, notre patron se tranquillisa; mais nous, nous restions à nous regarder l'un l'autre sans pouvoir rien conclure, lorsque tout à coup monsieur Bonijoli s'écria qu'il pensait à un moyen qu'il croyait sûr et qu'il allait sur-le-champ tenter.

Il faut savoir qu'à la paix d'Utrecht, le roi de France avait rendu la ville et le comté de Nice au duc de Savoie, et qu'après en avoir fait l'évacuation, il laissa dans Nice un commissaire pour régler les affaires, soit de dettes ou autres, qui étaient en discussion entre la Cour de France et celle de Turin. Ce commissaire français se nommait monsieur Carboneau. C'était un jeune gentilhomme qui, quoiqu'il ne fût pas gascon de naissance, savait parfaitement bien s'en donner les airs. Chacun sait que les gens de cette province affectent extrêmement la générosité et qu'ils sont toujours prêts à offrir et à rendre leurs services à ceux qu'ils adoptent pour leurs amis de cœur. Il était en ces termes avec monsieur Bonijoli car, comme ce dernier était le seul Français qui fût à Nice, que d'ailleurs ses fils et ses filles, parfaitement bien élevés, étaient à peu près de l'âge du commissaire, ce dernier s'était si bien impatronisé chez monsieur Bonijoli et était si bon ami de lui et de sa famille, qu'il était avec eux comme l'enfant de la maison. Ce fut au souvenir de ce commissaire français que monsieur Bonijoli forma le projet qu'on va voir et qui réussit à merveille.

Il pria le patron Jovas de lui confier la copie de sa soumission, ce que le patron fit volontiers. Il nous pria ensuite de patienter un peu; après quoi il sortit et revint une heure après accompagné du commissaire français. Ce commissaire interrogea le patron Jovas avec un air d'autorité que sa charge lui donnait. Il lui demanda d'où il venait, d'où il était et de quoi sa barque était chargée. Le patron lui ayant répondu à tout, ce commissaire lui ordonna de la part du roi de France de débarquer ses trente-six hommes et de les conduire à Nice, lui défendant sous peine de désobéissance de sortir du port de Villefranche avec sa barque que par ses ordres. Le patron s'y soumit, alla à Villefranche sur-le-champ et conduisit le reste de nos frères à Nice. Monsieur Bonijoli, après leur avoir fait un accueil digne de son zèle, les logea dans différentes auberges à ses frais, ordonnant de les bien traiter. Pour nous quatre, il nous retint dans sa maison, nous faisant la meilleure chère qu'il lui fût possible pendant trois jours que nous séjournâmes dans cette ville. Ces trois jours furent employés à satisfaire la vanité du commissaire. Il nous faisait venir tous les matins devant sa maison, et se tenant sur un balcon en robe de chambre, avec une liste de nos noms à la main, il nous appelait l'un après l'autre, nous demandait d'un air d'autorité et de petit maître qui nous faisait rire en nous-mêmes, d'où nous étions, le nom de nos parents, quel âge nous avions et autres inutilités semblables, le tout pour faire voir sa petite autorité, qu'il estimait très grande, à une foule de bourgeois de la ville qui s'assemblaient devant sa maison pour voir ce que c'était. Monsieur Bonijoli nous avait prévenus que ce sieur commissaire s'en faisait un peu accroire, et il nous exhorta à nous soumettre par politique à ce qu'il exigerait de nous, quoique en vérité sa suffisance fût un peu outrée, car il nous faisait tenir une heure ou deux devant lui, le chapeau bas, avec un air de soumission que nous n'étions pas obligés d'avoir à son égard et que nous n'aurions pas pris, étant hors de la domination de la France, sans l'espérance que nous avions que ce commissaire nous aiderait efficacement à poursuivre notre route de Nice à Genève. En effet, le troisième jour de cet exercice et après s'être rassasié de l'encens qu'il s'était donné, il fit venir chez lui le patron Jovas et lui mit un papier en main, lui disant de le lire et de lui dire s'il en était content. Ce papier, très authentique, étant honoré des armes du roi imprimées et portant en grosses

lettres un « *De par le Roi* », disait que lui commissaire ordon-
nateur pour Sa Majesté très chrétienne, ayant appris qu'il était
entré dans le port de Villefranche une barque française qui avait
été chassée et poursuivie jusques à l'entrée dudit port par deux
corsaires napolitains, il s'était rendu audit Villefranche et avait
trouvé cette barque être de Marseille, chargée de trente-six
hommes délivrés des galères de France, allant en Italie, et
qu'ayant visité et examiné tant la barque que les hommes, il
avait trouvé qu'ils étaient dénués de tous vivres et qu'ils n'avaient
pas le moyen de s'en pourvoir; que d'ailleurs les deux corsaires
napolitains attendaient en mer à la vue de Villefranche que cette
barque sortît pour s'en saisir; que cette considération et celle
de l'état où ces trente-six hommes se trouvaient, sans vivres ni
argent, avait porté lui commissaire, toujours attentif aux intérêts de la Nation française, à ordonner de la part du roi au
patron de cette barque, nommé Jovas, de débarquer ces trente-
six hommes pour qu'ils prissent de là leur route pour Genève,
lieu de leur destination; et que, malgré la protestation que ledit
patron avait faite en vertu d'une soumission qu'il avait signée
à Marseille, s'engageant sous de grosses peines à ne les pas
débarquer à Villefranche, lui commissaire l'y avait contraint
et forcé en vertu de l'autorité que Sa Majesté lui avait confiée
dans la Comté de Nice, etc.

Ayant remis cette déclaration au patron Jovas, il lui demanda
s'il en était content. « Très content, monsieur », répondit le
patron. « Hé bien, repartit le commissaire, tu peux faire voile
pour Marseille quand tu voudras et tu n'as qu'à jeter sur moi
toute la faute qu'on t'imputera, comme t'ayant forcé à m'obéir. »
On peut juger si ce patron était satisfait. Il se voyait affranchi
d'un plus long voyage, et son argent, que nous lui payâmes
d'abord, facilement gagné. Il partit donc pour Marseille, et en
prenant congé de nous, il nous promit d'avertir les deux autres
barques qu'il rencontrerait sur sa route de venir à Villefranche
pour y recevoir le même traitement que lui de cet honnête commis-

saire, qui n'avait pas dédaigné d'inventer tant de prétextes faux pour lui faire plaisir et à nous. La suite a fait voir que le patron Jovas nous tint parole, car les deux barques suivantes furent à Villefranche et firent le même manège que lui. Ainsi, tous les cent trente-six délivrés débarquèrent dans ce dernier port, et de là firent route pour Genève.

Après le départ du patron Jovas, monsieur Bonijoli se prépara à nous faire partir. Il loua trente-six montures, la plupart des mules, pour nous porter à ses frais jusques à Turin, avec un postillon ou guide pour nous y conduire. Nous partîmes donc de Nice au commencement de juillet, nous trente-six, chacun sur sa monture. Nous avions quelques vieillards décrépits qui nous donnèrent beaucoup de peine, ne pouvant se tenir à cheval. Nous traversâmes avec beaucoup de fatigue quantité d'affreuses montagnes, nommément celle qu'on appelle le col de Tende, dont la cime est si haute qu'elle paraît toujours être dans les nues; et quoique nous fussions dans le plus chaud de l'été, et qu'au bas de cette montagne on brûlât de chaleur, étant arrivés sur sa cime, nous souffrions un tel froid qu'il nous fallut descendre de cheval et marcher pour nous réchauffer. La neige et le verglas sont toujours là d'une hauteur prodigieuse. Cependant on n'a pas de peine à monter cette montagne, toute haute et escarpée qu'elle est, car elle a trois lieues de montée, et l'on y a pratiqué un chemin fort commode, en zigzag, par lequel on monte sans s'apercevoir de la raideur de la montagne. Nous la redescendîmes pour entrer dans la plaine du Piémont, le plus beau et agréable pays du monde. Sans m'arrêter à décrire les villes, bourgs et villages par où nous passâmes et dont aussi bien les noms me sont la plupart échappés, nous arrivâmes à Turin, capitale du Piémont et la résidence de Sa Majesté sardinoise. Nous logeâmes dans des auberges, et dès le lendemain au matin nous eûmes la visite de plusieurs Français protestants, dont il y en a toujours bon nombre qui font leur résidence dans cette ville pour leur commerce, et qui vont dans les vallées prochaines des Vaudois assister au service divin. Ces messieurs, à qui monsieur Bonijoli avait annoncé notre arrivée, nous reçurent avec zèle et cordialité, nous défrayant de tout pendant trois jours que nous séjournâmes dans cette grande ville; après quoi, nous ayant préparé des montures pour poursuivre notre route, ils furent supplier le roi de Sardaigne de nous faire donner un passeport pour traverser ses États jusques à Genève. Sa Majesté, qui était pour lors Victor Amédée, voulut nous voir. Six de nous furent admis à son audience. Les ambassadeurs de Hollande et d'Angleterre s'y trouvèrent. Sa Majesté nous fit un favorable accueil, et pendant une demi-heure nous interrogea sur le temps que nous avions été sur les galères, la cause pourquoi et les souffrances que nous avions endurées; et après que nous lui eûmes succinctement répondu, il se tourna vers les ambassadeurs et leur dit : « Voilà qui est cruel et barbare. » Ensuite Sa Majesté nous demanda si nous avions de l'argent pour faire notre voyage. Nous lui dîmes que nous n'en avions pas beaucoup, mais que nos frères, nommément monsieur Bonijoli de Nice, avaient eu la charité de nous défrayer jusques à Turin, et que nos frères de Turin se préparaient à en faire de même jusques à Genève. On nous avait avertis de répondre ainsi à cette demande, sur quoi Sa Majesté nous dit : « Vous pouvez rester dans Turin tout autant qu'il vous plaira pour vous y délasser, et lorsque vous en voudrez partir, vous pourrez venir à ma secrétairerie y prendre un passeport que je donnerai ordre de tenir prêt. » Nous dîmes à Sa Majesté que si elle le trouvait bon nous partirions dès le lendemain. « Allez donc à la garde de Dieu », nous dit ce prince, et il ordonna sur-le-champ au secrétaire d'État de nous expédier un passeport favorable, ce qui fut fait. Ce passeport contenait non seulement de nous laisser passer par tous ses États, mais ordonnait même à tous ses sujets de nous aider et secourir de tout ce dont nous aurions besoin pendant notre route. Nous ne fûmes pas dans le cas, grâces à Dieu, et à nos frères de Turin qui pourvurent abondamment à tout et nous défrayèrent jusques à Genève. Il se trouva à Turin un jeune homme de cette dernière ville, horloger de profession, qui voulant aller à Genève nous pria de souffrir sa compagnie dans notre route, ce que lui ayant accordé volontiers, il nous suivit à pied jusques à deux journées de Genève, où il prit congé de nous, disant qu'il savait de là une route pour les voyageurs à pied qui lui abrégerait le chemin d'un jour. Nous lui souhaitâmes bon voyage. Effectivement, il arriva à Genève un jour avant nous, et ayant raconté dans la ville que trente-six confesseurs délivrés des galères de France devaient arriver le lendemain à Genève, le vénérable magistrat de cette ville le fit appeler pour qu'il leur confirmât cette nouvelle. Le lendemain, jour de dimanche, nous arrivâmes à un petit village sur une montagne, à environ une lieue de Genève, d'où nous voyions cette ville avec une joie qui ne peut être comparée qu'à celle des israélites à la vue de la terre de Canaan. Il était environ midi lorsque nous arrivâmes à ce village, et nous voulions poursuivre sans nous y arrêter pour dîner, tant notre ardeur était grande d'être au plus tôt dans une ville que nous regardions comme notre Jérusalem! Mais notre postillon nous dit que les portes de Genève ne s'ouvraient le dimanche qu'après le service divin, c'est-à-dire à quatre heures de l'après-midi. Il nous fallut donc rester dans ce village jusques à ce temps-là, lequel venu nous montâmes tous à cheval. A mesure que nous approchions de la ville, nous apercevions une grande affluence de peuple qui sortait. Notre postillon en parut surpris, mais bien plus lorsque, arrivant dans la plaine de Plein Palais à un quart de lieue de la ville, nous aperçûmes venir à notre rencontre trois carrosses entourés d'hallebardiers et une foule innombrable de peuple de tout sexe et de tout âge qui suivait les trois carrosses. D'aussi loin qu'on nous vit, un serviteur du magistrat s'avança vers nous et nous pria de mettre pied à terre pour saluer avec respect et bienséance Leurs Excellences de Genève qui venaient à notre rencontre pour nous souhaiter la bienvenue. Nous obéîmes. Les trois carrosses s'étant approchés, il sortit de chacun

un magistrat et un ministre qui nous vinrent tous embrasser
avec des larmes de joie et avec des expressions si pathétiques
de félicitations et de louanges sur notre constance et notre résignation, qu'elles surpassaient de beaucoup ce que nous méritions.
Nous répondîmes en louant et magnifiant la grâce de Dieu, qui
seule nous avait soutenus dans nos grandes tribulations. Après
ces embrassements, Leurs Excellences donnèrent permission au
peuple d'approcher. On vit alors le spectacle le plus touchant
qui se puisse imaginer, car plusieurs habitants de Genève avaient
divers de leurs parents aux galères; et ces bons citoyens, ignorant si ceux pour qui ils soupiraient depuis tant d'années étaient
parmi nous, dès que Leurs Excellences eurent permis à ce peuple
de nous approcher, on n'entendit qu'un bruit confus : « Mon
fils, un tel, mon mari, mon frère, êtes-vous là? » Jugez des
embrassements dont furent accueillis ceux de notre troupe qui
se trouvèrent dans le cas. En général, tout ce peuple se jeta à
nos cols avec des transports de joie inexprimables, louant et
magnifiant le Seigneur de la manifestation de sa grâce en notre
faveur; et lorsque Leurs Excellences nous ordonnèrent de remonter à cheval pour faire notre entrée dans la ville, nous ne pûmes
y parvenir qu'avec peine, ne pouvant nous arracher des bras de
ces pieux et zélés frères, qui semblaient avoir encore peur de
nous reperdre de vue. Enfin, nous remontâmes à cheval et
suivîmes Leurs Excellences qui nous conduisirent comme en
triomphe dans la ville. On avait fait à Genève un magnifique
bâtiment pour y alimenter les bourgeois qui tombaient en nécessité. Cette maison venait d'être achevée et meublée, et on n'y
avait encore logé personne. Leurs Excellences trouvèrent à propos d'en faire la dédicace en nous y logeant. Ils nous y conduisirent donc, et nous mîmes pied à terre dans une spacieuse cour.
Tout le peuple s'y élança en foule. Ceux qui avaient leurs parents
dans la troupe supplièrent Leurs Excellences de leur permettre
de les emmener chez eux, ce qui leur fut très volontiers accordé.
Monsieur Bousquet, l'un de nous, avait à Genève sa mère et

deux sœurs, qui l'étaient venu réclamer. Comme il était mon intime ami, il pria Leurs Excellences de lui permettre de m'amener avec lui, ce qu'Elles lui permirent sans aucune difficulté. A cet exemple, tous les bourgeois, hommes et femmes, s'écrièrent, demandant à Leurs Excellences d'avoir la même consolation de loger ces chers frères dans leurs maisons. Leurs Excellences ayant d'abord permis à quelques-uns d'en prendre, une sainte jalousie s'éleva entre les autres, qui murmuraient et se plaignaient, disant qu'on ne les regardait pas comme de bons et fidèles citoyens si on leur refusait la même grâce; si bien qu'il fallut que Leurs Excellences nous abandonnassent tous à leur empressement, et il n'en resta aucun dans la « Maison française » (c'est ainsi que se nomme ce magnifique bâtiment). Quant à moi, je ne fis pas grand séjour à Genève, et avec six de notre troupe, trouvant l'occasion d'une berline qui avait apporté à Genève le résident du roi de Prusse et qui s'en retournait à vide, nous fîmes marché avec le cocher pour nous mener jusques à Francfort-sur-le-Main. Messieurs de Genève eurent la bonté de payer notre voiture et nous donnèrent de l'argent pour notre dépense. Nous partîmes donc de Genève à nous sept dans cette berline et arrivâmes à Francfort en bonne santé. Mais il ne faut pas que j'oublie la générosité chrétienne des seigneurs de Berne. Le grand avoyer de cette dernière ville, ayant eu avis de Genève que nous devions passer par Berne, donna ordre à la porte de la ville qu'une berline avec sept personnes y arrivant, la sentinelle l'arrêterait et la dénoncerait au capitaine de la garde, à qui ledit seigneur avoyer avait donné ses ordres. Arrivés à la porte de la ville, notre cocher fut fort surpris de se voir arrêter par la sentinelle, qui ayant appelé le capitaine de la garde, ce capitaine demanda en haut allemand, que nous n'entendions pas, d'où il venait, où il allait et qui nous étions? A ce dernier article, le cocher ne savait que répondre, car pour éviter les empressements charitables des protestants par les villes de qui nous devions passer, nous avions défendu au cocher de dire que nous venions des galères. Le cocher, donc fort étonné de la demande du capitaine, vu que la chose n'était pas d'usage à Berne, et craignant quelque mauvaise affaire, se tourna vers nous tout effaré et nous dit : « Messieurs, je ne puis éviter de dire qui vous êtes. » Nous lui dîmes qu'il n'avait qu'à le dire; ce qu'ayant fait le capitaine lui ordonna de suivre une escorte qu'il lui donna, de quatre soldats et un sergent. L'alarme redoubla à notre cocher, qui était un bon Allemand et qui crut fermement qu'on l'allait arrêter avec sa voiture. Il ne cessait de se justifier à l'escorte, disant qu'il n'avait rien commis, ni contre l'État ni contre personne. Le sergent, pour s'en divertir, lui mettait de plus en plus la puce à l'oreille, jusques à ce que cette escorte nous eût conduits à l'auberge de la ville, nommée « le Cocq ». C'est le lieu où les ambassadeurs et autres seigneurs de distinction sont défrayés par l'État. Étant descendus, nous y trouvâmes le secrétaire d'État, qui nous souhaita la bienvenue d'une manière aussi tendre que si nous eussions été ses propres enfants. Il nous dit qu'il était le secrétaire d'État. Il fit bien de nous le dire car nous ne l'aurions jamais connu pour tel, ni à ses habits ni à son équipage, tant il y a peu de différence dans ce pays-là entre le bourgeois et les seigneurs. Il ajouta qu'il avait ordre de nous tenir compagnie et de nous défrayer avec distinction tout le temps qu'il nous plairait de rester à Berne. Nous fûmes magnifiquement traités dans cette auberge; et le secrétaire, qui ne nous quittait que le soir, nous occupa pendant quatre jours à visiter Leurs Excellences de Berne, depuis le grand avoyer jusques au moindre seigneur de cette régence. Nous fûmes partout reçus et caressés, comme si nous avions été les plus chers de leur famille. On nous pria d'une manière toute pleine de bonté de les honorer (c'était ainsi qu'ils s'exprimaient) de notre présence dans leur ville pendant quelques semaines et aussi longtemps que nous souhaiterions. Nous y aurions fait en effet un plus long séjour, si ce n'est que notre cocher supplia instamment Leurs Excellences de nous laisser partir, devant se rendre incessamment à Berlin. Notre séjour ne fut donc que de quatre jours, au bout desquels le secrétaire d'État nous fit préparer un bon déjeuner, et en prenant congé de nous, il nous mit à chacun dans la main vingt ryxdalders de la part de Leurs Excellences. Nous le priâmes de leur en témoigner notre parfaite reconnaissance et nous partîmes dans notre berline, qui nous porta jusques à Francfort-sur-le-Main. Il ne se passa rien dans ce voyage de digne d'être mis dans ces Mémoires, l'ayant toujours fait incognito, de crainte d'être encore retenus par le favorable accueil qu'on nous aurait fait dans tous les pays protestants où nous avions à passer, en Suisse et en Allemagne. Nous arrivâmes donc à Francfort au commencement d'août. Nous y étions recommandés par messieurs de Genève à monsieur Sarazin, négociant et ancien de l'église réformée de Bockenen, à une petite lieue de Francfort, car, comme tout le monde sait, il n'y a point d'église réformée [93] dans la ville de Francfort, mais tous ceux qui forment l'assemblée de cette Église, tant Allemands que Français, demeurent à Francfort et sont obligés d'aller assister au service divin audit Bockenen. Nous arrivâmes à Francfort un samedi, jour de préparation à la sainte Cène. Nous fûmes descendre chez monsieur Sarazin, qui nous attendait, et nous y vîmes bientôt arriver les membres du consistoire, tant allemands que français. Ils nous reçurent avec des démonstrations de joie et de zèle inexprimables, nous menèrent en carrosse à Bockenen pour y entendre la prédication de préparation, qui fut prononcée par monsieur Mathieu, ministre français de cette église. Ces messieurs nous prièrent instamment de communier le lendemain avec eux; mais nous ne nous y trouvâmes pas assez bien préparés, surtout moi qui n'avais jamais communié, n'en ayant pas eu l'occasion. A l'issue du sermon, nous retournâmes à Francfort chez monsieur Sarazin, qui nous traita magnifiquement dans sa maison. Le lendemain, il nous mena à Bockenen, et au sortir de l'Église, on nous fit tous entrer dans la chambre du consistoire, où nous prîmes un repas frugal avec tous les membres

de ce corps, allemands et français. Ces messieurs nous sollicitèrent fortement de rester quelques jours à Francfort, mais
nous les priâmes si fort de nous permettre de poursuivre notre
voyage pour la Hollande, qu'ils y acquiescèrent; et le soin de
notre départ et de nous défrayer fut commis à monsieur Sarazin,
qui s'en acquitta avec beaucoup de zèle. Il nous acheta un bateau
léger, couvert d'une tente, avec deux hommes pour ramer et
conduire ledit bateau jusques à Cologne. Il nous y fit mettre les
provisions nécessaires, avec ordre aux bateliers de nous descendre tous les soirs à terre dans les endroits commodes et convenables pour y coucher et nous rafraîchir; surtout de se tenir,
autant qu'ils pourraient, proche de terre du côté de l'Empire,
où l'armée de cette nation était cantonnée le long de la rivière.
L'armée de France, qui assiégeait pour lors Landau [94], étant de
l'autre côté, nous craignions fort de tomber entre ses mains.
Monsieur Sarazin, avant de nous faire embarquer, nous mena
à la Maison de ville pour prier le magistrat de nous donner un
passeport. Ces seigneurs (tous luthériens, comme on sait) nous
firent beaucoup de caresses et de félicitations sur notre délivrance. Ils portèrent la chose jusqu'à dire que nous étions le *« sel
de la terre »*, titre qui nous humilia par le sentiment que nous
avions de nos infirmités, qui mettaient une immense distance
entre les saints disciples du Seigneur Jésus, à qui ce sacré nom
appartenait, et nous, qui nous sentions de si fragiles pécheurs.
Aussi le témoignâmes-nous par notre réponse, rendant gloire à
Dieu, qui seul, par sa grâce, avait fortifié notre constance et
notre résignation à sa sainte volonté. Ces seigneurs parurent si
contents de nos discours que j'en vis quelques-uns qui répan-
daient des larmes; et après nous avoir exhortés à la persévérance
et nous avoir recommandés aux soins de monsieur Sarazin, ils
nous donnèrent un passeport extraordinairement ample et nous
le firent expédier gratis. Nous les remerciâmes de notre mieux et
nous nous retirâmes. Monsieur Sarazin nous conduisit au bateau
qu'il avait fait préparer pour nous, et nous nous y embarquâmes,

en témoignant à ce bon israélite notre grande reconnaissance pour tant de bontés qu'il avait pour nous. Notre navigation jusques à Cologne fut assez longue, parce que naviguant toujours terre à terre du côté de l'Empire, où j'ai dit que l'armée de cette nation était cantonnée, on nous arrêtait à chaque poste ou corps de garde pour y présenter et faire viser notre passeport. Nous fûmes quelquefois escarmouchés par les Français qui étaient à l'autre bord, mais, Dieu merci, sans nous faire aucun autre mal que la peur. Huit jours après notre départ de Francfort, nous arrivâmes à Cologne en bonne santé. Nous y vendîmes notre bateau, et le lendemain nous partîmes de cette ville par la barque ordinaire pour Dordrecht, après avoir visité quelques messieurs protestants à qui monsieur Sarazin nous avait recommandés et qui nous firent un favorable accueil. Nous arrivâmes à Dordrecht, et de là, sans y faire aucun séjour, nous partîmes pour Rotterdam, où, étant arrivés, nous y fûmes accueillis avec toute l'amitié possible du nombreux troupeau, tant français que hollandais, de cette ville. Nous y restâmes deux jours, toujours défrayés partout. Enfin, nous arrivâmes à Amsterdam, le but de notre voyage. De vous dire la réception fraternelle qu'on nous fit dans cette grande ville, si zélée pour les confesseurs de la vérité de notre sainte Religion, je n'aurais jamais fini. Aussi me serait-il impossible de la pouvoir dépeindre. Nous fûmes en corps à la vénérable Compagnie du consistoire de l'Église wallonne pour leur témoigner notre gratitude de la constante bonté qu'ils nous avaient témoignée pendant un si grand nombre d'années, en nous secourant si efficacement dans nos grandes tribulations. Cette pieuse Compagnie eut la bonté de répondre à nos remerciements par des assurances de la continuation de leur zèle. Ensuite, elle nomma deux d'entre ses membres pour aller nous présenter au consistoire hollandais, qui s'assembla exprès pour nous recevoir. Il y eut là des démonstrations de zèle et de charité qu'il est plus facile de comprendre que d'exprimer. Ces messieurs nous embrassèrent tous les yeux baignés de larmes de joie, et nous firent une exhortation pathétique de donner des marques de notre sainte foi en édifiant l'Église par une vie sans reproche, qui répondit à la constante profession de confesseurs de la vérité, que Dieu nous avait fait la grâce de soutenir sur les galères. Ensuite, cette vénérable Compagnie résolut une libérale bénéficence pour aider à nous procurer le nécessaire, et remercia les députés de l'Église wallonne de la bonté qu'ils avaient eue de nous présenter à leur Compagnie, leur témoignant leur en savoir gré.

Nous restâmes ensuite, pour ainsi dire, ambulants pendant trois ou quatre semaines, n'ayant pu songer à nous fixer, à cause des caresses qu'un chacun nous faisait. C'était à qui nous aurait, nommément mes chers compatriotes de Bergerac (chacun de nous avait les siens). La connaissance des familles, les diverses persécutions, la parenté, et surtout l'amitié qui animait nos conversations, nous attachaient à eux d'une manière si intime que nous ne pouvions nous en séparer. Je commençais pourtant à songer tout de bon à m'occuper à quelque chose d'utile, lorsque messieurs du consistoire de l'Église wallonne me prièrent d'être l'un des députés qu'on avait résolu d'envoyer en Angleterre pour deux fins : l'une, pour remercier Sa Majesté britannique de la délivrance qu'elle nous avait obtenue; et l'autre, pour donner quelque poids aux sollicitations qu'on faisait à Sa Majesté pour faire délivrer ceux qui restaient encore sur les galères, au nombre d'environ deux cents. On juge bien que je ne pouvais qu'acquiescer. Je partis donc pour Londres avec deux de nos frères, et dans peu nous nous y trouvâmes douze députés, tous, comme on nous appelait galériens. Messieurs les marquis de Miremont et de Rochegude nous présentèrent à la reine, qui nous admit à l'honneur de lui baiser la main. Le marquis de Miremont[95] fit à Sa Majesté une courte mais très pathétique harangue sur le zèle de Sa Majesté et sur sa puissance d'avoir obtenu la délivrance des confesseurs de la vérité d'entre les mains de ceux qui avaient juré de prolonger leurs souffrances autant que leur vie, etc. Sa Majesté nous assura de sa royale bouche qu'elle était bien aise de notre délivrance, et qu'elle espérait de faire bientôt délivrer ceux qui étaient restés sur les galères; après quoi nous nous retirâmes [96].

Monsieur le marquis de Rochegude, qui possédait à fond la politique des Cours, jugea à propos de nous présenter au duc d'Aumont, qui était pour lors ambassadeur du roi de France à la Cour de Londres; et voulant faire naître l'envie à cet ambassadeur lui-même de nous voir, il lui alla faire sa cour, et lui parla de la députation que les galériens protestants, que Sa Majesté très chrétienne avait fait délivrer, avaient envoyée à Londres pour remercier la reine de sa favorable intercession auprès du roi de France; ajoutant que ces députés, au nombre de douze, seraient déjà venus rendre leurs respects à son Excellence s'ils en avaient osé prendre la liberté. Le marquis avait jugé que cette démarche pourrait être utile pour la liberté de ceux qui étaient restés sur les galères. L'ambassadeur paraissant très curieux de nous voir, il fut arrêté que le lendemain le marquis nous introduirait à l'audience de son Excellence, ce qui fut fait. Son Excellence nous reçut fort gracieusement, nous touchant à tous dans la main et nous félicitant de notre délivrance; il nous demanda combien de temps nous avions souffert le supplice des galères et à quelle occasion nous y avions été condamnés. Chacun de nous répondit à cette demande séparément, car le temps et l'occasion étaient différents. Nous avions préalablement fait notre compliment à son Excellence, remerciant de tout notre cœur Sa Majesté très chrétienne, en la personne de son ambassadeur, de la grâce qu'elle nous avait fait, et la suppliant de faire délivrer ceux qui restaient encore captifs sur les galères. Nous adressâmes ensuite nos supplications à son Excellence, la priant instamment de faire intervenir ses bons offices à la Cour de France pour faire délivrer ces pauvres gens qui n'étaient pas plus criminels que nous, et qui avaient obtenu la même faveur de la royale intercession de Sa Majesté britannique auprès de

Sa Majesté très chrétienne; que le roi avait consenti que tous
les galériens, généralement qui l'étaient pour cause de Religion,
fussent délivrés; que cependant on n'en avait délivré que cent
trente-six et retenu environ deux cents. Son Excellence parut
frappée de cette distinction, et nous dit qu'il n'y comprenait
autre chose, sinon que ceux qui étaient restés devaient avoir
commis quelque autre crime. Nous protestâmes le contraire,
et chacun de nous en alléguant les preuves les plus plausibles;
je pris la liberté de supplier monsieur l'ambassadeur de vouloir
bien me faire la grâce de m'accorder un moment d'attention
sur l'exemple que j'allais lui citer, qui prouverait clair comme le
jour qu'il n'y avait pas eu de distinction de crimes qui retinssent
nos frères sur les galères. J'étais le plus jeune de la troupe et le
moins grave, et je m'étais fait un effort sur moi-même de m'en-
hardir à plaider cette cause devant son Excellence; mais je la
priai de me le permettre avec un tel air d'assurance de la
convaincre, qu'Elle s'attacha avec bonté et patience à m'écouter.
Je lui récitai succinctement la cause qui m'avait porté à sortir
du royaume : qu'étant lié d'amitié avec un jeune homme de
Bergerac nommé Daniel le Gras, nous étions partis ensemble et
avions été tous deux arrêtés à Mariembourg, et là, condamnés
tous deux par la même sentence aux galères perpétuelles; que le
parlement de Tournai avait confirmé cette sentence en nous
déclarant tous deux convaincus du même cas; qu'en un mot,
nous étions tous deux sur la même feuille qui formait notre
sentence, sans aucune distinction, soit de crime particulier ou
autre contravention aux Ordonnances; que cependant j'étais
délivré, et que mon compagnon était resté, ce qui prouvait bien
clairement que la Cour de France n'avait pas fait observer de
distinction de crime en en délivrant seulement cent trente-six.
Monsieur l'ambassadeur nous fit la justice de paraître convaincu
par cet exemple et me pria de le lui donner par écrit, ce qui se
fit, et il nous dit qu'il fallait donc que le ministre de la Marine
ou ses secrétaires eussent fait cette bévue. Son Excellence s'adres-

sant ensuite au marquis de Rochegude le remercia de lui avoir procuré notre vue, ajoutant que les éclaircissements que nous lui avions donnés le satisfaisaient, et qu'il en allait écrire en Cour de France pour faire sentir que cet abus, s'il n'était pas remédié, paraîtrait et serait en effet une injustice. « Et preuve, dit-il encore à monsieur de Rochegude, que je parle sincèrement, donnez-vous la peine de venir demain, qui est jour de poste pour la France, pour prendre vous-même ma lettre que je lirai et cachetterai en votre présence et que vous ferez mettre ensuite à la poste. Vous y verrez, continua-t-il, de quelle manière je prends cette affaire à cœur pour ces pauvres gens; et se tournant vers son secrétaire d'ambassade, nommé l'abbé Nadal : voilà, dit-il, monsieur l'abbé, d'honnêtes gens qui font voir au milieu de leurs préjugés de Religion leur candeur et leur bonne foi. » Cet abbé ne répondit que par un inclinement de tête, et fit bien voir par la suite que l'approbation et la bienveillance dont son maître nous honorait n'était pas de son goût. Car le lendemain, le marquis de Rochegude étant allé chez l'ambassadeur pour prendre sa lettre, suivant qu'il était convenu, son Excellence le reçut bien de la manière la plus gracieuse, et lui dit qu'il lui avait tenu parole et que sa lettre était faite. Mais ayant appelé l'abbé Nadal, et lui demandant où était cette lettre : « Quelle lettre, Monseigneur? » répondit l'abbé. « Cette lettre, repartit l'ambassadeur en propres termes, au sujet des confesseurs sur les galères. » Ce titre honorable de confesseurs que son Excellence nous donnait fit frémir l'abbé; et comme son maître insistait encore à lui demander où était cette lettre, il répondit froidement qu'elle était sur le bureau de son Excellence. « Donnez-la donc », lui dit l'ambassadeur. Là-dessus, l'abbé lui dit qu'il avait un mot à lui dire en particulier; et lui ayant parlé à l'oreille, l'ambassadeur dit au marquis que son secrétaire le faisait ressouvenir qu'il avait écrit quelques particularités dans sa lettre, qui ne regardaient pas l'affaire des galériens, et qu'ainsi il le priait de le dispenser de la lui remettre; mais qu'il pouvait compter qu'elle serait envoyée le même jour. Monsieur de Rochegude vit bien à quoi il s'en fallait tenir, et que l'abbé Nadal avait détourné son maître d'envoyer cette lettre. Par la suite, l'ambassadeur assura bien monsieur de Rochegude que la lettre avait été envoyée, mais ni lui ni nous n'en crûmes rien, et nos frères ne furent délivrés qu'un an après, par une nouvelle sollicitation de la reine d'Angleterre. J'ai cru que je devais insérer cette particularité dans ces Mémoires, pour faire voir que les honnêtes gens nous plaignaient et étaient portés à nous rendre service, et qu'il n'y avait que les ecclésiastiques qui nous haïssaient et nous contrecarraient partout. Cet abbé Nadal était ecclésiastique. Il était aumônier et en même temps secrétaire d'ambassade. Il donna pendant sa résidence à Londres avec le duc d'Aumont plusieurs marques de son animosité contre les protestants. L'ambassadeur était bon et modéré, et que ce fût, comme on dit, eau bénite de cour ou politique, il a toujours paru très humain envers les protestants, mais l'abbé Nadal le gâtait. Cet abbé avait tellement gagné les officiers de la maison de l'ambassadeur et les avait si fort animés contre les Français réfugiés, qu'il ne se passait presque pas de jour que ces honnêtes gens n'en reçussent des affronts. Ces messieurs s'étaient rendus si hardis qu'ils tourmentaient nos gens jusque dans les églises; et un dimanche matin, que le ministre Armand du Bordieu prêchait à la grande Savoie (c'est le nom de la principale église française) comme il était à peu près au milieu de son sermon, un des officiers du duc d'Aumont eut l'irrévérence de crier tout haut : « Tu en as menti », et se sauva au plus tôt, car cette insolence émut tellement le peuple qu'on l'aurait mis en pièces si on l'avait tenu. Une autre fois, ce que j'ai vu de mes propres yeux, un officier de cet ambassadeur se trouvant au « Café Français », proche la Bourse de Londres, disait pis que pendre des réfugiés. Quelqu'un lui ayant représenté qu'il devait être plus circonspect dans ses discours puisque, par la grâce de Dieu, il se trouvait dans un pays de liberté et à l'abri des persécutions de la France, cet insolent reprit la parole et dit fort brutalement : « Croyez-moi, messieurs, le roi de France a les bras assez longs pour vous atteindre au-delà des mers et j'espère que vous le sentirez bientôt. » Mais un négociant de Londres nommé monsieur Banal, bon réfugié, se trouvant à portée de faire éclater sa colère contre cet officier, lui appliqua un des plus rudes soufflets que j'aie jamais vu donner, en lui disant : « Ce bras, qui n'est pas si long que celui de ton roi, t'atteindra de plus près. » Cet officier voulut mettre l'épée à la main, mais tous les Français qui se trouvèrent là se jetèrent sur lui, lui donnèrent plusieurs coups, et conclurent unanimement de jeter cet impertinent par les fenêtres d'un second étage, ce qui serait arrivé certainement sans la maîtresse du café qui vint supplier à mains jointes qu'on le laissât sortir par la porte. On le fit en considération de cette femme, non sans l'avoir rossé d'importance et tout moulu de coups. Il courut en porter sa plainte à monsieur l'ambassadeur, qui, bien loin de le justifier, lui dit qu'il avait ce qu'il méritait de la part de ces réfugiés et qu'il méritait une seconde punition de la part du roi; qu'il n'entendait pas que ses officiers d'ambassade insultassent personne. Cet ambassadeur était bon naturellement, et bon politique; mais quoi qu'il en soit, je suis persuadé que Sa Majesté très chrétienne aurait de son côté désapprouvé l'action de cet officier, aussi bien que de celui qui commit dans l'église de la Savoie le scandale, que j'ai rapporté et les en aurait fait punir. Mais que ne font pas les jésuites et ceux qui leur ressemblent? Ils ne cherchent qu'à nous persécuter dans les asiles même les plus sûrs. Qu'on juge par là avec quelle faveur ils nous ont traités lorsque nous étions en leur puissance.

Je reprends ce qui me regarde pour finir ces Mémoires avec l'année 1713, terme auquel j'ai promis au commencement de m'arrêter, n'y ayant rien dans la suite de ma vie [97] qui puisse intéresser mon lecteur, à qui je m'étais uniquement proposé de faire le récit des persécutions qu'on a exercées sur moi pour la Religion, tant dans les prisons que sur les galères de France pendant les treize années que j'y ai souffert. Ayant séjourné à Londres environ deux mois et demi, et n'y ayant plus rien qui m'y retint, j'en partis au mois de décembre avec l'approbation du marquis de Rochegude. Une partie de nos frères y resta pour solliciter auprès de la reine la délivrance de nos frères restants. J'arrivai en bonne santé à La Haye, où je fis rapport aux personnes qui s'y intéressaient de ce qui s'était passé à Londres, sans oublier les louanges que méritaient un nombre infini de bonnes âmes de cette grande ville, tant Anglais de nation que Français réfugiés, qui nous accueillirent tous d'une manière tout à fait chrétienne et charitable. Outre les divers présents des particuliers, le consistoire de l'église de Savoie nous défraya tous pendant notre séjour à Londres. Je m'arrêtai quelques semaines à La Haye. Monsieur le ministre Basnage m'en pria pour comparaître avec lui chez divers seigneurs qu'il sollicitait pour nous obtenir une pension, laquelle Leurs Hautes Puissances nous accordèrent peu de temps après, avec beaucoup de bonté. Nous n'avions mérité ce bienfait par aucun endroit, et ce n'est qu'à leur charité chrétienne que nous le pouvons attribuer. En mon particulier, j'en conserve une reconnaissance au-dessus de toute expression; et en considérant cette générosité de L.H.P., je ne puis qu'admirer leur piété, leur zèle pour la gloire de Dieu et leur amour pour le prochain, qui les porte à se conformer constamment au saint précepte de « *faire du bien à tous, mais principalement aux domestiques de la foi.* »

Dieu veuille être lui-même le rémunérateur de leurs vertus, et combler jusqu'à la fin des siècles cette république de ses plus précieuses bénédictions!

DESCRIPTION
D'UNE
GALÈRE ARMÉE,
ET SA CONSTRUCTION

Comme il y a plusieurs personnes dans ce pays qui ignorent ce que c'est que galères, je crois devoir satisfaire leur curiosité en en faisant la description à la fin de ces Mémoires.

Une galère ordinaire a cent cinquante pieds de long à sa quille ou carène et quarante pieds de large, pied de France, de douze pouces au pied (cette mesure sera ici entendue une fois pour toutes). Elle n'a point d'entrepont, et son pont ou tillac couvre son fond de cale, qui est de six pieds de profondeur, à sa basse pente, c'est-à-dire à chaque côté du bord, et à sa hauteur, qui est au milieu de la galère, de sept pieds de profondeur [98]; car la couverte, ou tillac, est ronde et règne d'un bout à l'autre de la galère avec un pied de pente depuis son milieu, qui est le haut dudit tillac, jusques au bord de la galère de chaque côté. Si bien que ce pont ou tillac est fait à peu près comme ceux de ces bateaux d'Amsterdam qu'on charge d'eau douce et qu'on appelle « waeter schuyten », car tout comme ces « waeter schuyten », lorsqu'ils sont chargés, sont tout dans l'eau qui entre et sort sur leur tillac à cause de la pente dudit tillac, il en est de même d'une galère, qui lorsqu'elle est armée et chargée est toute dans l'eau, et l'eau entre et sort sur son tillac, d'autant plus que le *coursier*, ou chemin qui règne au milieu de la galère sur le haut du tillac, et qui forme une longue caisse d'un épais bordage [99], arrête l'eau, qui sans cela, dans une grosse mer, entrerait dans le fond de cale par les ouvertures nécessaires qui se trouvent où sont plantés les mâts; car pour les *écoutilles,* pour descendre dans le fond de cale, elles sont élevées par un épais bordage à la hauteur du coursier. On comprendra peut-être que les rameurs dans leur banc et le reste de l'équipage ont toujours les pieds dans l'eau. Je dis que non, car dans chaque banc il y a ce qu'on appelle *une banquette,* qui est une planche qui s'ôte quand on veut, élevée d'un pied, si bien que l'eau qui entre et sort sur le tillac passe sous cette banquette et par conséquent ne mouille pas les pieds des rameurs; et pour les soldats et mariniers, il règne une espèce de galerie qu'on nomme *la bande,* tout le long de la galère, à droite et à gauche. Cette bande ou galerie est élevée au niveau du coursier; elle est large de deux pieds tout le long au bout des bancs [100]. Les soldats ou mariniers s'y logent et ne peuvent se coucher, mais se tiennent assis sur leur paquet de hardes, fort incommodément. Les officiers ne sont pas plus à leur aise lorsque la galère est en mer; et en un mot personne n'a de place pour se coucher, car le fond de cale étant rempli de vivres ou agrès de la galère, personne n'y peut coucher [101].

Fond de cale d'une galère.

Le fond de cale est divisé en six chambres, savoir :

1. *Le gavon,* qui est une petite chambre au-dessous de la poupe. Elle ne contient qu'un petit lit, où le capitaine couche.

2. *L'escandolat* ou chambre d'office. C'est dans cette chambre que toutes les provisions du capitaine se gardent, de même que son linge, argenterie, batterie de cuisine, etc.

3. *La compagne.* Cette chambre contient les vivres liquides de l'équipage, comme bière, vin, huile, vinaigre, eau douce. On y met aussi lard, viande salée, stockfish, fromage, etc., jamais de beurre.

4. *Le paillot*. Cette chambre contient les vivres secs de l'équipage, savoir le biscuit, pois, fèves, riz, etc.

5. *La taverne*. Cette chambre est au centre de la galère. Elle contient le vin que le comite fait vendre, à pot et à pinte, à son profit. De cette chambre, on entre dans la *soute à poudre* dont le maître canonnier seul a la clef et la direction. Cette chambre sert aussi à serrer les voiles et tentes de la galère.

6. *La chambre de proue* contient les câbles des ancres et autres cordages, et dans cette même chambre est la caisse du chirurgien; et lorsqu'on est en mer, on y loge les malades, qui y sont couchés fort incommodément sur des rouleaux de cordage. En hiver et lorsque la galère est désarmée, on loge les malades à l'hôpital en ville [102].

Bancs à rames.

Une galère a cinquante bancs, savoir vingt-cinq de chaque côté. Ces bancs sont longs de dix pieds et sont proprement des poutres d'un demi-pied d'épaisseur, posées à la distance de quatre pieds l'une de l'autre. C'est cette distance qui forme les bancs, et ces poutres sont sur des pivots ou appuis à la hauteur du séant des rameurs. Le bout ou tête des bancs vient aboutir depuis la bande jusques au coursier. Ces bancs sont garnis de bourre ou de vieille serpillière en forme de coussinets, et un cuir de bœuf couvre ce coussinet. Ces bancs, ainsi garnis de ces peaux de bœuf qui pendent jusque sur la banquette, ressemblent pas mal à de grandes caisses ou à des tombeaux, où les six rameurs galériens sont enchaînés. Tout le long de la galère, à droite et à gauche, contre la bande, règne une grosse poutre d'un pied d'épaisseur, qui forme le bord de la galère. Cette poutre se nomme *l'aposti*. C'est sur cet aposti que les rames sont attachées, la pelle de la rame en dehors, et le gros bout en vient aboutir au coursier; si bien que ces rames, qui ont cinquante pieds de long, en ont environ treize en dedans, depuis l'aposti jusques au coursier. Ces treize pieds, formant le bout le plus gros et le plus pesant, pèsent autant que les trente-sept pieds de ladite rame qui sont au-dehors, de sorte que les rames ainsi posées sur l'aposti se trouvent en équilibre, sans quoi on ne pourrait ramer. A ces gros bouts de rames, qui par leur grosseur ne peuvent être empoignées, il y a des *anses* de bois ou *manilles,* clouées de manière que chacun des six rameurs y ait sa place pour empoigner la rame par ces manilles [103].

Du coursier.

Le coursier de la galère est fait de deux épais et forts bordages de bois de chêne, posés sur le tillac au milieu de la galère, depuis la poupe jusques à la proue. Ces deux bordages sont à la distance l'un de l'autre de trois pieds et demi, et forment comme une caisse qui sert à mettre les tentes et les paquets de hardes de la chiourme. Ce coursier est couvert par des planches en travers, dont chaque banc a la sienne pour les nettoyer et pour ouvrir et fermer le coursier lorsqu'on en a besoin. Ce coursier, ainsi couvert par ces planches, forme un chemin au milieu de la galère, où l'on a les bancs des rameurs à droite et à gauche. On ne peut aller de l'arrière à l'avant de la galère que sur ce coursier, et on n'y peut marcher que difficilement deux de front, sans risquer de tomber dans les bancs à droite ou à gauche. J'ai déjà dit que le coursier arrête et empêche l'eau, qui entre et sort sur le pont ou tillac de la galère, d'entrer dans le fond de cale par une grosse mer [104].

De la mâture d'une galère armée.

Une galère a deux mâts, un grand et un plus petit.

Le grand mât, qui est planté au milieu ou centre de la galère, a soixante pieds de long, sans mât de hune ni hauban ou échelle de corde pour y monter, et les matelots provençaux sont si habiles à monter au haut du mât par une simple corde pendante, que les chats même ne les peuvent égaler en vitesse pour y grimper. Ce mât ainsi tout nu, n'y ayant que le cordage qu'on nomme *amarre* pour y attacher la vergue ou antenne, ressemble à une quille plantée.

La vergue, qu'on nomme *antenne*, est une fois plus longue que le mât, et a par conséquent cent vingt pieds de longueur.

Le petit mât, qu'on nomme le *trinquet*, et qui est planté au-devant ou à la proue de la galère, a quarante pieds de long, de la même forme que le grand mât. Son antenne a quatre-vingts pieds de longueur [105].

On inventa de mon temps, à Dunkerque, un *troisième mât* qu'on appelle *l'artimon*, et qui se plantait, lorsqu'on en avait besoin, au derrière de la galère, contre la *guérite* ou chambre de poupe où se tiennent les officiers majors. Ce mât a vingt pieds de long et son antenne en a quarante. On ne s'en sert guère que pour aider à tourner la galère et on ne le plante qu'au besoin, surtout depuis qu'on inventa ensuite à Dunkerque un gouvernail qu'on mettait au-devant de la galère, tout à fait au bout de la proue, lorsqu'il en était besoin; parce que, lorsqu'on est dans un combat et qu'il faut faire volte-face pour s'en retirer, on a beaucoup de peine à tourner la galère à cause de son immense longueur, ce qui donne prise à l'ennemi pour endommager et tuer beaucoup de monde pendant qu'on tourne la galère et qu'on lui présente son flanc; car on est souvent plus d'une demi-heure de temps à la tourner. Mais, par le moyen de ce gouvernail de proue et l'invention de changer la vogue des rames pour ramer en arrière et faire ainsi de la poupe la proue, on se retire du combat sans être obligé de virer de bord, et on présente toujours la proue, où est l'artillerie, à l'ennemi, en se battant en retraite. Cette manœuvre et ce changement de vogue se font dans un clin d'œil et à un coup de sifflet [106].

De la vogue d'une galère.

La vogue est proprement le maniement des rames. Le maître comite, qui est le maître de la chiourme (c'est l'assemblage ou corps des gens enchaînés qu'on nomme ainsi) et qui par sa cruauté et sa rudesse fait trembler ces pauvres malheureux, se tient toujours devant la poupe près du capitaine pour recevoir ses ordres. Deux autres sous-comites sont sur le coursier, l'un au milieu de la galère, l'autre sur l'avant. Ces deux sous-comites, la corde en main, qu'ils exercent à frapper à force de bras sur le corps nu des galériens, sont toujours attentifs aux ordres du maître comite, qui n'a pas sitôt reçu ceux du capitaine pour faire voguer, qu'il siffle une certaine note ou ton dans un sifflet d'argent, pendu à son cou par une chaîne du même métal. Ces deux sous-comites répètent ce ton par leur sifflet, et pour lors les rameurs, qui se tiennent tout prêts la rame en main, rament tous à la fois et d'une cadence si mesurée, que ces cinquante rames tombent et donnent dans la mer toutes ensemble et d'un même coup, comme si ce n'en était qu'une seule. Ils continuent ainsi, sans qu'il soit besoin d'autre ordre, jusques à ce que par un autre coup de sifflet qui le désigne, ils s'arrêtent et cessent de ramer. Il faut bien qu'ils rament ainsi tous ensemble, car si l'une ou l'autre des rames monte ou descend trop tôt ou trop tard, en manquant sa cadence, pour lors les rameurs de devant cette rame qui a manqué, en tombant le cul sur le banc, se cassent la tête sur cette rame qui a pris trop tard son entrée, et par là encore, ces mêmes rameurs qui ont manqué se heurtent la tête contre la rame qui vogue derrière eux. Ils n'en sont pas quittes pour s'être fait des contusions à la tête. Le comite les rosse encore à grands coups de corde, si bien qu'il est de l'intérêt de leur peau d'observer juste à prendre bien leur temps et leur mesure [107].

Le proverbe a bien raison de dire, lorsqu'on se trouve dans quelque rude peine ou travail : « je travaille comme un forçat à la rame ». Car c'est en effet le plus rude exercice qu'on puisse s'imaginer. Qu'on se représente si on peut six hommes enchaînés et nus comme la main, assis sur leur banc, tenant la rame à la main, un pied sur la *pédagne,* qui est une grosse barre de bois attachée à la banquette, et de l'autre pied montant sur le banc de devant eux, et s'allongeant le corps, les bras raides, pour pousser et avancer leur rame jusque sous le corps de ceux de devant, qui sont occupés à faire le même mouvement; et ayant avancé ainsi leur rame, ils l'élèvent pour la frapper dans la mer, et du même temps se jettent ou plutôt se précipitent en arrière pour tomber assis sur leur banc qui, à cause de cette rude chute, est garni comme j'ai dit, d'une espèce de coussinet [108]. Enfin, il faut l'avoir vu pour le croire, que ces misérables rameurs puissent résister à un travail si rude; et quiconque n'a jamais vu voguer une galère, ne se pourrait jamais imaginer, en le voyant pour la première fois, que ces malheureux pussent y tenir une demi-heure; ce qui montre bien qu'on peut, par la force et la cruauté, faire faire pour ainsi dire l'impossible. Et il est très vrai qu'une galère ne peut naviguer que par cette voie, et qu'il faut nécessairement une chiourme d'esclaves, sur qui les comites puissent exercer la plus dure autorité, pour les faire voguer comme on sait, non seulement une heure ou deux, mais même dix à douze heures de suite. Je me suis trouvé avoir ramé à toute force pendant vingt-quatre heures, sans nous reposer un moment. Dans ces occasions, les comites et autres mariniers nous mettaient à la bouche un morceau de biscuit trempé dans du vin, sans que nous levassions les mains de la rame, pour nous empêcher de tomber en défaillance. Pour lors, on n'entend que hurlements de ces malheureux, ruisselant de sang par les coups de cordes meurtrières, qu'on leur donne. On n'entend que claquer les cordes sur le dos de ces misérables. On n'entend que les injures et les blasphèmes les plus affreux des comites, qui sont animés et écument de rage lorsque leur galère ne tient pas son rang et ne marche pas si bien qu'une autre [109]. On n'entend encore que le capitaine et les officiers majors crier aux comites, déjà las, et harassés d'avoir violemment frappé, de redoubler leurs coups. Et lorsque quelqu'un de ces malheureux forçats crève sur la rame, comme il arrive souvent, on frappe sur lui tant qu'on lui voit la moindre vie; et lorsqu'il ne respire plus, on le jette à la mer comme une charogne, sans témoigner la moindre pitié.

J'ai dit plus haut qu'il est très vrai qu'on ne peut faire naviguer les galères que par le moyen de ces cruautés envers des esclaves, qu'on estime moins que les bêtes. Une chiourme d'hommes libres des plus robustes et des mieux dressés au travail de la rame ne pourrait y tenir. J'en ai vu l'expérience. En l'année 1703, on fit faire à Dunkerque quatre demi-galères pour les envoyer à Anvers naviguer sur la rivière de l'Escaut. Ces demi-galères étaient parfaitement proportionnées et de même fabrique que les grandes. Les rames avaient vingt-cinq pieds de long, et trois hommes par banc pour les ramer. On n'y voulait mettre que des mariniers de rame, gens fort expérimentés dans cet exercice, mais tous libres, car on ne voulait pas risquer d'y mettre des gens de chaîne, qui auraient eu la facilité de se sauver à cause de la proximité des frontières de l'ennemi, et par la crainte aussi de quelque révolte dans les occasions des fréquents combats qu'on se proposait avec ces demi-galères. On les arma donc à Dunkerque pour aller de là à Ostende par mer, et de là, par le canal de Bruges, jusques à Gand, où passe l'Escaut. Quand il fut question de mettre en mer, ce ne fut qu'avec beaucoup de peine qu'on put mener ces quatre demi-galères avec ces rameurs libres jusques à la rade de Dunkerque, d'où il fallut rentrer dans le port, ne pouvant naviguer plus loin. Le commandant fut d'obligation d'écrire au ministre l'impossibilité qu'il y avait de naviguer sans chiourme esclave, sur quoi le ministre donna ordre de mettre un vogue-avant esclave dans chaque banc, qui ramerait avec deux hommes libres, ce qui fut fait; et pour lors on conduisit ces bâtiments à Ostende par mer, quoique avec grand-peine par la raison que le comite n'osait pas exercer

ses cruautés sur les gens libres, ce qui confirme ce que je viens de dire, qu'on ne pourrait jamais naviguer les galères sans chiourme d'esclaves sur lesquels les comites puissent exercer impunément leur impitoyable cruauté. Car il est à remarquer que lorsqu'il manque un comite sur une galère et que le capitaine en cherche un, il ne s'informe par rapport à ceux qui se présentent pour l'être d'aucune autre capacité que de celle d'être brutal et impitoyable. S'il se trouve avoir ces qualités au suprême degré, c'est alors le meilleur comite de France [110]. Ils ne sont dans le fond estimés que par ces seuls endroits. Monsieur de Langeron, notre capitaine, ne les nommait guère que par le nom de « *bourreaux* », et lorsqu'il voulait donner quelques ordres qui les regardaient : « Holà, disait-il, qu'on m'appelle le premier bourreau », parlant du premier comite, et ainsi du second et du troisième; et lorsqu'il trouvait à propos de faire repaître la chiourme, c'était sa coutume de dire au comite : « Holà, bourreau, fais donner l'avoine aux chiens. » C'était pour faire distribuer les fèves à la chiourme. Je ne sais s'il tirait cette comparaison de ce que les chiens ne peuvent manger l'avoine, de même que les forçats ne peuvent qu'avec grand-faim mâcher ces fèves, qui sont très mal cuites et dures comme des cailloux, sans autre apprêt que le nom d'un peu d'huile et quelque peu de sel dans une grande chaudière qui contient cinquante petits seaux de cet exécrable bouillon. Pour moi, qui ai essayé cent fois d'en manger, je n'en ai jamais pu avaler; et dans ma plus grande faim, j'aimais mieux tremper mon pain dans l'eau pure avec un peu de vinaigre, que de le manger avec ce bouillon qui fait boucher le nez par sa mauvaise odeur. C'est pourtant tout l'aliment qu'on donne aux forçats : du pain, de l'eau et ces fèves indigestes, dont chacun reçoit quatre onces lorsqu'elles sont bien partagées et que le distributeur n'en vole pas, mais c'est ce qui arrive rarement. J'ai eu souvent la curiosité de compter la portion de chacun de ceux de mon banc; lorsqu'il s'y trouvait trente fèves pour chacun, c'était beaucoup. Ce sont de ces petites fèves noires, qu'on donne aux pigeons, et qu'on nomme en hollandais *fèves de cheval, ou paerde boonen* [111].

En parlant de ce rude travail de la rame, il faut pourtant dire que ces occasions de forcer ainsi la chiourme n'arrivent pas fréquemment, car, si cela était, tous crèveraient bientôt. On épargne la chiourme lorsqu'on prévoit qu'on aura besoin de ses forces, tout comme un charretier épargne ses chevaux pour le besoin. Par exemple, lorsqu'on se trouve en mer avec un vent favorable, alors on fait voile et la chiourme se repose, car la manœuvre des voiles n'est que pour les matelots et gens libres. De même, lorsqu'une galère fait route d'un port à l'autre et que la distance est de vingt-quatre heures ou plus, pour lors on fait ce qu'on appelle *quartier,* c'est-à-dire que la moitié de la galère rame une heure et demie et l'autre moitié se repose pendant ce temps-là, et ainsi alternativement. Je m'assure qu'on entend bien que cette moitié qui rame est la moitié des deux côtés de la galère, douze rames de chaque côté, depuis l'arrière jusques au milieu ou centre de la galère, ce qui fait vingt-quatre rames pour le quartier de poupe, et treize rames de chaque côté, depuis le centre jusques à la proue, ce qui fait vingt-six rames pour le quartier de proue, et d'un seul coup de sifflet, ces deux quartiers se relèvent dans un instant.

On ne commande aucune manœuvre, soit de voile ou de rame, à la voix, et tout s'y fait au son du sifflet, que l'équipage et la chiourme entendent parfaitement. C'est un langage que ce sifflet, qui s'apprend par le long et fréquent usage. Ce sont les comites qui commandent tout par le sifflet après en avoir reçu l'ordre du capitaine. Toutes les manœuvres et tout le travail qu'il faut faire se nomment par les différents tons du sifflet. Les personnes même, caractérisées par leurs offices, s'y nomment; et ceux qui entendent ces sifflets, et qui n'y comprennent rien, pensent entendre des rossignols ramager. Il me souvient que notre comite élevait une fois une alouette dans une cage. Cet animal avait si bien appris à ramager les différents tons du sifflet des comites, qu'il nous faisait souvent faire diverses manœuvres, qui n'étaient point commandées; si bien que le capitaine ordonna au comite de se défaire de cet oiseau, ce qu'il fit, car il ne nous laissait pas en repos.

Il n'est pas étonnant de voir les comites des galères si cruels et si impitoyables contre la chiourme. C'est leur métier, à quoi ils sont élevés de jeunesse, et ils ne sauraient, comme je l'ai dit, faire naviguer leur galère autrement. Mais de voir les capitaines et officiers majors, qui sont tous gens de famille et bien élevés, s'acharner à cette cruauté et commander continuellement aux comites de frapper sans miséricorde, c'est ce qui me passe et qui paraîtra inouï à mes lecteurs.

Il n'y a cependant rien de si vrai. Pour en donner un exemple, lorsque nous prîmes devant la Tamise cette frégate anglaise nommée le *Rossignol,* dont j'ai fait mention plus haut, comme la nuit approchait et qu'on craignait de n'arriver pas assez tôt à ladite frégate, on fit extraordinairement forcer de rame. Notre lieutenant ordonnant au comite de redoubler les coups de corde sur la chiourme, et le comite lui disant que, quoiqu'il fît de son mieux, il ne voyait pas le moyen que nous prissions cette frégate à cause de la nuit qui s'avançait. Le lieutenant lui répondit que s'il ne voyait pas cette frégate en notre pouvoir, il se pendrait plutôt lui-même à l'antenne de la galère. « Redouble tes coups, bourreau, dit-il, pour animer et intimider ces chiens-là, parlant de la chiourme. Fais comme j'ai souvent vu faire aux galères de Malte. Coupe le bras d'un de ces chiens pour te servir de bâton et pour en battre les autres; et ce barbare lieutenant voulait forcer le comite à mettre cette cruauté en exécution. Mais le comite, plus humain que lui, n'en voulut rien faire; et une demi-heure après, lorsque nous fûmes à bord de la frégate, la première décharge qu'elle nous tira tua ce cruel lieutenant sur le coursier. Il arriva même, comme si son cadavre ne méritait pas sépulture, que, quoiqu'on prît toutes les précautions possibles pour porter son corps à terre, et que nous ne fussions pas trois jours en mer après sa mort, ce cadavre s'empuantit si fort qu'il fut impossible de le souffrir plus longtemps, et il fallut le jeter à la mer à la vue de Dunkerque.

Une autre fois, notre galère fut à Boulogne, près de Calais, où était pour lors la résidence de ce même duc d'Aumont, que nous vîmes ensuite ambassadeur à la Cour d'Angleterre. Monsieur de Langeron, notre capitaine, le régala sur la galère; et comme la mer était assez calme et qu'il voulait donner du plaisir à ce seigneur, il lui proposa d'aller faire un tour en mer, ce qui fut accepté. Nous voguâmes doucement jusques auprès de Douvres, et comme le duc, en considérant le rude exercice et l'état misérable de la chiourme, eût dit entre autres qu'il ne comprenait pas comment ces malheureux pouvaient dormir, étant si serrés et n'y ayant aucune commodité pour se coucher dans leurs bancs; « je sais bien, repartit le capitaine, le secret de les faire dormir profondément, et ce soir je vous en convaincrai par une bonne prise d'opium que je vais leur préparer ». Là-dessus, il appela le comite et lui donna ses ordres pour virer de bord et pour retourner à Boulogne. Le vent et la marée étaient contraires, et nous étions à dix lieues de ce port. Ayant viré de bord, le capitaine ordonna un « *avant tout et force de rame et passe-vogue* ». Ce « passe-vogue » est la peine la plus terrible qu'on puisse imaginer, car il faut doubler le temps ou la cadence de la vogue, ce qui lasse plus dans une heure que dans quatre d'une vogue ordinaire, sans compter qu'il est comme impossible, dans un tel passe-vogue, de ne pas manquer souvent le coup de rame, et pour lors les coups de corde tombent comme la grêle [112]. Enfin nous arrivâmes à Boulogne, mais si fatigués et harassés de coups, que nous ne pouvions remuer ni bras ni jambes. Le capitaine ordonna au comite de faire coucher la chiourme, ce qui se fait par un coup de sifflet. Pendant ce temps, le duc d'Aumont et les officiers se mirent à table, et, après minuit qu'ils s'en levèrent, le capitaine dit au duc qu'il lui voulait faire voir l'effet de son opium, et le conduisit sur le coursier où ils virent cette pauvre chiourme, dont la plupart dormaient; d'autres, qui des maux qu'ils souffraient ne pouvaient fermer l'œil, mais qui faisaient semblant de dormir, car le capitaine l'avait ordonné ainsi, ne voulant pas que son opium fût sans l'effet qu'il avait promis au duc. Mais quel horrible spectacle il lui présentait à voir! Six malheureux dans chaque banc, accroupis et amoncelés les uns sur les autres, tout nus, car personne n'avait eu la force de vêtir sa chemise, la plupart ensanglantés des coups de corde qu'ils avaient reçus, et tout leur corps écumant de sueur. « Vous voyez, monsieur, dit le capitaine au duc, si je n'ai pas le secret de faire bien dormir ces gens-là. Je vais vous faire voir que je sais les éveiller comme je sais les endormir. » Sur cela, il donna ses ordres aux comites, qui sifflèrent le réveil. C'était alors la plus grande pitié du monde. Presque personne ne se pouvait lever, tant leurs jambes et tout leur corps étaient roides; et ce ne fut qu'à grands coups de corde qu'on les fit tous lever, leur faisant faire mille postures ridicules et très douloureuses. Qu'on juge par ces échantillons si les capitaines et les officiers majors ne sont pas aussi cruels que les comites mêmes.

Des voiles d'une galère.

Chaque mât d'une galère ne porte qu'une voile, mais on a diverses voiles, plus grandes ou plus petites, pour s'en servir suivant le vent. Il n'y a point de différence à la façon des voiles, soit de celles du grand mât ou du trinquet. Lorsqu'on veut faire voile, on amène l'antenne tout en bas sur les bancs, et les forçats attachent la voile à l'antenne; et si le vent n'est pas trop fort, on hisse l'antenne jusques au haut du mât, et à mesure que l'antenne se lève, la voile se tend. Et comme cette vergue ou antenne est une fois plus longue que le mât, le gros bout de ladite antenne vient aboutir en bas presque au pied du mât, si bien que le petit bout ou pointe de l'antenne est au haut du mât, et de quarante pieds plus élevé que le bout dudit mât; ce qui fait que cette voile, dont la pointe est attachée au petit bout de l'antenne quand elle est tendue, a la forme d'une aile de pigeon, car toutes les voiles des galères sont des voiles qu'on nomme *latines,* qui sont faites en triangle ou à trois pointes. Lorsque le vent est trop fort, il y aurait du danger à hisser l'antenne quand la voile y est attachée, car le vent donnant dans la voile avant que l'antenne fût à sa place au haut du mât, et rangée pour prendre le vent convenable, la voile pourrait faire renverser la galère. C'est à quoi l'on prend bien garde, et pour éviter ce danger, après qu'on a attaché la voile à l'antenne, on la roule, et ainsi roulée, on l'attache à l'antenne avec une certaine herbe sèche, qu'on appelle *jonc marin,* qui est assez forte pour tenir la voile attachée à l'antenne; et après avoir guindé ladite antenne et l'avoir arrangée comme on la veut pour prendre le vent qu'il lui faut, on tire l'écoute de la voile en bas avec force, ce qui fait que tous ces joncs marins se cassant, la voile se trouve tendue dans un clin d'œil. On fait de même pour tendre la voile du trinquet. Les matelots ne montent jamais sur la vergue pour attacher et détacher la voile, et à chaque fois qu'il faut la mettre ou l'ôter, on doit amener la vergue. Lorsqu'on va au combat, on prend bien garde d'attacher par divers cordages, et même qar des chaînes de fer, les antennes. Car si par malheur un boulet de canon coupait l'amarre, qui est une corde de la grosseur des pouces qui attache l'antenne par son milieu, l'antenne tomberait sur la galère; et comme cette antenne est d'une pesanteur et d'une grosseur considérables, sa chute coulerait la galère à fond, ou du moins écraserait quantité de personnes.

De l'artillerie d'une galère armée.

Une galère porte cinq pièces de canon de bronze, toutes sur l'avant ou proue de la galère. Le principal de ces cinq canons est celui qu'on appelle le *coursier.* Ce nom tire son origine de la situation de ce canon, car il est enfermé comme dans une caisse dans le coursier, qui règne depuis le milieu ou centre de la galère jusques à la proue. Ce canon tire trente-six livres de balle. Il est posé sur des anguillers de fortes planches de bois de chêne, cloués en dedans contre le bordage du coursier. Ces anguillers sont en pente ou talus, leurs hauteurs sont sur le devant et aboutissent en baissant jusques au pied du grand mât. Lorsqu'on veut tirer ce canon, on le charge dans sa caisse, qui est donc le coursier, et par le moyen de deux palans, l'un à droite, l'autre à gauche, on hale ce canon en avant; et comme il est sur ses anguillers bien graissés, il coule sans beaucoup de peine jusques à son embrasure, qui est à la proue; et par le moyen des coins qu'on frappe sous sa culasse, on le pointe comme on veut. Lorsque ce canon tire, il recule de lui-même par la force de sa repousse jusques au bas de l'anguiller, et se trouve par là replacé dans sa caisse sans qu'on ait aucune peine pour l'y remettre. Là, on le recharge encore, faisant la même manœuvre pour le haler jusques à son embrasure, et cela à chaque fois qu'on le veut tirer. Ce canon est fait en coulevrine et porte extraordinairement loin, et il peut faire beaucoup de mal à l'ennemi, parce que la galère étant basse, s'il rencontre le navire sur lequel on le tire, c'est presque toujours à fleur d'eau, ce qui le peut facilement couler à fond, surtout si la mer est calme, car pour lors la galère ne faisant que peu ou point de mouvement, le canon porte plus juste à l'horizon où on l'a pointé. Aux côtés de ce canon dit le coursier, il y en a quatre autres, deux de chaque côté. Les deux canons du côté droit sont, l'un de vingt-quatre livres de balle, et l'autre de dix-huit livres. Les deux du côté gauche sont de même calibre. Ces quatre canons sont placés sous le gaillard ou château de devant, qu'on nomme la *rambade*, c'est une élévation ou pont au bout de la galère, exhaussé de six pieds, et qui règne sur toute la largeur du devant de la galère. Ce pont est long de dix pieds et sa largeur, qui est celle de la galère, d'environ quarante pieds. C'est sur ce pont ou rambade, comme on l'appelle, que les matelots et mariniers se tiennent pour faire la manœuvre de la voile du petit mât ou trinquet; et lorsqu'une galère va à l'abordage, c'est sur cette rambade qu'est le poste d'honneur, car c'est de là qu'on saute sur le vaisseau ennemi; et c'est toujours le premier officier major qui y commande les grenadiers et autres qui sont destinés pour l'abordage.

Je reviens à mes quatre canons. Ils sont placés sur de bons affûts cloués au tillac de la galère, et ceux-là ne reculent pas lorsqu'ils tirent comme fait le coursier. Cette artillerie est toujours très bien servie par d'habiles canonniers.

De la nourriture de l'équipage et chiourme d'une galère armée.

Lorsqu'une galère est armée, les officiers, soldats et mariniers qui composent l'équipage, au nombre de deux cents, dont je ferai la description ci-après, sont nourris depuis le jour de l'armement jusques à celui du désarmement, et leur ration est suivant leur caractère [113].

Les officiers principaux, au nombre de six, ont chacun par jour vingt-deux onces de biscuit, poids de marc, et, par semaine :
2 livres de lard
2 livres de bœuf salé
2 livres de morue
2 livres de fromage
1/2 livre d'huile d'olive
1 livre de riz
2 livres de pois
7 pots de vin mesure de Paris

Les officiers mariniers, au nombre de vingt-sept, ont 22 onces de pain ou biscuit par jour, et par semaine :
1 livre de lard
1 livre de bœuf salé

1 livre de morue
1 livre de fromage
4 onces d'huile d'olive
1/4 de livre de riz
1 livre de pois
7 demi-setiers de vin

Les soldats, au nombre de cent,
25 mariniers de rame,
26 matelots de rambade,
8 pertuisaniers,
3 mousses; en tout cent soixante-deux hommes, reçoivent égale
   ration. Savoir, 22 onces de biscuit chacun, par jour; et, par
   semaine :
1 livre de lard
1 livre de viande salée
1 livre de morue
1/2 livre de fromage
1/4 livre d'huile
1/2 livre de riz
1 livre de pois
7 demi-setiers de vin

La chiourme, au nombre de trois cents, ont 26 onces de biscuit et quatre onces de fèves par jour.

Liste des cinq cents hommes qui forment l'équipage
et la chiourme d'une galère,
leur fonction, et leurs gages.

1 Capitaine a douze mille livres par an; et quand la galère est
   armée, il a cinq cents livres par mois pour sa table, à laquelle
   mangent cinq officiers majors et l'aumônier.
1 Lieutenant a quatre mille livres par an.

1 Sous-lieutenant a deux mille livres par an.

1 Enseigne a douze cents livres par an.

1 Garde de l'étendard, qui est payé par Monsieur l'amiral des galères, a sept cents livres par an; cela fait cinq officiers majors.

Officiers principaux.

1 Aumônier a soixante livres par mois.

1 Premier pilote a cinquante livres par mois.

1 Écrivain du roi ou commissaire a cinquante livres par mois.

1 Maître chirurgien a cinquante livres par mois.

1 Comite en chef a trente livres par mois.

1 Maître canonnier a trente livres par mois.

Officiers mariniers ou subalternes.

4 Timoniers, qui sont ceux qui sont au gouvernail, ont chacun vingt livres par mois.

1 Sous-pilote a vingt-cinq livres par mois.

2 Sous-comites ont chacun vingt livres par mois.

1 Argousin a vingt livres par mois.

1 Sous-argousin a quinze livres par mois.

1 Barillat, qui est celui qui a soin des futailles, a vingt-cinq livres par mois.

1 Remolat, qui est celui qui a soin des rames, a vingt livres par mois.

1 Maître calfat a vingt livres par mois.

4 Caps de garde, qui sont ceux qui commandent aux matelots et dans les chaloupes, ont chacun quinze livres par mois.

1 Capitaine des mariniers, qui est celui qui commande les mariniers de rame et qui rame comme un autre dans le besoin, a douze livres par mois.

    1 Majordome, qui est celui qui a soin de faire arranger les
      vivres, a douze livres par mois.
    1 Capitaine d'armes, qui est le premier sergent de la Compa-
      gnie, a dix-huit livres par mois.
    4 Sergents, chacun quinze livres par mois.
    4 Caporaux ont neuf livres par mois.
   38 Officiers majors, principaux et subalternes.
  100 Soldats, chacun sept livres et demie par mois.
   25 Mariniers de rame, qui rament avec les forçats et rem-
      placent ceux de la chiourme qui sont morts ou malades,
      ont chacun sept livres par mois.
   26 Matelots de rambade, qui sont pour la manœuvre des
      voiles, ont chacun neuf livres par mois.
    8 Pertuisaniers, qui sont ceux qui sont commis à la garde
      de la chiourme et qui conduisent les galériens, le sabre au
      côté, lorsqu'ils sont en ville, ont chacun sept livres par mois.
    3 Mousses ou jeunes garçons, qu'on instruit au sifflet pour
      en faire des comites, et qu'on élève dans la cruauté et à
      être sans pitié; ils ont cinq livres chacun par mois.
  200 Forçats.
   50 Turcs.
  500 Hommes, qui composent l'équipage et la chiourme d'une
      galère armée.

N. B. Les matelots de rambade ne sont entretenus de gages
      et de vivres que lorsque la galère est armée; lorsqu'on
      la désarme, on les congédie. Pour tout le reste des offi-
      ciers et de l'équipage, leur paye court toujours hiver et
      été. Il n'y a que leur nourriture qu'ils n'ont pas lorsque la
      galère est désarmée. A Dunkerque, on leur fournissait
      leur logement dans les casernes; mais à Marseille chacun
      se logeait à ses dépens.

Des commodités qu'ont les officiers pour se coucher
lorsque la galère est à l'ancre
dans une rade ou dans un port.

Les officiers, non plus que le reste de l'équipage, ne se couchent jamais pour dormir lorsque la galère navigue, soit à la rame ou à la voile, n'y ayant aucune place vide ni exempte de manœuvre pour que quelqu'un s'y puisse reposer. Le fond de cale même est plein des vivres, voiles, cordages et autres apparaux de la galère, et il n'y a que les mousses de chaque chambre qui y demeurent jour et nuit. Les soldats sont assis sur leur paquet de hardes à la *bande* ou galerie, que j'ai décrite à l'article de la construction. Les matelots, mariniers et les bas officiers s'asseyent comme ils peuvent sur la *rambade* et autres lieux assez incommodes. Les officiers majors s'asseyent sur des chaises ou fauteuils dans la *guérite* ou chambre de poupe. Mais lorsque la galère est à l'ancre ou dans un port, on tend la tente, qui est faite d'une forte toile de coton et fil à bandes bleues et blanches. Cette tente règne d'un bout à l'autre de la galère. On la lève par de grosses barres de bois qu'on appelle *chèvres*, mises de distance en distance, et qui sont de longueur différente pour faire faire le dos d'âne à cette tente, qui se trouve élevée à son bout du côté de la poupe d'environ huit pieds, au centre ou milieu de la galère, de vingt pieds, et à son bout à la proue, d'environ six pieds. Le bas aboutit à *l'apostis* ou bord de la galère, de chaque côté. Cette tente, bien tendue et attachée audit *apostis*, couvre toute la galère, et par sa forme et tenture est telle qu'aucune pluie, pour si forte qu'elle soit, ne la peut traverser. Ayant donc ainsi élevé cette tente, tout le monde se repose; et pendant le jour, chacun s'occupe, soit à prendre son repas ou à coudre et tricoter des bas de coton, que tous les galériens savent faire. Les matelots et mariniers se divertissent et dansent au son du tambourin, en

quoi les provençaux excellent. Un homme a ce tambourin pendu
à son col, fait comme la caisse d'un tambour de guerre, mais
plus long. D'une main, il frappe avec une baguette sur ce tambourin pour battre la mesure ou cadence. Il a une petite flûte
dans l'autre main, dont il joue, et c'est un vrai plaisir de voir
danser et sauter ces mariniers provençaux au son de cet instru-
ment. La nuit venue, et après qu'on a soupé, à chaque banc
destiné pour les officiers, les galériens y dressent une table de la
longueur de six pieds et de trois de large. Cette table se met sur
deux traverses ou gros bâtons, les uns de bois, d'autres de fer.
Ces traverses sont soutenues par quatre pivots, deux fichés dans
un banc et deux dans le banc prochain. Cette table, ainsi posée
sur ces deux traverses, se trouve élevée au-dessus des bancs d'environ trois pieds. Les officiers ont de bons matelas de laine et de
crin, qu'on serre le jour dans le fond de cale. On dresse ces matelas sur ces tables, chacun à sa place, on y met un coussin ou
traversier, qui est appuyé par une têtière de bois, ensuite les
draps et couvertures du lit, puis on l'entoure d'un pavillon de
toile de coton très forte, la pointe duquel s'attache au haut de la
tente à une corde et poulie destinée à cet usage. Ce pavillon ainsi
élevé, sa pointe en haut, et son bas qui est fort ample, entoure
le lit à l'égal du meilleur lit d'ange; et tous ces lits, avec leurs
pavillons à bandes bleues et blanches, et ainsi dressés de chaque
côté du coursier, qui forme comme la rue ou le chemin, font
une assez belle perspective d'un bout à l'autre de la galère, qui
est toujours bien illuminée par divers falots qui pendent à la
tente depuis la poupe jusques à la proue. Tout ce dressement
de lits se fait dans un instant, après quoi l'on ordonne la couchée
à la chiourme par un coup de sifflet. Les officiers et équipages
se couchent quand ils veulent, mais dès qu'on a ordonné à la
chiourme de se coucher, pas un ne se peut tenir debout, ni parler
ni remuer le moins du monde; et si quelqu'un de ladite chiourme
est obligé d'aller à l'apostis ou bord de la galère pour y faire
ses nécessités naturelles, il est obligé de crier « *à la bande* », et

il n'y peut aller que l'argousin ou pertuisanier préposé à la garde de la chiourme ne lui en ait donné la permission par un cri de « *va* », si bien que toute la nuit un silence profond règne sur la galère, comme s'il n'y avait personne. Les mariniers dressent un pavillon de chaque côté de la rambade ou château de devant, qui se trouve au-dehors de la grande tente, et ils couchent tous sous ces pavillons à l'abri de la pluie et de la fraîcheur de la nuit. Les soldats s'accroupissent le mieux qu'ils peuvent sur la bande, et les galériens dans leur banc, assis sur la pédagne et la tête appuyée contre le banc. Voilà de quelle manière chacun se place pour dormir lorsque la galère est armée. Mais en hiver, que la galère est désarmée et que les officiers et équipages sont logés à terre, à la réserve des comites, argousins et pertuisaniers, qui ne bougent ni nuit ni jour de la galère, pour lors, les galériens ayant plus de place s'accommodent de quelque bout de planches ou autrement, et se couchent plus commodément, quoique sur la dure, se couvrant de leurs capotes.

De la distinction ou différence
d'une galère ordinaire d'avec celle qu'on nomme
la Grande Réale *et la* Patronne.

La galère, dite la *Grande Réale*, n'est point différente en construction d'une galère ordinaire, sinon qu'elle est plus grande et a cent quatre-vingts pieds de long et quarante-huit de large. Elle a soixante bancs à rame et sept rameurs esclaves à chaque rame.

Les officiers principaux et bas officiers sont du même nombre que ceux d'une galère ordinaire, mais il y a plus d'officiers majors. C'est celle que monte le général des galères lorsqu'il va en mer, ce qui arrive rarement [114]. Mais cette galère a toujours pour capitaine un chef d'escadre et porte le pavillon carré au grand mât. Les autres chefs d'escadre ne le portent qu'au mât de trinquet.

Officiers majors de la Grande Réale.

1 Capitaine en chef.
1 Capitaine en second.
1 Lieutenant.
1 Sous-lieutenant.
1 Enseigne.
4 Gardes de l'étendard. Lorsque l'amiral y est, tous les gardes de l'étendard y sont, à cause que le grand étendard y est au vent.
1 Le major général.
1 Commissaire général.
1 ou 2 Officiers volontaires.
―――
12

120 Soldats.
35 Matelots de rambade.
35 Mariniers de rame.
360 Forçats condamnés.
60 Turcs esclaves.
―――
622

6 Officiers principaux.
27 Officiers subalternes.
10 Pertuisaniers.
5 Mousses, ou jeunes garçons.
―――
670 en tout.

Quand le général y est, cela fait sept cents hommes, à cause des gardes de l'étendard qui y sont tous [115].

La galère la *Patronne* est de la même construction que la *Grande Réale* et de la même grandeur. Les équipages aussi sont en même nombre, excepté quelques officiers majors de moins. Lorsque le lieutenant général va en mer, il monte la *Patronne*.

Elle a pourtant son capitaine, qui est un chef d'escadre, et elle porte le pavillon carré au grand mât lorsque la *Grande Réale* n'est pas en mer.

Les casaques des chiourmes et leurs bonnets dans ces deux galères sont de couleur bleue, au lieu que les chiourmes des autres galères sont en rouge.

Grades des officiers majors des galères.

1 Capitaine a rang de colonel.
1 Lieutenant celui de lieutenant-colonel.
1 Sous-lieutenant celui de capitaine.
1 Enseigne celui de lieutenant.
1 Chef d'escadre a rang de lieutenant général.
1 Lieutenant général celui de général.

Des chaloupes d'une galère armée.

Une galère armée a toujours deux chaloupes, une grande et l'autre plus petite. La grande, qu'on nomme le *caïque*, a dix hommes libres qui rament chacun avec une rame, et un timonier qui la gouverne. Cette chaloupe sert à lever l'ancre lorsqu'on veut partir d'un ancrage. Elle sert aussi pour porter l'eau douce à la galère et autres fardeaux.

La petite chaloupe, qu'on nomme le *canot*, a huit hommes libres qui la rament avec son timonier. Elle est uniquement pour l'usage des officiers majors.

Lorsqu'on part d'un port ou d'une rade, on embarque ces deux chaloupes sur la galère, l'une à la droite, l'autre à la gauche, avec des palans à poulie. Elles sont placées sur deux potences qu'on nomme *chevalets*, élevées de six pieds au-dessus des bancs qu'elles couvrent, si bien qu'elles ne prennent aucune place et n'empêchent aucune manœuvre, car les rameurs rament aussi facilement sous ces chaloupes ainsi posées que s'il n'y en avait

pas. Lorsqu'en mer on veut aller parlementer avec quelque
navire qu'on rencontre, on débarque dans un moment ce canot
avec beaucoup de facilité, et le caïque de même si on en a besoin;
et on les rembarque fort aisément lorsqu'on s'en est servi; et
aussitôt qu'on mouille l'ancre, on les débarque tous les deux,
les attachant au derrière de la galère, toujours avec bonne garde,
de peur que les esclaves, principalement les Turcs, qui sont toujours déchaînés et n'ont qu'un anneau de fer à la jambe nuit et
jour, ne se sauvent par le moyen de ces chaloupes. On leur permet pourtant, de même qu'à ceux de l'équipage, d'y aller fumer,
car dans les galères il est défendu à qui que ce soit d'y fumer,
sous peine d'avoir le nez et les oreilles coupés. Les officiers majors
eux-mêmes, ni le capitaine, n'y oseraient fumer, tant la défense
en est rigoureuse de la part du roi; et cela à cause qu'une galère
de France, il y a longues années, sauta en l'air, le feu s'étant
mis à sa poudre, et on crut que cet accident avait été causé par
un Turc qui fumait auprès de la soute à poudre.

Des habillements de la chiourme.

Chaque galérien reçoit tous les ans deux chemises de toile, un
peu moins grosse que celle dont on se sert dans ce pays pour
nettoyer les maisons et qu'on nomme « *dweyldoeck* », deux
caleçons de la même toile, qu'on coud sans canons et comme une
jupe de femme, parce qu'il faut les mettre par-dessus la tête à
cause de la chaîne. Ce caleçon, ainsi fait en jupe, descend jusques
aux genoux. Plus une paire de bas ou chausses, faits de grosse
étoffe rouge, et point de souliers. Mais lorsqu'on emploie les galériens pour aller à terre y travailler pour le service de la galère,
comme il arrive souvent en hiver, pour lors l'argousin leur fournit des souliers qu'il reprend lorsque ces galériens rentrent
dans la galère. Tous les deux ans, une casaque d'une grosse
étoffe rouge. Il ne faut pas être habile tailleur pour tailler une
telle casaque. C'est un morceau de cette étoffe, doublée en deux,

une moitié pour le devant et l'autre pour le derrière, et au haut une fente pour y passer la tête, et ainsi cousue de chaque côté, avec deux petites manches qui viennent sans taillures ni façon jusques aux coudes. Cette casaque a la forme de ce qu'on nomme en Hollande un « *kiel* », que les charretiers portent ordinairement par-dessus leurs habits, mais pas si long, car ceux des galériens ne leur viennent sur le devant qu'un peu au-dessus des genoux, et le derrière en pend un demi-pied plus bas. De plus, on leur donne tous les ans un bonnet de laine rouge fort court, car il ne faut pas qu'il couvre les oreilles.

On leur donne aussi tous les deux ans une capote de gros bourras, fait de poil de bœuf, dont la chaîne est de grosse laine. Cette capote est faite comme une robe de chambre et pend jusques aux talons. Il y a une têtière, faite comme le capuchon d'un capucin. C'est, de tout l'habillement d'un galérien, ce qu'il a de meilleur, car cette capote lui sert de matelas et de couverte pour se reposer la nuit, et l'hiver il s'en enveloppe pendant le jour [116].

✥✥✥✥✥✥✥✥✥✥✥✥✥✥✥✥✥✥✥✥✥✥✥✥✥✥✥✥✥✥✥✥✥✥✥✥

LA CHIOURME
EN HIVER

De l'occupation des galériens en hiver,
lorsque la galère est désarmée.

L'ordre de la Cour pour désarmer les galères étant venu, ce qui est ordinairement vers la fin d'octobre, les galères, avant d'entrer dans le port, débarquent leur poudre à canon, car on n'entre jamais dans un port avec la poudre. Ensuite on entre les galères, et on les range le long du quai, selon le rang d'ancienneté des capitaines, le derrière de la galère contre le quai. On dresse un pont, qu'on nomme *la planche,* pour aller de la galère sur le quai. On met bas les mâts, qu'on enferme dans le coursier, et leurs antennes tout du long sur les bancs. On décharge ensuite l'artillerie et les munitions de guerre et de bouche, voiles, cordages, ancres, etc. On congédie les matelots de rambade, qui ne sont pas entretenus, et les pilotes côtiers. Le reste de l'équipage, à Dunkerque, logeait dans les casernes de la ville. Les officiers majors y avaient leurs pavillons, mais ils n'y logeaient que rarement, la plupart allant passer leur quartier d'hiver à Paris ou chez eux. Ceux qui restaient, pour se distinguer, louaient les plus belles maisons de la ville, car ces messieurs sont presque tous des premières maisons du royaume, la plus grande partie cadets de leur famille, lesquels, comme on sait, n'héritent de leur patrimoine que l'éducation, et ne vivent que des bienfaits du roi. C'est pourquoi ils sont presque tous chevaliers de Malte, qui faisant entre autres le vœu de chasteté, ne se peuvent marier; et comme après leur mort, tout ce qu'ils laissent va à la religion de Malte, ils ne s'attachent pas à laisser du bien après eux, mais vivent fort splendidement, ce qu'ils peuvent bien faire, car leurs appointements sont gros.

Enfin la galère étant entièrement vide, la chiourme s'y trouve assez au large pour que chacun des galériens y établisse son pauvre et chétif quartier d'hiver[117]. Chaque banc se procure quelques bouts de planche, qu'ils mettent en travers sur les bancs, et où ils font leur lit, mettant pour tout matelas dessous leur corps une vieille serpillière de capote, et se couvrant ou plutôt s'enveloppant dans leur capote. Les *vogue-avant*, qui sont les premiers de la rame et par conséquent les chefs du banc, se couchent mieux, ayant la banquette pour eux, qui est le marche-pied du banc, de la largeur de deux pieds, et assez longue pour s'y coucher de son long. Son second se couche aussi assez bien tout de son long dans le *ramier*, qui est l'endroit du banc sur le tillac où la rame aboutit; et comme en hiver les rames en sont ôtées, cette place sert de lit au second rameur de la rame. Les autres quatre s'accommodent avec leurs bouts de planche, comme je l'ai dit ci-dessus, ou à la bande.

Dès que le temps se met au froid, au lieu d'une tente, on en met deux l'une sur l'autre. Celle de dessous est ordinairement de gros bourras, de la même étoffe que les capotes, ce qui tient la galère assez chaude, au moins pour empêcher d'y mourir de froid, car ceux qui n'y sont pas accoutumés, et qui se chauffent dans leur maison auprès d'un bon feu, n'y sauraient résister vingt-quatre heures sans périr lorsqu'il gèle un peu fort. Si ces misérables galériens pouvaient avoir un peu de feu pour se chauffer et de la paille pour se coucher, ils s'estimeraient très heureux, mais il n'en entre jamais sur les galères. Dès la pointe du jour, les comites qui couchent toujours dans la galère, de même que les argousins et pertuisaniers pour la garde de la chiourme, font entendre leurs sifflets pour réveiller et faire lever la chiourme.

Cela ne manque jamais à la même heure, car la commandante des galères tire le soir après soleil couché, et le matin au point du jour, un coup de canon, qui est l'ordre pour le coucher et le lever des chiourmes; et si le matin quelqu'un est assez paresseux pour n'être pas d'abord sur pied au coup de sifflet du comite, les coups de corde ne lui manquent pas. La chiourme étant levée, leur premier soin est de plier leur lit, et de mettre le banc en ordre, le balayer et y jeter plusieurs seaux d'eau pour le rafraîchir et le nettoyer. On élève la tente avec de gros bâtons, longs de vingt pieds, qu'on appelle *boute-fort*, et qu'on met de chaque côté de la galère pour donner l'air et la clarté. Mais quand il fait froid, on n'ouvre la tente que du côté qui est à l'abri du vent. Cela étant fait, chacun s'assied dans le banc, travaillant de ses mains à son profit.

Il faut savoir que personne de la chiourme ne peut être sans rien faire. Les comites, qui sont tout le jour à observer la chiourme, s'ils en voient quelqu'un qui soit à rien faire, ils lui demandent, la corde à la main, d'où vient qu'il ne travaille pas. S'il dit qu'il ne sait point de métier, il lui fait donner du coton filé pour qu'il en broche des bas; et s'il ne sait pas brocher, il ordonne à un galérien de son banc de le lui enseigner. Ce métier est bientôt appris; mais comme il s'en trouve toujours qui, outre qu'ils sont fainéants, n'apprennent pas facilement, ou s'opiniâtrent à ne pas apprendre; les comites ne manquent pas de le remarquer, et ils les rossent d'importance. Que s'ils voient qu'un tel, paresseux ou entêté, n'apprenne pas du tout ce qu'on lui enseigne, alors ils lui donnent un boulet de canon à éclaircir, en le menaçant que, s'il ne l'a pas rendu clair comme de l'argent du matin au soir, il sera roué de coups. C'est une chose impossible que d'éclaircir un boulet de canon; et quand ce misérable y travaillerait toute sa vie, il aurait beau y employer tout le sable qu'il pourrait trouver et tout le tripoli de l'univers, il n'en viendrait pas à bout. Ainsi, il est toujours immanquable qu'il sera rossé, et tous les jours c'est à recommencer, jusques à ce que ce malheureux se résolve enfin à apprendre à tricoter, car un comite n'en démord jamais. Il y en a plusieurs parmi la chiourme qui savent des métiers et qui les apprennent à d'autres, comme tailleur, cordonnier, perruquier, graveur, horloger, etc. Ceux-là sont heureux en comparaison de ceux qui ne savent que brocher, car dans l'hiver, lorsque les galères sont désarmées, on leur permet de dresser de petites baraques de planches sur le quai du port, chacun vis-à-vis de sa galère [118]. L'argousin les y enchaîne tous les matins, et au soir il les renchaîne dans la galère. Cet argousin, pour sa peine et pour celle de veiller sur eux, a un sol par jour, que chacun d'eux paye exactement. Les Turcs pour la plupart n'ont point de métier, et on ne les oblige pas à tricoter, car comme ils sont assez intrigants d'eux-mêmes, et qu'ils ne sont jamais enchaînés, en payant un sol par jour à l'argousin, ils vont rôder par la ville et travaillent chez les bourgeois qui les veulent occuper, soit à fendre du bois ou autres ouvrages pénibles; et tous les soirs ils reviennent à la galère, n'y ayant presque pas d'exemple qu'aucun tâche à se sauver. Aussi n'en ont-ils pas la facilité, tout libres qu'ils soient, car ils sont si reconnaissables par leur teint d'ordinaire brûlé et par leur langue franque qui est un véritable baragouin, qu'ils ne seraient pas à demi-lieue de la ville qu'on les ramènerait en galère, car il y a vingt écus de prime pour ceux de la ville ou de dehors qui ramènent un Turc ou un forçat qui s'est évadé; et lorsqu'il arrive que quelqu'un de la chiourme s'évade, les galères ont la précaution de tirer un coup de canon de distance à autre pour avertir de cette évasion. Alors tous les paysans, principalement à Marseille, courent après cette curée avec leur fusil et leur chien de chasse, et il est comme impossible que ce pauvre fugitif ne tombe dans leurs mains. J'en ai vu divers exemples à Marseille. Pour ce qui est de Dunkerque, les Flamands avaient cette chasse en horreur, mais la soldatesque, dont tout était rempli à Dunkerque et aux environs, n'y regardait pas de si près pour gagner vingt écus [119]. Par parenthèse, il est arrivé à Marseille (ce que je ne sais pourtant que par tradition, mais la chose n'en est pas moins certaine) qu'un fils ramena son propre père aux galères, d'où il s'était sauvé. Il est vrai que l'intendant en eut tant d'horreur, qu'après avoir fait compter les vingt écus au fils pour son exécrable salaire, il le fit mettre à la chaîne comme forçat, sans dire pourquoi et sans sentence, si bien qu'il y resta toute sa vie, aussi bien que son malheureux père; tant il est vrai que la nation provençale est généralement perfide, cruelle et inhumaine! Il me souvient qu'en traversant la Provence pour aller à Marseille, étant enchaînés à la grande chaîne, nous tendions nos écuelles de bois à ceux qui se trouvaient sur notre passage dans les villages, pour les supplier de nous y mettre un peu d'eau pour nous désaltérer. Mais ils avaient tous la cruauté de n'en vouloir rien faire. Les femmes mêmes, auxquelles nous nous adressions plutôt, comme au sexe ordinairement le plus susceptible de compassion, nous disaient des injures en leur langage provençal. « Marche, marche, nous disaient-elles, là où tu vas, tu ne manqueras pas d'eau. »

Je reprends mon sujet de l'occupation des chiourmes en hiver. On voit donc le long du quai, où sont les galères, une longue rangée de ces baraques avec deux, trois ou quatre galériens dans chacune, exerçant chacun leur métier ou leur industrie pour gagner quelques sols. Je dis « *industrie* », car il y en a qui ne s'occupent qu'à dire ce qu'on appelle *la bonne aventure* ou à tirer l'horoscope. D'autres vont plus loin, et contrefont les magiciens pour faire trouver les choses perdues ou volées, et toute leur magie consiste dans leur industrie. J'en dirai ici un exemple, arrivé de mon temps à Marseille.

Il y avait sur la *Grande Réale,* où j'étais pour lors, un vieux galérien nommé père Laviné. Cet homme avait le renom de ne jamais manquer à faire retrouver les choses perdues ou volées. Un jour, un marchand de Marseille avait oublié de serrer dans sa caisse vingt louis d'or, qui étaient restés dans son comptoir sur son pupitre et qui furent éclipsés. Ce marchand ayant fait toutes les recherches possibles pour trouver ses vingt louis, et n'y pouvant réussir, s'adresse à mon rusé magicien Laviné, qui l'assura que, quand ses louis seraient en enfer, il les lui ferait retrouver. Il accorde à un louis pour lui, et prie le marchand de lui donner une liste de toutes les personnes qui composaient sa famille et son domestique, ce que le marchand fit. Il ordonna de plus que toutes ces personnes se trouveraient le lendemain matin dans la maison du marchand, sans qu'il en manquât une seule, ce qui fut fait. Ce même matin, Laviné fut chez le marchand, portant dans ses mains un coq tout noir et un vieux bouquin tout graisseux qu'il disait être son grimoire. D'entrée, il demanda au marchand si tous ceux de sa maison étaient là. Celui-ci répondant que oui, Laviné les fit tous assembler dans une chambre. Il y en avait une autre à l'opposite; il pria le marchand de faire bien fermer ces deux chambres pour qu'elles fussent entièrement obscures, ce qui étant fait, Laviné récita tout haut, en un langage barbare et incompréhensible, quelques passages de son grimoire. Ensuite, il avertit tout haut le marchand qu'il savait que le voleur de ses louis était dans la chambre, qu'il l'allait bientôt connaître par le chant de son coq, qui ne manquait jamais, mais il le pria de ne s'étonner pas si le Diable emportait le voleur, car, dit-il, « c'est son dû et le Diable ne fait rien pour rien ; il disait cela d'un air à en imposer aux plus incrédules. Après quoi, dans l'obscurité, sans que personne le vît, il remplit le dessus du dos de son coq de noir de fumée, et se tenant à la porte à l'opposite de celle où étaient tous ceux de la maison, il les appela tous par leur nom, l'un après l'autre, leur ordonnant qu'en passant auprès de lui, chacun mît la main sur son coq qu'il tenait par les pattes, en les assurant par son grimoire infaillible que le coq ne sentirait pas plutôt la main du voleur sur son dos qu'il chanterait; « et gare, disait-il, la griffe du Diable, qui l'emportera comme une mouche ». Or il arriva qu'une servante qui avait fait le vol, se sentant coupable, et cependant voulant passer par l'épreuve plutôt que d'avouer le fait, s'avisa d'une ruse pour empêcher que, si le coq chantait sous sa main, le Diable ne l'emportât. Elle résolut, à la faveur de l'obscurité, de passer sans toucher le coq. Laviné donc appelle tout le monde de cette chambre, et en passant leur disait de passer la main sur le coq. Chacun le fit hardiment, à la réserve de la servante coupable, qui passa la main à côté sans toucher le coq, si bien que cette revue ne produisit aucun chant du coq. Mais Laviné, ayant fait ouvrir tous les volets de cette chambre, ordonna à un chacun de présenter sa main ouverte, et il ne se trouva que celle de la servante qui fût blanche, celle des autres étant toute noircie par le noir de fumée qui était sur le dos du coq. Laviné s'écria d'abord : « Voici la voleuse des louis, je m'en vais appeler le Diable pour l'emporter. » Cette servante eut tant de frayeur qu'elle demanda grâce à genoux, avoua le vol et rendit les louis. Ce Laviné était si fertile en inventions, qu'à chaque occasion il en exerçait une nouvelle. J'en sais plusieurs, que lui-même m'a racontées, mais qui grossiraient trop ces mémoires, qui ne sont pas destinés à de pareilles fadaises. Je n'ai raconté celle-ci que pour donner un exemple de l'industrie des galériens pour attraper l'argent des bonnes gens. Il y a aussi dans ces baraques des joueurs de gibecière, de faux joueurs à la jarretière, des escamoteurs qui, priant les passants de leur changer un écu, en touchant leur petite monnaie la leur enlèvent ou escamotent sans qu'ils s'en aperçoivent le moins du monde; et quand ils ont fait leur coup, ils changent d'avis sous quelque prétexte pour ne pas changer leur écu. Il y a aussi des écrivains, les meilleurs notaires du monde pour faire de faux testaments, de fausses attestations, de fausses lettres de mariage, de faux congrès pour les soldats, mais ce dernier leur est trop dangereux, car si cela vient à se découvrir, ils sont pendus sans rémission. Ces écrivains savent contrefaire toutes sortes d'écritures. Ils ont des sceaux et cachets de toutes les sortes : sceaux de villes, sceaux d'évêques, archevêques, cardinaux, etc. Ils ont aussi bonne provision de toutes sortes de caractères pour les contrefaire dans les occasions, toutes sortes de papiers de différentes marques, et sont très habiles pour effacer et enlever plusieurs lignes d'écriture d'un acte authentique, et pour y en écrire d'autres, du même caractère, sans qu'il y paraisse. Enfin, ce sont de très habiles fripons, et qui travaillent à très bon marché pour attirer des chalands.

Les gens de métier qui travaillent dans ces baraques ne sont pas moins fripons. Le tailleur vole l'étoffe; le cordonnier fait des souliers dont la semelle, au lieu de cuir, est une petite planchette de bois qu'il couvre d'une peau de stockfish collée pardessus, et où il fait des points artificiels qui ressemblent parfaitement à la couture d'une semelle, et cette peau ainsi collée paraît de couleur et de force comme le meilleur cuir du monde. Le bon marché qu'ils font fait que quantité de lourdauds s'y attrapent. Si je voulais décrire tous leurs tours de friponnerie, je n'aurais jamais fait. Il y a aussi beaucoup de Turcs dans ces baraques, mais qui n'y travaillent pas, ils n'y font que négocier. Les uns font les fripiers, les autres vendent du café, de l'eau-de-vie et semblables choses. Mais tous en général sont grands recéleurs de toutes sortes de vols, et s'ils y sont découverts, ils en sont quittes pour rendre [120]. Il n'en alla pourtant pas ainsi d'un Turc de la galère où j'étais à Dunkerque ce qui lui arriva mérite par sa singularité d'être rapporté. Voici le fait.

Deux voleurs volèrent un jour dans la grande église de Dunkerque divers ornements, entre autres la boîte d'argent des saintes huiles destinées à l'administration du sacrement de l'extrême onction. Ils portèrent cette boîte à un Turc de notre galère, nommé Galafas, qui était dans sa baraque, et la lui vendirent. Galafas, après l'avoir achetée, demanda à ces voleurs si cela n'était pas « *Robe santa* », c'est-à-dire chose sacrée. Les voleurs le lui avouèrent, ce qui intrigua un peu Galafas, qui crut devoir faire changer de forme à cette boîte. Pour cet effet, il sort l'huile avec le coton imbibé qui y était, en graisse ses souliers pour mettre tout à profit, et avec un marteau aplatit la boîte pour en changer la forme. Ensuite, il fait un trou dans la terre au-dedans de sa baraque et y enfouit cette boîte ainsi aplatie. Mais par malheur, l'un de ces deux voleurs fut pris et convaincu du vol. On lui demanda ce qu'il avait fait de cette boîte aux saintes huiles. Il confessa l'avoir vendue au Turc Galafas. On mène ce voleur à la baraque de Galafas, qui avoua le fait ingénument. On lui demanda où était la boîte. Il montra l'endroit où il l'avait enfouie. On en avertit d'abord le curé de la ville, afin qu'il vînt lui-même lever cette précieuse et sainte relique qu'aucun autre qu'un prêtre n'avait droit de toucher. Le curé, avec ses prêtres, y accourt en surplis, et avec la Croix, comme à une procession. On fouille dans la terre à l'endroit que le Turc leur disait. On y trouve la boîte écrasée à coups de marteau, et comme on ne voyait point d'huile répandue, on demande au Turc ce qu'il avait fait de l'huile qui était dans la boîte. « J'en ai graissé mes souliers, dit-il. Si j'avais eu de la salade, je l'en aurais garnie, car j'ai goûté cette huile qui était très bonne. » Alors tous ces prêtres à crier à l'impiété, au sacrilège, et au Turc à rire et à se moquer d'eux. Cependant, on fit déchausser au Turc ses souliers. Ce fut le curé lui-même qui le déchaussa, car quel autre que lui aurait osé porter ses mains profanes sur ces souliers sanctifiés par ces saintes huiles? Ce fut enfin avec de grandes cérémonies et des battements de poitrine qu'on mit les souliers de Galafas, la boîte aplatie et toute la terre qu'on jugea qui avait touché cette boîte, dans une nappe de l'autel, que quatre prêtres portaient, tenant chacun un coin de la nappe, et chantant des hymnes d'affliction jusques à la grande église, où le tout fut enterré sous l'autel. Il ne manqua pas de se faire des miracles à la baraque de Galafas. Toutes les nuits, on y voyait des visions célestes, tantôt deux anges assis sur le toit de la baraque, tantôt la Sainte Vierge pleurant, d'autres fois une troupe d'anges faisant la procession autour de la baraque, et que sais-je, combien d'autres apparitions; mais quoique cette

baraque fût tout proche et vis-à-vis de notre galère, d'où je pouvais la voir la nuit comme le jour, je n'y vis ni entendis jamais
rien. Et comme je m'en expliquais un jour avec notre aumônier dont j'étais ami, il me répondit que mon incrédulité me
bandait les yeux, et qu'« *efficace d'erreur* » m'était donnée. Je
lui répondis : « *pour croire au mensonge* ». Il me donna un
petit coup sur la joue en souriant et s'en alla. Je m'assure
qu'on s'impatiente de savoir ce qu'on fit au Turc. J'y vais
satisfaire.

La baraque de Galafas fut fermée, ensuite démolie, et on en
rendit la place hors d'aucun usage en y amoncelant des pierres
et des débris, comme un monument du sacrilège commis. On mit
Galafas dans la galère, enchaîné de doubles chaînes et les
menottes aux mains. Mais personne ne travaillait à son procès,
à cause d'un conflit de juridiction. Le conseil de guerre des
galères prétendait l'office, et le clergé se le voulait approprier.
Il y avait une autre raison pour laquelle le commandant ne
pouvait livrer Galafas au pouvoir du clergé, qui est que la Cour
avait réglé depuis maintes années qu'aucun tribunal de justice
du royaume ne pourrait se saisir d'aucun forçat ou esclave des
galères du roi, que préalablement un tel forçat ou esclave ne
fût délivré par une grâce du roi, du supplice des galères, et
que le forçat ou esclave n'eût, de sa bonne et pure volonté,
accepté cette grâce, lui étant permis de l'accepter ou de la refuser; et en ce dernier cas, il devait rester toute sa vie aux galères.
Le clergé de Dunkerque, bien informé de ceci, sollicita la Cour
pour obtenir cette grâce, à quoi ils réussirent facilement. Cependant, Galafas était enchaîné à double chaîne et s'attendait à
passer fort mal son temps, lorsqu'un jour, le major des galères
lui vint annoncer sa liberté, le félicitant de ce qu'au lieu de
périr entre les mains de la Justice, le roi au contraire lui faisait
grâce. Galafas, qui ignorait le piège qu'on lui tendait, accepta
sa grâce avec joie. Sur-le-champ, le major le fit déchaîner, et
lui mettant sa lettre de grâce ou passeport dans la main, lui dit

qu'il était libre. Galafas ne fit qu'un saut pour sortir de la galère, mais le clergé qui avait machiné cette affaire, et qui n'avait d'autre crainte que celle que Galafas refusât sa grâce, avait si bien aposté les suppôts de la justice sur le quai, aux avenues de la galère, que le pauvre Turc n'en fut pas plutôt descendu qu'il se vit arrêter et conduire aux prisons de la ville. Il eut beaucoup crier que le roi lui avait fait grâce de tout le passé, on lui répondit que sa Majesté ne lui avait fait grâce que de sa détention comme esclave, et non du crime qu'il venait de commettre. Enfin, il en fallut passer par là. La justice, à la requête du clergé, lui fit son procès dans les formes, et ayant atteint et convaincu ledit Galafas de sacrilège au premier chef, le condamna à être brûlé vif, et ses cendres jetées au vent. Galafas en appela au parlement de Douai. On l'y transféra pour y faire confirmer sa sentence. Mais comme il se passa beaucoup de temps depuis sa détention et pendant qu'il était à Douai, les Turcs des galères de Dunkerque trouvèrent le moyen de faire tenir une lettre à Constantinople, qui fut remise entre les mains du Grand Seigneur, lequel aussitôt fit appeler l'ambassadeur de France, et lui déclara que si on faisait mourir Galafas pour un fait de cette nature, que les Turcs ignorent être un crime, lui Grand Seigneur ferait mourir du même supplice cinq cents chrétiens esclaves français. Sur cette déclaration, l'ambassadeur de France dépêcha un exprès à sa Cour, qui donna ses ordres au parlement de Douai, en vertu desquels Galafas en fut quitte pour avoir le fouet légèrement le long du quai de Dunkerque, et au lieu d'esclave qu'il était, il fut condamné aux galères perpétuelles, ce qui fut ensuite son bonheur, car peu de temps après il fut délivré à plein, soit par politique envers le Grand Seigneur, ou en vertu de quatre cents livres qu'il donna pour sa délivrance. J'ai abrégé autant qu'il m'a été possible cette narration, pour ne pas ennuyer mon lecteur.

Je reprends l'occupation des chiourmes. Pendant qu'une

partie s'occupe sur le quai dans leurs baraques, le reste, qui fait le plus grand nombre, est à la chaîne dans leurs bancs, à la réserve de quelques-uns qui se font déchaîner pendant le jour moyennant un sol. Ceux-là peuvent se promener, par toute la galère et y faire leur négoce. La plupart de ces déferrés sont les vivandiers; ils vendent du tabac (car l'hiver on peut fumer), de l'eau-de-vie, etc. D'autres ont dans leur banc une petite boutique de beurre, fromage, poivre, vinaigre, du foie de bœuf et des tripes cuites, qu'ils vendent à la chiourme pour peu d'argent, car pour cinq ou six deniers qui font un demi-sol, on s'y pourvoit pour faire son repas avec le pain que le roi donne. A l'exception donc de ceux qui sont déchaînés en payant un sol par jour, tous les autres sont assis dans leur banc, tricotant des bas. On me demandera où ces galériens prennent le coton pour travailler? Le voici.

Plusieurs Turcs, du moins ceux qui ont de l'argent, font ce négoce, où ils ont un profit visible et clair, principalement à Marseille, où il y a quantité de marchands qui font un gros négoce de ces bas de coton. Ces marchands livrent à ces Turcs autant de coton qu'ils en veulent, et les Turcs leur payent le coton en bas de coton, l'un et l'autre à un prix que chacun y trouve son compte[121]. Ces Turcs livrent tant de livres de coton filé aux forçats pour le brocher et en faire des bas de toute grandeur, leur étant indifférent de brocher de grands ou de petits bas, parce que le prix du brochage se fait par livre pesant, si bien que le forçat qui a reçu par exemple dix livres de coton filé, rend le même poids de coton broché, en bas de la grandeur qu'on lui a ordonnée, et le Turc lui paye pour la façon des bas tant par livre, selon qu'ils en sont convenus, mais c'est ordinairement un prix fixe. Il faut que le forçat prenne bien garde de ne pas friponner le coton qu'on lui a confié, car s'il en manque la moindre chose, ou que le forçat ait mis le coton dans un lieu humide pour lui faire reprendre le poids qu'il en a détourné, on lui donne une cruelle bastonnade. Cela arrive fréquemment, car les forçats sont si adonnés à boire qu'un grand nombre parmi eux, pour se satisfaire à cet égard, s'exposent à ce cruel supplice, dont rien ne les peut garantir. Ils n'ont pas même l'espérance de cacher leur friponnerie. Un voleur, un meurtrier, tous les autres criminels se flattent toujours que leur crime ne viendra pas au jour, mais ceux-ci n'en peuvent concevoir la moindre espérance. Cependant, il arrive très souvent que lorsqu'ils ont reçu le coton de leur maître (ainsi les appellent-ils), ils le vendent au premier Turc d'une autre galère, qui pour ce sujet vont d'une galère à l'autre. Ayant reçu l'argent, ils se mettent trois ou quatre de compagnie pour boire tant que cet argent dure, et souvent, quand il est fini, les associés buveurs vendent aussi le coton qu'ils ont de leur maître, et n'ayant plus rien, ils attendent patiemment, et en gaussant de leur future bastonnade, que leur maître vienne demander leur travail. J'oubliais de dire que la façon se paye d'avance, ce qui occasionne qu'ils vendent leur coton, car ils s'enivrent de l'argent de la façon, et dans cet état ils bravent le péril inévitable. Lorsque le Turc vient demander l'ouvrage, ils lui disent effrontément : « Voilà de quoi te payer », en frappant sur leur dos. Le Turc s'en plaint au comite, et le matin à neuf heures, que le major vient régulièrement à l'ordre, tous les comites s'assemblent autour de lui, et chacun lui rapporte ce qui se passe sur sa galère; et sans autre forme de procès, on fait dépouiller ces vendeurs de coton et on leur donne la bastonnade telle que je l'ai dépeinte plus haut; vingt-cinq, trente coups ou, si c'est une récidive, cinquante. Ces derniers n'en reviennent guère. J'en ai vu un sur notre galère, qui ayant reçu le travail de son maître et ayant bu l'argent de la façon avec un de ses camarades, nommé Saint-Maur, et se trouvant encore altéré, Saint-Maur lui conseilla de vendre la laine, car c'étaient des bas de laine. L'autre en faisait quelque difficulté, alléguant la bastonnade, mais Saint-Maur l'encouragea en lui disant : « Camarade, si tu reçois la bastonnade, je te ferai voir que je suis

honnête homme et que je veux la recevoir aussi bien que toi. »
Comme si les coups de l'un adoucissaient ceux de l'autre! Enfin,
l'accord fut fait à cette condition. Ils burent à tire-larigot, en
chantant et se divertissant tant que l'argent de la laine dura;
et lorsqu'il fallut rendre le travail au maître, ils montrèrent
leur dos pour tout paiement. Le major vint faire donner la bastonnade au délinquant. Saint-Maur, pendant qu'on frappait son
camarade, se dépouillait et se préparait à danser à son tour.
Ses camarades de son banc avaient beau le vouloir dissuader de
se faire donner la bastonnade de gaieté de cœur. « Je suis honnête homme, disait-il, j'ai bu ma part de l'argent de la laine,
il est juste que je paye mon écot. » Après que le major eut fait
bastonner le vendeur de la laine, il allait sortir de la galère,
car il n'avait rien à faire avec Saint-Maur; mais celui-ci l'appelant, le major vint voir ce qu'il avait à lui dire. « C'est, monsieur, dit-il, que je vous supplie de me faire donner autant de
coups de bastonnade que mon bon ami vient d'en recevoir »,
lui alléguant son honneur et sa parole donnée. Le major, indigné
de la bravade de ce coquin, lui fit donner une telle bastonnade
qu'il en mourut peu de jours après. Concluons de là que le vice
suit toujours ces misérables qui souffrent pour leurs crimes,
et qu'au lieu de s'amender par un châtiment si rigoureux, ils
regimbent contre l'aiguillon, le bravent, et même s'y endur-
cissent à un point qu'il semble qu'ils ont quitté tout sentiment
d'homme pour prendre toute la méchanceté du Démon. On ne
peut, en un mot, rien imaginer d'horrible en méchanceté que
ces misérables ne possèdent au suprême degré. Les blasphèmes
les plus exécrables, dont ils s'étudient à inventer de nouveaux
formulaires, les crimes les plus affreux, qu'ils se vantent d'avoir
commis et qu'ils désirent de pouvoir encore commettre, font
hérisser les cheveux d'horreur. Cependant, les aumôniers leur
font faire de gré ou de force leur devoir de religion, tout au
moins une fois l'an. Ils vont tous à confesse à Pâques et reçoivent
l'hostie consacrée ou la communion. Mais, bon Dieu! en quel

état ces malheureux s'en approchent-ils? Forcenés de rage, maudissant les aumôniers et comites qui les y forcent, ils reçoivent enfin ce sacrement que les prêtres et les dévots de la religion romaine regardent comme la chose la plus auguste et la plus sainte de toute leur religion; ils le reçoivent, dis-je, avec aussi peu d'apparence de contrition et aussi peu de dévotion que s'ils étaient dans un cabaret à boire bouteille. Les aumôniers n'y prennent pas autrement garde. Pourvu qu'ils les obligent à faire cet acte de catholicité, ils ne s'informent pas du reste. Il faut pourtant avouer que tous les galériens de la chiourme condamnés pour leurs crimes ne sont pas également méchants et scélérats. J'en ai connu de très honnêtes gens, et qui vivaient moralement bien. Il y en avait qui étaient condamnés pour désertion, parmi lesquels se trouvaient de bons paysans et artisans qu'on avait enrôlés par force ou par surprise; d'autres, pour avoir fait la contrebande; d'autres, qui, quoique condamnés pour meurtre, n'avaient tué qu'à leur corps défendant; quelques-uns aussi (et j'en ai connu de tels) qui étaient innocents du crime pour lequel on les avait condamnés, et qui ont vérifié leur innocence dans la suite. Tous ces gens-là, du moins la plus grande partie, se distinguaient par leur manière de vivre, et se montraient tout autres que ces infâmes scélérats, nourris et accoutumés à exercer les crimes les plus terribles. Cependant, comme je crois l'avoir fait remarquer dans le cours de ces Mémoires, tous ces scélérats, quelques méchants qu'ils fussent, témoignaient toujours beaucoup d'égards et de respect pour nous autres Réformés. Ils ne nous appelaient jamais que « *Monsieur* », et n'auraient jamais passé devant nous sans nous saluer. J'en avais cinq dans mon banc à Dunkerque, un condamné pour meurtre et assassinat, un autre pour viol et meurtre, le troisième pour vol de grand chemin, le quatrième aussi pour vol; pour le cinquième, c'était un Turc esclave; mais je puis dire en bonne vérité que ces gens-là, tout vicieux qu'ils étaient, me portaient une vraie révérence, et c'était à qui serait le premier à me rendre de petits services. Lorsque les plus méchants parlaient de nous, ils ne balançaient pas à dire : « ces messieurs sont respectables en ce qu'ils n'ont point fait de mal qui mérite ce qu'ils souffrent, et qu'ils vivent comme d'honnêtes gens qu'ils sont ». Les officiers même, du moins la plupart, aussi bien que l'équipage, nous considéraient; et s'il se trouvait qu'il y eût dispute ou quelque différend entre les autres galériens, et qu'un réformé se trouvât à portée d'en décider ou de rendre témoignage de la vérité du fait, on en passait toujours par sa décision. Tant il est vrai que la vertu, lors même qu'elle se trouve confondue parmi les vicieux, n'en reluit que davantage. Je prie le lecteur de ne pas porter ici ses réflexions jusques à concevoir que nous nous encensions nous-mêmes. En mon particulier, j'ai toujours senti en moi les infirmités d'un homme faible et pécheur devant Dieu, et ce n'est qu'à sa grâce opérante en nous que j'attribue la constance d'avoir confessé son saint nom. Mais je crois devoir rendre la justice qui est due à mes chers frères et compagnons de souffrance, qui ont, par cette même grâce divine, non seulement constamment persévéré dans leur rude et longue épreuve, mais même vécu religieusement et mené sur les galères une vie sans reproche.

Je reviens à l'occupation de la chiourme en hiver. J'ai dit que la chiourme y était toujours occupée, tant dans les baraques que sur les galères, à gagner quelques sols pour s'aider à vivre. Les comites y donnent de grands soins et c'est leur intérêt : car faisant vendre le vin à leur taverne à leur profit, tout le gain de la chiourme, du moins la majeure partie, entre par ce moyen dans leur bourse [122]. Une autre raison, c'est qu'il paraît impossible que la chiourme puisse vivre avec le pain et l'eau, que le roi lui donne. Ajoutez à cela que l'occupation de ces malheureux pour gagner leur vie les empêche de porter toutes leurs pensées à se sauver de la galère [123].

Outre l'occupation des galériens pour travailler à gagner quelque chose, ils ont celle du service de la galère au-dehors et au-dedans. Le service de *dehors* consiste en ceci, c'est que tous les jours, vingt ou vingt-quatre galériens par galère sont commandés pour aller à ce qu'on nomme la « *fatigue* ». C'est ordinairement à l'arsenal de la Marine qu'on les fait travailler à visiter les agrès, apparaux et ustensiles des galères et navires du roi, changer de place, souvent sans nécessité, les mâtures, ancres, artillerie, etc., ce qui est un rude travail! Voici comme on y conduit ces galériens.

On les enchaîne deux à deux à la jambe, et chacun a une ceinture autour des reins, où pend un croc de fer auquel chacun des deux accroche sa chaîne, qui leur vient ainsi jusques aux genoux, si bien que ce sont leurs reins qui supportent la pesanteur de la chaîne, laquelle, sans l'aide de ce croc, les empêcherait de marcher et d'agir. Ces deux hommes ainsi enchaînés se nomment un « *couple* ». Les dix ou douze couples par galère s'assemblent tous devant la galère la Commandante. Chaque galère fait conduire ses couples par un seul pertuisanier, et un comite ou sous-comite, qu'on commande chacun à son tour, les accompagne de là à l'arsenal et fait travailler ces galériens aux ouvrages qui leur sont ordonnés, ayant le gourdin ou la corde à la main; et le soir tous ces couples sont ramenés chacun à sa galère. Les Turcs n'en sont pas exempts. Pour moi, je n'ai jamais été à cette *fatigue;* en donnant trois ou quatre sols à un galérien qui y allait pour moi, j'en étais quitte; chacun a la liberté d'en faire de même.

Le service du *dedans* de la galère n'est pas moins pénible. On y fait la « *bourasque* » au moins deux fois par semaine; et certaines galères, dont les comites sont plus exacts ou, pour mieux dire, plus méchants, la font faire tous les jours. Cette bourasque ou « *veresque* » est le nettoiement de la galère. Quand on veut le faire, le premier comite donne un coup de sifflet qui le désigne, les deux sous-comites s'arment de leur gourdin sur le coursier, courant de banc en banc pour dégourdir les paresseux. Chaque banc se démonte pièce à pièce. Il faut racler avec une racle de fer, dont chaque banc en a une, toutes les pièces du banc qui sont le *banc, banquette,* la *pédagne, contre-pédagne* et les *quartiers* ou planches. Cela étant fait, les comites examinent de banc en banc si le tout est bien blanc et bien raclé. Pendant cet examen, le gourdin tombe sur les dos nus des galériens comme la pluie. Le raclement étant fini, on leur fait laver le tillac à force de seaux d'eau qu'on puise à la mer, ce qui étant fait, et le tout au son du sifflet, et le corps nu comme la main de la ceinture en haut, on remet chaque chose à sa place et on range le banc. Cet exercice dure trois bonnes heures.

Outre cet exercice et les occupations journalières pendant tout l'hiver, il en arrive très souvent d'extraordinaires. C'est lorsqu'il se trouve en ville des étrangers de distinction. Quelquefois, le gouverneur leur donne le plaisir de monter sur les galères pour y voir faire l'exercice dont je viens de parler. D'autres fois, c'est l'intendant ou le commissaire de la Marine, mais très souvent ce sont les capitaines et lieutenants des galères qui donnent ces fêtes à leurs amis, en les régalant de collations et même de repas splendides sur leurs galères. Nous étions sur la nôtre, qui était la Commandante, presque toujours chargés de cette fatigue extraordinaire, à cause que notre commandant, qui était très magnifique, y entretenait une belle symphonie de douze joueurs de divers instruments, tous galériens, distingués par des habits rouges et des bonnets de velours à la polaque galonnés d'or, et leurs habits galonnés de jaune, qui étaient sa livrée. Le chef de cette symphonie, et qui l'avait formée, était un nommé Gondi, un des vingt-quatre symphonistes du roi, qui par débauche et libertinage avait été chassé de la Cour, et s'étant enrôlé dans les troupes, en avait déserté. Ayant été repris, il fut condamné aux galères, et mené sur la Commandante de celles de Dunkerque. C'était un des plus habiles musiciens de France, et il jouait de toutes sortes d'instruments. Sa symphonie nous attirait donc souvent beaucoup de visites fatigantes, et voici en quoi cette fatigue consistait. On avertissait le comite de faire tout préparer pour recevoir la visite. On commençait par faire d'extraordinaire une « *bourasque* » ou nettoiement de la galère. On faisait raser tête et barbe à la chiourme, changer de linge et revêtir leur casaque rouge et bonnet de la même couleur. Cela étant fait, qu'on se représente toute la chiourme qui s'assied dans leurs bancs sur la pédagne, de sorte qu'il ne paraît d'un bout de la galère à l'autre que des têtes d'hommes en bonnet rouge. Dans cette attitude, on attend les seigneurs et dames qui, entrant un à un dans la galère, reçoivent le salut de la chiourme par un cri rauque et lugubre de « *bau* ». Ce cri se fait par tous les galériens, ensemble sur un coup de sifflet, de sorte qu'on n'entend qu'une voix. Chaque seigneur et dame reçoit un « *bau* » pour salut, à moins que leur qualité ou leur caractère ne demande une distinction. Alors on crie deux fois « *bau, bau* ». Si c'est un général ou un duc et pair de France, on crie trois fois « *bau, bau, bau* », mais c'est le plus, le roi même n'en aurait pas davantage. Aussi nomme-t-on ce dernier salut le « *salut du roi* ». Pendant ce salut, les tambours appellent ou battent au champ suivant le salut, et les soldats, fort propres, sont arrangés à la bande des deux côtés de la galère, le fusil sur l'épaule. Et comme dans ces occasions on dresse les mâts et souvent on met les rames, les pavillons de toute couleur et les banderoles, et que les grandes flammes rouges et à fleur de lys jaune sans nombre y sont pendues et déployées au vent, le tout ensemble fait un très beau coup d'œil. La guérite ou chambre de poupe, qui est faite en berceau, sans autre couverture qu'une forte toile cirée pour être garantie de la pluie, est aussi, dans ces occasions de visites de distinction, couverte d'une banderole de velours cramoisi, où pend une riche frange d'or tout à l'entour. Joignez à cette magnificence les ornements en sculpture de la poupe, tous dorés jusques à fleur d'eau, les rames abaissées dans les bancs et élevées en dehors en forme d'ailes, toutes peintes de diverses couleurs. Une galère, ainsi parée de tous ses ornements, offre à la vue un spectacle qui frappe d'admiration ceux qui n'en voient que l'extérieur. Mais ceux qui portent leur imagination sur la misère de trois cents galériens qui composent la chiourme, rongés de vermine, le dos labouré de coups de corde, maigres et basanés par la rigueur des éléments et le manque de nourriture, enchaînés jour et nuit, et remis à la direction de trois cruels comites qui les traitent plus mal que les bêtes le plus viles, ceux, dis-je, qui font ces considérations, diminuent infiniment leur admiration pour ce superbe extérieur.

Les seigneurs et dames, ayant parcouru la galère d'un bout à l'autre sur le coursier, reviennent à la poupe, s'asseyent sur des fauteuils, et le comite, ayant reçu l'ordre du capitaine, commande l'exercice à la chiourme au son du sifflet. Au premier temps ou coup de sifflet, chacun ôte son bonnet de dessus sa tête, au second, la casaque, au troisième, la chemise. On ne voit alors que des corps nus. Ensuite, on leur fait faire ce qu'on nomme en provençal la « *monine* » ou les singes. On les fait coucher tout à coup dans leurs bancs : alors tous ces hommes se perdent à la vue. Après on leur fait lever le doigt indice : on ne voit que des doigts; puis le bras, puis la tête, puis une jambe, puis les deux jambes, ensuite, tout droit sur leurs pieds; puis on leur fait à tous ouvrir la bouche, puis tousser tous ensemble, s'embrasser, se jeter l'un l'autre à bas et encore diverses postures indécentes et ridicules et qui, au lieu de divertir les spectateurs, font concevoir aux honnêtes gens de l'horreur pour cet exercice, où l'on traite des hommes et, qui plus est, des hommes chrétiens, comme s'ils étaient des bêtes brutes. Ces sortes d'exercices, comme j'ai dit, arrivent très fréquemment dans l'hiver comme dans l'été.

Voilà donc l'occupation de la chiourme pendant le cours de l'hiver. Lorsque le mois de mars vient, ces occupations se multiplient chaque jour par de nouvelles fatigues. On ôte du fond de cale toute la *faure* : c'est le lest ou ballast de la galère, qui est tout de petits cailloux gros comme des œufs de pigeon. Tous ces cailloux se montent du fond de cale en haut par les écoutilles dans des mannequins d'osier, lesquels on passe de main en main

remplis de ces cailloux jusques sur le quai devant la galère, où
deux hommes sont commandés par banc, avec des seaux pour
puiser de l'eau de la mer à force, pour laver cet affreux monceau
de cailloux et les rendre nets comme des perles. Quand ils sont
secs, on les rentre dans la galère. Cette fatigue dure sept à huit
jours, y compris le temps qu'on emploie, pendant que la *faure*
est à terre, à caréner la galère pour la radouber et calfater, ce
qui occasionne aussi une grande fatigue aux galériens. La galère
étant redressée, chaque jour, jusques à ce qu'on l'arme, produit
nouvelle occupation. Premièrement, on visite les câbles des ancres
dans la galère, ensuite tout le cordage neuf s'approprie et on le
passe ou tiraille autour de la galère à force de bras pour le rendre
souple et plus maniable. Cette occupation dure plusieurs jours.
Vient ensuite la visite des voiles et, s'il en faut faire de neuves,
c'est le maître comite qui les coupe et les forçats les cousent, car
il n'y a point de voilier sur les galères. Il faut aussi coudre les
tentes neuves, raccommoder les vieilles, de même que les pavillons de rambade et ceux qui servent aux lits des officiers, et
enfin tant d'autres ouvrages qu'il m'est impossible de les tous
particulariser. Cela dure jusques au commencement d'avril,
qui est d'ordinaire le temps où la Cour envoie ses ordres pour
armer les galères.

Cet armement commence par espalmer les galères. Pour cet
effet, on renverse une galère sur une autre qui la soutient tant
que la quille ou carène de cette galère renversée se découvre hors
de l'eau. Alors on frotte tout ce côté de la galère, depuis la quille
jusques en haut, de suif fondu, après quoi on la renverse de
l'autre côté et on la frotte de même. Voilà ce qu'on appelle
l'espalmage, qui est la plus rude de toutes les fatigues à la *vogue*
près. Ensuite, on arme la galère de son artillerie, mâts, ancres,
voiles, cordages, vivres et munitions; et tout ce rude ouvrage se
fait par la chiourme, qui s'en trouve si harassée qu'on est obligé
souvent d'attendre quelques jours pour mettre en mer afin de lui
donner le temps de se refaire.

De quelle utilité sont les galères pour un État
par opposition aux navires de guerre.

Il est avéré que les galères sont d'une grande charge à un État, soit républicain ou monarchique, par l'excessive dépense requise à leur entretien. Il est facile de le comprendre si l'on se rappelle que les galères sont toujours entretenues, soit en paix soit en guerre, en hiver désarmées comme en été armées. Leurs nombreux équipages, tant officiers, soldats que mariniers, reçoivent toujours la même paie, qui est beaucoup plus forte que celle des équipages des navires de guerre; au lieu que ces derniers, en temps de paix ou lorsqu'ils sont désarmés, ne demandent d'autre entretien que celui des officiers majors. Je reconnais que les galères des républiques d'Italie ne coûtent pas à beaucoup près autant que les galères de France, par le ménagement que ces républiques y apportent. Tout le monde sait que diverses galères de ces républiques appartiennent à de puissants particuliers, sous la protection de leurs États, et que, lorsque ces mêmes États en ont besoin, ils paient un subside à ces particuliers, ce qui occasionne un grand ménagement. D'ailleurs ces États d'Italie retirent de l'utilité des galères, soit en ce qu'elles gardent leurs côtes des irruptions des barbares, à quoi elles sont toujours exposées, soit en ce qu'elles vont en course continuellement contre ces barbares, dont elles retirent même du profit par les esclaves qu'elles font, ce qui compense en quelque manière les dépenses qu'elles coûtent. Il n'en est pas ainsi des galères de France. Elles ne sont point occupées à garder les côtes de l'irruption des infidèles. Ces côtes y sont beaucoup moins exposées par leur situation, et la France, par sa puissance, sait bien réprimer l'insolence et la piraterie des écumeurs de mer, sans être obligée de mettre ses galères à leurs trousses. De quelle *utilité* sont donc les galères de France par rapport à l'État? Je réponds suivant mes petites lumières, et par l'expérience que j'en ai eue pendant douze ans que j'ai été sur ces bâtiments dans la mer océane. Les galères y ont eu plus de succès pendant ce temps-là qu'elles n'en ont eu durant un siècle dans la Méditerranée; et tous ces succès, pourtant, aboutissent à deux ou trois vaisseaux de guerre ennemis qu'elles y ont pris, et pas un navire marchand, quoique la mer en fût couverte. Je ne parle pas ici des alarmes continuelles qu'elles donnaient aux côtes d'Angleterre, mais dans un bien petit espace dans la Manche, et sans autre effet que de tirer des volées de canons dans le sable des dunes, sans jamais y avoir fait ni tenté aucune descente, excepté celle de Harwich, qui fut manquée. On me demandera quelle vue pouvait donc avoir la France d'entretenir sous le règne de Louis XIV quarante galères avec des dépenses si immenses? Je n'y en vois que celles-ci. Premièrement, pour faire voir sa grande puissance; en second lieu, pour entretenir un grand nombre de gentilshommes, la plupart cadets de famille, qui n'ont guère tiré de leur patrimoine que l'éducation. La plus grande partie étant chevaliers de Malte, ce qui ne leur procure que peu ou point de revenu, sont réduits, pour soutenir leur état et leur noblesse, aux bienfaits du roi, qui les avance suivant leur mérite et leur naissance; et l'entretien d'un si grand nombre de galères en fournit l'occasion, car presque tous les officiers majors des galères sont chevaliers de Malte. Troisième raison : le royaume de France étant fort grand et fort peuplé, il ne se peut qu'il ne s'y trouve beaucoup de malfaiteurs de toute espèce, et pour les réprimer et punir leurs crimes, un si grand nombre des galères était nécessaire; outre que dans ce temps-là on condamnait aux galères les déserteurs des troupes, ce qui peuplait abondamment les chiourmes.

Pour ce qui regarde l'utilité que l'État en retire, elle est de peu de conséquence. En temps de paix, les galères ne servent guère qu'à transporter quelquefois des personnes de distinction à Rome ou autres États d'Italie, comme cardinaux, ambassadeurs et autres, par ordre du roi. En ce cas, une ou deux galères sont commandées. Hors de là, les galères restent dans le port de Marseille sans rien faire ou, si on en arme une escadre de cinq ou six, ce n'est que pour aller sur les côtes d'Italie pour se faire voir et faire respecter le pavillon, ou pour exercer les chiourmes et les équipages.

Reste donc à demander à quoi les galères sont utiles en temps de guerre? Je réponds comme ci-dessus qu'elles sont de très peu d'utilité, principalement dans la mer océane où les galères ne peuvent naviguer qu'avec beaucoup de peine, à cause du flux et du reflux qui se font sentir plus violemment aux côtes qu'en pleine mer. Or la construction des galères ne leur permet pas de s'y engouffrer ni d'abandonner la côte de vue; et lorsqu'elles se trouvent dans la nécessité de le faire, pour faire route d'un port à un autre un peu éloigné, elles prennent de grandes précautions et observent de prendre pour cela un temps fort calme, et où la mer soit fort unie, ce qui arrive peu souvent dans l'Océan; elles se morfondent des temps infinis dans le port pour attendre quelque occasion pareille. Par les mêmes raisons, les galères ne sont pas propres à aller en course contre l'ennemi, et il leur est très rare de trouver l'occasion de le combattre, puisqu'elles ne peuvent s'éloigner que de fort peu de distance de la côte pour aller chercher les vaisseaux ennemis, soit de guerre ou marchands, qui ne naviguent jamais mieux qu'en haute mer. D'ailleurs, elles ont une autre très grande difficulté pour le combat, c'est que les galères ne peuvent absolument en livrer aucun qu'en temps calme. C'est là leur fort, car pour lors elles ont le choix d'attaquer les plus formidables navires ou de les éviter, et elles peuvent se retirer impunément après avoir attaqué et maltraité de tels navires, mais s'il fait assez de vent pour que les navires puissent faire servir leurs voiles, dix galères n'oseraient attaquer la moindre frégate, mais elles se retirent incessamment dans leur fort; car si le vent est assez fort, une telle frégate, faisant force de voile sur les galères, leur passerait facilement sur le corps et les coulerait à fond à cause de la construction basse et légère de cette sorte de bâtiments.

Il reste à voir si les galères sont utiles pour seconder une armée navale dans un combat. Elles le seraient effectivement si le temps et le lieu du combat se trouvaient leur être favorables, en ce cas, les galères peuvent servir très utilement pour remorquer et retirer du combat les navires démâtés et endommagés, et en remorquer quelque autre à la place. Mais pour cela, il leur faut un temps calme et tout à fait sans vent, pour les raisons dites ci-dessus. Mais la grande difficulté pour les galères, c'est de se trouver en pareil combat naval, parce qu'une armée qui cherche l'ennemi n'a pas le choix du lieu pour attaquer, et qu'il faut presque toujours le chercher en haute mer, et les galères n'osent pas se trouver vingt-quatre heures hors de la vue de terre. Outre cela, les vaisseaux de guerre ne peuvent naviguer qu'avec un vent assez fort pour chercher à combattre l'ennemi, et les galères ne peuvent supporter un tel vent, si bien qu'il est comme impossible que les galères se trouvent à un combat naval. Tout ce que les galères peuvent faire de plus utile, ce serait de faire quelque descente en terre d'ennemi, pour piller et brûler quelque village, et ces descentes ne peuvent être que de peu de conséquence, parce que les galères ne peuvent prendre à leur bord que fort peu de troupes de renfort, n'y ayant pas de place, car les cinq cents hommes qui forment l'équipage et la chiourme d'une galère la remplissent totalement; et de ces cinq cents hommes, on ne peut mettre à terre qu'environ cinquante ou soixante hommes par galère, le reste devant n'en pas bouger pour y garder trois cents hommes de chiourme, qui sont plus à craindre pour eux que l'ennemi de dehors. Aussi les galères de Dunkerque, pendant douze ans qu'elles y furent, n'entreprirent jamais de descentes, soit à la côte d'Hollande ou à celle d'Angleterre. De tout ceci, on peut aisément conclure que les galères dans la mer océane ne sont que de peu d'utilité.

Dans la mer Méditerranée, les galères y naviguent avec plus de facilité, tant à cause que dans cette mer-là il n'y a point de flux et reflux, que parce que la bonace ou calme y règne

incomparablement plus que dans l'Océan. Mais les mêmes
difficultés se trouvent pour que les galères puissent s'y joindre à
une armée navale qui cherche l'ennemi pour le combattre, car
les navires de guerre ont besoin d'un vent fort pour naviguer,
et les galères, par leur construction, ne peuvent y tenir sans
s'exposer à périr. Tout l'avantage donc qu'on peut espérer des
galères dans la Méditerranée, c'est que, comme le calme y règne
souvent, il peut s'y trouver des navires ennemis, soit de guerre ou
marchands, qui soient surpris et arrêtés en mer par la bonace.
Pour lors, les galères qui rencontrent quelque navire dans cet
état l'ont belle pour s'en rendre maîtres, ou le couler à fond
s'il est trop fort pour le pouvoir prendre à l'abordage. C'est
presque l'unique utilité qu'on peut se proposer des galères dans
la Méditerranée, car pour des descentes à la côte, soit de l'Italie
ou de Catalogne, qui se trouvent dans ces mers-là, elles ne l'entreprennent jamais par la raison que j'ai dite plus haut. Il peut
aussi arriver un combat d'une escadre de galères contre une
autre des ennemis. Mais ces rencontres ont rarement lieu, parce
que de tels combats ne décident de rien de conséquence et qu'en
un mot il n'y a que des coups à gagner, car quand l'ennemi
s'est engagé au combat, s'il voit qu'il a du dessous, il a le même
avantage pour fuir que son ennemi trouve à le poursuivre.
Comme il ne s'agit que de ramer, et non de faire voile, que des
galères aient le dessus ou le dessous du vent, cela leur est tout
un. Et ce que je dis est tellement vrai qu'on n'a jamais vu prendre
des galères sur l'ennemi par d'autres galères. On n'a même de
mémoire de tels combats, donnés de galère contre galère, que
dans la guerre qui précéda la paix des Pyrénées. Alors, une
escadre des galères de France en rencontra une des galères
d'Espagne dans la mer Méditerranée, et l'action fut fort sanglante [124]. J'ai connu un vieux Turc, esclave sur notre galère,
qui s'était trouvé à ce combat. Il disait que les galères d'Espagne
s'accrochèrent aux galères de France à l'abordage, et que ces
dernières auraient eu du dessous, n'eût été qu'on s'avisa de

donner dans chaque banc aux galériens une corbeille pleine de cailloux pour repousser les Espagnols, promettant aux dits galériens leur liberté si les Espagnols étaient repoussés, à quoi ils réussirent, car par cette grêle de cailloux, les Espagnols furent dans l'obligation de lâcher prise, mais pas une galère de part et d'autre n'y périt. Cependant, on ne tint pas parole aux galériens français, et ce fut comme dit le proverbe italien : « *passata la festa, gabato il santo* », qui veut dire : *la fête passée, on trompe le saint*. Depuis ce temps-là, on n'a plus vu de tel combat, car comme il est facile au parti le plus faible d'éviter d'en venir aux mains, cela ne manque jamais d'arriver dans les occasions.

Les galères ont une autre grande incommodité lorsqu'il se présente quelque occasion de se battre contre les navires de guerre. Car trois cents hommes qui composent la chiourme sont autant d'ennemis qui veillent continuellement à se procurer leur liberté, soit à force ouverte ou autrement; et pour empêcher leur révolte, on est obligé de prendre contre eux autant et plus de précautions que contre l'ennemi même qu'on va attaquer. Aussi, l'on met les menottes aux mains des forçats; on braque deux pièces de canon à la poupe, chargées à mitraille, l'une pointée sur la droite et l'autre sur la gauche de la galère, pour les décharger sur la chiourme en cas du moindre mouvement. Outre cela, de cent soldats qu'il y a sur une galère, cinquante sont ordonnés pour la garde de la chiourme et ont toujours sur elle le fusil bandé et couché en joue en cas de révolte. Et malgré toutes ces précautions, les officiers ne sont pas peu intrigués et ont toujours plus de peur des chiourmes que de l'ennemi, car s'il arrivait que les chiourmes fissent le moindre mouvement, il en faudrait venir au remède extrême, qui est d'en tuer la plus grande partie, ce qui serait pire que le mal, car la chiourme étant les jambes de la galère, sa perte par là se trouverait iné-vitable.

Voilà ce que j'ai pu remarquer des galères en général, par

rapport à leur fort et à leur faible, par opposition aux navires de guerre, qui n'ont pas à beaucoup près tant de difficultés ni d'incommodités pour combattre les galères, comme ces dernières en ont pour combattre les navires [125]. De tout ceci, on peut conclure que la dépense pour l'entretien des galères est très grande et leur utilité très petite. Aussi la France en a-t-elle bien connu la conséquence, par la réforme des trois quarts de ses galères qu'elle fit pendant la Régence et la minorité de Louis XV, qui règne si glorieusement aujourd'hui [126].

Après avoir fini ces Mémoires, je me suis aperçu que j'avais oublié de marquer à sa place, à la suite de l'histoire du combat et de la prise de la frégate anglaise le *Rossignol*, la destinée du capitaine Smit de détestable mémoire. Il reçut peu de temps après le digne loyer de sa trahison par l'événement que voici.

On a vu plus haut que la reine Anne d'Angleterre avait confié en l'année 1708 le commandement d'un navire de haut bord, garde-côte, au capitaine Smit, bon soldat et bon homme de mer, mais papiste caché et qui nourrissait dans son cœur une haine implacable contre sa patrie, comme il le fit bientôt paraître. Car ayant, comme je l'ai dit, vendu son navire à Gottenburg en Suède, et congédié l'équipage, il fut présenter ses services militaires au roi de France contre l'Angleterre, sa patrie. J'ai dit aussi que ce monarque le reçut bien, et qu'il lui promit de lui donner la première place vacante de capitaine de haut bord, et qu'en attendant il fut servir comme volontaire sur la galère du chevalier de Langeron, à Dunkerque. On n'a jamais vu un homme si animé contre les Anglais que cet infâme traître l'était. Sitôt que quelque corsaire de Dunkerque faisait quelque prise sur les Anglais, comme il arrivait souvent, cet ennemi irréconciliable de ses compatriotes ne manquait jamais d'aller aux prisons où on tenait les équipages de ces prises; il les injuriait et leur aurait arraché les yeux s'il lui eût été permis. Il donnait de l'argent au geôlier et aux sentinelles qui gardaient ces pauvres prisonniers, afin qu'ils les empêchassent de recevoir les charités des bonnes âmes; et si nous autres cinq protestants, qui étions sur la galère du chevalier de Langeron où il était aussi, n'avions pas eu ce chevalier pour ami, il n'aurait pas manqué chaque jour de nous faire rosser à coups de corde, comme il le conseillait à tout moment à ce commandant, parce que nous étions de la Religion des Anglais, ses ennemis. Ce traître était si acharné contre sa patrie, qu'il ne faisait que former projet sur projet pour nuire à l'Angleterre; et comme il en connaissait parfaitement toutes les côtes, et qu'outre cela il avait de l'esprit et de l'expérience dans la guerre, ces projets plaisaient beaucoup aux bons Français, qui n'estimaient cependant guère sa personne. Enfin, il fit celui d'aller piller et brûler la petite ville d'Harwich, sur les côtes de la Tamise, projet qu'il envoya en Cour de France et qui fut approuvé, comme je l'ai dit, et manqué, comme on l'a vu, par le combat que nous eûmes à l'embouchure de cette rivière.

De retour de cette expédition dans le port de Dunkerque, Smit voulait à cor et à cri que nous allassions avec les six galères recommencer la même entreprise. Mais notre commandant n'y voulait pas consentir, alléguant qu'outre la saison qui n'était plus propre pour la navigation des galères, elles se trouvaient par ce dernier combat hors d'état de mettre en mer, non seulement par la ruine des équipages, dont une grande partie avait été tuée ou blessée, mais aussi par la perte et la destruction des mâtures et des agrès, dont les magasins du roi étaient alors fort dépourvus. Tout cela n'empêchait pas le capitaine Smit de blâmer la nonchalance du commandant et des officiers des galères. Il en écrivit en Cour. Notre commandant y envoya de son côté un procès-verbal, où il alléguait les raisons susdites, qui le mettaient hors d'état de rien entreprendre. Tout cela attira la jalousie ou plutôt la haine de nos officiers au susdit Smit, et lui causa sa perte comme on le va voir.

Le capitaine Smit, ne se rebutant pas du refus que la Cour lui faisait de lui confier les six galères pour son expédition, fit

un autre projet, et demanda qu'on lui accordât deux navires de
guerre à ses ordres. Ces deux navires étaient armés et dans le
port de Dunkerque, l'un de quarante pièces de canon et l'autre,
une petite frégate, fabrique anglaise, de vingt-quatre pièces.
Il prétendait qu'avec ces deux navires il brûlerait Harwich,
comme il aurait pu faire avec les six galères. La Cour accepta
son projet avec ordre de l'exécuter incessamment, mais ne lui
laissa que le commandement de l'entreprise et non celui des
deux navires. Un capitaine de galère monta le plus gros comme
amiral, et un lieutenant, aussi des galères, comme capitaine de
la frégate, et Smit comme commandant à la descente de Harwich. Les deux navires mirent en mer au mois d'octobre 1708
et firent route pour la Tamise. Mais à la vue de cette côte, ils
aperçurent un navire de guerre anglais, garde-côte, de septante
pièces de canon. Cette vue les intrigua, et l'amiral ayant tenu
conseil avec le capitaine Smit, il fut conclu d'aller croiser
quelques jours au nord pour distraire le garde-côte de leur dessein, et de revenir lorsqu'il n'y serait plus, ce qu'ils firent en
effet. Mais au bout de deux ou trois jours, étant revenus, ils
aperçurent, soit le même garde-côte, ou un autre de la même
force. Inquiets de ce contretemps, ils tinrent de nouveau conseil
de guerre. Smit soutenait fort et ferme que leurs deux navires
étant extraordinairement bien armés, ils étaient capables d'abor-
der et de prendre le garde-côte, tout formidable qu'il était.
L'amiral et le capitaine de la frégate n'étaient pas de ce sentiment, mais Smit s'opiniâtra si fort à tenter cette fortune qu'il
fit pencher la balance de son côté. On stipula seulement qu'il
monterait sur la petite frégate, comme étant un navire léger,
et qu'il irait reconnaître le garde-côte; qu'après en avoir examiné
le fort et le faible, il ferait signal au navire amiral pour se joindre
à lui et tenter l'entreprise, mais qu'il ne s'approcherait pas trop
près du garde-côte et qu'il éviterait sa bordée de peur d'être
coulé à fond. Suivant cette résolution, l'amiral se tint en panne,
et Smit à force de voile fut avec sa petite frégate reconnaître le

navire anglais qui, par mépris d'un objet si peu capable de l'émouvoir, se tenait en panne. Smit, contre l'avis des officiers de sa frégate, avança si proche du garde-côte et eut l'imprudence de se mettre si fort à portée de recevoir sa bordée, que l'anglais en effet la lui lâcha toute de la manière la plus furieuse. Cette bordée fit l'effet de démâter la frégate de tous ses mâts et la mit hors d'état de se sauver du péril inévitable d'être prise ou coulée à fond. L'amiral français voyant ce désastre, bien loin de venir secourir sa conserve, comme il l'avait promis en cas d'accident, fit force de voile vers Dunkerque, où il arriva pour porter la nouvelle de la perte du capitaine Smit et de la frégate. D'abord que le garde-côte vit le vaisseau ennemi démâté et hors d'état de lui échapper, il lui cria de son bord d'amener le pavillon et de se rendre, sans quoi il l'allait couler à fond. Smit n'en voulait rien faire, aimant mieux périr les armes à la main que par celle du bourreau de Londres. Mais il n'était pas le plus fort sur son bord, car officiers, soldats et matelots le menacèrent de le jeter à la mer s'il ne consentait à se rendre. Il fut donc obligé à y consentir, mais il imagina un moyen de se soustraire à la main du bourreau : il prend une mèche allumée, qu'il cachait dans sa manche, et voulut descendre à la soute à poudre pour y mettre le feu et faire par là sauter la frégate en l'air. La sentinelle de la soute à poudre l'arrêta, et ayant crié à ses camarades que Smit voulait mettre le feu à la frégate, on se jeta sur ce misérable, et l'ayant attaché bras et jambes au tronçon du grand mât, ils amenèrent le pavillon et crièrent au garde-côte qu'ils se rendaient à discrétion. L'anglais envoya ses chaloupes bien armées et commandées par un officier de son bord pour prendre possession de sa prise. Y étant entrés sans la moindre opposition, car tout l'équipage criait « quartier », les Anglais aperçurent d'abord le capitaine Smit lié et garrotté au pied du mât. Il fut aussitôt reconnu et conduit à bord du garde-côte, qui fit une décharge de tous ses canons en réjouissance, bien plutôt de ce qu'ils tenaient cet insigne traître que du gain de la prime de mille livres sterling qui était sur sa tête. Il fut d'abord conduit à Londres, où son procès lui fut bientôt fait; et quoiqu'il offrît lâchement de se faire protestant pour obtenir sa grâce, il fut condamné à être écartelé tout vif, ce qui s'exécuta de la manière qu'on sait aux traîtres en Angleterre, en leur frappant le visage de leur cœur palpitant; et j'ai vu, l'année 1713 que je fus à Londres, les quartiers de son corps exposés le long de la Tamise. Grande leçon pour ceux qui, comme lui, s'abandonnent à leur passion jusqu'à cet excès que de trahir leur propre patrie!

ANNEXES

✦✦✦

BIBLIOGRAPHIE

Les éditions des Mémoires de Jean Marteilhe

EN FRANÇAIS :

1757. *Mémoires d'un Protestant condamné aux Galères de France pour cause de Religion; écrits par lui-même; ouvrage dans lequel, outre le récit des souffrances de l'auteur depuis 1700 jusqu'en 1713; on trouvera diverses particularités curieuses, relatives à l'histoire de ce temps-là, et une description exacte des galères et de leur service,* Rotterdam, chez J.-D. Beman et fils.

1774. *Ibid.,* La Haye, chez Jean Mensert.

1778. *Ibid.,* La Haye, chez Plaat. Édition « augmentée d'une clef des lettres qui signifient les noms de personnes, villes, etc. ».

1865. *Mémoires d'un protestant condamné aux galères de France pour cause de religion,* publiés par Henri Paumier, Paris, Société des écoles du dimanche. (Édition préfacée, sans notes explicatives, réimprimée en 1881.)

1942. *Ibid.,* publiés par Gaston Tournier, Musée du Désert. (Édition avec une introduction de dix pages, des notes et des pièces annexes, réimprimée en 1949.)

TRADUCTIONS ANGLAISES

1760. *The memoirs of a protestant condemned to the Galleys of France for his religion, written by himself,* publié par James Willington (pseudonyme d'Olivier Goldsmith), Londres.

1853? Réimpression de l'édition de 1760 (signalée par le *Bulletin de la Société de l'histoire du protestantisme français*).

1957. Galley Slaves. *The autobiography of J. Marteilhe,* publiée par Kenneth Fenwick, Londres.

Une TRADUCTION EN NÉERLANDAIS est parue à Rotterdam en 1757; une TRADUCTION ALLEMANDE a été publiée à Halle en 1760.

Sources et bibliographie sur les *Mémoires* de Jean Marteilhe et l'histoire des galériens protestants

SOURCES MANUSCRITES

— Diverses sous-séries du fonds Marine des Archives Nationales : B⁶ (Galères de France), B³ (Correspondance des ports), B⁴ (Campagnes).

— Sous-série 3P² des Archives du Port de Cherbourg (Correspondance entre les officiers du port de Dunkerque et le ministre de la Marine).

— Sous-série 10 des Archives du Port de Toulon (matricules des forçats).

— Diverses collections de manuscrits de la Bibliothèque Nationale : Nouvelles acquisitions françaises, Mélanges Colbert, 500 de Colbert, etc.

— Collection des Papiers d'Antoine Court. Ce fonds a été constitué au cours de la première moitié du XVIIIᵉ siècle par le pasteur Antoine Court; il contient, entre autres trésors, de nombreuses lettres originales de galériens protestants. Nous n'avons pas travaillé sur les originaux, conservés dans la Bibliothèque de la ville de Genève, mais sur une copie, effectuée par des érudits à la fin du siècle dernier, qui a été déposée à la Bibliothèque de la Société de l'histoire du protestantisme français. Au sujet des sources, signalons que les archives anglaises et hollandaises — non consultées — contiennent ainsi beaucoup de pièces relatives aux galériens protestants.

SOURCES IMPRIMÉES *

— Cette nouvelle édition des Mémoires de Jean Marteilhe a été établie à partir d'un exemplaire de l'édition de 1778 (voir *supra* la note sur les différentes éditions des Mémoires de Marteilhe). Il s'agit du texte intégral; pour en faciliter la lecture, nous avons « modernisé » l'orthographe et la ponctuation; néanmoins, nous avons respecté l'orthographe originale pour tous les noms propres.

— *Correspondance administrative sous le règne de Louis XIV*, publiée par Depping (Collection des documents inédits sur l'histoire de France), Paris, 1850-1855, 4 volumes.

— *Édits, déclarations et arrêts concernant la Religion Prétendue Réformée*, publiés par Léon Pilatte, Paris, 1885.

— *Lettres, instructions et mémoires* de Colbert, publiés par Pierre Clément, Paris, 1861-1882, 10 volumes.

— *Mémoires de Louis XIV pour servir à l'instruction du Dauphin*, publiés par Charles Dreyss, Paris, 1860, 2 volumes.

* Nota : L'abréviation : « S.H.P.F., Bull » signifie *Bulletin de la Société de l'histoire du protestantisme français.*

— Benoît, Élie, *Histoire de l'édit de Nantes*, Delft, 1693-1695, 5 volumes.

— Bouchard, Jean-Jacques, *Voyage de Paris à Rome*, publié par Bonneau, Paris, 1881.

— Bion, Jean-François, *Relation des tourments qu'on fait souffrir aux Protestants qui sont sur les Galères de France*, publiée par Pierre M. Coulon, Genève, 1966. (Édition originale : Londres, 1708.)

— « Complainte véritable des lamentations des pauvres confesseurs qui gémissent dans l'esclavage des galères », *S.H.P.F., Bull*, 1892, p. 589-602.

— « Extrait naïf et fidèle des souffrances d'Alexandre Astier, du Vigna en Vivarais », *S.H.P.F., Bull*, 1880, p. 460-471, 500-511.

— *Histoire des souffrances du bienheureux martyr Louis de Marolles*, publiée par Jules Bonnet, Paris, 1883. (Édition originale : La Haye, 1699.)

— *Histoire des souffrances du sieur Élie Neau sur les galères et dans les cachots de Marseille*, publiée par Gaston Tournier, Musée du Désert, 1939. (Édition originale : Rotterdam, 1701.)

— *Histoire des souffrances et de la mort du fidèle confesseur et martyr M. Isaac Le Febvre*, publiée par Gaston Tournier, Musée du Désert, 1940. (Édition originale : Rotterdam, 1703.)

— « Histoire du forçat Pierre Mauru », *S.H.P.F., Bull*, 1879, p. 115-129.

— « Journal des galères. Extrait de lettres écrites par les fidèles confesseurs de Marseille », *S.H.P.F., Bull*, 1869, p. 33-40, 144-153, 193-199, 231-245, 368-377, 475-485, 582-590; 1870-1871, p. 62-68.

— « Les amitiés des galères. Lettres de trois gentilshommes protestants détenus au bagne de Marseille », *S.H.P.F., Bull*, 1866, p. 484-494, 527-533.

— « Les exploits d'un élève des Jésuites, nouveau converti, devenu convertisseur, racontés par lui-même. Sept lettres inédites du duc de la Force, servant de pièces justificatives aux mémoires d'un de ses vassaux », *S.H.P.F., Bull*, p. 138-157, 290-316.

— « Les forçats de Louis XIV. Règlements faits sur les Galères de France par les confesseurs qui souffrent pour la vérité de l'Évangile », *S.H.P.F., Bull*, 1868, p. 20-29, 65-73, 117-126.

— « Liste des Protestants qui restent encore sur les Galères de France », *S.H.P.F., Bull*, 1889, p. 144-162.

— « Un forçat des galères de Louis XIV. Lettre de David Serres à M. de Saint-Benoit, pasteur à Lausanne », *S.H.P.F., Bull*, 1875, p. 447-464.

— « Un prosélyte des galères. Relation touchant la conversion et les souffrances de Jean Fayan », *S.H.P.F., Bull*, 1868, p. 338-342.

— « Une lettre inédite du forçat pour la foi Serres le puîné », *S.H.P.F., Bull*, 1889, p. 634-638.

OUVRAGES GÉNÉRAUX

— Chaunu, Pierre, *Église, culture et société. Essai sur Réforme et Contre-Réforme*, Paris, 1981.

— Garisson-Estèbe, Jeanine, *l'Homme protestant*, Paris, 1980.

— Joutard, Philippe, *la Légende des Camisards. Une sensibilité au passé*, Paris, 1977.

— Joutard, Philippe (sous la direction de), *Historiographie de la Réforme* (Colloque, Aix et Marseille, 1972), Paris, 1977.

— Labrousse, Élisabeth, *Pierre Bayle*, La Haye, 1967, 2 volumes.

— Lavisse, Ernest (sous la direction de), *Histoire de France depuis les origines jusqu'à la Révolution*, Paris, 1903-1911. (Il s'agit des volumes, écrits par Lavisse, qui furent consacrés à la période du règne de Louis XIV; ils ont été réédités en 1978, en deux volumes, sous le titre : *Louis XIV.*)

— Léonard, Émile Georges, *Histoire générale du Protestantisme*, Paris, 1961-1964, 3 volumes.

— Mandrou, Robert, *Louis XIV et son temps* (tome X de la collection « Peuples et Civilisations »), Paris, 1973.

— Mours, Samuel, *les Églises réformées en France*, Paris et Strasbourg, 1958.

— Mours, Samuel, *le Protestantisme en France au XVIIe siècle*, Paris, 1967.

— Mours, Samuel, et Robert, Daniel, *le Protestantisme en France du XVIIIe siècle à nos jours*, Paris, 1972.

— Orcibal, Jean, *Louis XIV et les Protestants*, Paris, 1951.

— Richard, Michel, *Vie quotidienne des protestants sous l'Ancien Régime*, Paris, 1966.

— Thuau, Étienne, *Raison d'État et pensée politique à l'époque de Richelieu*, Paris et Athènes, 1966.

— Weiss, Charles, *Histoire des réfugiés protestants de France depuis la Révocation de l'édit de Nantes*, Paris, 1853, 2 volumes.

ÉTUDES SUR LES FUGITIFS ET LES GALÉRIENS PROTESTANTS

— Beuzard, P., « Les fugitifs protestants devant le Parlement de Flandre, depuis la Révocation jusqu'à la mort de Louis XIV », *S.H.P.F., Bull*, 1924, p. 173-194.

— Bost, Charles, « Les routes de l'exil. Itinéraires suivis par les fugitifs du Languedoc à la Révocation », *S.H.P.F., Bull*, 1898, p. 561-593, 634-651.

— Lafon de Caudaval, « Brevet de grâce et congé d'un galérien protestant, Jean Barrau fils, de Réalmont », *S.H.P.F., Bull*, 1855, p. 317-319.

— Fonbrune-Berbineau, Paul, *Daniel de Superville (1657-1728)*, Chambéry, 1886.

— Fonbrune-Berbineau, Paul, « La libération des forçats pour la foi en 1713 et 1714 », *S.H.P.F., Bull*, 1889, p. 225-238.

— Fonbrune-Berbineau, Paul, « Le guide Paul Berger-Ragatz (1688-1702) », *S.H.P.F., Bull*, 1898, p. 507-529.

— Anonyme, « Fugitifs du Périgord arrêtés en Belgique en 1701 », *S.H.P.F., Bull*, 1902, 546-550.

— Jaccard Émile, *le Marquis Jacques de Rochegude et les Protestants sur les galères*, Lausanne, 1898.

— Anonyme, « Les galériens protestants de Marseille et l'Église française de Bâle », *S.H.P.F., Bull*, 1856, p. 376-381.

— Anonyme, « Les fugitifs malgré eux... », *S.H.P.F., Bull*, 1897, p. 190-191.

— Anonyme, « Protestants fugitifs, arrêtés et poursuivis devant le Parlement de Grenoble », *S.H.P.F., Bull*, 1858, p. 135-138; 1859, p. 297-310.

— Anonyme, « Quarante-deux relaps arrêtés en Normandie et détenus à Rouen en septembre 1689 », *S.H.P.F., Bull*, 1896, p. 256-261, 323-328.

— Tournier, Gaston, *les Trois frères Serres de Montauban, forçats pour la foi de 1686 à 1713 et 1714*, Musée du Désert, 1937. (Étude suivie de la publication de nombreuses lettres de forçats protestants.)

— Tournier, Gaston, *les Galères de France et les galériens protestants des XVIIe et XVIIIe siècles*, Musée du Désert, 1943-1949, 3 volumes. (Les volumes II et III contiennent la liste des forçats protestants condamnés aux galères et au bagne, avec un index alphabétique.)

— Anonyme, « Un martyr inconnu de Bergerac (1701-1702) », *S.H.P.F., Bull*, 1905, p. 454-457.

ÉTUDES RÉGIONALES

— Cocula-Vaillières, Anne-Marie, *les Gens de la rivière Dordogne* (Thèse, université de Bordeaux III, 1977), Lille, 1979, 2 volumes.

— Lacoste, Roger, « Notes sur la bourgeoisie protestante du Bergeracois à la veille de la Révocation », *S.H.P.F., Bull*, 1934, p. 477-485.

— Perouas, Louis, *le Diocèse de La Rochelle de 1648 à 1724*, Paris, 1964.

ÉTUDES SUR LES GALÈRES DE FRANCE

— Bamford, Paul W., *Fighting ships and prisons. The Mediterranean galleys of France in the age of Louis XIV*, Minneapolis, 1973.

— Masson, Paul, *les Galères de France*, Aix-en-Provence, 1937.

— Zysberg, André, « La société des galériens au milieu du XVIIIe siècle », *Annales E.S.C.*, 1975, p. 43-65.

— Zysberg, André, « Le langage des Galères de France », *Ethnologie française*, 1979, p. 257-270.

— Zysberg, André, « Galères et galériens en France à la fin du XVIIe siècle », *Criminal Justice History* (revue, New York), 1980, p. 49-115.

— Zysberg, André, « Marseille, cité des galères à l'âge classique » (Xe colloque du Centre méridional de rencontres sur le XVIIe siècle, Marseille, 1980), *Revue Marseille*, 1980, p. 71-91.

NOTES

1. Il s'agit des Provinces-Unies. Les protestants français trouvèrent un accueil privilégié dans les provinces des Pays-Bas, en Hollande surtout, où ils s'intégrèrent sans difficulté aux Églises wallonnes — de langue française — calvinistes, fondées un siècle plus tôt par les réformés wallons qui avaient fui les Pays-Bas espagnols. Sur les pays du Refuge, la synthèse la plus complète demeure celle de Charles Weiss : *Histoire des réfugiés protestants de France depuis la révocation de l'Édit de Nantes*. Paris, 1853. Ce livre vient d'être réédité aux éditions du Layet. Pour une mise au point plus récente, voir les actes de la table ronde sur *le Refuge huguenot en Allemagne*, mars 1981, publiés par l'Institut d'histoire moderne et contemporaine.

2. La famille de Jean Marteilhe, famille d'une honnête aisance, semble tout à fait représentative de cette bourgeoisie protestante qui tenait le haut du pavé à Bergerac à la veille de la Révocation. Enrichie par le commerce des vins, des bois et des grains, négoce très actif qui transitait par la Dordogne, la bourgeoisie bergeracoise dominait également la campagne proche, où elle avait acquis de nombreux domaines, notamment des vignobles (c'est le cas des Marteilhe). Les enfants de cette petite élite marchande et terrienne détenaient également des offices (ou charges) de finances et de judicature, achetés sous les règnes de Henri IV et Louis XIII. A l'avènement de Louis XIV, et surtout après l'application de la législation qui interdisait aux réformés l'accès aux fonctions publiques, cette bourgeoisie se tourne vers les carrières libérales; cette voie étant fermée à son tour, elle se résout à la conversion, du bout des lèvres, ou à l'exil.

3. Le traité de Ryswick, point final de la guerre de la Ligue d'Augsbourg qui opposa la France à une coalition formée par les principaux États européens, fut signé à la fin de l'été 1697. Lors des négociations de Ryswick, nombre de réfugiés protestants français espéraient que Guillaume III d'Angleterre, prince protestant d'Orange, stathouder de Hollande, principal animateur de la coalition contre la France, discuterait avec Louis XIV du sort des protestants français. Il n'en fut rien. Pressé de conclure la paix, au nom du « réalisme politique », Guillaume III renonça à jouer le rôle d'avocat des protestants français, et n'exigea même pas la libération des galériens protestants. La signature de la paix de Ryswick coïncida avec une remise en question de la politique à l'égard de ceux que l'on appelait désormais les

« nouveaux convertis », car, en théorie, il n'existait plus de protestants dans le royaume de France... Des rapports sont demandés aux évêques et aux intendants, qui montrent l'échec patent, en profondeur, de la stratégie de conversion forcée : l'énorme majorité des « nouveaux convertis » ne font pas leur devoir (entendez ne pratiquent pas la religion catholique avec sincérité) et demeurent, au fond de leur âme, des réformés. La déclaration royale de décembre 1698 ne revient pas pour autant sur le fait de la Révocation et sur les mesures répressives qui l'accompagnèrent. Enfin, dans un premier temps, au cours des années 1698-1700, l'on note une reprise des « missions bottées » ou des dragonnades, ainsi qu'une augmentation très sensible du nombre de condamnations aux galères de forçats protestants. C'est ce sursaut répressif qui est à l'origine de l'exil de Jean Marteilhe.

4. Sous le titre, « Les exploits d'un élève des jésuites », le *Bulletin de la Société d'histoire du protestantisme français* (année 1858, pp. 138-157 et 290-316) a publié les extraits d'une correspondance adressée par le duc de La Force au chancelier Pontchartrain. Ces documents confirment point par point le récit que donne Marteilhe de la persécution subie en 1699-1700, par les protestants du Bergeracois. Ainsi, le 17 octobre 1699, La Force écrit au sujet des notables protestants de son duché : « quand on les presse de faire leur devoir dans un endroit ils s'en vont dans l'autre, où le fréquent commerce qu'ils ont avec les Hollandais les fortifie contre tout ce qu'on pourrait leur dire ».

5. Jean Marteilhe avait fui Bergerac en compagnie de Daniel Legras, un compagnon perruquier, également natif de Bergerac, fils de Pierre Legras et de Marie Cougol. Condamné comme Marteilhe aux galères à perpétuité, Legras fut mis à Dunkerque sur la galère l'*Heureuse*. Conduit avec les autres forçats protestants à Marseille, après l'évacuation de Dunkerque, Daniel Legras fut libéré le 7 mars 1714. (Marteilhe était sorti des galères de Marseille un an plus tôt, en juin 1713.)

6. Le tracé de la frontière entre la France et les Pays-Bas espagnols a connu plusieurs modifications au cours du règne de Louis XIV. Si « Couvé » (aujourd'hui Couvin en Belgique, à 60 km environ au sud-ouest de Namur) appartenait à l'Espagne, avec une garnison hollandaise pour assurer sa protection, les places de Philippeville et Marienbourg, plus au nord, constituaient des enclaves françaises. Une situation assez confuse ou inextricable pour ceux qui ne connaissaient pas le pays : c'est à Marienbourg que Jean Marteilhe et Daniel Legras furent arrêtés par des soldats français. Sur l'évolution de la frontière nord du royaume, voir Léon Mirot, *Manuel de géographie historique de la France*, Paris, 1947, réédité en 1980.

7. Jean Marteilhe fait allusion à la déclaration royale du 20 août 1685 : « Si au préjudice de nos dites déclarations des 18 mai et 14 juillet 1682, aucuns de ladite R.P.R. viennent à sortir de notre royaume sans notre permission,

et en dérobent la connaissance aux juges ordinaires des lieux (voulons que) ceux qui les découvriront et dénonceront auxdits juges ordinaires soient mis en possession de la moitié des fonds qu'ils auront dénoncés dans les pays où la confiscation a lieu; et où elle n'a pas lieu, que la moitié des fruits et revenus des biens qu'ils découvriront leur soit donnée... »

8. Louis Phélipeaux, marquis de La Vrillière, qui succéda à son père, marquis de Châteauneuf, au secrétariat d'État à la R.P.R.(la Religion Prétendue Réformée) ou aux affaires protestantes.

9. L'article 10 de l'édit de Fontainebleau — révoquant celui de Nantes — défendait aux protestants de sortir du royaume, sous peine des galères pour les hommes, et de l'enfermement pour les femmes.

10. Il n'existait pas de peine de prison dans le système judiciaire d'Ancien Régime, où l'on considérait seulement la prison comme le lieu où les accusés, « pris de corps », attendaient leur jugement ou l'exécution de leur sentence de condamnation. La gestion de toutes les prisons était confiée à des entrepreneurs privés, qui se payaient littéralement sur leurs prisonniers, leur vendant à un prix arbitraire tous les services, exception faite du pain et de l'eau. Cette situation donnait lieu à des abus et à des trafics innombrables, dont Marteilhe donne plusieurs exemples. Tout était à vendre dans ces prisons, y compris, quelquefois, la liberté, surtout dans les prisons des tribunaux subalternes. Et malheur aux prisonniers démunis d'argent, qui crevaient de faim et croupissaient dans les geôles les plus infectes.

11. Charles Drélincourt (1595-1669), pasteur de l'Église réformée de Paris, auteur du *Catéchisme ou instruction familière sur les principaux points de la religion chrétienne,* paru en 1662, qui connut de multiples rééditions.

12. Créé en 1668, le conseil souverain de Tournai fut érigé en parlement en 1686. Cour souveraine de justice, qui jugeait en dernier appel les affaires civiles et criminelles, le parlement de Tournai étendait son ressort sur la Flandre flamingante, sur Douai, Lille, Cambrai, Tournai, Cateau-Cambrésis, et sur le Hainaut français. Après 1713 (la ville de Tournai est perdue au traité d'Utrecht), le siège de ce parlement fut transféré à Douai.

13. Toute sentence criminelle comportant une peine afflictive ou corporelle (le fouet, les galères, la mort) prononcée par une juridiction subalterne devait être confirmée ou infirmée en appel par une cour souveraine. Cette pratique, rendue obligatoire par l'ordonnance criminelle de 1670, constituait un moyen de vérifier ou de contrôler l'activité des justices seigneuriales et royales; elle fut longtemps inopérante parce que ces tribunaux refusaient de payer les frais de transfert des accusés jusqu'aux sièges des cours souveraines. Certains crimes ou délits, comme le vol de grand chemin, appelés « cas prévôtaux » (car jugés à l'origine par les prévôtés ou maréchaussées), ne don-

naient pas lieu à l'appel et se jugeaient en premier et dernier ressort, là où ils avaient été commis.

14. « Les ceps aux mains » : enchaînés.

15. Sorbier et Rivasson appartenaient à de vieilles familles de la bourgeoisie bergeracoise. Né en 1674, Jacques Sorbier était le fils de Jean Sorbier et de Marie David; Samuel Rivasson, né en 1677, était le fils de Jean Rivasson, avocat au parlement de Bordeaux, et de Marie Bosatran (d'après Gaston Tournier).

16. Les protestants français, qui avaient déjà réussi à gagner un pays du Refuge, envoyaient à leur famille ou à leurs amis restés en France des lettres contenant des itinéraires (c'est le cas de Marteilhe et de Legras), ou leur recommandaient des guides. « Il existait donc une contrebande religieuse, avec ses stations, ses correspondants, ses affiliés, et peut-être aussi son tarif » (P. Beuzart, « Les fugitifs protestants devant le parlement de Flandre, depuis la Révocation jusqu'à la mort de Louis XIV », dans le *Bulletin de la Société d'histoire du protestantisme français*, 1924, pp. 173 à 194). Certains de ces guides étaient de franches canailles, qui n'hésitaient pas à dépouiller leurs clients ou à les dénoncer à la justice; la plupart, sachant qu'ils risquaient la potence ou les galères, se faisaient payer à prix d'or; d'autres encore, protestants eux-mêmes, comme le guide Paul Berger, organisaient des passages pour des motifs plus nobles (voir l'article de Paul Fonbrune-Berbineau sur le guide Paul Berger-Ragatz, dans le *Bulletin de la Société d'histoire du protestantisme*, 1898, pp. 507-519). La tâche de ces passeurs était d'autant plus difficile que des dénonciateurs occasionnels (aubergistes, soldats, paysans, etc.) guettaient l'occasion de s'enrichir aux dépens des fugitifs.

17. Dès que le petit-fils de Louis XIV, le duc d'Anjou, devient roi d'Espagne (janvier 1701), la situation évolue brusquement en Flandre. Dans la nuit du 5 au 6 février 1701, les troupes françaises investissent les places fortes des Pays-Bas espagnols, sous prétexte de délivrer le roi d'Espagne de la présence des garnisons hollandaises qui y étaient installées depuis la paix de Ryswick.

18. Assez curieusement, une lettre d'un commissaire de la Marine à Dunkerque (chargé des galères), adressée au secrétariat d'État à la Marine, évoque la destinée de Samuel Rivasson : « Il y a eu un nommé Samuel Rivasson, natif des environs de Bergerac, condamné aux galères il y a deux ans par le parlement de Tournay pour fait de la relligion prétendüe refformée, mais il n'en subit pas la peine parce qu'il fit abjuration à l'Isle et y receut sa grace. On croit qu'il est présentement en Italie dans l'armée du Roy en qualité de lieutenant d'infanterie. J'ay appris toutes ces circonstances d'un forçat de l'*Heureuse* (il s'agit de Daniel Legras) condamné aux galères dans le mesme temps et pour le mesme cas que luy par le parlement de Tournay. » (Archives nationales, fonds Marine, B³ 120, fol. 63, 12 avril 1703.)

19. L'archevêque de Cambrai n'était autre que François de Salignac de la Mothe-Fénelon (1651-1715).

20. Jean Mouret et Jacques Dupuy arrivèrent aux galères de Marseille le 21 décembre 1701. Jean Mouret fut libéré le 2 février 1704; Jacques Dupuy mourut à l'hôpital des forçats le 20 février 1703.

21. P. Beuzart (*op. cit.* à la note 16) a retrouvé au greffe du palais de justice de Douai une partie des archives du greffe criminel de l'ancien parlement de Tournai, et notamment, les sentences de condamnations aux galères de Jean Marteilhe et Daniel Legras. Entre 1686 et 1704, 264 protestants fugitifs (134 hommes, 107 femmes et 23 enfants) furent jugés en appel devant cette cour souveraine. 68 hommes (60 %) furent condamnés aux galères; 43 femmes (40 %) furent condamnées à la réclusion dans un couvent; et la totalité des enfants furent « placés » dans une maison d'éducation. Après 1704 et jusqu'en 1715, l'on ne trouve plus trace de tels procès.

22. Le 23 janvier 1702, le commissaire de la Marine signale l'arrivée de cette chaîne à Dunkerque : « il est arrivé icy, des prisons de l'Isle, seize nouveaux forçats pour les six galères de ce port. Ils seront demain partagés entre elles ». (Archives nationales, fonds Marine, B³ 116, fol. 14.)

23. Le corps des Galères de France était basé à Marseille; mais à partir de 1690, plusieurs ports de l'Atlantique, de la Manche et de la mer du Nord accueillirent de petites escadres de galères, qui jouèrent le rôle de garde-côtes ou participèrent à des opérations avec la marine des vaisseaux. En 1690, 15 galères sont construites en quelques mois par une équipe marseillaise dans l'arsenal de Rochefort; et près de 8 000 hommes (équipage libre, chiourme et soldats) passèrent de Marseille en ponant par le canal du Midi. Après la campagne de 1690, cette flotte de galères hiverna à Rouen; les équipages regagnèrent Marseille au printemps 1691, et les galères désarmées furent laissées à Rouen. En mars 1694, l'on décide de réarmer 6 de ces galères : équipages, chiourmes et soldats remontent le Rhône jusqu'à Lyon, rejoignent la Loire à Roanne, puis empruntent le canal de Briare jusqu'à la Seine, qu'ils descendent pour rejoindre les galères à Rouen. Cette escadre fut divisée en trois détachements de deux galères, basés à Saint-Malo, à Brest et à Bordeaux. Ces galères du ponant remplissaient des missions assez variées, telles que la protection des convois marchands et la chasse aux petits corsaires anglo-hollandais. Des chaînes de forçats, ordinairement dirigées vers Marseille, étaient détournées vers Brest, Saint-Malo ou Bordeaux pour renouveler les effectifs des chiourmes. Dans ces ports du ponant, les relations entre les gens des galères et la société locale donnaient lieu à de multiples incidents. A Bordeaux, les chiourmes trafiquaient à qui mieux mieux et les capitaines enregistraient de multiples évasions de forçats, favorisées par les gens du cru. A Saint-Malo, le chevalier de La Pailleterie, capitaine de la galère l'*Heureuse*, se plaint des « jeunes gens de la ville [et] d'une infinité

d'autres, sans aveu, que la course attire de toutes parts », qui multiplient les agressions contre les officiers et les soldats des galères. Les deux galères commandées par La Pailleterie et Langeron furent mieux accueillies à Dunkerque, où leur arrivée suscita une curiosité extraordinaire : « Quand nous entrâmes dans les jetées, il y avait tant de monde sur toutes les deux, d'une extrémité à l'autre, qu'il aurait esté difficile d'en placer davantage [...] Lorsqu'elles se furent avancées à la rame par un fort beau calme, environ cent toises dans les jettées, tout l'état-major de la ville et de la citadelle s'embarquèrent sur l'*Heureuse*, une infinité de femmes des notables et officiers de la garnison, et d'autres personnes, s'embarquèrent sur la *Palme* [...] Ces estrangers (sic) nous parurent assez surpris de la netteté des galères, de la beauté et de la propreté des compagnies, de la justesse de tous les mouvemens des chiourmes et du silence avec lequel ils s'étoient faits. Ce jour là, toute la ville se présenta aux portes du parc pour voir de plus près ce qu'on avoit point encore veu dans ces mers là, au moins de ce siècle. » (Archives nationales, fonds Marine, B⁴ 19, fol. 138-139, 6 août 1698.)

Ces six galères furent désarmées à Rochefort en 1699, puis armées de nouveau en 1701, lors de la guerre de Succession d'Espagne, formant une seule escadre, sous le commandement du chevalier de La Pailleterie, remplacé en 1707 par le chevalier de Langeron. Les noms de ces galères reviennent souvent dans le récit de Jean Marteilhe : c'étaient l'*Heureuse*, la *Palme*, la *Marquise*, la *Martiale*, l'*Émeraude*, et la *Triomphante*. Dunkerque fut le seul port d'attache de cette escadre, qui croisait dans la Manche et dans la mer du Nord.

24. Le comite et les deux sous-comites d'une galère sont les sous-officiers qui règlent et commandent la manœuvre des rames à coups de sifflet. Ils usent et abusent de leur pouvoir sur la chiourme, et leur traditionnelle réputation de dureté et de malhonnêteté se vérifiait souvent. Le comite possédait le privilège de la « taverne », du droit exclusif de vendre du vin ou de l'eau-de-vie aux forçats de sa galère, un vin souvent frelaté ou mêlé d'eau, que les galériens devaient acheter pour plaire au comite. A Dunkerque, les comites ne se contentaient pas de tenir leur taverne pour les galériens, ils débitaient également (en contrebande) de l'eau-de-vie aux marins et aux soldats de passage, ce qui occasionnait de multiples désordres sur les galères et dans le port; ajoutez à cela les prostituées qui « visitaient » parfois la chiourme avec la bénédiction intéressée du comite. Les officiers fermaient les yeux sur ces trafics et ces commerces, parce qu'ils craignaient de mécontenter leur comite, de qui dépendait la bonne marche de la galère. Tous ces abus leur importaient peu, pourvu que le comite sache se faire obéir de la chiourme quand on devait voguer.

25. Entendez les bancs placés devant et derrière celui de Jean Marteilhe. Ces galères ne possédaient qu'un seul pont, où étaient disposées, le long de la « bande » droite et de la « bande » gauche, deux rangées de bancs. On

distinguait les « grosses » galères, patronne et réale, avec 29 ou même 32 bancs à chaque bande (6 à 7 rameurs par banc), et les galères « ordinaires » avec deux fois 26 bancs (5 rameurs par banc).

26. Le banc « criminel », appelé aussi banc de la « douje », était situé au-dessus de la chambre où l'on resserrait les cordages. En plus du travail de la rame, les forçats affectés à ce banc devaient aider à remonter ces cordages. Les comites réservaient ce banc aux forçats punis, aux « fortes têtes », ou à tous ceux qui avaient le malheur de leur déplaire.

27. Le coursier formait un long et étroit caisson, haut d'environ 1 m et large de 90 cm, traçant de poupe à proue une sorte de chemin qui séparait les deux rangées de bancs; c'était le domaine du comite et de ses aides.

28. Des magistrats ne répugnaient pas à condamner aux galères des vieillards, des estropiés et des enfants qui, lors de leur arrivée au port, étaient mis à l'hôpital des forçats, en attendant d'être libérés ou, hypothèse plus cruelle, d'être déportés aux îles d'Amérique ou envoyés dans un hôpital général. Tous les autres, après avoir subi l'examen humiliant que décrit Marteilhe, étaient répartis en 3 classes, selon leur âge, leur taille et leur robustesse. La première classe, composée d'hommes âgés de 20 à 40 ans, d'une bonne taille et d'une « forte complexion », fournissait les vogue-avant et les apostis, c'est-à-dire ceux qui maniaient l'extrémité de la rame, du côté du coursier, où le travail était nécessairement plus harassant; les condamnés âgés de 40 à 50 ans, ainsi que les hommes jeunes et de petite taille servaient en qualité de tiercerol ou de quarterol; enfin, au-dessus de 50 ans, l'on ramait comme quinterol, sexterol ou septerol, le plus près de la bande ou du bord de la galère. Chaque année, l'administration des galères (à Dunkerque, l'intendant de Marine) dressait et envoyait le rôle ou registre des « invalides » ou jugés invalides. Les plus chanceux étaient libérés, les autres ne sortaient des galères qu'à condition de s'engager dans les troupes royales, d'autres encore croupissaient jusqu'à leur mort sur une galère hôpital.

29. Parce qu'ils craignaient les lettres de dénonciation écrites par les aumôniers, voire par des forçats (le cas s'est présenté!), les officiers des galères affectaient en public la plus grande dureté vis-à-vis des galériens protestants. Les archives des galères conservent de telles lettres, anonymes ou non, qui cherchaient à compromettre ou à désigner le capitaine ou le lieutenant trop « compréhensif » à l'égard des forçats de la R.P.R. : « Je vous envoye un placet non signé, qui m'a été adressé de Brest [...] On m'informe que le chevalier d'Herbouville laisse trop de libertés et prend trop de confiance dans un forçat religionnaire nommé Clément, qui est sur sa galère. » (Correspondance entre l'intendant des galères et le secrétaire d'État à la Marine, 27 juin 1699, Archives nationales, fonds Marine, B6 32, fol. 331.) Mais, exception faite de quelques officiers, la plupart des

capitaines considéraient les galériens protestants comme des honnêtes gens, injustement condamnés, et s'efforçaient discrètement d'adoucir leur sort. Marteilhe en témoigne dans la suite de son récit, et l'on trouve également d'autres textes à l'appui de cette hypothèse dans les archives des galères et dans les écrits des galériens protestants. La même attitude existait au niveau des sous-officiers des galères.

30. Jean Bancilhon, originaire des Cévennes, envoyé aux galères en 1689, libéré en mars 1714.

31. Sluis ou l'Écluse, Blankenberge, Nieuport. Les galères patrouillaient le long de la côte flamande, et se hasardaient parfois jusqu'à l'estuaire occidental de l'Escaut, dans les eaux hantées par les corsaires de Flessingue.

32. La prise de la *Licorne* eut lieu le 4 juillet 1702. Ce coup d'éclat valut au chevalier de La Pailleterie le grade de chef d'escadre.

33. Le chevalier de Fontette commandait l'*Émeraude*.

34. Charles Davy de La Pailleterie fut d'abord officier de cavalerie avant de devenir, la cinquantaine passée, capitaine de galère. Comme la plupart des officiers des Galères de France, il appartenait à l'ordre de Malte et servait également sur les galères de l'ordre, vouées à la chasse aux corsaires d'Afrique du Nord. Il mourut à Marseille en 1719. Son successeur, Charles Claude Andrault de Langeron, personnage haut en couleur et capitaine aventureux, qui présentait projet sur projet à la Cour, eut la terrible responsabilité du gouvernement militaire de Marseille pendant la peste de 1720. Il termina sa carrière avec le grade de lieutenant-général.

35. L'on disait « voguer sur le fer »; cette manœuvre, qui consistait à ramer contre le vent, alors que la galère était à l'ancre, évitait parfois la rupture des câbles des ancres, qui précipitait la galère contre la côte.

36. L'antenne ou vergue : une longue perche disposée en travers du mât, d'où se tendait et s'accrochait la voile d'une galère. Les galères du xviie siècle possédaient deux mâts : un grand mât, l'arbre de mestre, et un autre, plus court, planté près de la proue, appelé le trinquet. Chaque mât montrait une seule antenne, qui ne portait qu'une seule voile; on changeait cette voile selon la force et la direction du vent. Par ordre de grandeur, les voiles du grand mât se nommaient le maraboutin, la vélète, la mizaine ou méjane, la bouffète, le polacron. Pour le trinquet, l'on distinguait le grand trinquet, le petit trinquet et le trinquenin.

37. L'emploi du terme « petit perroquet » pour la galère prête à confusion. De toute évidence, une fois sorti de la rade d'Ambleteuse, l'on a dû amener la grande voile pour mettre la plus petite, le polacron. Autre possibilité en cas de fort vent arrière, celle de hisser une petite voile carrée, le fréou (toutes les autres voiles étaient triangulaires).

38. Les écoutilles, appelées porteaux sur les galères, étaient des planches carrées ou rectangulaires que l'on ôtait pour descendre sous le pont, dans les chambres aménagées à l'intérieur de la carène.

39. Abrivée pour « abreuvée » : se dit d'une galère qui conserve sa vitesse, son erre.

40. Harwich est plutôt situé très au nord-est de l'embouchure de la Tamise, au sud d'Ipswich, dans l'estuaire de la Stour.

41. Mettre à la cape, autrement dit mettre en panne, à sec de voile, et en cessant de ramer.

42. Cette flottille venait donc de la côté nord de la Hollande.

43. Capitaine depuis 1698, de Montvilliers commandait la *Marquise*.

44. La hune d'un mât : plate-forme fixée à son sommet.

45. Par fauconneau, Marteilhe désigne sans doute un canon de très petit calibre.

46. L'argousin d'une galère, aidé d'un sous-argousin et de huit pertuisaniers, était chargé de la police de la chiourme. C'est lui qui s'occupait des chaînes des forçats; il devait visiter les bancs de la chiourme pour voir si les galériens ne dissimulaient pas des couteaux ou autres instruments tranchants, ou s'ils ne cherchaient pas à s'évader en limant leurs fers. La mauvaise réputation des argousins de galère égalait celle des comites; vers les années 1660-1670, l'intendant des galères assurait même qu'une partie des argousins était recrutée parmi d'anciens forçats! La plupart des évasions avaient lieu avec la complicité des argousins et des pertuisaniers qui, par crainte du châtiment, s'enfuyaient souvent avec les forçats évadés.

47. Piécourt était l'un des fournisseurs de la Marine. On retrouve effectivement son nom dans la correspondance des galères de Dunkerque à propos de l'achat de chanvres de Riga. Les bonnes relations entre Piécourt et les gens de la Marine n'étonnent guère, car l'approvisionnement des galères et des vaisseaux, comme presque tout l'armement, dépendait de ces grands négociants qui soumissionnaient les marchés de la Marine.

48. Il s'agit de Jérôme Phélippeaux, comte de Pontchartrain (1674-1747), qui, en 1699, succéda à son père à la tête du département de la Marine.

49. Les chirurgiens des galères avaient la réputation de gens habiles et compétents, mais qui méprisaient les forçats et négligeaient leurs devoirs. Il y avait un chirurgien payé à l'année sur chaque galère qui, pour les soins courants, s'en remettait souvent au barberot, le forçat qui rasait la chiourme... « Quand on arme une galère, rapporte l'aumônier Jean-François Bion, le Roy paye des drogues qu'on embarque, mais parce qu'elles sont bonnes, les chirurgiens les revendent dans les villes où nous abordions, et combien par

leur friponnerie ne périt-il pas de malades? » (Jean-François Bion, *Relation des tourments qu'on fait subir aux protestants qui sont sur les galères de France*, Londres, 1708, publiée par O. Douen, Paris, 1881.) La correspondance des galères confirme, en gros, ce témoignage. A Dunkerque, l'intendant du Guay signale que les chirurgiens des galères consacrent tout leur temps à leur clientèle privée : « ils s'y adonnent si absolument qu'ils négligent leurs pratiques d'obligation. J'en ai convaincu quelques-uns dans la visite d'invalides que j'ay faite en dernier lieu [...] et leur en ay fait reproche : à peine connaissaient-ils leur chiourme ». (Archives nationales, fonds Marine, B³ 191, fol. 64-65, 5 février 1712.) Ces chirurgiens avaient tout de même une excuse : leurs salaires n'étaient plus payés depuis quatre ans, et leurs « pratiques en ville » constituaient, remarque l'intendant, leur seul moyen de subsister.

50. Les mousses, sur une galère, étaient des forçats qui tenaient des postes de confiance et ne ramaient jamais. Le mousse du paillot ou paillol s'occupait de la chambre aux vivres de l'équipage. Ce nom a survécu aux galères : au bagne, le paillol était un forçat instruit, homme de confiance des gardes-chiourme (encore un mot des galères), à qui l'on confiait divers travaux d'écriture. Notons qu'aux galères de Marseille, on employait dans les bureaux de l'arsenal les galériens qui avaient une « belle main ».

51. Le chevalier de Maulévrier, neveu du chef d'escadre de Langeron, servait à bord de la *Palme* comme lieutenant; il faisait également fonction d'officier major, c'est-à-dire qu'il s'occupait des affaires de discipline des équipages et des chiourmes des six galères.

52. A Marseille comme à Dunkerque, aux galères comme dans le reste du royaume, l'État est en quasi-faillite après la terrible crise de 1709-1710. A Dunkerque, l'intendant fait des prodiges pour donner aux forçats leur ration de pain, et multiplie les appels au secours : « Et quand on n'aura plus de pain à leur donner, qu'en fera-t-on? Les laissera-t-on mourir sous les fers? Remplira-t-on le monde de scélérats en brisant leurs chaînes afin de leur laisser la liberté d'aller chercher leur vie? Et que deviendront vos galères? » (Archives nationales, fonds Marine, B³ 165, 23 juin 1709, fol. 279.) Les chiourmes grognent parce qu'on leur retranche une partie de la ration à laquelle elles ont droit, mais, en pleine crise de disette, le ministre réplique qu'il y a des gens qui meurent de faim et qui n'ont pas la moitié du pain quotidien des forçats! Si la situation alimentaire des forçats se rétablit à partir de 1711, la disette d'argent persiste. Les gages, les pensions et les soldes des gens des galères demeurent impayés; il n'y a plus de ressources pour armer les galères en campagne, ce qui fait la joie, bien sûr, de Marteilhe et de ses compagnons d'infortune. « Nous voilà, écrit l'intendant du Guay, enfin parvenu au point de manquer mesme de chandelle [...]. Jusqu'au papier, à l'encre et aux plumes, tout nous manque. » (B³ 191, 3 janvier 1711, fol. 3-4.)

53. Sans doute Uzerche, en Corrèze. « Goujon » n'est probablement pas le vrai nom du héros de cette histoire.

54. Le « Magistrat » ou conseil de ville ou échevinage, qui, dans les cités flamandes, disposait de pouvoirs judiciaires assez étendus.

55. Adrien Maurice, comte d'Ayen, troisième duc de Noailles (1678-1766); le siège de Gérone a lieu en 1712.

56. Cette défense, réitérée par de multiples déclarations, n'était pas respectée, loin s'en faut, à Marseille notamment, où les forçats qui avaient la liberté d'aller travailler en ville, accompagnés d'un pertuisanier, fréquentaient les tavernes et les bordels du port.

57. Un « trésor » : presque un mois de solde.

58. La justice criminelle et les Galères hésitaient à s'en prendre à cette tradition, ce droit d'asile pour tous ceux qui parvenaient à se réfugier dans une église flamande : ainsi, en 1712, une dépêche de la Cour évoque l'affaire d'un esclave turc, évadé de la galère *Marquise*, « qui s'est réfugié dans un cimetière de Nieuport, que le curé ne veut pas rendre, et que Monsieur l'évêque d'Ypres soutient dans sa prétention du droit d'azile mesme pour les infidelles ». (Archives nationales, fonds Marine, B⁶ 45, fol. 133.)

59. On retrouve mention de l'évasion de Goujon dans la correspondance des galères : « un forçat ayant séduit le pertuisanier qui le gardait, il l'a fait entrer dans un cabaret de Dunkerque, où quatre à cinq soldats de la garnison qui s'y sont trouvés l'ont déferré... » (Archives nationales, fonds Marine, B⁶ 45, fol. 192, 10 août 1712.)

60. Les « missionnaires » de Marseille sont les prêtres de la Congrégation de la Mission, fondée en 1625 par saint Vincent de Paul. Beaucoup d'aumôniers des galères étaient des lazaristes, et le supérieur de la Mission à Marseille exerçait une tutelle de droit sur toutes les affaires religieuses des Galères de France. Ce supérieur écrivait régulièrement à la Cour pour rendre compte de l'attitude des officiers des galères à l'égard des forçats protestants, dénonçant ceux qui ne manifestaient pas assez de zèle répressif. Ainsi, en 1699, après une plainte du supérieur de la Mission de Marseille sur « la liberté prétendüe que les religionnaires obstinés ont sur les galères », le chef d'escadre de Montolieu se justifie : « Je fis assembler hier matin tous les aumôniers des galères en présence du supérieur, pour savoir d'eux quel estoit le nombre des religionnaires obstinés employés aux fonctions de mousses, taverniers ou barberots [...] Je leur demanday ensuitte quelle estoit la liberté que les bas-officiers leurs donnoient sur les galères, et quelles indessences ils commettoient pendant la messe et l'exercice de la religion, affin d'y pouvoir remédier. La plupart de ces aumôniers n'eurent aucun sujet de plainte à porter

contre ces malheureux... » (Archives nationales, fonds Marine, B⁶ 94, fol. 68-69.)

61. En 1709, sur les 7 863 hommes de chiourme des galères de Marseille, l'on comptait 6 534 forçats et 1 329 esclaves turcs; à Dunkerque, il y avait 1 209 forçats et 334 Turcs (Bibliothèque nationale, NAF 21348, fol. 115). En fait, comme l'explique Marteilhe, les Turcs comprenaient beaucoup d'hommes originaires de Bosnie, de Hongrie, de Bulgarie et de Roumanie, ainsi que des Berbères et des Arabes d'Afrique du Nord. Le roi de France, le « roi très chrétien », ne répugnait pas à faire acheter ces hommes sur les marchés d'esclaves, à Livourne, à Malte, en mer Noire, justifiant ainsi ce négoce : « tout homme qui a une fois touché les terres du royaume est libre, et on ne se dispense de suivre cette loi que pour les Turcs et Mores qui sont envoyés à Marseille pour le service des galères, parce que, avant d'y arriver, ils sont achetés dans des pays estrangers où cette espèce de commerce est establie ». (Archives nationales, fonds Marine, B⁶ 26, 20 octobre 1694, fol. 431.)

62. A plusieurs reprises, le roi avait défendu aux officiers des galères de donner aux forçats protestants les petites libertés ou tolérances (trafics divers, possibilité d'aller travailler en ville) qu'ils accordaient traditionnellement aux autres galériens. Ces défenses n'étaient pas toujours respectées, soit parce que les comites et les argousins se laissaient corrompre, soit parce que les capitaines, pour des motifs « humanitaires », désobéissaient discrètement aux ordres royaux. Ainsi à Marseille, en 1696, grâce à une dénonciation d'un soldat des galères, l'intendant découvre qu'une quinzaine de galériens protestants étaient employés dans la manufacture de drap d'un « nouveau converti », le sieur Peloux, chez qui ces braves gens chantaient des psaumes... De telles « découvertes » provoquaient des réactions répressives très brutales, au sens propre, des retours de bâton dont Marteilhe donne, avec le récit du supplice du forçat Sabatier, un exemple terrible; mais, une fois passé l'orage, tout recommençait comme avant.

63. Marteilhe semble bien informé, car les guerres d'Europe centrale alimentaient effectivement les marchés italiens d'esclaves, comme en témoigne cette lettre de l'Intendant des galères : « Il y a ici depuis hier plusieurs lettres d'Allemagne et de Suisse, qui portent que l'armée des Turcs en Hongrie a esté entièrement deffaite par celle de l'empereur le deuxième du mois de juillet [...] Il m'est venu en pensée que les allemands qui auront fait beaucoup d'esclaves en cette occasion, les fairont vendre vrayssemblablement en Italie. » (Archives nationales, fonds Marine, B⁶ 109, 24 août 1716, fol. 276.)

64. Le mot de « confesseur » désigne souvent, dans les écrits protestants, les forçats « pour la foi », du moins les galériens qui persistaient, malgré les épreuves et les châtiments, à confesser leur foi réformée sur les galères. Ceux d'entre eux qui possédaient un grand ascendant sur leurs camarades avaient

créé une association de solidarité et de résistance, qui soutenait matérielle-
ment (grâce aux secours venus des pays du Refuge) et spirituellement les
forçats protestants. Voir : « Les forçats de Louis XIV. Règlements faits sur les
galères de France par les confesseurs qui souffrent pour la vérité de l'Évangile », dans le *Bulletin de la Société d'histoire du protestantisme français*,
1868, pp. 20-29 et 65-73.

65. Il s'agit de François Sabatier, originaire de Nîmes, condamné aux
galères à perpétuité par l'intendant du Dauphiné en octobre 1689, libéré en
juin 1713.

66. Cet intendant était Jean-Louis Habert, seigneur de Montmort, qui
demeura à la tête de l'administration des galères jusqu'en 1710. Il succédait
à Michel Bégon, qui désapprouvait la politique de persécution des protestants
et s'efforçait, discrètement, de traiter humainement les forçats de la R.P.R.
Tout autre fut l'attitude de l'intendant Montmort, homme colérique et
emporté, qui, pour plaire à la Cour, s'acharna cruellement contre les forçats
protestants, n'hésitant pas à les frapper lui même avec sa canne... Le départ
de Montmort fut un réel soulagement, non seulement pour les forçats protestants, mais aussi pour les gens des galères, qui avaient dû subir ses colères
et... ses malhonnêtetés, car cet intendant fut compromis dans une affaire de
détournement de matériaux de l'arsenal. Son successeur, Pierre Arnoul, fut
plus « politique » et plus habile; les temps les plus durs étaient passés pour
les galériens protestants.

67. Le paragraphe qui suit, sur les aumôniers des galères, n'est pas dû
entièrement à Jean Marteilhe : « Dans le détail suivant, on a ajouté quelques
périodes au récit de l'auteur pour faire mieux connaître ceux dont il parle. »
(Note de l'édition originale, p. 276.)

68. Pierre Jurieu (1637-1713) : l'une des figures les plus intéressantes du
protestantisme français de la seconde moitié du XVIIe siècle. Théologien de
combat, polémiste redoutable, Jurieu fut l'un de ceux qui ne se résignaient pas
au fait de la Révocation et, se plaçant à la fois sur le terrain politique et sur
le plan religieux, lièrent le combat pour la foi réformée à la lutte contre
l'absolutisme louis-quatorzien. Un grand nombre de ses sermons et de ses
lettres pastorales évoquent les galériens protestants.

69. Marteilhe rapporte très exactement cette clause des préliminaires du
traité d'Utrecht. Les troupes anglaises débarquèrent à Dunkerque à la mi-
juillet 1712 (et non en septembre). L'intendant du Guay rapporte ainsi l'arrivée des « habits rouges » : « A mesure que les postes ont été occupés par
les troupes anglaises, les troupes françaises de la garnison leur ont fait place
pour se retirer à Bergue [...] Les troupes anglaises sont fort belles et bien
composées, tant pour les colonels et officiers que pour les soldats qui sont
habillés de neuf. Elles sont au nombre de 3 000 hommes en cinq régimens

ou bataillons de 500 hommes chacun. » (Archives nationales, fonds Marine, B³ 204, 12 juillet 1712, fol. 223.)

70. L'attitude du commandant des troupes anglaises est d'autant plus surprenante que Langeron et du Guay n'avaient rien à refuser aux Anglais, maîtres de la place; bien mieux, les ordres de la Cour prescrivaient de ne pas mécontenter les Anglais pour obtenir un sursis à l'évacuation des galères. A l'évidence, si le gouverneur anglais avait exigé la libération des galériens protestants de Dunkerque, la Cour aurait été obligée, bon gré mal gré, d'y consentir. Pourquoi cette demande ne fut-elle pas formulée? En fait, les diplomates et officiers supérieurs anglais, aussi « jésuites » que les officiers des galères, ne voulaient pas intervenir dans une affaire intérieure française, se contentant d'affirmer leur compassion à l'égard des protestants français. C'est l'intervention personnelle de la reine Anne, émue par les suppliques des délégués protestants du Refuge, qui permettra, un an plus tard, la libération de Marteilhe et de ses compagnons.

71. Toutes ces précautions sont confirmées par une lettre de la Cour, du 14 septembre 1712 : « voulant éviter toute explication au sujet des forçats condamnés pour fait de religion qui sont sur les galères de Dunkerque, sa Majesté m'a commandé de vous écrire qu'il convient de les faire transférer par mer au Havre avec un argousin et des pertuisaniers en nombre suffisant pour les garder ». (Archives nationales, fonds Marine, B⁶ 45.)

72. Depuis 1632, tous les condamnés aux galères de la région parisienne, de la Normandie et du Nord étaient regroupés dans une prison spéciale, à la Tournelle ou tour Saint-Bernard, située au sud de Paris, entre la porte Saint-Bernard et la Seine.

73. Un autre forçat protestant, Louis de Marolles, évoque ainsi « l'infâme lieu » de la tour Saint-Bernard : « Je l'appelle infâme, parce que l'on y entend pas une parole honnête : tout y retentit de saletez et de blasphêmes exécrables [...] J'ai plus de liberté depuis dix ou douze jours; car, quand il fait beau, on fait sortir la chaîne et on la tient dans une cour toute la journée, à l'exception de six que nous sommes, qui demeurons renfermez. J'employe une partie de ce temps à la lecture, à la méditation et à la prière, et je prens même la liberté de chanter quelques psaumes [...] Voici en deux mots un abrégé de notre misère. Nous couchons 53 hommes dans un lieu qui n'a pas cinq toises de longueur et pas plus d'une et demie de largeur (environ 10 m sur 3). Il couche à mon côté droit un païsan malade, qui a sa tête à mes piez et ses piez à ma tête. Il en est de même des autres, il n'y en a peut-être pas un d'entre nous qui n'envie la condition de plusieurs chiens et chevaux. » (*Histoire des souffrances du bienheureux martyr Louis de Marolles*, La Haye, 1699, publiée par Jules Bonnet, Paris, 1883, pp. 58-59.) Les conditions de vie, dans la prison de la tour Saint-Bernard, sont relativement « meilleures » que celles des autres prisons du royaume où des condamnés aux galères attendaient le

départ de la chaîne : les forçats y sont nourris régulièrement et suffisamment (Marteilhe en témoigne, voir note suivante); mais le gros problème était posé par l'augmentation du nombre des condamnés aux galères, vers les années 1690-1710, à tel point que l'on graciait certains condamnés lorsque la prison était trop pleine...

74. Le régime alimentaire des prisonniers de la tour Saint-Bernard était assez abondant et riche; il devait permettre aux condamnés de prendre des forces en attendant l'épreuve de la chaîne, le voyage des forçats enchaînés vers Marseille. Tout ou partie de l'entretien des forçats de la Tournelle était payé par les revenus d'une « fondation ordonnée par feu Monsieur le Président Cornuel en faveur des pauvres condamnez aux peines des galleres pendant qu'ils seront attachez à la chaisne dans la tour Saint-Bernard à Paris ». La ration quotidienne de pain était fixée à une livre et demie (un peu plus de 600 g); les jours gras, les prisonniers ont du potage et « trois quarteron de viande de bœuf et mouton cuitte et sans os » (environ 370 g); les jours maigres, ils reçoivent également du potage « avec du beure et des herbes (des légumes) selon la saison, et une portion de poisson comme d'une carpe de six sols à partager en deux, (ou) de la morüe, (ou) trois œufs, des poix ou des fèves ». La gestion de cette fondation était confiée aux « sœurs grises », c'est-à-dire aux sœurs de Saint-Vincent de Paul; ce legs prévoyait aussi l'assistance de médecins ou de chirurgiens pour les malades, la fourniture des linges, des remèdes et des paillasses. (Archives nationales, fonds Marine, B⁶ 85, fol. 143-144, 1687.)

75. Deux aunes : environ 2,40 m.

76. Matthieu, 11 28 : « Venez à moi, vous tous qui peinez et ployez sous le fardeau, et moi je vous soulagerai. »

77. Il faut croire qu'il existait une mémoire collective des galériens, qui se transmettait d'une génération de forçats à l'autre, puisque nous avons retrouvé la mention de cette affaire de sacrilège dans les archives des galères. Cette histoire eut lieu à la tour Saint-Bernard en 1693 : une douzaine de galériens furent accusés d'avoir « fait des breuvages avec ladite sainte hostie [...] et de souffler sur la chaîne tenant un morceau de la sainte hostie »... Ces pratiques « diaboliques » ne réussirent pas à leurs auteurs, qui furent exécutés à Marseille, ce qui infirme la fin de l'anecdote racontée à Jean Marteilhe. A ce propos, les révoltes et évasions collectives de chaînes de forçats furent assez rares entre 1680 et 1748; celles qui réussirent étaient plutôt le fait de soldats déserteurs qui bénéficiaient de complicités.

78. La chaîne dont fit partie Jean Marteilhe comprenait 281 hommes dont nous avons le signalement exact, conservé dans les registres ou matricules forçats (archives du port de Toulon).

79. Trois à quatre lieues : de 12,5 à 17 km.

80. La chaîne de Jean Marteilhe a mis un mois, jour pour jour, pour parvenir à Marseille. Parmi les 281 condamnés qui composaient cette chaîne, 16 hommes sont morts sur la route, et 16 encore sont morts à l'hôpital des forçats dans les six premiers mois qui suivirent leur arrivée aux galères : 6 en janvier, 3 en février, 3 en mars, 1 en avril et 3 en juin; ce qui donne un taux de 6 % de pertes sur la route, auquel il faudrait ajouter 6 % de forçats dont le décès, à l'hôpital des galères, pourrait être une conséquence de l'épreuve de la chaîne. Ces chiffres sont difficiles à interpréter. Sauf exception, le voyage de la chaîne ne provoquait pas d'hécatombe parmi les forçats, mais la saison du voyage jouait, à l'évidence, un rôle essentiel : les chaînes qui voyageaient en plein hiver connaissaient une mortalité très supérieure à la moyenne; ainsi, pendant le terrible hiver 1709-1710, des chaînes arrivent à Marseille en ayant perdu le tiers ou le quart de leur effectif. Le lieu de départ de la chaîne comptait également; ainsi que la durée et les conditions de la détention des condamnés : les forçats de la tour Saint-Bernard apparaissent plus « favorisés » que les galériens de la chaîne de Bretagne, souvent détenus dans des prisons infectes, mal nourris, qui devaient accomplir un trajet beaucoup plus long, ne comportant en outre aucune descente de fleuve; un voyage fatal, immédiatement ou à court terme pour tous les condamnés âgés, malades ou affaiblis par leur emprisonnement. Mais, même accompli par beau temps, avec des condamnés qui n'avaient pas subi une détention trop pénible et trop longue, le voyage de la chaîne représentait bien une terrible épreuve, qui « marquait » pour toujours ceux qui la subissaient, « la plus rude peine des condamnez » au dire d'un intendant des galères, Nicolas Arnoul, peu suspect de compassion à l'égard des galériens. Car le témoignage de Jean Marteilhe ne saurait être mis en doute pour tout ce qui concerne la brutalité et la malhonnêteté des conducteurs de chaîne et de leurs aides. Les archives confirment ici amplement le récit du galérien protestant : la peine des galères commençait bien au sortir de la tour Saint-Bernard ou de la tour Grainetière à Saumur. Jusque vers les années 1715-1720, tous les règlements et recommandations sur la conduite des condamnés aux galères demeurent quasiment lettre morte. Les conducteurs des chaînes, entrepreneurs privés, furent effectivement presque tous d'abominables fripons qui dépouillaient sans vergogne les condamnés, prêts à tous les trafics, favorisant aussi, à prix d'or, certaines évasions. C'était déjà, répétons-le, le système de la galère, qui protégeait le forçat « recommandé » ou argenté, et soumettait les autres aux pires arbitraires. Tout compte fait, l'administration des galères tolérait ces abus, et pour deux raisons. Parce qu'elle estimait que les conducteurs les plus féroces étaient seuls capables de réprimer les révoltes et les mutineries (quitte, de temps à autre, à se séparer des conducteurs les plus filous); enfin, raison moins avouable et jamais avouée ouvertement, parce que le voyage de la chaîne « éliminait » les condamnés les plus faibles qui, autrement, auraient « encombré » l'hôpital des forçats...

81. Les chiourmes et les équipages des galères de Dunkerque furent évacués en avril 1714 et arrivèrent à Marseille en juillet de la même année. Pendant plus d'un an, les forçats dunkerquois furent employés à détruire les fortifications de la ville et à combler le port. Les capitaines des galères espérèrent longtemps regagner Marseille à bord de leurs bâtiments, par étapes le long des côtes atlantiques, puis en empruntant le canal du Midi; certains suggéraient même de passer en Méditerranée par le détroit de Gibraltar. Mais les galères, qui n'étaient plus armées et radoubées depuis 1709, semblaient en trop mauvais état pour permettre un tel voyage. L'on se résigna à les abandonner, et à fréter des bâtiments marchands qui conduisirent les équipages et les chiourmes à Rouen. De là, on gagna Marseille en empruntant les voies d'eau et de terre habituelles.

82. Les négociations avaient débuté à Utrecht le 12 janvier 1712, la paix ne fut conclue que le 11 avril 1713.

83. Major des galères de Marseille (responsable de la police des équipages et des chiourmes), de Bombelles fut sans nul doute l'officier qui s'acharna avec le plus de cruauté contre les galériens protestants. Peut-être pour des raisons personnelles (une haine particulière contre les protestants?), et sans doute pour favoriser sa carrière en plaisant à la Cour, il ne manquait jamais une occasion de dénoncer ceux qui protégeaient les forçats de la R.P.R., ou de signaler les moindres incidents. Ainsi, en 1695, Bombelles écrit à Versailles : « Je fus, Monseigneur, informé le 9 après midi, par un sous-comite de la vieille réale et un forçat de la même galère, qu'il y avoit des forçats huguenots qui tenoient des discours fort libres sur le Roy et sur l'espérance qu'ils avoient d'être délivrés de leurs chaînes au moyen du bombardement dont les ennemis menacent cette ville [...] Il y a, Monseigneur, cinq ou six de ces esprits séditieux, qui entretiennent les autres religionnaires dans leur obstination, et pervertissent ceux qui avoient fait abjuration par leurs discours et en leur donnant de l'argent. » (Archives nationales, fonds Marine, B⁶ 90, fol. 141, 12 mars 1695.) Lors de la guerre des Cévennes, Bombelles commanda un petit bataillon de soldats des galères, et sa correspondance au ministre de la Marine nous montre un homme impitoyable, qui ne faisait pas de prisonniers lorsqu'il capturait des camisards.

84. Les années 1699-1700 furent sans conteste les années les plus dures pour les galériens protestants. Cet épisode que rappelle Marteilhe, connu sous l'expression de « l'affaire du bonnet », parce qu'on voulait obliger les forçats de la R.P.R. à ôter leur bonnet quand on disait la messe sur la galère, est rapporté dans de nombreuses lettres de galériens adressées à ceux du Refuge. Sous le titre, « le journal des galères », le *Bulletin de la Société d'histoire du protestantisme français* a publié beaucoup de ces écrits (année 1869, pp. 33-40, 144-153, 193-199, 231-245, 368-377, 475-484 et 582-590; années 1870-1871, pp. 62-68). La correspondance des galères livre peu de renseignements sur « l'affaire du bonnet »; plusieurs officiers

semblent désapprouver cette histoire et l'intendant des galères lui-même, sentant peut-être le vent tourner, écrit que l'on est allé trop loin « au sujet des religionnaires opiniastres qu'on maltraitte avec trop d'excès ». (Archives nationales, fonds Marine, B⁶ 33, fol. 434, 27 octobre 1700.)

85. Jacques de Rochegude (1654-1718), originaire des environs d'Alès puis réfugié en Suisse (à Vevey), se dévoua infatigablement pour organiser l'accueil des protestants français dans les pays du Refuge, et aussi pour obtenir la libération des galériens protestants. Voir l'étude de E. Jaccard : « Le marquis Jacques de Rochegude et les protestants sur les galères », Lausanne, 1898 (extrait de la *Revue de théologie et de philosophie*).

86. La nouvelle de la signature de la paix d'Utrecht (avril 1713) apporta une nouvelle fois une cruelle désillusion aux galériens protestants : comme à Ryswick, les forçats de la R.P.R. furent « oubliés » dans les clauses du traité. Les négociateurs de Hollande, d'Angleterre et de Prusse, malgré leurs bonnes intentions, se bornèrent à remettre aux ambassadeurs français un mémoire en faveur des galériens protestants. En définitive, c'est bien une initiative personnelle du marquis de Rochegude, appuyée il est vrai par toutes les grandes voix du protestantisme européen, qui amorça le processus de libération des forçats de la R.P.R. Le témoignage de Marteilhe confirme abondamment d'autres sources; il semble même que Daniel de Superville, l'éditeur des mémoires de Marteilhe, qui avait suivi de très près ces négociations, aurait corrigé et complété sur ce sujet le récit du galérien protestant. Touchée par les arguments du marquis de Rochegude, la reine Anne intervint directement auprès de Louis XIV, qui céda à la souveraine ce qu'il refusait aux diplomates. Sur le détail de cette histoire, voir l'article de Paul Fonbrune-Berbineau : « La libération des forçats pour la foi en 1713 et 1714 », *Bulletin de la Société d'histoire du protestantisme français*, 1889, pp. 225-238.

87. Une dépêche du 2 août 1713 mentionne ainsi la nouvelle aux intendants du Languedoc, du Dauphiné, de Guyenne, d'Auvergne, du Poitou, de Saintonge, de Normandie, de Provence, du Béarn, de Paris, de Champagne et de Picardie : « Le roy ayant bien voulu faire grâce à la plupart des religionnaires obstinés qui estoient aux galères pour contravention aux ordonnances, à condition de sortir du royaume. » (Archives nationales, fonds Marine, B⁶ 46, fol. 93.) Au même moment où il signe l'ordre de libération des « obstinés », le roi délivre « 47 religionnaires convertis [...] avec liberté de rester dans le royaume ». Une liberté surveillée, puisque l'ordre adressé à l'intendant des galères précise : « Je vous envoie le rôle de ces mêmes gens où vous trouverez la note des lieux où ils se proposent d'aller résider, afin que vous puissiez [...] écrire à Messieurs les intendants de faire veiller de près à leur conduite. » (Archives nationales, fonds Marine, B⁶ 106, fol. 431-432, 13 juin 1713.) Sur les trois cents forçats protestants qui demeuraient aux galères en 1713, 136 seulement avaient été libérés; la délivrance de ceux

qui restaient s'échelonna entre 1714 et 1717. L'on ne cessa pas pour autant de condamner des protestants aux galères. L'exercice privé et public de la religion protestante, et encore plus sa prédication constituaient toujours des crimes passibles des galères, puis du bagne, lorsque les galères furent supprimées en 1748. Une supplique adressée au roi de France, vers 1750, donne une liste de 45 forçats protestants, nombre qui correspond à celui que nous avons obtenu en dépouillant un état des galériens du 31 décembre 1748. (André Zysberg, « La société des galériens au milieu du XVIIIe siècle », *Annales E.S.C.*, 1975, pp. 43-65.)

88. Le témoignage de Marteilhe, ici, est infirmé par la correspondance entre l'intendant des galères et le ministre de la Marine. Il n'avait jamais été question de libérer les galériens protestants pour leur permettre d'aller où bon leur semblerait, sous-entendu même en France; l'ordre de libération signé à Marly le 17 mai 1713 ne laisse aucune ambiguïté à ce sujet. Il est possible que, dans un premier temps, l'intendant Arnoul ait annoncé la libération de galériens protestants aux pères de la Mission sans donner de détails, pour les « calmer » ensuite, en leur précisant que c'était à condition de sortir du royaume.

89. Le terme de « barque » prête à confusion. Bâtiments pontés, portant un mât et une grande voile latine, les tartanes étaient utilisées pour la pêche et surtout (il s'agissait alors de navires beaucoup plus grands) pour le cabotage le long des côtes méditerranéennes.

90. Victor-Amédée II (1666-1732), duc de Savoie de 1675 à 1730. La politique étrangère de la Maison de Savoie fut très fluctuante. Victor-Amédée II entre en 1690 dans l'Alliance de La Haye, la coalition européenne formée contre Louis XIV. Après l'invasion de ses États par l'armée française (1694), il rejoint le camp français puis, après 1703, il se range à nouveau aux côtés de l'Angleterre, de l'Autriche, de la Prusse et des Provinces-Unies. Après la paix d'Utrecht, le duc de Savoie obtient le Montferrat, une partie du Milanais et le royaume de Sicile, qui lui vaut enfin, satisfaction suprême, le titre de roi. En 1720, il est contraint d'échanger la Sicile contre la Sardaigne, et il prendra désormais le titre de roi de Sardaigne que lui donne (par anticipation) Jean Marteilhe. Comme on le sait, la Maison de Savoie possédait alors la comté de Nice, l'actuelle côte d'Azur, à partir du port de Villefranche.

91. Oneille ou plutôt Oneglia, petit port de la Riviera génoise.

92. Dans son édition des *Mémoires* de Jean Marteilhe (p. 200, note 2), Gaston Tournier signale un « sieur Bonijoly cadet, marchand », compris dans un « rolle des habitans de la ville de Nismes qui faisoient profession de la R.P.R. [...] et que le bruit public assure s'estre retirés du royaume à l'occasion de leur religion » (1686).

93. Entendez il n'y a pas d'église calviniste. Le gouvernement luthérien de Francfort n'avait pas autorisé la célébration du culte calviniste dans la ville; « pendant 150 ans, note Gaston Tournier, la communauté réformée française de Francfort fut obligée d'aller chaque dimanche à Bockenheim, où elle construisit un petit temple [...] » (Édition des *Mémoires* de Jean Marteilhe, p. 209, note 1.)

94. Les Impériaux n'avaient pas signé le traité d'Utrecht et poursuivaient la guerre contre la France. En juin 1713, les troupes du maréchal de Villars assiégeaient Landau, qui capitula le 20 août. La paix entre l'empereur Charles VI et Louis XIV fut finalement signée à Rastadt le 6 mars 1714.

95. Avec Jacques de Rochegude (voir note 85), Armand de Bourbon Malauze, marquis de Miremont, fut l'un de ceux qui travaillèrent le plus efficacement à la libération des galériens protestants. Lors des négociations d'Utrecht, il adressa aux puissances protestantes une « déclaration en faveur des Églises réformées de France », qui protestait solennellement contre l'abandon de la cause des protestants français par les ennemis de Louis XIV.

96. Parmi ces douze apôtres du protestantisme français, se trouvaient notamment les frères David et Jean Serres, ainsi que Jean-Baptiste Bancilhon, qui avaient été les chefs spirituels de la Société des confesseurs des galères. La députation des forçats protestants remit à la reine Anne d'Angleterre une liste des « protestants qui restent encore sur les galères de France ou dans les prisons de l'hôpital des forçats à Marseille pour leur religion, qui en font profession ouverte, et qui ne souffrent ce supplice que parce qu'ils ne veulent pas abjurer et trahir leurs consciences ». Ce document (conservé à la bibliothèque de l'université de Cambridge) a été publié en 1889 par le *Bulletin de la Société d'histoire du protestantisme français* (pp. 144-162). Il distinguait huit catégories de forçats protestants :

1) « Ceux qui ont esté condamnés pour avoir voulu sortir du royaume à cause de leur Religion » (onze noms avec le commentaire suivant : « Les onze forçats ou galériens ci-dessus nommés ne sont pas plus coupables que les 20 condamnés par le même cas, qui ont esté délivrés en juin 1713; ainsi ils sont dignes de la même compassion »).

2) « Ceux qui ont esté condamnés pour assemblées pieuses [...] Les 51 galériens de cette seconde classe ne sont pas plus criminels que les 68 condamnés pour le même cas qui ont esté déjà délivrés [...] »

3) « Ceux qui ont esté condamnés pour l'affaire des Vaudois [...] Le Roy très Chrétien ayant fait délivrer 12 confesseurs qui avoient esté condamnés par la même affaire et le même cas que les 11 qui sont compris dans cette troisième classe, il seroit de la clémence de Sa Majesté Très Chrétienne de faire délivrer aussy ceux-cy, puisque les uns ne sont pas plus criminels que les autres. »

4) « Ceux qui ont esté condamnés pour avoir servy de guides à leurs frères

qui vouloient sortir du royaume [...] Ces 6 galériens estant dans le même cas que 5 qui ont esté élargis; ils ne sont pas plus coupables qu'eux. »

5) « Ceux qui ont esté condamnés pendant les troubles des Cévenes. » Suivent les noms de 66 forçats avec ce commentaire : « Quatre de ceux qui ont été soupçonnés d'avoir eu part à ces affaires des Cévenes ayant esté délivrés dans le nombre de 136 dont Sa Majesté Très Chrétienne a accordé l'élargisement [...], et plusieurs autres dans le même cas ayant esté élargis par l'abjuration; cela fait voir qu'on les regarde comme souffrans véritablement pour leur Religion. Ainsy ils sont dignes de la même compassion dont on a usé envers ceux dont on a brisé les chaînes. » Derrière cette liste, l'on a indiqué, sans les ranger dans une classe particulière, les noms de 5 galériens condamnés entre 1684 et 1703 pour divers motifs liés à l'exercice de la religion réformée.

6) « Ceux qui ont esté pris sur les barques de son Altesse Royalle le Duc de Savoye, et qui ont esté condamnés pour n'avoir voulu abjurer. » (8 forçats, qui furent en fait condamnés aux galères pour avoir tenté de sortir clandestinement de France.)

7) « Ceux qui, estant condamnés pour désertion, font actuellement profession de la religion protestante. » (14 noms sont énumérés avec cette appréciation :) « On convient que les galériens contenus dans cette classe n'ont pas esté condamnés pour cause de Religion; mais comme ils font profession ouverte de la doctrine protestante, et que leur liberté leur a esté offerte à condition d'abjurer, ce qu'ils ont reffusé de faire, on pût dire qu'ils souffrent véritablement pour leur Religion; c'est pourquoi l'on espère qu'on aura compassion d'eux comme l'on en a eu de ceux qui ont esté élargis dans le nombre des 136 qu'on a délivré le mois de juin dernier. »

8) « Ceux qui ont esté condamnés pour des cas extraordinaires, et qui font proffession de la Religion Protestante [...] Quoy que les deux galériens mentionnés dans cette dernière classe ne soient pas condamnés aux galères pour Religion, la proffession qu'ils en ont faite et qu'ils en font encore est cause qu'on ne les a pas mis en liberté jusqu'à présent; car s'ils avoient voulu abjurer, ils auroient esté délivrés comme un grand nombre d'autres, condamnés pour des cas extraordinaires, qui ont esté élargis par l'abjuration. » Cette liste comprenait 174 noms au total (et non 168 comme on l'a souvent répété), et l'on remarque que les forçats protestants de la seconde génération, celle des assemblées au Désert et des révoltes contre le roi, composaient les deux tiers de la liste. Ces hommes furent, en gros, libérés en deux tranches : en mars 1714, et surtout en juillet 1716.

97. Après sa libération, Jean Marteilhe partagea sa vie entre Amsterdam (où il se maria en 1719) et Londres, où il entretenait des relations d'affaires et d'amitié. Il rédigea ses mémoires à la demande des Superville, père et fils, pasteurs de l'Église réformée de Rotterdam; l'on suppose que le texte original de Marteilhe fut corrigé, voire augmenté, par Superville fils; mais, faute d'avoir conservé le manuscrit original des mémoires du galérien protestant,

tout ceci est au conditionnel. Jean Marteilhe mourut dans une petite ville de la province de Gueldre, en 1777, à l'âge respectable de 93 ans.

98. Soit 49,50 m de long, 13,20 m de large, et 2 m à 2,30 m de creux. Quel est le type de galère décrit par Marteilhe? Les traités de construction de galères (fin xviiᵉ-début xviiiᵉ siècle) nous donnent des dimensions qui ne correspondent pas exactement à celles de la galère décrite par Marteilhe. Celle-ci semble plus grande ou plus vaste qu'une galère ordinaire (elle possède d'ailleurs des bancs pour 6 rameurs au lieu de 5) et moins forte qu'une grosse galère de deux fois 29 ou 30 bancs (à 7 rameurs par banc). La galère de Marteilhe appartenait à une série de bâtiments construits à Rochefort, qui avaient été spécialement aménagés pour naviguer dans les mers du ponant. Nous n'avons pas consulté le dossier des galères de Rochefort, mais il est probable que ces galères du ponant ont représenté une sorte de compromis entre la galère ordinaire et la grosse galère.

99. Sur les galères comme sur les vaisseaux, les bordages sont des planches dont l'ajustement sur les membrures (comme les muscles et la chair sur un squelette) façonne la coque. Par extension, ce terme désigne également les autres pièces de « couverture » au-dessus du pont de la galère.

100. La bande ou couroir avait effectivement 0,70 m de large sur une galère ordinaire (et presque 1 m sur une grosse galère).

101. « Il n'y a pas espace au monde où le lieu doive estre plus justement mesuré », écrivait Hobier (*De la construction d'une galère et de son équipage*, 1622). Au début du xviiiᵉ siècle, un officier évoquait ainsi le surpeuplement à bord des galères : « Ceux qui entrent dans une galère pour la première fois sont surpris d'y voir tant de monde; il y a effectivement en Europe une infinité de villages qui ne renferment pas, à beaucoup près, un si grand nombre d'habitants; mais ce qu'on doit y trouver de plus surprenant, c'est de voir tant d'hommes placés en un si petit espace [...] Lorsque chacun est à son poste, on ne voit que des testes de poupe à proüe. Si l'on assemblait à terre, dans une grande place, les beste, les agreis, les vivres, et généralement tout ce qu'on est obligé de porter dans une galère armée; les plus habiles comme les plus ignorants croiraient que l'on leur [en] impose, et parmi les gens mesme du métier, on trouverait des incrédules. » (Barras de la Penne, *la Science des galères*, Bibliothèque de la Chambre de commerce de Marseille, E130.)

102. Barras de La Penne (*op. cit.*) fournit une description de l'espace sous la couverte, qui est très voisine de celle donnée par Jean Marteilhe : « La première chambre, qui se trouve directement sous la poupe, se nomme gavon; c'est un très petit réduit où l'on ne scauroit être droit; il faut y demeurer assis ou couché; cette chambre est uniquement destinée au service du capitaine et à celui des officiers malades. La seconde est appelée chambre de poupe, chambre du conseil ou office, parce qu'elle sert à divers usages

[...] la troisième est le scandalart, où l'on met toutes les provisions de bouche du capitaine, d'où je pense qu'elle a tiré son nom pour marquer le lieu où l'on tient le lard. La quatrième s'appelle compagne; on tient dans cette chambre le vin, le bœuf salé, le lard, le fromage, morüe, anchois, et toutes les provisions qu'on distribüe à l'équipage. La cinquième se nomme paillol, elle est destinée pour le biscuit et les légumes. La sixième est la sainte-Barbe où l'on tient la poudre et les artifices. La septième s'appelle taverne, où le comite met le vin qu'il a la permission de vendre à son profit; on y tient aussi les hardes et les matelas des officiers. La huitième est la chambre des voiles. La neuvième est celle des cordages où quelques uns mettent aussi la quaisse des fèves. La dixième est la chambre de proüe destinée pour les malades, et où le chirurgien tient la quaisse des médicamens. La dixième enfin est le gavon de proüe, vulgairement charbonnière, où l'on met le charbon. » (Barras de La Penne, *op. cit.*, fol. 461-462.)

103. Les galères ordinaires possédaient 26 rames du côté de la bande droite et 25 rames du côté de la bande gauche (on y supprimait un banc pour y placer le fougon ou fourneau en briques, qui était la cuisine de l'équipage). L'on enchaînait 5 rameurs par banc sur ces galères, alors que les grosses galères (avec deux fois 29, 30 ou 32 bancs), appelées aussi commandante, patronne ou réale, comptaient 7 rameurs par banc. Marteilhe donne pour la longueur du banc (10 pieds soit 3,30 m) et le nombre de rameurs par banc (6) des indications qui s'appliquent plutôt à une grosse galère (où les bancs étaient effectivement longs de 10 pieds) qu'à une galère ordinaire qui avait des bancs de 7 pieds de long (2,30 m). Ces bancs étaient disposés en forme d'arête de poisson, de part et d'autre de l'épine dorsale du coursier; la distance entre chaque banc (environ 1, 30 m) était la même sur les deux types de galère, qui ne différaient que par les proportions des bancs, du couroir, du coursier, etc.; mais dont la structure était strictement identique. Le terme « banc » désignait à la fois l'ensemble des pièces du banc (le banc, la banquette, la pédagne et la contre-pédagne) et le banc proprement dit. Celui-ci était une pièce de bois de pin, de 85 cm de hauteur et de 25 cm d'épaisseur; la banquette, la pédagne et la contre-pédagne formaient comme les trois marches d'un escabeau (la première marche, la banquette, était la plus large, alors que les deux autres étaient étroites comme les barreaux d'une échelle), qui permettaient aux rameurs de « monter », comme disaient les comites, c'est-à-dire de s'élever vers le banc de devant en poussant la rame vers la poupe, car la chiourme voguait en regardant l'arrière du bâtiment. Les galériens (à l'exception du Turc qui tenait, en position de vogue-avant, l'extrémité de la rame) étaient enchaînés, soit au pied droit (ceux de la rangée de la bande « senestre » ou gauche), soit au pied gauche (l'inverse). Pour ramer à petite allure, ils montaient le pied libre sur la pédagne, alors que la jambe entravée demeurait sur la banquette; si on voulait accélérer l'allure ou voguer « plus large », il fallait pousser la rame plus loin, jusqu'au niveau du banc de devant, donc l'on devait monter plus haut

en posant le pied libre sur la contre-pédagne, tandis que le pied enchaîné restait en équilibre sur la barre de la pédagne. Les rames ne reposaient pas directement sur l'apostis, qui était protégé des frottements de chaque rame par des petites pièces (servant de tampon) appelées auterelles; les rames étaient liées par un cordage (l'estrop des rames) à des petits pieux (nommés scaumes) enchâssés dans l'apostis. Taillée en bois de hêtre, la rame était également renforcée, là où elle jouait contre le scaume, par une pièce appelée la galaverne. A l'extrémité de la rame était clouée la manille, qui comprenait 5, 6 ou 7 poignées; et comme l'indique Jean Marteilhe, la partie de la rame située à l'intérieur de la galère, nommée le « genou », était aussi lourde que la partie située au-delà du scaume, jusqu'à la pelle. En ce qui concerne la longueur d'une rame, Jean Marteilhe indique un ordre de grandeur (50 pieds soit 16,50 m) qui nous semble exagéré, même pour une rame maniée par 6 rameurs. Les chiffres varient, il est vrai, d'un traité de construction à l'autre : l'un d'eux donne 12 m pour la palamente (l'ensemble des rames) d'une galère ordinaire (dont 3,80 m à l'intérieur de la galère) et 13,50 m pour les rames d'une galère patronne ou réale (dont 4 m pour le genou); une autre source nous donne des chiffres plus proches de ceux de Marteilhe : 14,50 m de longueur dont 13 pieds (4,30 m) pour le genou.

104. Le coursier était fait avec plusieurs planches mobiles (de noyer ou de chêne), qui formaient une sorte de long et étroit caisson le long de la partie médiane de la galère, large (sur les galères ordinaires) de 1 m environ et haut de 0,85 m (au-dessus de la couverte). Outres les hardes des chiourmes et les tentes de la galère, l'on y tenait l'arbre de meistre (lorsque l'on avait désarboré), les antennes et les rames de rechange.

105. Le grand mât ou arbre de meistre était en fait plus long (70 pieds au lieu de 60, soit 20,10 m au lieu de 19,80 m); sa vergue ou antenne n'avait que 103 pieds (34 m) de longueur et non 120 pieds (39,60 m) comme l'indique Jean Marteilhe. L'arbre de trinquet avait plutôt 52 pieds de long (17,16 m) et non 40 (13,20 m); et son antenne mesurait 104 pieds (34,30 m) et non 80 pieds (26,40 m). L'antenne se composait de deux pièces, appelées la penne et le quart, qui étaient jointes ou plutôt liées par des cordages.

106. Les galères à deux timons furent expérimentées en ponant, lors de la campagne de 1694, sur l'escadre du chevalier de La Pailleterie. Cette « nouveauté », suscita un grand débat chez gens de galères; elle fut complétée par la fabrication de rames à doubles manilles, qui permettaient de faciliter le renversement de la vogue lorsque l'on donnait l'ordre de « scier », c'est-à-dire de ramer en arrière, en regardant la proue. Auparavant, l'on pratiquait une manœuvre un peu différente, qui avait pour inconvénient de présenter à un éventuel ennemi l'un des flancs de la galère, là où elle était totalement vulnérable : « Si l'on veut revirer du côté de la droite, la chiourme fait volte-face pour armer la scie; c'est-à-dire que le vogue-avant, l'apostis et le tiercerol de chaque rame demeurent droits et tournent le visage à la proue,

ayant chacun un pied sur la pédagne et l'autre contre le banc pour faire force en arrière; les autres forçats font force à la poupe, étant assis sur le banc pour aider à tirer la rame; alors tous ensemble, de poupe à proue, ils battent la scie, pendant que l'autre partie de la chiourme, qui est la gauche, vogue à son ordinaire; en même temps la galère tourne; après quoi l'on met la proue vers le mouillage ou le port que l'on veut gagner. » (*Traité de la palamente des galères*, fol. 321, Bibliothèque municipale de Marseille.)

107. Le travail de la rame n'était donc pas seulement un travail de force, mais exigeait un synchronisme parfait : « il y a plus d'adresse qu'on ne croit à voguer, écrivait Barras de La Penne, il faut qu'un rameur joüe de tête » *(op. cit.)*. Et l'auteur de la *Science des galères* ajoutait : « On dit [...] cette chiourme donne une belle vogue quand tous les rameurs de poupe à proue voguent ensemble, quand toutes les pales des rames plongent en même temps dans l'eau, qu'elles en sortent de même, en ce qui arrive lorsque les rameurs montent et tombent tous ensemble [...] on donne au contraire une méchante vogue, lorsque ce mouvement est déréglé; on dit alors que la chiourme joue de l'espinctte. » Il fallait « dresser la chiourme », l'accoutumer à la mer, a « l'air de la galère », au sifflet du comite. Cet apprentissage de la vogue s'effectuait généralement la première année, au port de Marseille; mais, lorsqu'on manquait de rameurs (avant les années 1685), il arrivait que des nouveaux forçats soient immédiatement envoyés en campagne. Une remarque de l'abbé Jean-François Bion exprime parfaitement cette nécessité de l'apprentissage de la vogue : « il faut d'abord, écrivait l'aumônier de la *Superbe*, qu'on commence à faire corps nouveau, et que le dedans de la main devienne aussi dur que du bois, à force de tirer la rame » *(op. cit.*, note 49).

108. Barras de La Penne *(op. cit.)* décrit pareillement le travail de la rame : « On peut considérer trois temps dans l'action du rameur. Le premier pour s'élever de dessus le banc, le second pour pousser le genou de la rame vers la poupe de la galère. Alors le vogue-avant fait un pas, il monte du pied droit sur la pédagne pendant que l'autre reste appuyé sur la banquette, il allonge son corps et ses bras vers la poupe; les autres rameurs de son banc font le même pas, plus ou moins grand selon qu'ils sont plus ou moins proches du vogue-avant, de sorte que le quinterol, qui en est le plus éloigné et le plus près du scaume, ne fait aucun pas et ne se lève même pas du banc, il pousse faiblement la rame à poupe et la tire en arrière [...] Au troisième temps, les rameurs tombent sur le banc en se renversant vers la proue, et, tenant toujours les bras tendus, ils font décrire au genou de la rame une espèce de ligne circulaire. C'est dans ce troisième temps qu'ils plongent la pale dans la mer, laquelle presse l'eau et la pousse vers la poupe, à mesure que les rameurs font plus de force en tirant le genou (de la rame) vers la proue. »

109. Les galères marchaient à la file, par ordre d'ancienneté des capitaines, et les comites d'une galère qui ne tenait pas son rang, houspillés par les officiers, abrutissaient la chiourme de coups et d'injures. Une dépêche

adressée à l'intendant des galères recommandait « de bien partager les chiourmes [...] [de] les rendre égales en force, affin que la forte ne tüe la foible, les comites estant quelquefois quelque chose de pyre que les cochers de Paris qui tuent volontiers leurs cheveaux pour passer les premiers. Ainsy, une galère un peu mieux armée qu'une autre, la forte allant au pas, il faut que la foible galope et se tüe à la fin ». (Bibliothèque nationale, NAF 21306, 15 février 1666, fol. 329.). Il est aussi certain que, d'une galère à l'autre, les qualités nautiques des bâtiments se révélaient très variables, parce que la « patte » de tel ou tel maître constructeur était meilleure, parce que les bois avaient été mieux choisis pour tel ou tel bâtiment, etc. Il y avait bien des galères qui ne « sentaient » pas la mer, qui allaient « comme une charrette », et d'autres qui volaient « comme un oiseau » (ces expressions sont tirées de la *Science des galères*, de Barras de La Penne. Voir aussi, André Zysberg, « Le langage des galères de France à l'âge classique », dans *Ethnologie française*, 1979; pp. 257-270).

110. Le meilleur comite de France n'était certainement pas le comite le plus brutal ou le plus impitoyable : cette remarque de Jean Marteilhe se trouve d'abord infirmée par sa propre expérience sur la *Palme*, et par ce qu'il écrit un peu plus loin au sujet de la nécessité d'épargner la chiourme lorsqu'on aura plus besoin de ses forces. Avant d'être un tortionnaire ou un bourreau, le comite était d'abord un homme de mer, qui exerçait à bord des galères une fonction équivalente à celle de maître d'équipage. Un bon comite devait être avant tout un bon marin, connaissant parfaitement les manœuvres, celles des voiles en particulier, sachant aussi interpréter les moindres signes du temps et de la mer pour conseiller le capitaine au sujet d'une « partance » ou d'un mouillage. Le comite, mauvais marin, qui n'était qu'une ignoble brute, faisait rarement une longue carrière à bord d'une galère, ce qui ne signifie pas que ces sous-officiers ne frappaient jamais les forçats à coups de bâton ou plutôt de corde goudronnée. Il arrivait aussi que les comites et sous-comites les plus violents et les plus durs soient assassinés par un forçat ou par un esclave turc; de tels meurtres (y compris les tentatives d'assassinat et même des gestes de révolte) étaient punis de mort par le conseil de guerre. Ainsi, aux galères de Dunkerque, en septembre 1707, un Turc étouffe et tue à coups de pied, dans son banc, un sous-comite de sa galère. On retrouve également plusieurs histoires de règlement de comptes entre forçats et comites sur les galères de Marseille.

111. La question de l'alimentation des chiourmes a fait l'objet de maintes discussions entre les spécialistes de l'histoire maritime. En confrontant divers témoignages avec les états des rations et la correspondance des galères, l'on peut dire, sans exagération, que les forçats de Louis XIV étaient sans doute mal nourris, comme tous les gens de mer de l'époque, mais certainement pas sous-alimentés. L'aumônier Bion décrit ainsi l'ordinaire de la chiourme : « En campagne, on distribue à huit heures du matin le biscuit.

Il est vrai qu'ils en ont suffisamment, il est même assés bon. A dix heures, on leur donne une écuellée de soupe, faite avec un peu d'huile, des fèves ou des pois, la plupart du temps moitié pourris ou moisis, c'est-à-dire de l'eau chaude, avec environ une douzaine au plus de fèves par personne; et quand ils rament, ils ont pichonne de vin le soir et le matin [...] en voilà pour tout le jour. Il est vrai que, lorsqu'on est à l'ancre dans un port ou dans une ville, ceux qui ont de l'argent peuvent s'acheter de la viande, et prier le Turc du banc (qui n'est point attaché et qui n'a jamais qu'un anneau au pied) de la faire cuire à la cuisine de l'équipage. Mais combien de fois n'ay-je pas vu un nommé Imbert, qui étoit le cuisinier du capitaine, homme brutal et emporté, prendre le lot de ces pauvres gens, qui attendoient ce secours avec une impatience assés naturelle, le jetter à la mer ou le casser, sans qu'ils osassent se plaindre. » (Jean-François Bion, *Relation des tourments...,* *op. cit.,* pp. 18-19.) La base de l'alimentation des chiourmes était donc fournie par une ration de 800 g de biscuit de mer, complétée, irrégulièrement, par de petites portions de fromage, de lard ou de bœuf séché, et par du vin (en faible et variable quantité, pas plus d'un quart de litre) ou de la bière à bord des galères de Dunkerque, l'écuelle de fèves fut remplacée à plusieurs reprises par du riz, en quantité parfois assez substantielle. Il est enfin impossible de faire la part des suppléments achetés par les forçats, et là encore cette possibilité, évoquée par toutes les sources d'archives, favorisait les galériens les mieux argentés.

112. Un comite, qui a laissé un *Traité de la palamente des galères* (début XVIIIe siècle) décrit quatre allures de vogue : « La première, c'est en voguant de faire toucher le genouil de la rame sur le banc que l'on monte avec le pied; c'est la vogue que l'on fait faire lorsqu'on sort d'un port ou lorsqu'on y entre; elle est la plus belle et la plus fatiguante [...] La seconde vogue est la vogue ordinaire, que l'on fait lorsqu'on est en route, qui est de faire passe-banc, et qu'on monte sans le toucher par le genouil de la rame. Cette vogue me paroist la meilleure, c'est celle qui fait faire le plus aller de l'avant et mieux marcher la galère. La troisième vogue, c'est la passe vogue ou bien une vogue vitte pour quand l'on donne chasse à quelque batimens. Je trouve cette vogue la moindre de toute et la plus mauvaisse (sic), dont je ne voudrois jamais me servir, parce qu'elle fatigue fort la chiourme [...] car, pour peu de chemin que vous ayez à faire en peu de temps, vous mettez vostre chiourme hors d'haleine et toute essouflée. Ainsi je dis que la passe vogue n'est bonne que dans une petite cource d'une lieue au plus. La quatrième vogue et la dernière, c'est de faire donner une vogue bien large et de ne pas faire passer le banc. Cette vogue est bonne à ménager votre chiourme et ne la pas fatiguer; elle est très utile, et pour tenir longtemps, il n'y a qu'à faire voguer à quartier. » (Bibliothèque municipale de Marseille, manuscrit 967, pp. 446-447.)

113. La livre poids de marc valait 489 g, l'once 30 g, le pot 1 l 40 cl, le sétier 25 cl (mesures de Paris).

114. Le chef militaire des galères portait traditionnellement le titre de
« général des galères »; cette charge, qui devient purement honorifique à
partir de 1690, était généralement dévolue à un membre de la grande noblesse
de cour, voire à un bâtard de la famille royale. La réalité des pouvoirs du
général était exercée à la tête des escadres par un lieutenant général. (Voir
Paul Masson, *les Galères de France,* Aix-en-Provence, 1937, pp. 224-233.)

115. A l'origine, les gardes de l'étendard formaient la compagnie des
gardes du général des galères; ils ne s'embarquaient sur la réale que lorsque
le général prenait le mer. A partir des années 1690, les gardes de l'étendard
deviennent peu à peu l'équivalent des gardes de la Marine ou cadets de la
marine des vaisseaux; c'est parmi eux que l'on recrute les enseignes et sous-
lieutenants des galères.

116. Le « trousseau » d'un forçat varie peu au cours des xviie-
xviiie siècles, et l'énumération de Jean Marteilhe, à quelques pièces près,
recoupe les informations données par les archives des Galères de France. A
partir des années 1710, faute d'argent, ce trousseau n'était pas toujours
renouvelé à temps, et l'on trouve dans la correspondance des galères ce
placet adressé par les forçats au ministre de la Marine en personne : « Les
chiourmes des galères du Roy vous remontrent très humblement qu'il n'y
a point de galères dans toute l'Europe qui soit *(sic)* aussy mal que celles du
Roy. Nous avons veu dans ce port les galères de sa Sainteté (les galères du
Pape) : elles sont incomparablement mieux en capos *(sic)* que nous, en
casaques et linges et bonnets et bas que nous. » Depuis les années 1700, les
vêtements de la chiourme étaient fabriqués dans des ateliers établis à l'intérieur de l'arsenal des galères, à Marseille, où l'on faisait travailler plusieurs
centaines de forçats « invalides »; ces ateliers étaient gérés par des entrepreneurs privés, personnages parfois malhonnêtes, qui ne payaient pas les
galériens ouvriers et n'exécutaient pas les commandes, faute de matières
premières.

117. Marteilhe ne dit pas qu'à Dunkerque, craignant la rigueur du climat
pendant l'hiver, l'intendant de la Marine logeait les chiourmes dans des
flûtes, sortes de gros bateaux marchands, qui étaient loués à des armateurs
entre les mois de septembre et d'avril. Les chiourmes regagnaient leurs
galères au début du printemps.

118. En 1705, au port de Marseille, l'on comptait plus de 300 baraques,
établies le long du quai où s'amarraient les galères, depuis l'église des
Augustins jusqu'au fort Saint-Jean. Il se tenait là une sorte de foire perma-
nente, très fréquentée par les Marseillais, un lieu d'échanges et de rencontres
entre la société des Marseillais et la société des galériens. Des artisans marseillais, comme les barbiers, les perruquiers ou les cordonniers, se plaignaient
fréquemment de la concurrence qui leur était faite par les forçats des
baraques; et à chaque fois, l'administration des galères s'opposait vigou-

reusement à ces récriminations, recevant d'ailleurs sur ce sujet l'approbation du ministre de la Marine : « C'est un usage observé depuis qu'il y a des galères et qui n'a esté troublé que dans les derniers temps par les intrigues de quelques jurés séditieux. » (Archives nationales, fonds Marine, B⁶ 41, fol. 182, 6 août 1708.)

119. « Les peuples de ce pays-ci croient faire une œuvre méritoire quand ils tirent de penne ces scellerats », écrivait en 1706 l'intendant de la Marine à Dunkerque, à propos d'une évasion de forçats. Si les paysans de la campagne marseillaise ne se faisaient pas prier pour se lancer à la chasse aux forçats évadés, en revanche, les habitants de Marseille favorisaient plutôt les évasions des galériens, des hommes qu'ils côtoyaient tous les jours sur le port, avec lesquels ils avaient des relations commerciales.

120. Tous les témoignages, toutes les sources d'archives montrent que les baraques tenues par la chiourme (à Marseille comme à Dunkerque, où cet usage s'était transmis) favorisaient toutes sortes de trafics et de commerces interlopes, y compris le recel d'objets volés dans le port, le faux-monnayage même et, bien évidemment, la prostitution. « Depuis que les galères sont revenues à Dunkerque, écrivait l'intendant du Guay, les voleurs recommencent à travailler. » (Archives nationales, fond Marine, B³ 123, fol. 15, 14 janvier 1706.) Barras de La Penne donne également une savoureuse description des activités abritées par ces baraques : « On trouve des forçats qui ont des secrets admirables pour teindre les sourcils, pour blanchir les dents, pour les arracher, pour remettre celles qui sont tombées... » (*la Science des galères, op. cit.,* fol. 471).

121. Les esclaves turcs n'avaient pas le monopole de ce commerce, qui était également pratiqué par des forçats. Les uns et les autres, qui constituaient la « bourgeoisie » de la chiourme, étaient à tu et à toi avec les comites et les autres bas-officiers des galères, auxquels ils prêtaient parfois de l'argent. Au hasard des archives, nous saisissons parfois avec beaucoup de détails les multiples affaires de ces forçats entrepreneurs, qui se livraient également à la contrebande. Il semble bien que les comites, les argousins, et peut-être même certains officiers, prélevaient leur « dîme » sur ces trafics.

122. Le témoignage de Marteilhe recoupe ici parfaitement d'autres sources, qui décrivent comment le comite poussait les galériens à consommer le vin de sa taverne; des forçats étaient même contraints de vendre une partie de leur ration de pain pour acheter le vin du comite. Ces abus étaient rarement réprimés, comme l'explique un chef d'escadre des galères : il n'y avait pas « un seul homme de chiourme qui osasse se plaindre, parce que le comitte feroit semblant de rien, et après, quand on est en campagne, sous ombre du service, ils l'assomment de coups de bâton, et un capitaine ne scauroit jamais démesler la vérité de celà [...] Les favorys des comittes sont ceux qui, après avoir travaillé toute la semaine, commencent le samedy au soir à

porter leur argent à la taverne pour boire; celà dure tout le dimanche, de façon que tout l'argent qu'ils ont gagné dans la semaine [...] est au comitte. » (Archives nationales, fonds Marine, B⁶ 90, fol. 218, 30 mars 1695.)

123. Outre les forçats et les Turcs qui tenaient des baraques sur le port, et ceux qui tricotent des bas de coton sur les galères, il faut mentionner les galériens qui, chaque matin, étaient déferrés pour aller travailler chez un maître artisan de Marseille ou dans une fabrique de savon. Les employeurs des forçats devaient signer une soumission, par laquelle ils s'engageaient à acheter un esclave turc si le galérien qui besognait dans leur boutique se sauvait, ce qui arrivait effectivement de temps à autre... Il est difficile de connaître la proportion de galériens qui quittaient quotidiennement leur galère; à Dunkerque, où ce système fonctionnait aussi, l'intendant écrivait en 1709 que « tous les jours, la moitié de chaque chiourme va en ville ou dans leurs *(sic)* baraques prendre l'air ». (Archives nationales, fonds Marine, B³ 165, 11 octobre 1709, fol. 488.)

124. Jean Marteilhe fait allusion à la bataille de Vado, qui opposa dans le golfe de Gênes, le 1ᵉʳ septembre 1638, 15 galères d'Espagne à 15 galères de France. Ce fut la dernière bataille de galères de l'histoire ou, du moins, le dernier affrontement opposant uniquement des galères en Méditerranée.

125. Toutes les remarques de Jean Marteilhe à propos de l'utilité militaire des Galères de France semblent très bien argumentées; et il semble possible que ces réflexions aient été alimentées par des conversations entre le chef d'escadre des galères de Dunkerque (dont Marteilhe était le secrétaire) et ses officiers. Quoi qu'il en soit, le dépouillement des archives confirme les appréciations du galérien protestant; un voyageur des années 1630, le Parisien Jean-Jacques Bouchard, n'affirmait-il pas que les galères « ne servent de rien qu'à consumer de l'argent [...] La plus grande utilité qu'elles apportent, c'est qu'elles servent comme d'un enfer pour tourmenter les meschants ». (*Voyage de Paris à Rome*, publié par Bonneau, Paris, 1881.) Officier de galère entre 1674 et 1730, auteur d'une somme sur la construction et la manœuvre des galères, le chef d'escadre Barras de La Penne défendit bien sûr l'opinion inverse : « Condamner l'utilité des galères, écrivait-il, c'est s'élever contre la raison et contre l'autorité de tous les princes et de tous les grands hommes; c'est, en un mot, s'inscrire en faux contre l'expérience de tous les siècles. » En fait, il apparaissait un contraste manifeste entre l'importance du corps des galères vers les années 1695-1700, et le rôle marginal de cette flotte dans les opérations navales des guerres louis-quatorziennes. Un contraste avoué par Barras de La Penne lui-même, qui remarquait : « Quelle gloire n'auroient pas acquis les galères sous le règne de Louis le Grand, si on les eust employées à ce que ce nombreux corps estoit alors en estat d'entreprendre et d'exécuter avec succès » *(la Science des galères, op. cit.).*

126. L'apogée du corps des Galères de France se situe entre 1690 et 1700, quand on dénombrait 34 galères dans le port de Marseille et 6 en ponant. Le nombre des galères de Marseille passe à 24 en 1702, puis, en 1712, les 6 galères de Dunkerque disparaissent des états annuels. Enfin, à partir de 1718, l'on ne maintient plus que 15 galères à Marseille. Le corps des Galères de France disparut officiellement en septembre 1748. Officiers et équipages furent intégrés dans la Marine des vaisseaux, et les forçats furent employés aux travaux pénibles des arsenaux de la Marine, dans les bagnes de Toulon, Brest, Rochefort et Lorient.

TABLE

Illustrations :

P. 33 : Édition de 1778. Fac-similé de la page de titre.

P. 271 à 274 : Construction, armement et vogue d'une galère. France, XVIIᵉ siècle. Vincennes, Service historique de la Marine. Photos Lauros-Giraudon.

* Les titres de chapitre figurant ici entre crochets ont été ajoutés par nous. (A. Z.)

Illustrations

CET OUVRAGE
A ÉTÉ COMPOSÉ
ET ACHEVÉ D'IMPRIMER
PAR L'IMPRIMERIE FLOCH
À MAYENNE LE 10 AVRIL 1982

N° d'impression : 19708
D. L. : avril 1982

5979